Utilize este código QR para se cadastrar de forma mais rápida:

Ou, se preferir, entre em:

www.moderna.com.br/ac/livroportal

e siga as instruções para ter acesso aos conteúdos exclusivos do

Portal e Livro Digital

CÓDIGO DE ACESSO:

A 00289 ARPHIST5E 9 20462

Faça apenas um cadastro. Ele será válido para:

Da semente ao livro,
sustentabilidade por todo o caminho

Plantar florestas
A madeira que serve de matéria-prima para nosso papel vem de plantio renovável, ou seja, não é fruto de desmatamento. Essa prática gera milhares de empregos para agricultores e ajuda a recuperar áreas ambientais degradadas.

Fabricar papel e imprimir livros
Toda a cadeia produtiva do papel, desde a produção de celulose até a encadernação do livro, é certificada, cumprindo padrões internacionais de processamento sustentável e boas práticas ambientais.

Criar conteúdos
Os profissionais envolvidos na elaboração de nossas soluções educacionais buscam uma educação para a vida pautada por curadoria editorial, diversidade de olhares e responsabilidade socioambiental.

Construir projetos de vida
Oferecer uma solução educacional Moderna é um ato de comprometimento com o futuro das novas gerações, possibilitando uma relação de parceria entre escolas e famílias na missão de educar!

Apoio:
www.twosides.org.br

Fotografe o Código QR e conheça melhor esse caminho.
Saiba mais em *moderna.com.br/sustentavel*

ARARIBÁ PLUS
História
9

Organizadora: Editora Moderna
Obra coletiva concebida, desenvolvida e produzida pela Editora Moderna.

Editora Executiva:
Ana Claudia Fernandes

5ª edição

© Editora Moderna, 2018

Elaboração dos originais:

Maria Raquel Apolinário
Bacharel e licenciada em História pela Universidade de São Paulo (USP).
Professora da rede estadual e municipal de ensino por 12 anos.
Editora.

Letícia de Oliveira Raymundo
Mestre em Ciências pela Universidade de São Paulo (USP),
no programa: História Social.
Editora.

Bruno Cardoso Silva
Bacharel e licenciado em História pela Universidade de São Paulo (USP).
Editor.

Dirceu Franco Ferreira
Doutorando em História Social pela Universidade de São Paulo (USP).
Professor de escolas particulares de São Paulo.
Editor.

Pamela Shizue Goya
Bacharel em História pela Universidade de São Paulo (USP).
Editora.

Janaina Tiosse de O. Corrêa Cilli
Bacharel e licenciada em História pela Pontifícia Universidade Católica de São Paulo (PUC-SP).
Editora.

Maria Lídia Vicentin Aguilar
Bacharel e licenciada em História pela Universidade de São Paulo (USP).
Professora em escolas públicas e particulares de São Paulo.

Camila Koshiba Gonçalves
Doutoranda em História Social pela Universidade de São Paulo (USP).
Professora em escolas particulares de São Paulo.

Janaína Martins Cordeiro
Doutora em História pela Universidade Federal Fluminense (UFF).
Professora da Universidade Federal Fluminense (UFF).

Fabio Luis Barbosa dos Santos
Doutor em História Econômica pela Universidade de São Paulo (USP).
Professor da Universidade Federal de São Paulo (Unifesp).

Coordenação editorial: Maria Raquel Apolinário, Ana Claudia Fernandes
Edição de texto: Maria Raquel Apolinário, Letícia de Oliveira Raymundo, Bruno Cardoso Silva, Dirceu Franco Ferreira, Janaina Tiosse de O. Corrêa Cilli, Pamela Shizue Goya, Maiara Henrique Moreira, Carlos Ogawa
Edição de conteúdo digital: Audrey Ribas Camargo
Assistência editorial: Rosa Chadu Dalbem
Gerência de *design* e produção gráfica: Sandra Botelho de Carvalho Homma
Coordenação de produção: Everson de Paula, Patricia Costa
Suporte administrativo editorial: Maria de Lourdes Rodrigues
Coordenação de *design* e projetos visuais: Marta Cerqueira Leite
Projeto gráfico e capa: Daniel Messias, Otávio dos Santos
Pesquisa iconográfica para capa: Daniel Messias, Otávio dos Santos, Bruno Tonel
 Fotos: Tzido Sun/Shutterstock, Images&Stories/Alamy/Fotoarena
Coordenação de arte: Carolina de Oliveira
Edição de arte: Tiago Gomes Alves
Editoração eletrônica: APIS design integrado
Edição de infografia: Luiz Iria, Priscilla Boffo, Giselle Hirata
Coordenação de revisão: Maristela S. Carrasco
Revisão: Cárita Negromonte, Renato da Rocha, Vera Rodrigues
Coordenação de pesquisa iconográfica: Luciano Baneza Gabarron
Pesquisa iconográfica: Flávia Aline de Morais, Luciana Vieira
Coordenação de *bureau*: Rubens M. Rodrigues
Tratamento de imagens: Ademir Francisco Baptista, Fernando Bertolo, Joel Aparecido, Luiz Carlos Costa, Marina M. Buzzinaro
Pré-impressão: Alexandre Petreca, Everton L. de Oliveira, Marcio H. Kamoto, Vilney Stacciarini, Vitória Sousa
Coordenação de produção industrial: Wendell Monteiro
Impressão e acabamento: Esdeva Indústria Gráfica Ltda.
Lote: 288798

Dados Internacionais de Catalogação na Publicação (CIP)
(Câmara Brasileira do Livro, SP, Brasil)

Araribá plus : história / organizadora Editora Moderna ;
obra coletiva concebida, desenvolvida
e produzida pela Editora Moderna ; editora
organizadora Maria Raquel Apolinário. – 5. ed. –
São Paulo : Moderna, 2018.

Obra em 4 v. para alunos do 6º ao 9º ano.
Bibliografia.

1. História (Ensino fundamental) I. Apolinário,
Maria Raquel.

18-16932   CDD-372.89

Índices para catálogo sistemático:
1. História : Ensino fundamental   372.89

Maria Alice Ferreira – Bibliotecária – CRB-8/7964

ISBN 978-85-16-11206-6 (LA)
ISBN 978-85-16-11207-3 (LP)

Reprodução proibida. Art. 184 do Código Penal e Lei 9.610 de 19 de fevereiro de 1998.
Todos os direitos reservados
EDITORA MODERNA LTDA.
Rua Padre Adelino, 758 – Belenzinho
São Paulo – SP – Brasil – CEP 03303-904
Vendas e Atendimento: Tel. (0_ _11) 2602-5510
Fax (0_ _11) 2790-1501
www.moderna.com.br
2020
Impresso no Brasil

1 3 5 7 9 10 8 6 4 2

Imagens de capa
Mulheres somalianas se manifestam em favor das leis que as beneficiavam na nova Constituição da Somália (foto de 26 de julho de 2012); *smartphone* em pedestal com aparelho para captação de áudio.

Os processos de independência dos países africanos, os desafios que seus cidadãos enfrentaram após a emancipação e a luta das minorias pela conquista de direitos no mundo globalizado serão alguns dos assuntos estudados neste livro.

APRESENTAÇÃO

A **história** é uma viagem que fazemos ao passado orientados pela bússola do tempo presente. Como toda viagem, ela é capaz de nos proporcionar prazer e emoção, mas também dor, estranhamento e perplexidade diante de tragédias e crimes humanos. Mas o saldo é quase sempre positivo, pois temos a oportunidade de aprender com outros povos, tempos e culturas e descobrir que não existe fatalidade na história, que algo que aconteceu poderia não ter acontecido, que outros caminhos poderiam ter sido trilhados. Somos nós que fazemos a história, ainda que limitados, em certa medida, pelas condições sociais em que vivemos.

Convidamos você a embarcar nessa viagem a bordo do **Araribá Plus História**, obra coletiva que há quinze anos vem conduzindo estudantes de todo o Brasil em uma expedição pelos caminhos, temas e tempos da história. Agora, em sua 5ª edição, esse projeto coletivo foi amplamente renovado. Ele foi reprogramado de acordo com as habilidades e os objetos de conhecimento estabelecidos pela **BNCC de história**, mantendo, porém, as características que têm sido a sua marca desde o nascimento: a organização visual e textual, o cuidado com a **compreensão leitora** e a variedade de textos, imagens e atividades.

A viagem a bordo do seu livro de história, porém, não oferece apenas conteúdo e atividades. Ela promove a formação de **atitudes para a vida**, com propostas que o ajudam a resolver problemas de forma reflexiva, crítica e colaborativa e a aprender continuamente.

Um ótimo estudo!

ATITUDES PARA A VIDA

11 ATITUDES MUITO ÚTEIS PARA O SEU DIA A DIA!

As Atitudes para a vida trabalham competências socioemocionais e nos ajudam a resolver situações e desafios em todas as áreas, inclusive no estudo de História.

1. Persistir
Se a primeira tentativa para encontrar a resposta não der certo, **não desista**, busque outra estratégia para resolver a questão.

2. Controlar a impulsividade
Pense antes de agir. Reflita sobre os caminhos que pode escolher para resolver uma situação.

3. Escutar os outros com atenção e empatia
Dar atenção e escutar os outros são ações importantes para se relacionar bem com as pessoas.

4. Pensar com flexibilidade
Considere diferentes **possibilidades** para chegar à solução. Use os recursos disponíveis e dê asas à imaginação!

5. Esforçar-se por exatidão e precisão
Confira os dados do seu trabalho. Informação incorreta ou apresentação desleixada podem prejudicar a sua credibilidade e comprometer todo o seu esforço.

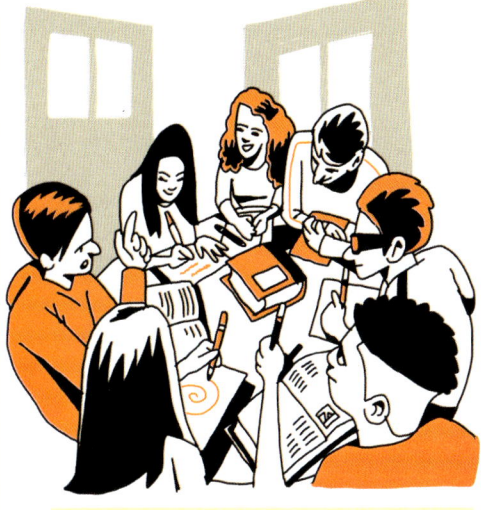

7. Aplicar conhecimentos prévios a novas situações

Use o que você já sabe!
O que você já aprendeu pode ajudá-lo a entender o novo e a resolver até os maiores desafios.

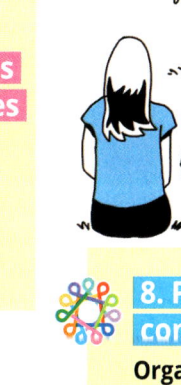

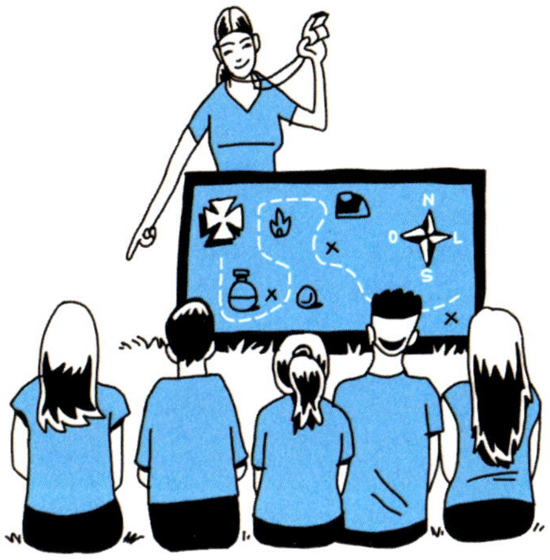

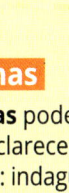

6. Questionar e levantar problemas

Fazer as perguntas certas pode ser determinante para esclarecer suas dúvidas. Esteja alerta: indague, questione e levante problemas que possam ajudá-lo a compreender melhor o que está ao seu redor.

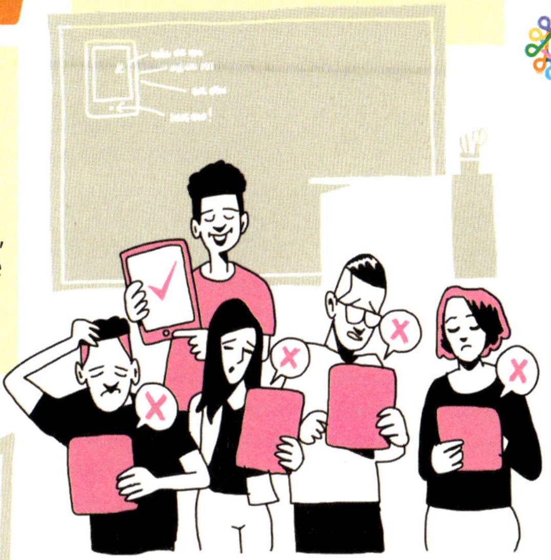

8. Pensar e comunicar-se com clareza

Organize suas ideias e comunique-se com clareza.
Quanto mais claro você for, mais fácil será estruturar um plano de ação para realizar seus trabalhos.

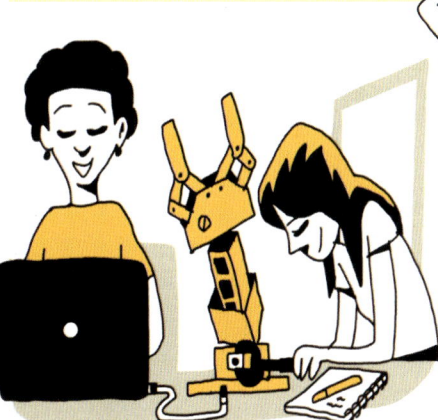

9. Imaginar, criar e inovar

Desenvolva a criatividade conhecendo outros pontos de vista, imaginando-se em outros papéis, melhorando continuamente suas criações.

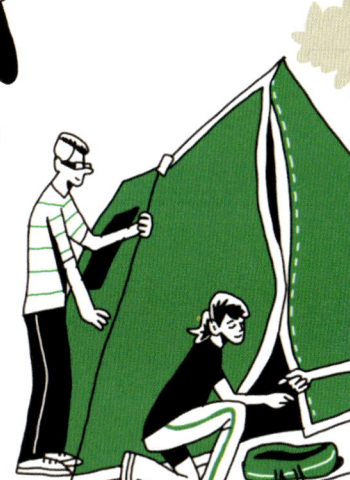

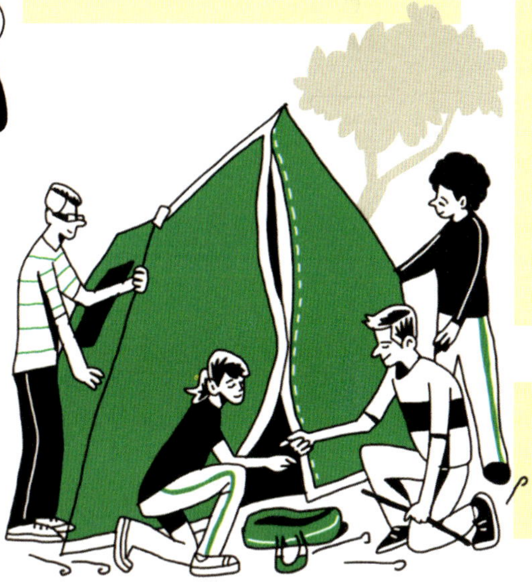

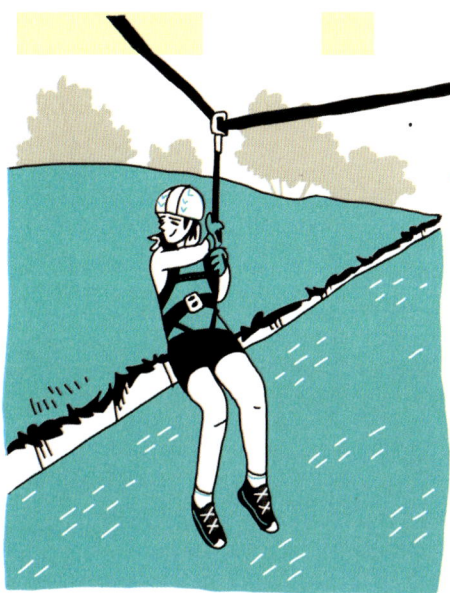

10. Assumir riscos com responsabilidade

Explore suas capacidades!
Estudar é uma aventura; não tenha medo de ousar. Busque informação sobre os resultados possíveis e você se sentirá mais seguro para arriscar um palpite.

11. Pensar de maneira interdependente

Trabalhe em grupo, colabore. Unindo ideias e força com seus colegas, vocês podem criar e executar projetos que ninguém poderia fazer sozinho.

No Portal *Araribá Plus* e ao final do seu livro, você poderá saber mais sobre as *Atitudes para a vida*. Veja <www.moderna.com.br/araribaplus> em **Competências socioemocionais**.

ILUSTRAÇÃO: MILTON TRAJANO; INFOGRAFIA: FÁBIO BOSQUÊ E LAVÍNIA FÁVERO

CONHEÇA O SEU LIVRO

UM LIVRO ORGANIZADO

Este livro tem **oito unidades**. O objetivo é que o estudo de cada uma delas seja feito em um mês do calendário de aulas da sua escola.

UMA UNIDADE ORGANIZADA

As seções, os textos, as imagens e as questões que compõem cada unidade foram selecionados, criados e diagramados pensando em você, para que **compreenda**, **aprenda** e **se desenvolva** com o estudo da história.

PÁGINAS DE ABERTURA

Com imagens, textos e questões, este momento inicial ativa os seus conhecimentos sobre o assunto da unidade e o relaciona às atitudes priorizadas em cada caso.

OS TEMAS DA UNIDADE

Os **temas** são numerados e sempre começam com uma **questão-chave** relacionada ao que será estudado.

EXPLORE

O boxe **Explore** apresenta questões sobre textos, imagens, mapas e conteúdos digitais ao longo da unidade. Procure refletir sobre a situação apresentada antes de formular uma resposta.

CONTEÚDO DIGITAL

Quando você encontrar ícones como este, acesse, no **livro digital**, vídeos, animações, clipes, GIFs, atividades e mapas interativos. Com esses recursos, você vai aplicar seus conhecimentos de tecnologia digital para aprender mais.

ORGANIZAR O CONHECIMENTO

Ao final de cada tema, você vai **recordar** os principais conceitos e ideias estudados.

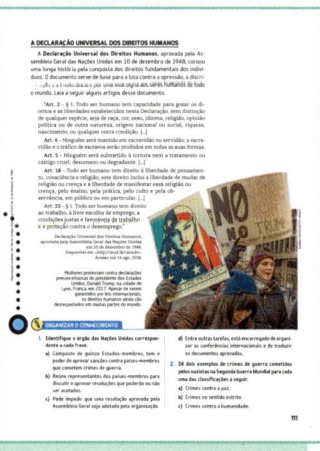

DE OLHO NO INFOGRÁFICO/ NA IMAGEM

Você já ouviu falar na Trégua de Natal que ocorreu entre tropas inimigas durante a Primeira Guerra? Sabe quais foram as conquistas da Constituição de 1988? Nessa seção, além disso, você também vai interpretar imagens e aprender história por meio da linguagem gráfica e visual.

ATITUDES PARA A VIDA
Nessa seção, você vai se preparar para encontrar, na escola e fora dela, soluções criativas diante de pequenos e grandes problemas.

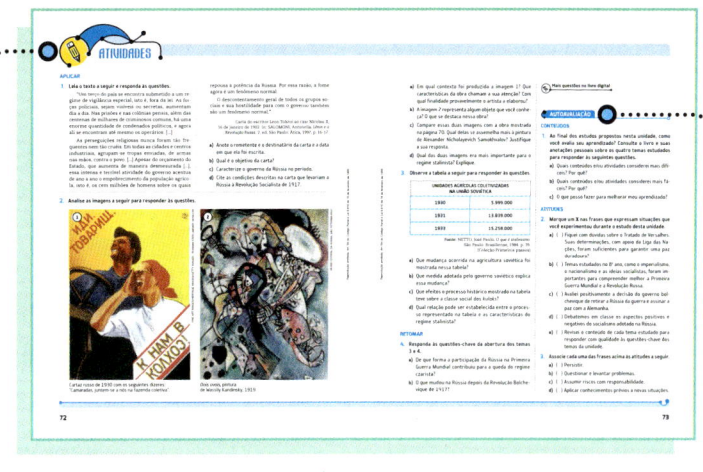

ATIVIDADES
Organizadas em *Aplicar* e *Retomar*, as atividades aparecem ao final do segundo e do quarto tema. Elas o orientam a aplicar o que aprendeu na leitura de imagens, textos e mapas, além de exercitar a argumentação, a pesquisa e a produção de textos.

AUTOAVALIAÇÃO
Ao final dos temas de cada unidade, na dupla de Atividades, há uma **ficha de autoavaliação** para que você avalie seu aprendizado e o desenvolvimento de atitudes durante os estudos.

EM FOCO
As monografias da seção **Em foco** aparecem ao final das unidades 2, 5 e 7 deste livro. A que foi reproduzida ao lado trata do surgimento do *rock'n'roll* no contexto da Guerra Fria.
Você sabia que esse gênero musical nasceu do incômodo da juventude com a alienação da sociedade? Já ouviu falar em artistas como Elvis Presley e Jimi Hendrix? O que você conhece sobre a história do *rock'n'roll*?

COMPREENDER UM TEXTO
Nessa seção, você vai ler diferentes tipos e gêneros de texto que vão ajudá-lo a ser um leitor atento, crítico e apaixonado pela experiência da leitura.

REVISANDO
Síntese dos principais conceitos e conteúdos da unidade.

PREPARANDO-SE PARA O ENEM
Questões extraídas das provas do **Enem** dos últimos anos, com alguns comentários que vão ajudá-lo a aprender como resolvê-las.

PARA LER/ASSISTIR/ OUVIR/NAVEGAR
Sugestões orientadas de leituras, filmes, músicas e *sites*.

CONTEÚDO DOS MATERIAIS DIGITAIS

O *Projeto Araribá Plus* apresenta um Portal exclusivo, com ferramentas diferenciadas e motivadoras para o seu estudo. Tudo integrado com o livro para tornar a experiência de aprendizagem mais intensa e significativa.

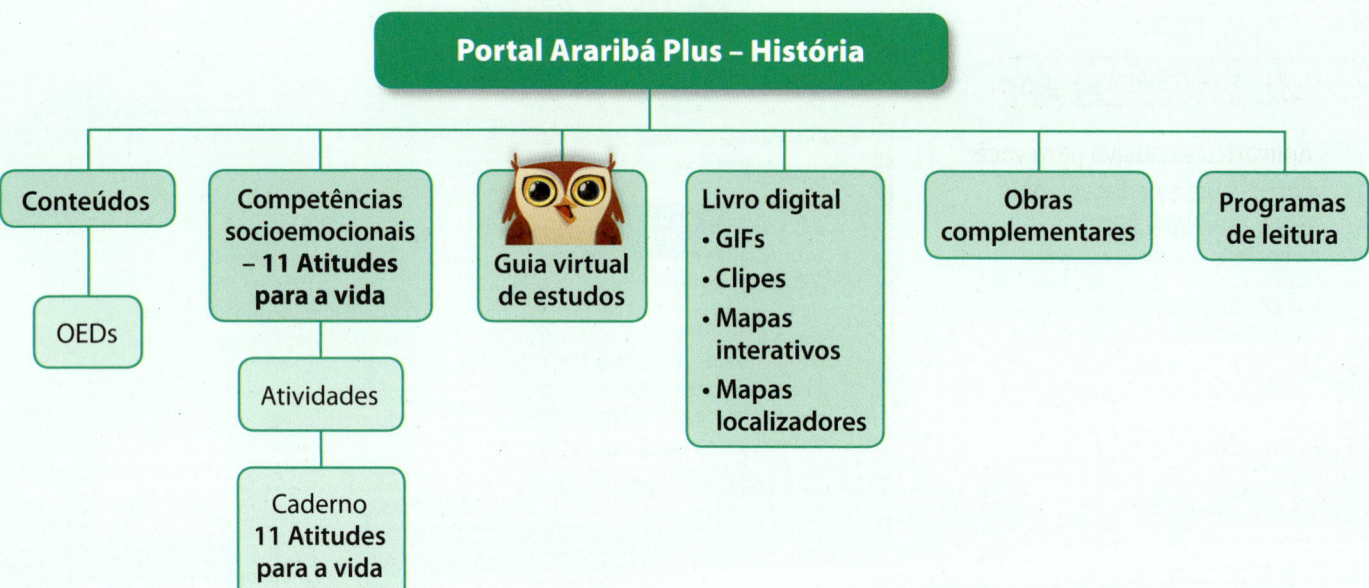

Livro digital com tecnologia *HTML5* para garantir melhor usabilidade e ferramentas que possibilitam buscar termos, destacar trechos e fazer anotações para posterior consulta. O livro digital é enriquecido com objetos educacionais digitais (OEDs) integrados aos conteúdos. Você pode acessá-lo de diversas maneiras: no *smartphone*, no *tablet* (Android e iOS), no *desktop* e *on-line* no *site*:

http://mod.lk/livdig

LISTA DE OEDs

Unidade	Título do objeto digital
1	O sertão nordestino brasileiro
2	*Quiz*: a Primeira Guerra Mundial e a Revolução Russa
3	Os pilares da sociedade
4	Vargas e as leis trabalhistas
4	A era do rádio
5	A política de boa vizinhança
6	*Um grito de liberdade*
7	O Parque Indígena do Xingu
8	A vida de um refugiado

ARARIBÁ PLUS APP

Aplicativo exclusivo para você com recursos educacionais na palma da mão!

Acesso rápido por meio do leitor de código *QR*.
http://mod.lk/app

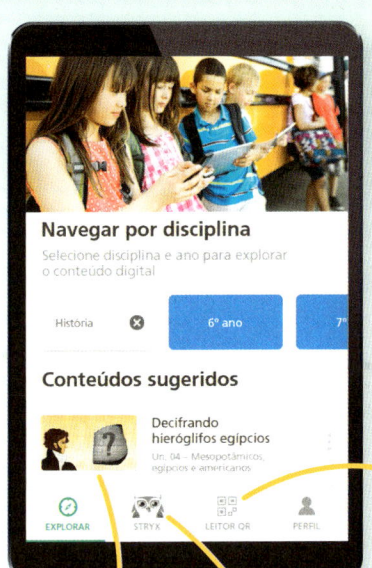

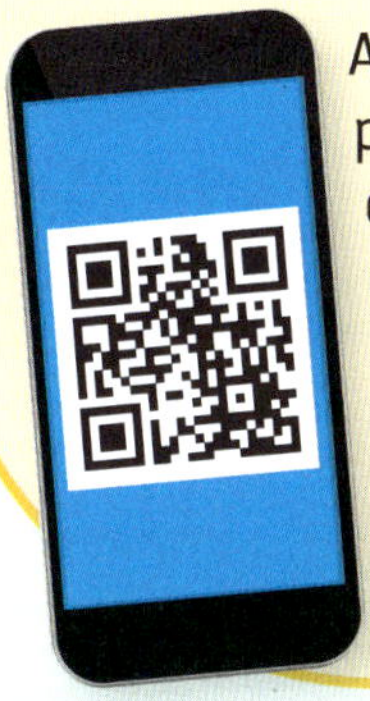

Objetos educacionais digitais diretamente no seu *smartphone* para uso *on-line* e *off-line*.

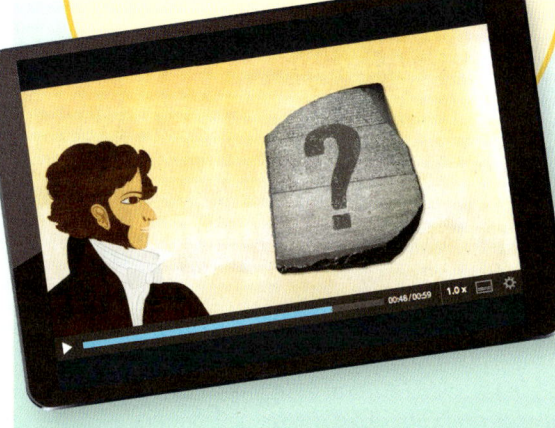

Stryx, um guia virtual criado especialmente para você! Ele ajudará a entender temas importantes e a achar videoaulas e outros conteúdos confiáveis, alinhados com o seu livro.

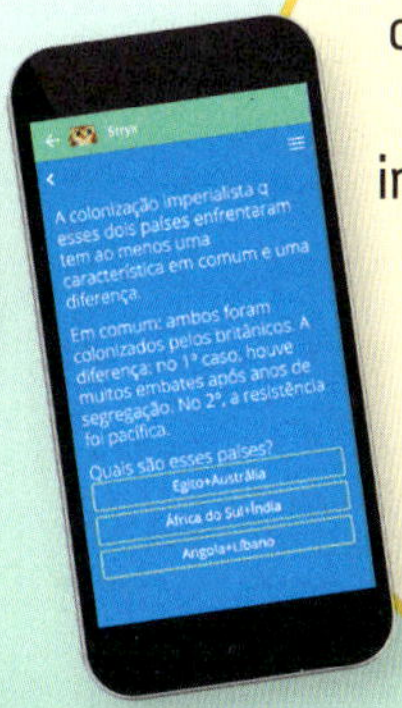

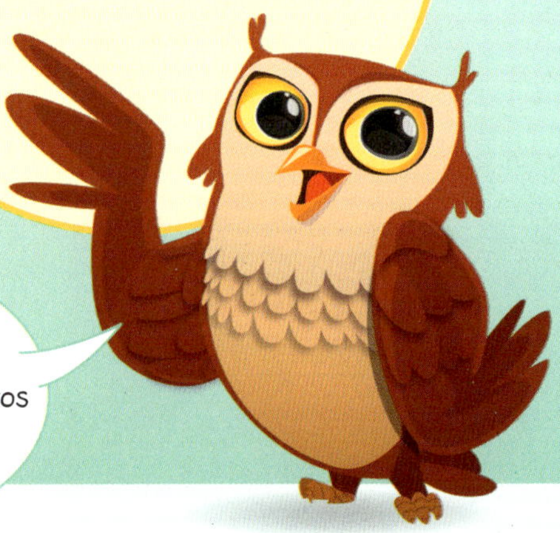

Eu sou **Stryx** e serei seu guia virtual por trilhas de conhecimentos de um jeito muito legal de estudar!

BETO UECHI

SUMÁRIO

UNIDADE 1   **O NASCIMENTO DA REPÚBLICA NO BRASIL**   14

TEMA 1   A crise da monarquia no Brasil 16
Uma república em construção, 16; O movimento republicano, 17

TEMA 2   A Primeira República 21
A República da Espada, 21; A República Oligárquica, 24

ATIVIDADES 27

TEMA 3   Conflitos no campo: Canudos, Contestado e o cangaço ... 28
Religiosidade popular e banditismo social, 28

TEMA 4   Contestações nas cidades 34
A onda migratória para o Brasil, 34; O desenvolvimento da indústria, 35;
O crescimento das cidades, 37; A luta negra nas cidades, 39

ATITUDES PARA A VIDA: Oswaldo Cruz na Amazônia 41
O modernismo, 42

DE OLHO NA IMAGEM: A cidade industrial pelo olhar de Tarsila do Amaral ... 43

ATIVIDADES 44

COMPREENDER UM TEXTO: A POLÍTICA REPUBLICANA, POR LIMA BARRETO ... 46
REVISANDO 48

UNIDADE 2   **A PRIMEIRA GUERRA MUNDIAL E A REVOLUÇÃO RUSSA**   49

TEMA 1   A Primeira Guerra Mundial 50
Tensões por trás do otimismo, 50; A faísca no barril de pólvora, 51;
O conflito, 52

DE OLHO NO INFOGRÁFICO: Histórias da Trégua de Natal de 1914 54

TEMA 2   A guerra a caminho do fim 56
A guerra na África, 56; A Rússia deixa a guerra, 58;
A entrada dos Estados Unidos e o fim da guerra, 58; A paz dos vencedores, 59;
O mundo após a guerra, 60

ATITUDES PARA A VIDA: O Brasil na Primeira Guerra Mundial 61

ATIVIDADES 62

TEMA 3   Guerra e revolução na Rússia 63
O país mais extenso do mundo, 63; Um país de contrastes, 64;
O Domingo Sangrento e a Revolução de 1905, 65; A Rússia na Primeira
Guerra Mundial, 66; A Revolução de Fevereiro, 66

TEMA 4   A Rússia socialista 67
A Revolução de Outubro, 67; A guerra civil e o comunismo de guerra, 68;
A Nova Política Econômica, 69; A ditadura stalinista, 69;
Os impactos mundiais da Revolução Russa, 71

ATIVIDADES 72
EM FOCO: A QUESTÃO PALESTINA 74
REVISANDO 79

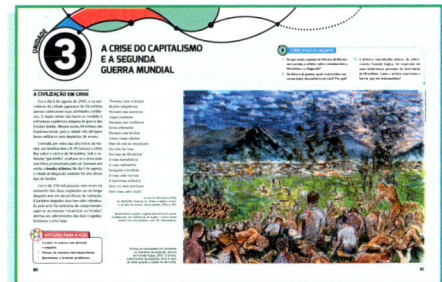

UNIDADE 3 — A CRISE DO CAPITALISMO E A SEGUNDA GUERRA MUNDIAL 80

TEMA 1 A crise de 1929 82
A expansão econômica dos Estados Unidos, 82;
Limites do crescimento econômico, 83; A quebra da bolsa da Nova York, 84;
Roosevelt e o *New Deal*, 86

TEMA 2 O nazifascismo 88
O fracasso da revolução mundial, 88; Os regimes totalitários na Europa, 89;
A ascensão do fascismo na Itália, 90; As origens do nazismo na Alemanha, 91

DE OLHO NA IMAGEM: A propaganda nazista 94

ATITUDES PARA A VIDA: *Guernica*: arte e resistência 95

ATIVIDADES 96

TEMA 3 A Segunda Guerra Mundial 97
Os antecedentes da guerra, 97; O início da guerra, 98; A guerra na União
Soviética, 101; Os Estados Unidos na guerra e a ofensiva aliada, 102

TEMA 4 Os crimes de guerra, a ONU e a carta de 1948 104
Crimes de guerra, 104; O Tribunal de Nuremberg, 108;
A Organização das Nações Unidas, 109

ATIVIDADES 112

COMPREENDER UM TEXTO: A ONU, POR NEAL ASCHERSON 114

REVISANDO 116

UNIDADE 4 — O BRASIL DE VARGAS A JANGO 117

TEMA 1 O primeiro governo de Getúlio Vargas 118
A crise e o fim da Primeira República, 118; Vargas no poder:
o Governo Provisório, 119; O Estado Novo, 122

DE OLHO NA IMAGEM: A arte nacionalista 124

TEMA 2 O Brasil entre duas ditaduras (1945-1964) 126
O retorno à democracia, 126; O segundo governo Vargas, 127;
O governo JK, 128; O breve governo de Jânio Quadros, 130; O governo Jango, 131

ATIVIDADES 133

TEMA 3 A modernização brasileira e suas contradições 134
A economia na era Vargas, 134; O desenvolvimentismo de JK, 137;
Às vésperas do golpe civil-militar, 138

TEMA 4 Indígenas e negros na construção da identidade nacional 139
A "construção" dos brasileiros, 139; O discurso do governo Vargas, 140;
Os indígenas depois de Vargas, 141; A valorização dos afrodescendentes, 142

ATITUDES PARA A VIDA: Música popular e identidade nacional 143

ATIVIDADES 144

COMPREENDER UM TEXTO: LAUDELINA, UMA MULHER PARA SER LEMBRADA 146

REVISANDO 149

PREPARANDO-SE PARA O ENEM 150

SUMÁRIO

UNIDADE 5 — O MUNDO DIVIDIDO PELA GUERRA FRIA ... 152

TEMA 1 A configuração geopolítica no mundo bipolar ... 154
As origens do conflito, 154; A ofensiva dos Estados Unidos, 155;
A contraofensiva soviética, 155; O anticomunismo nos Estados Unidos, 157;
A corrida armamentista e espacial, 158

ATITUDES PARA A VIDA: Guerra Fria nos esportes ... 159

TEMA 2 Guerra e revolução na Ásia: China e Coreia ... 160
Duas revoluções na China, 160; A República Popular da China, 161;
A guerra e a divisão da Coreia, 162

DE OLHO NA IMAGEM: Picasso pinta o Massacre na Coreia ... 164

ATIVIDADES ... 165

TEMA 3 A Revolução Cubana ... 166
Da guerrilha ao socialismo, 166; O socialismo em Cuba, 167

TEMA 4 Reformas e contestações na Guerra Fria ... 168
Reformas na Europa Ocidental, 168; Maio de 1968, 169;
A Primavera de Praga, 170; Contracultura e feminismo, 171;
A segregação dos negros nos Estados Unidos, 172

ATIVIDADES ... 173

EM FOCO: *ROCK'N'ROLL* E GUERRA FRIA ... 175

REVISANDO ... 180

UNIDADE 6 — AS INDEPENDÊNCIAS NA ÁFRICA E NA ÁSIA ... 181

TEMA 1 Independências na África ... 182
A crise do imperialismo europeu, 182; Os processos de independência na África, 185; O fim do Império Português, 187

TEMA 2 Os desafios da África livre ... 190
Novos países, novas fronteiras, 190; A nova diáspora africana, 192

ATIVIDADES ... 193

TEMA 3 A política do *apartheid* na África do Sul ... 194
A legislação segregacionista, 194; A resistência ao *apartheid*, 195;
O *ubuntu* e a difícil reconciliação, 196

TEMA 4 Independências na Ásia: Índia e Indochina ... 198
A independência da Índia, 198; A independência da Indochina, 201;
A Guerra do Vietnã, 202

ATITUDES PARA A VIDA: Vietnã: a guerra na TV ... 203

ATIVIDADES ... 204

COMPREENDER UM TEXTO: O NACIONALISMO HINDU ... 206

REVISANDO ... 209

UNIDADE 7 — A DITADURA CIVIL-MILITAR NO BRASIL E A REDEMOCRATIZAÇÃO 210

TEMA 1 O golpe de 1964 e o terrorismo de Estado 212
A instituição da ditadura, 212; O governo Castello Branco, 213; O governo Costa e Silva, 215; O governo Médici, 216

TEMA 2 As bases de sustentação da ditadura 217
O "milagre econômico" brasileiro, 217; A integração dos povos indígenas, 218; A base social da ditadura, 219; Propaganda política, 220

DE OLHO NA IMAGEM: O humor contra a propaganda 221

ATIVIDADES 222

TEMA 3 A resistência à ditadura 223
As lutas de operários e estudantes, 223; A luta armada, 225; A cultura contra a ditadura, 226; A abertura "lenta, gradual e segura", 228

ATITUDES PARA A VIDA: Vida operária nos anos 1970 231

TEMA 4 A redemocratização no Brasil 232
A campanha das Diretas Já, 232; Crise econômica e transição política, 233;

DE OLHO NO INFOGRÁFICO: As conquistas da Constituição de 1988 234
O que resta da ditadura?, 236

ATIVIDADES 238

EM FOCO: AS DITADURAS NA ARGENTINA E NO CHILE 240

REVISANDO 244

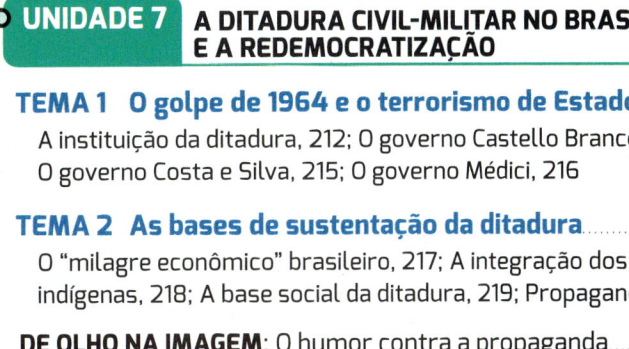

UNIDADE 8 — DESAFIOS DO MUNDO GLOBALIZADO 245

TEMA 1 A desagregação do bloco socialista 246
Os fantasmas da Guerra Fria, 246; A crise do regime soviético, 247; O fim do socialismo no Leste Europeu, 248; A desagregação da União Soviética e da Iugoslávia, 250

TEMA 2 Inovações e desafios do mundo globalizado 252
O processo de globalização, 252; Crise econômica e xenofobia, 257; As questões ambientais, 258; Os movimentos antiglobalização, 259

ATIVIDADES 260

TEMA 3 Os conflitos do século XXI 261
Uma nova ordem mundial, 261; Fundamentalismo religioso e terrorismo, 262

TEMA 4 O Brasil na nova ordem mundial 266
Os governos de Fernando Collor e Itamar Franco, 266; O governo FHC, 267; O governo Lula, 268; O governo Dilma Rousseff, 269; O governo Temer, 270

ATITUDES PARA A VIDA: A democracia no século XXI 271
Um panorama do Brasil contemporâneo, 272

ATIVIDADES 276

COMPREENDER UM TEXTO: CONECTADOS, MAS SOZINHOS 278

REVISANDO 280

PREPARANDO-SE PARA O ENEM 281

REFERÊNCIAS BIBLIOGRÁFICAS 283

ATITUDES PARA A VIDA 289

UNIDADE 1
O NASCIMENTO DA REPÚBLICA NO BRASIL

UMA REPÚBLICA SEM POVO?

No início da república no Brasil, na década de 1890, apenas 2,2% da população brasileira podia exercer o direito de voto. No pleito de 2016, 70% dos brasileiros exerceram esse direito, número trinta vezes maior que nas principais eleições da Primeira República. Contudo, a corrupção, a desigualdade e a vulnerabilidade social continuam limitando o exercício pleno da cidadania dos brasileiros.

O atual cenário político do Brasil é marcado por denúncias de corrupção que envolvem quase todos os partidos políticos do país. A apropriação de recursos públicos e a criação de políticas que beneficiam interesses de pequenos grupos aprofundam a crise econômica e social e nos obrigam a refletir sobre o modelo de república adotado no Brasil.

Ilustração atual, inspirada na capa da revista *Careta* de 26 de abril de 1919, que satiriza a manipulação eleitoral durante a Primeira República.

ATITUDES PARA A VIDA

- Pensar com flexibilidade.
- Questionar e levantar problemas.
- Aplicar conhecimentos prévios a novas situações.

COMEÇANDO A UNIDADE

1. Qual é o significado de república?
2. Associe o título do texto desta abertura com a ilustração.
3. Além do direito ao voto, como a população brasileira pode exercer sua cidadania e aperfeiçoar a república brasileira?

TEMA 1: A CRISE DA MONARQUIA NO BRASIL

> Quais foram as principais razões para a queda da monarquia no Brasil?

UMA REPÚBLICA EM CONSTRUÇÃO

A república, como forma de governo, nasceu na Roma antiga. Com ela, surgiu a noção de um governo visto como *res publica* ("coisa pública"), que deveria servir aos interesses dos cidadãos.

Muito tempo depois, com a Revolução Francesa, no final do século XVIII, o conceito de república se uniu ao de liberdade e democracia. A partir desse período, o ideal de república passou a ser associado aos **direitos civis e políticos** conquistados pelos revolucionários franceses.

No caso brasileiro, a república surgiu como resultado de uma aliança entre setores do exército e das elites econômicas e políticas do país no final do século XIX. Conforme veremos, a nossa república foi estabelecida para atender aos interesses de uma pequena elite dominante.

O uso da "coisa pública", ou seja, do Estado, em benefício de interesses privados e em prejuízo da coletividade tornou-se um dos problemas históricos da nossa república. Os escândalos de corrupção que são constantemente noticiados nos jornais impressos e televisivos representam apenas uma parte do caráter invertido da república brasileira, esvaziada de seu sentido público e democrático.

Reconhecer os vícios do regime republicano brasileiro, no entanto, não é suficiente para transformá-lo. Mais que isso, é necessário que os cidadãos conheçam e participem das atividades políticas. Construir um Estado efetivamente público no nosso país só é possível com a ampliação de práticas de **cidadania** por parte dos brasileiros, conscientes e exigentes dos seus direitos.

Representantes da sociedade civil participam de audiência pública sobre o direito à água, no Senado Federal. Brasília (DF), 2018. Para além do voto consciente, o exercício da cidadania consiste em acompanhar as ações dos representantes eleitos, apresentar reivindicações e participar ativamente das assembleias e comissões que determinam as decisões políticas do país.

O MOVIMENTO REPUBLICANO

Antes da independência do Brasil, muitos grupos sociais e políticos já defendiam a implantação de uma república. De maneira difusa, a proposta republicana apareceu, por exemplo, nas conjurações Baiana e Mineira, na Revolução Pernambucana de 1817 e na Confederação do Equador, em 1824. Mas apenas no século XIX, com a expansão da lavoura cafeeira e a formação de uma rica camada de fazendeiros no Sudeste, o projeto republicano ganhou força no país.

O acontecimento que assinalou a arranca da desse movimento no Brasil foi a publicação do **Manifesto Republicano**, em 1870. O documento criticava o caráter centralizador e hereditário da monarquia, defendia o princípio federativo do regime republicano e declarava a república como o caminho para aproximar o Brasil das demais nações americanas.

Havia grandes divergências entre os republicanos. O grupo dominante, liderado pelo jornalista Quintino Bocaiuva, pregava que a república deveria ser instalada sem agitações sociais que ameaçassem a ordem estabelecida. Outros, como o advogado Silva Jardim, defendiam uma ampla mobilização popular para derrubar a monarquia.

Charge de Angelo Agostini publicada na *Revista Illustrada*, em 1882, representando o imperador D. Pedro II sendo derrubado do trono pelos republicanos.

O movimento republicano, mesmo sendo antigo no Brasil, só se transformou em força política decisiva com a modernização dos principais núcleos urbanos do Centro-Sul do país e o crescimento das camadas médias e da burguesia cafeeira. Essas mudanças levaram ao declínio da monarquia e ao enfraquecimento dos grupos que tradicionalmente a sustentavam: os antigos proprietários rurais do Nordeste e do Vale do Paraíba, a Igreja Católica e setores do exército.

A família imperial na escadaria do Palácio Isabel, em Petrópolis, em 1889, antes de partir para o exílio. Ao centro estão o imperador D. Pedro II e sua filha, a princesa Isabel.

PARA NAVEGAR

- **Museu da República**
Disponível em <http://museudarepublica.museus.gov.br/>. Acesso em 27 jun. 2018.

Construído no Rio de Janeiro no século XIX, o Palácio do Catete foi sede do poder republicano do Brasil entre 1896 e 1960. Tombado como patrimônio histórico e transformado no Museu da República, o palácio abriga o mobiliário do período republicano, assim como documentos, fotografias e livros.

No *site* é possível conhecer a história do museu, acessar publicações e fotografias, além de realizar uma visita virtual pelo interior do edifício.

OS ANTIGOS E OS NOVOS CAFEICULTORES

Na segunda metade do século XIX, o setor cafeeiro no Brasil se dividia em dois grupos principais. O mais antigo era constituído de cafeicultores do **Vale do Paraíba** fluminense e paulista. Eles tinham fortes vínculos com a corte imperial, que lhes facilitava a concessão de créditos por meio das praças financeiras do Rio de Janeiro.

O segundo setor, mais novo, era formado pelos cafeicultores do **Oeste Paulista**. Ao contrário dos cafeicultores tradicionais, os do Oeste Paulista desenvolveram uma autonomia financeira em relação às praças bancárias ligadas à corte imperial. Em busca de crédito mais barato, recorreram a empréstimos externos, principalmente ingleses, garantindo outra fonte de obtenção de recursos financeiros, o que lhes possibilitou afastar-se politicamente do governo imperial.

Dessa forma, é possível entender a defesa do federalismo republicano por parte dos fazendeiros do Oeste Paulista. Para eles, a república era a forma de assegurar mais autonomia política e financeira para as províncias e, na prática, subordinar as instituições do Estado aos interesses da economia cafeeira.

Fichas

OS CONFLITOS COM A IGREJA

Desde o período colonial, o poder civil e o religioso estavam unidos por meio do **padroado**, uma instituição que submetia a Igreja ao controle da Coroa portuguesa e, após a independência, da Coroa brasileira.

Ao longo do século XIX, inspirados nas ideias iluministas, setores letrados da sociedade passaram a criticar a interferência da Igreja nas instituições políticas do país e a defender um Estado laico. A Igreja, por sua vez, buscando recuperar sua influência, adotou medidas contrárias ao governo imperial, proibindo, por exemplo, a admissão de eclesiásticos maçons. A decisão gerou um dilema, uma vez que a elite brasileira era em grande parte maçônica e católica.

O ápice da crise entre o governo e a Igreja ocorreu quando o imperador D. Pedro II deu ordens para que a medida do papa não fosse cumprida e, na década de 1870, prendeu dois bispos que se recusaram a seguir as ordens imperiais. Situações como essa caracterizaram a **Questão Religiosa**, que marcou o afastamento entre setores do clero católico e a monarquia.

Federalismo: sistema de governo de um país em que as províncias ou estados têm autonomia administrativa em relação ao governo central, embora sujeitas às leis gerais da federação.

Maçom: aquele que faz parte da maçonaria, sociedade secreta em que se exerce a fraternidade e ajuda mútua entre seus membros.

Explore

1. Com base na charge, escreva qual teria sido o desfecho do embate entre o imperador e a Igreja.
2. Por que o cartunista teria representado o conflito entre a Igreja e a monarquia dessa forma?

Detalhe da charge de Bordalo Pinheiro publicada na revista *O Mosquito*, em setembro de 1875, que mostra o imperador "dando a mão à palmatória" ao papa Pio IX.

A QUESTÃO MILITAR

Durante o governo de D. Pedro II, o exército ocupou uma posição marginal na política brasileira. Os baixos soldos, a rígida disciplina da corporação e a lentidão nas promoções desencorajavam os filhos das elites a seguir a carreira militar.

Após a vitória brasileira na Guerra do Paraguai, o exército saiu fortalecido como corporação. Muitos oficiais, apoiados nesse prestígio, passaram a expressar seu desejo de desempenhar um papel central na política brasileira.

Na década de 1880, sucessivos atritos entre o governo e militares envolvidos em questões políticas desgastaram a relação entre o exército e a monarquia. A cada dia ficava mais evidente o projeto dos militares de assumir um novo papel na cena política brasileira.

Soldo: salário ou remuneração dos militares.

O GOLPE DE 15 DE NOVEMBRO

O isolamento da monarquia se acentuou após a abolição da escravatura, em 1888. A lei foi sancionada pelo governo sem nenhum tipo de indenização aos proprietários, decisão que desagradou profundamente a elite escravista tradicional. Essas antigas elites, representadas pelos proprietários rurais do Nordeste e do Vale do Paraíba, encontravam-se em um processo de declínio econômico, ao contrário da nova elite cafeeira do Oeste Paulista, de perfil empreendedor, ligada ao capital internacional e aberta aos investimentos na mão de obra livre imigrante.

Na manhã do dia 15 de novembro de 1889, o marechal Deodoro da Fonseca marchou com as tropas para o Ministério da Guerra. Há diferentes versões sobre os planos de Deodoro. É possível que ele não quisesse derrubar a monarquia, mas apenas o chefe do gabinete ministerial, o visconde de Ouro Preto. Porém, uma vez iniciado o movimento, foi difícil revertê-lo. A república foi proclamada, e o imperador, diante dos fatos, preferiu não resistir. O dia 15 de novembro, então, resultou de uma ação quase isolada do exército, apoiada por um pequeno grupo de republicanos civis.

Proclamação da república, pintura de Benedito Calixto, 1893. Note que o artista representou o acontecimento como uma parada militar.

Estação da Luz, em São Paulo (SP). Foto de Guilherme Gaensly, 1905. Na capital paulista vivia uma base social importante do movimento republicano: a classe média e a burguesia cafeeira.

O APOIO DE NOVOS GRUPOS SOCIAIS À REPÚBLICA

Os conflitos entre a monarquia, seus apoiadores e contestadores refletiam as transformações mundiais que de alguma forma impactavam também o Brasil: iluminismo, Revolução Francesa, Revolução Industrial, liberalismo político e econômico, entre outras.

Mais do que a ação isolada de um grupo de militares, o golpe de 15 de novembro pode ser considerado o resultado de um contexto mais amplo que envolvia novos protagonistas sociais.

"Interessados em monopolizar o aparelho do Estado, os grupos progressistas deram acolhida às ideias mais avançadas: a abolição, a reforma eleitoral, a federação e, finalmente, a república. Ao lado do núcleo progressista das classes rurais, colocaram-se as classes médias, desejosas de participação política, igualmente favoráveis a mudanças de regime. A república resultou, assim, da aliança entre grupos ativos da classe média e representantes do setor mais dinâmico da classe senhorial. O exército, identificado com os interesses da classe média, realizou a mudança do regime que deixara de atender às necessidades de parcelas importantes da sociedade. [...]"

COSTA, Emília Viotti da.
Da monarquia à república: momentos decisivos.
São Paulo: Editora Unesp, 1999. p. 451-459.

ORGANIZAR O CONHECIMENTO

1. Associe cada conceito ao seu respectivo significado.
   a) Monarquia.
   b) República.
   c) Cidadão.
   d) Súdito.
   ( ) Aquele que deve obediência ao monarca.
   ( ) Forma de governo em que o poder é exercido por um rei ou imperador em caráter vitalício.
   ( ) Aquele que tem direitos e deveres em relação ao Estado e à sociedade.
   ( ) Forma de governo em que um ou vários indivíduos eleitos pelo povo exercem o poder por tempo determinado.

2. Escreva um pequeno texto com as palavras do quadro.

> república   Oeste Paulista
> Vale do Paraíba   militares
> classe média   monarquia
> cafeicultores

TEMA 2

A PRIMEIRA REPÚBLICA

A REPÚBLICA DA ESPADA

O papel cumprido pelo exército na proclamação da república assegurou aos militares a chefia do novo governo. Por esse motivo, a primeira fase da república brasileira é conhecida como **República da Espada** (1889-1894).

O comando do Governo Provisório instaurado pela república foi entregue ao marechal Deodoro da Fonseca. Entre suas primeiras medidas, destacam-se a dissolução das assembleias provinciais, a indicação de novos presidentes de províncias (principalmente militares e grandes proprietários de terras), a ordem de enviar a família real ao exílio na Europa, a naturalização de estrangeiros imigrados e a separação entre a Igreja e o Estado.

Em dezembro de 1889, foram convocadas eleições para o **Congresso Nacional Constituinte**. As eleições foram realizadas, em todo o Brasil, em setembro do ano seguinte. No dia 15 de novembro de 1890, o Congresso iniciou os trabalhos de elaboração da nova Constituição, que foi promulgada em fevereiro de 1891.

Por que a Primeira República é considerada uma república oligárquica e não democrática?

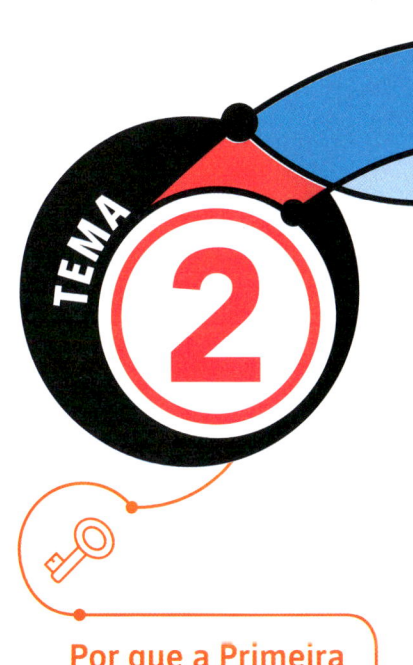

Assinatura do projeto da Constituição de 1891, pintura de Gustavo Hastoy, c. 1891.

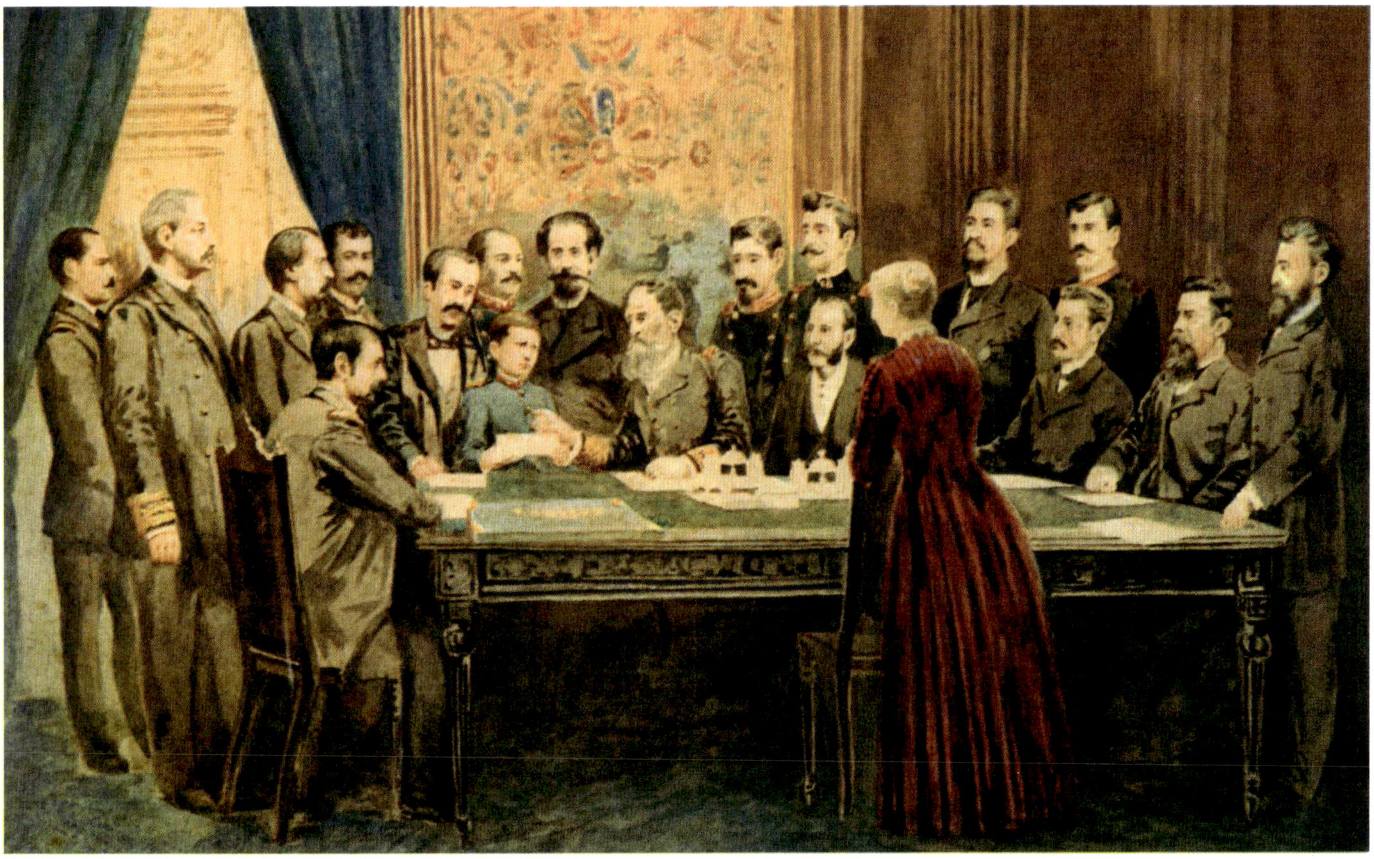

FUNDAÇÃO CASA DE RUI BARBOSA, RIO DE JANEIRO

A PRIMEIRA CONSTITUIÇÃO DA REPÚBLICA

Amplamente inspirada nos ideais da Carta Magna dos Estados Unidos, a Constituição de 1891 estabeleceu o regime federativo, como desejavam as oligarquias estaduais. Veja a seguir alguns pontos da nova lei:

- O Brasil passou a ser uma república presidencialista, com eleições para presidente de quatro em quatro anos, sem direito à reeleição.

- O poder foi dividido em três esferas independentes: o Executivo (o presidente da república e os ministros), o Legislativo (Câmara dos Deputados e Senado) e o Judiciário (com a criação de um Supremo Tribunal Federal).

- Estabeleceu-se o voto direto e universal para cidadãos maiores de 21 anos. Os mendigos, analfabetos e os soldados não podiam votar. A Constituição não determinava que o voto devia ser secreto nem fazia menção às mulheres, o que, pela tradição, as excluía do direito ao voto.

- As antigas províncias transformaram-se em estados, desfrutando de relativa autonomia com base nos princípios do federalismo.

- O Estado separou-se da Igreja, extinguiu-se a pena de morte e instituiu-se a liberdade de culto religioso. Cartórios foram criados para cuidar do registro de nascimento, de falecimento e também de casamento, tarefas que antes ficavam a cargo da Igreja.

- A educação pública, embora tenha se tornado laica, não aparecia na Constituição como obrigatória, isentando o Estado da responsabilidade de criar uma política de educação ampla e gratuita.

De acordo com a Constituição de 1891, o presidente e o vice-presidente do primeiro período republicano deveriam ser eleitos, excepcionalmente, pelo Congresso Constituinte. Assim, Deodoro da Fonseca e o vice Floriano Peixoto foram eleitos indiretamente para um mandato de quatro anos na presidência da república.

Além disso, o Brasil passou a se chamar **República dos Estados Unidos do Brasil**. Esse nome só foi alterado em 1967, quando o nosso país passou a ser chamado de República Federativa do Brasil, mantido até hoje pela Constituição de 1988.

O Brasão de Armas do Brasil foi desenhado pelo engenheiro Artur Zauer, por encomenda de Deodoro da Fonseca.

Explore

- A Constituição brasileira de 1891 pode ser considerada democrática? Por quê? Justifique com exemplos retirados do texto desta página.

OS PRESIDENTES DA PRIMEIRA REPÚBLICA

- 1889-1891 Deodoro da Fonseca.
- 1891-1894 Floriano Peixoto.
- 1894-1898 Prudente de Morais.
- 1898-1902 Campos Salles.
- 1902-1906 Rodrigues Alves.
- 1906-1909 Affonso Pena.
- 1909-1910 Nilo Peçanha.

A CRISE ECONÔMICA E O FIM DA REPÚBLICA DA ESPADA

Ainda durante o Governo Provisório, Deodoro nomeou o primeiro ministro da Fazenda da república brasileira, Rui Barbosa, que decidiu implantar uma política de incentivo ao crescimento econômico, especialmente o industrial.

Como nesse período havia escassez de moeda circulante no Brasil, o ministro determinou a emissão de mais dinheiro, que serviria para o financiamento de novas indústrias. O dinheiro, porém, foi investido em ações na bolsa de valores, até mesmo de empresas fictícias.

A política de Barbosa foi um completo desastre: o surto inflacionário e o mercado especulativo de compra e venda de ações levaram a economia do Brasil ao colapso. O termo **Encilhamento**, que se referia ao lugar onde os cavalos ficavam presos antes de um páreo, foi lançado de forma pejorativa pela imprensa, relacionando tal política econômica à ideia de aposta arriscada.

A grave crise econômica somou-se a dificuldades políticas quando Deodoro entrou em choque com as elites cafeicultoras de São Paulo, que dominavam o Poder Legislativo e criticavam o caráter centralizador do seu governo. Pressionado e sem apoio político, Deodoro foi obrigado a renunciar, em novembro de 1891. Com o apoio dos cafeicultores paulistas, o vice-presidente, o marechal Floriano Peixoto, assumiu o governo.

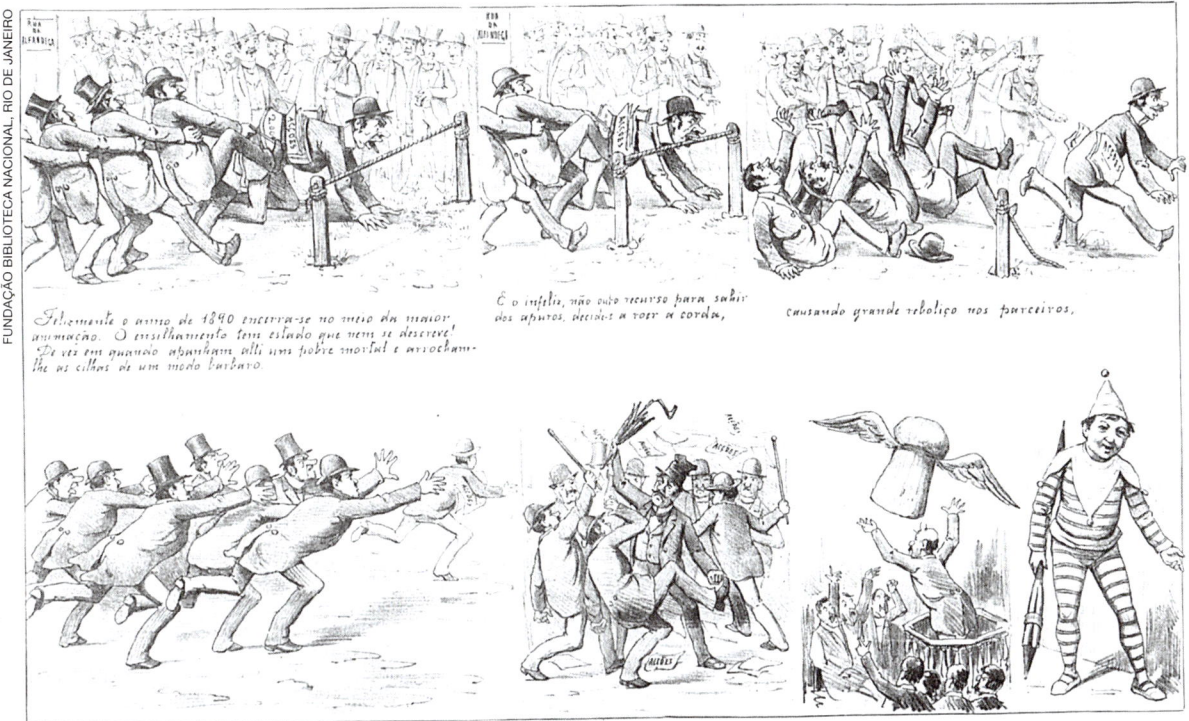

Charge de Pereira Neto satirizando a política econômica de Rui Barbosa, apelidada de Encilhamento, publicada na *Revista Illustrada*, dezembro de 1890.

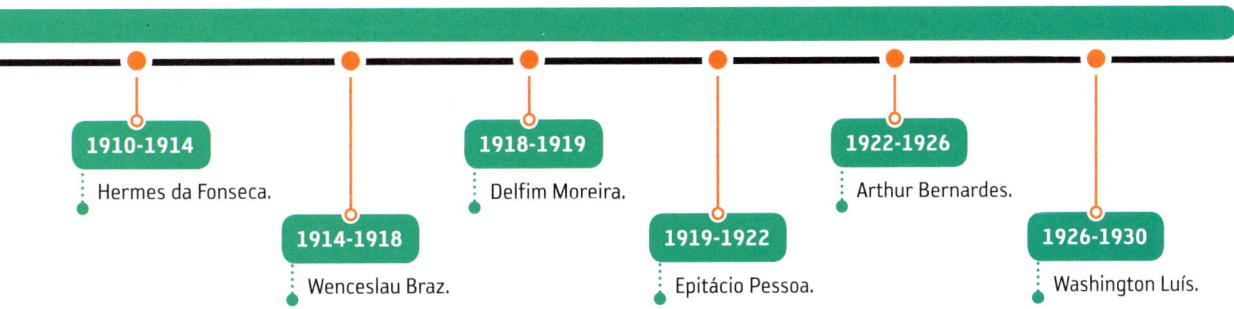

A REPÚBLICA OLIGÁRQUICA

Em 1894 ocorreu a primeira eleição direta para presidente da república no Brasil. Ela foi vencida por Prudente de Morais (1894-1898), membro da elite cafeicultora paulista. Com isso, o restrito grupo social que se uniu aos militares para derrubar a monarquia assumia o comando político do país, com poder para direcionar os recursos públicos em benefício de seus próprios interesses.

A república começava a ser construída no Brasil sem as bases democráticas que caracterizam o regime republicano. A Constituição de 1891, por exemplo, excluía do direito ao voto mulheres, soldados de baixa patente, mendigos e analfabetos. Considerando que a população de analfabetos no Brasil era de 82% (censo de 1890), sobravam apenas 18%. Retirando as mulheres, os soldados e os menores de 21 anos, sobravam 2,2% de eleitores.

Tomado por essas elites ricas e poderosas, o aparato do Estado era administrado como um bem particular. As práticas de aparelhamento da máquina estatal incluíam a apropriação de verbas públicas em benefício privado, a negociação de empréstimos em condições vantajosas, a oferta de empregos e cargos aos apoiadores políticos, entre outros favores e benefícios que configuram o chamado **clientelismo**.

É BOM SABER

A descrença dos brasileiros nas instituições

"[...] Um juiz vai preso envolvido em um esquema de corrupção. Ministros condenam um político, mas ele não sofre qualquer punição porque a pena já prescreveu. [...] Os exemplos acima estão nas páginas dos jornais [...]. Diante delas, a sensação de que as coisas talvez não funcionem como deveriam no país. E uma constatação, que não poderia ser diferente: o brasileiro não acredita nas suas instituições. [...]

[Segundo o cientista político José Álvaro Moisés] 'É mais importante desconfiar dos governantes do que das instituições. Se você desconfiar delas, você não bate na porta da Justiça para se utilizar dela [...]', diz o professor.

O raciocínio se estende à política. [...] Se desconfiar do Congresso, você imagina que, mandando uma mensagem para o parlamentar, ele não vai sequer abri-la para ler.'

Para Moisés, a desconfiança na política pode aprimorá-la, desde que [...] a sociedade civil insista na tese de cobrar qualidade do Congresso."

MILITÃO, Eduardo. Por que os brasileiros desconfiam das instituições? *Congresso em Foco*, 3 jun. 2010. Disponível em <http://mod.lk/YIkuX>. Acesso em 17 jul. 2018.

Homenagem à vereadora Marielle Franco, assassinada com seu motorista na cidade do Rio de Janeiro em março de 2018. São Paulo (SP), foto de 2018. Marielle atuava pelos direitos das mulheres negras e contra a violência policial, sobretudo nas favelas do Rio de Janeiro.

A POLÍTICA DOS GOVERNADORES E O CORONELISMO

Campos Salles (1898-1902) sucedeu Prudente de Morais na presidência da república. Em seu governo se consolidaram dois mecanismos de poder que constituíram as bases da República Oligárquica: a **Política dos Governadores** e o **coronelismo**.

Criada por Campos Salles, a Política dos Governadores era um instrumento político para evitar os choques entre os governos estaduais e a União. Por meio dele, os grupos dominantes em cada estado apoiavam o governo federal que, em troca, não reconhecia a eleição de candidatos de oposição aos cargos executivos ou legislativos em nível municipal, estadual ou federal.

Para esse mecanismo funcionar, era necessário garantir o controle dos votos em cada município e assim evitar a eleição de candidatos da oposição. Por isso, a Política dos Governadores fortaleceu o poder local dos chamados **coronéis**, em geral grandes latifundiários que ofereciam favores em troca de votos ou ameaçavam violentamente os eleitores.

A Primeira República entregou aos coronéis o comando político dos municípios. Dessa maneira, muitos eleitores ficavam sujeitos às pressões e práticas de compra de votos exercidas por esses chefes políticos locais. Esse mecanismo de controle dos votos ficou conhecido como **voto de cabresto**.

A POLÍTICA DO CAFÉ COM LEITE

Os cargos políticos federais mais importantes, como o de presidente da república e o de ministro da Fazenda, eram dominados pelas oligarquias de São Paulo e Minas Gerais, os estados mais ricos da União, que conseguiam impor uma política de favorecimento dos seus interesses.

Porém, essa frente oligárquica, conhecida como **política do café com leite**, não controlou sozinha e o tempo todo o governo da república. Nas eleições de 1910, por exemplo, o gaúcho Hermes da Fonseca venceu Rui Barbosa, candidato de São Paulo. Também o Rio Grande do Sul conquistou muito poder após a aliança firmada com os deputados nordestinos no Congresso Nacional. Além dos gaúchos, outros grupos políticos oligárquicos faziam parte do jogo de alianças e determinavam, com mineiros e paulistas, os rumos políticos e econômicos do país.

Capa da revista *O Malho*, de maio de 1907, satirizando as práticas políticas do Brasil. O texto que acompanha a imagem diz:
"[...] De gado manso [...] não pode vir grande mal...
[...] muitas vezes uma ovelha má põe o rebanho a perder...
É preciso muita vigilância".

É BOM SABER

A Revolução Federalista

Entre 1893 e 1895, o Rio Grande do Sul foi palco de uma guerra civil que opôs republicanos (pica-paus ou ximangos) e federalistas (maragatos). Os republicanos, liderados por Júlio de Castilhos, apoiavam o governo federal e o presidencialismo. Já os federalistas, liderados por Gaspar Silveira Martins, defendiam o parlamentarismo e reivindicavam mais autonomia para os estados e a reforma da Constituição do Rio Grande do Sul. Os líderes dos dois grupos eram membros da oligarquia gaúcha e não lutavam para transformar a realidade social ou política do estado ou do país, mas disputavam o controle da política local.

O confronto alcançou Santa Catarina e Paraná e deixou um saldo de 10 mil mortos. Em agosto de 1895, os federalistas foram derrotados.

A PROTEÇÃO AO CAFÉ

O café foi o principal item de exportação do Brasil durante o Segundo Império e a Primeira República, constituindo a base econômica do país. Porém, o grande aumento da produção, a partir do final do século XIX, provocou a queda nos preços do café no exterior. Diante disso, o governo federal lançou sucessivos planos para reerguer os preços do produto.

A principal medida, iniciada em 1906 no **Convênio de Taubaté**, era contrair empréstimos para comprar estoques de café e reduzir a sua oferta, forçando, assim, o aumento dos preços. Com o plano, as remessas para o exterior caíram de 19 mil sacas comercializadas em 1906 para cerca de 10 mil em 1907.

ORGANIZAR O CONHECIMENTO

1. Escolha o conectivo correto para cada caso.

   | não apenas | uma vez que | ainda que | dessa forma | também | como |

   a) Os coronéis cumpriam papel importante no sistema eleitoral da Primeira República, _____ eles tinham recursos para controlar o voto nos municípios.

   b) _____ São Paulo e Minas Gerais dominassem o poder político no início da república, oligarquias de outros estados _____ participavam do jogo político por meio de alianças.

   c) A Constituição de 1891 _____ excluiu as mulheres e os analfabetos da vida política, _____ permitiu a prática do voto aberto, admitindo, _____, todo tipo de fraude eleitoral.

2. Escreva um pequeno texto com as palavras do quadro.

   | cidadania   oligarquias   voto   educação   analfabetos coronéis   clientelismo   república |

Vista da Avenida Paulista, em São Paulo (SP). Foto de Guilherme Gaensly, 1902. Muitos palacetes da Avenida Paulista, a primeira rua asfaltada da cidade, foram construídos pelos chamados "barões do café". Esses palacetes se transformaram em símbolos da riqueza dos cafeicultores do Oeste Paulista.

ATIVIDADES

APLICAR

1. Com um colega, analisem a charge a seguir.

Charge de Storni *As próximas eleições... "de cabresto"*, publicada na revista *Careta*, em 1927.

a) Que aspecto da Primeira República foi representado?

b) Que crítica o cartunista pretendeu fazer ao eleitor e ao político daquele período?

c) Na opinião de vocês, essa crítica também se aplica às eleições brasileiras atuais? Expliquem.

2. Leia o texto a seguir sobre a baixa participação dos brasileiros nas eleições da Primeira República e, em seguida, indique a afirmativa correta.

"Nem mesmo os 7,8% de adultos alfabetizados aos quais a Constituição dava o direito do voto dele se utilizavam. No período [1894-1922], a participação eleitoral girou entre 1,4% e 3,4% da população. [...]

A ausência quase total de participação verificava-se na própria capital da república, onde o índice de escolaridade era mais alto. Com cerca de 20% da população apta a votar, votou apenas 1,3% dela na eleição presidencial de 1894, 0,9% na de 1910, e 2,2% na de 1922. [...]

O caso do Distrito Federal é o mais escandaloso. Em 1910, os eleitores representavam apenas 2,7% da população. Votaram 34% dos eleitores. [...] Como a capital era o município com a maior taxa de alfabetização (61%), é preciso concluir que não era apenas o grau de instrução que afetava a participação eleitoral.

[...] Na capital da república, a abstenção não era produzida por oligarquias. Era devida ao puro medo. As eleições eram batalhas comandadas por capangas armados de facas e navalhas."

CARVALHO, José Murilo de. Os três povos da república. *Revista USP*, n. 59, set./nov. 2003.

a) A baixa participação de votantes nas eleições era causada pelo elevado índice de analfabetismo no Brasil.

b) Mesmo pressionados pelas oligarquias, os eleitores não tinham interesse em exercer o direito de voto.

c) O índice de votantes nas eleições da Primeira República não chegava a 5% da população total do Brasil.

d) A participação dos eleitores no Rio de Janeiro, capital da república, era desestimulada pelas oligarquias.

3. Os gráficos a seguir mostram dados das eleições municipais de 2012 e 2016 no Brasil.

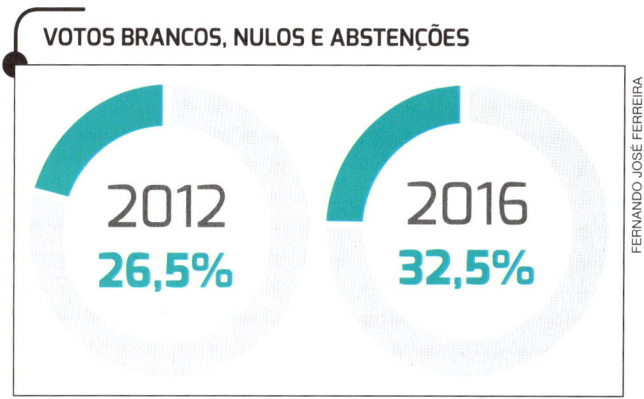

Fonte: Tribunal Superior Eleitoral (TSE), 2016.

a) Que relação podemos estabelecer entre o texto da questão 2 e os dados desses gráficos?

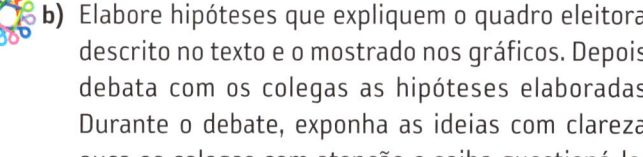 b) Elabore hipóteses que expliquem o quadro eleitoral descrito no texto e o mostrado nos gráficos. Depois, debata com os colegas as hipóteses elaboradas. Durante o debate, exponha as ideias com clareza, ouça os colegas com atenção e saiba questioná-los de forma respeitosa.

RETOMAR

4. Responda às questões-chave da abertura dos temas 1 e 2.

a) Quais foram as principais razões para a queda da monarquia no Brasil?

b) Por que a Primeira República é considerada uma república oligárquica e não democrática?

TEMA 3 — CONFLITOS NO CAMPO: CANUDOS, CONTESTADO E O CANGAÇO

De que forma os movimentos rurais da Primeira República atuaram?

RELIGIOSIDADE POPULAR E BANDITISMO SOCIAL

No final do século XIX, na passagem do império para a república, ainda predominavam no Brasil características econômicas herdadas da época colonial: latifúndio, monocultura e técnicas rudimentares de produção. A abolição da escravidão, em 1888, não significou a modernização das relações de trabalho nem a criação de leis de proteção ao trabalhador.

Nesse cenário de subdesenvolvimento e desigualdade, agravado por um regime político e eleitoral excludente, surgiram movimentos sociais baseados na religiosidade popular e na liderança messiânica, a exemplo de Canudos e do Contestado, e também nas práticas do chamado banditismo social, como no caso dos cangaceiros.

ANTÔNIO CONSELHEIRO E O ARRAIAL DE CANUDOS

Antônio Vicente Mendes Maciel, mais conhecido como Antônio Conselheiro, nasceu provavelmente em 1830, no interior do Ceará. Ainda criança, iniciou os estudos para a formação de padre, mas, ao se tornar adulto, acabou exercendo outras profissões, como a de comerciante, escrivão e professor.

Por volta de 1871, Antônio iniciou suas peregrinações pelo interior de Sergipe, Pernambuco e Bahia, pregando mensagens religiosas e aconselhando os sertanejos. Procurava, ainda, organizá-los para a realização de obras, como a construção de igrejas, casas, açudes e colheitas agrícolas. Seu papel como **líder comunitário** cresceu continuamente. Foi a partir dessa liderança religiosa e política que o beato passou a ser chamado de Antônio Conselheiro.

Em 1893, o beato e seus seguidores fundaram um povoado comunitário na antiga fazenda Canudos, às margens do Rio Vaza-Barris, na Bahia. Chamada de **Belo Monte**, a comunidade tinha sua organização baseada na propriedade comum das terras e no trabalho agrícola coletivo. Canudos mantinha relações comerciais regulares com vilas e cidades da região e chegou a reunir entre 20 mil e 30 mil moradores.

Entre as pessoas pobres da região, Canudos atraiu muitos ex-escravos. A abolição ocorreu sem um projeto político que incluísse esse enorme segmento social, e as nascentes indústrias, além das fazendas, davam preferência à mão de obra branca imigrante, fechando as portas para os trabalhadores negros. Em Canudos, os sertanejos pobres, negros ou brancos, encontraram uma comunidade de pertencimento e uma forma de sobrevivência.

REGIÃO DE CANUDOS (c. 1893)

Fonte: *Saga: a grande história do Brasil*. São Paulo: Abril Cultural, 1981. p. 173.

Vista do arraial de Canudos, na Bahia, em foto de 1897.

CANUDOS E A REPÚBLICA OLIGÁRQUICA

O crescimento da comunidade de Canudos incomodou cada vez mais as elites locais. A Igreja Católica acusava Antônio Conselheiro de heresia e subversão em razão, sobretudo, de seu fervor religioso, do fato de ele não ser um sacerdote sacramentado e de sua defesa dos pobres com base na interpretação bíblica.

Os coronéis, por sua vez, se preocupavam com a falta de mão de obra e com a autonomia da comunidade em relação ao poder oligárquico, exemplo que poderia ser seguido por outros sertanejos.

Além disso, Conselheiro também passou a ser visto como uma ameaça à República, já que criticava as leis republicanas, como a separação entre Igreja e Estado. Diante disso, o governo foi chamado a intervir contra Canudos. As autoridades procuraram justificar a ação armada alegando que as pregações de Conselheiro comprovavam sua vocação monarquista e representavam, assim, uma ameaça à ordem republicana.

Explore
- Qual era a atitude dos conselheiristas diante dos impostos governamentais e das leis republicanas?

A GUERRA DE CANUDOS

Em 1896, forças federais e baianas iniciaram a campanha militar para destruir Canudos. Apesar da superioridade bélica, o exército do governo foi derrotado pelos **conselheiristas**. O mesmo ocorreu com outras expedições.

Canudos só foi destruído com a quarta expedição, que contou com 10 mil homens fortemente armados. O arraial foi derrotado pelas forças republicanas em 5 de outubro de 1897. A maior parte dos seus habitantes foi morta.

Relatos de civis contam que, mesmo após a queda do arraial, muitos prisioneiros foram mortos e várias crianças foram abandonadas ou entregues à adoção.

O sertão nordestino brasileiro

Nesta multimídia, você pode navegar por textos e vídeos que trazem mais informações sobre a Guerra de Canudos, e os aspectos geográficos e culturais do sertão. Disponível em <http://mod.lk/seryu>.

A GUERRA DO CONTESTADO: POBREZA E MESSIANISMO NO SUL DO PAÍS

Em 2012, completou-se o primeiro centenário da **Guerra do Contestado** (1912-1916), a maior guerra civil ocorrida no Brasil republicano. Esse conflito ocorreu no Sul do país, em uma área disputada judicialmente entre os estados do Paraná e Santa Catarina.

No início do século XX, essa região era habitada por muitos pequenos agricultores e posseiros, entre eles negros, indígenas e brancos, denominados pelos habitantes das cidades de **caboclos**. Ao longo dos anos, esses camponeses viram seus territórios serem ocupados por fazendeiros interessados na extração de erva-mate e madeira. A presença de grandes companhias estrangeiras envolvidas na construção de estradas de ferro também reduzia o espaço das lavouras de subsistência das famílias camponesas.

Nesse contexto social e econômico, surgiram na região muitos movimentos messiânicos, como o liderado pelo monge **José Maria**. Seus seguidores acreditavam que o fim do mundo estava próximo e que a adesão ao movimento significaria a salvação da alma. Ao grupo de José Maria uniram-se também operários recrutados para a construção da ferrovia que tinham sido demitidos e proibidos de viver às margens da estrada. O anseio dessas pessoas por terra, trabalho e melhores condições de vida associou-se à religiosidade popular, tornando as tensões sociais existentes na região ainda mais explosivas.

Monge José Maria de Agostinho, líder do movimento messiânico do Contestado, c. 1910.

Fonte: Os principais embates da guerra. *O Estado de S. Paulo*, 11 fev. 2012. Disponível em <http://mod.lk/TjnMu>. Acesso em 23 jul. 2018.

O INÍCIO DA GUERRA

Em 12 de outubro de 1912, a guerra eclodiu. O monge José Maria e um grupo de fiéis rumaram até a cidade de Irani, situada hoje no estado de Santa Catarina, principal centro da disputa entre paranaenses e catarinenses.

As autoridades do Paraná, contudo, acreditavam que o grupo tinha sido enviado pelo governo de Santa Catarina e, assim, iniciaram uma violenta repressão, que culminou com a morte de José Maria.

A crença de que o monge ressuscitaria levou ao surgimento das "cidades santas", comandadas por meninas que diziam ter visões e receber instruções de José Maria. Inicialmente religioso, o movimento tornou-se cada vez mais político. Os rebeldes reivindicavam o direito à terra, ao trabalho e à liberdade religiosa.

Estima-se que o exército tenha enviado cerca de dois terços de seu efetivo para a região e equipado as tropas com armas modernas.

Em 1915, o cerco ao movimento intensificou-se. A truculência do exército, a falta de alimentos e as doenças enfraqueceram os rebeldes e provocaram o fim do conflito, em 1916, deixando cerca de 20 mil mortos, a maior parte caboclos.

Locomotiva estadunidense na antiga estação ferroviária de Caçador (SC), atual Museu do Contestado, 2016.

É BOM SABER

A visão republicana sobre os rebeldes do Contestado

"Por muito tempo o estudo sobre o conflito do Contestado refletiu todos os preconceitos que existem sobre as populações rurais em geral e, em especial, os caboclos. 'Matutos', 'tabaréus' e outras denominações pejorativas aos habitantes nacionais indicavam uma mistura de preconceito racial (contra negros, indígenas e mestiços) associado ao preconceito urbano e de classe, contra os camponeses em geral. Esta população [...] era tratada como um povo ignorante, [...] despreparado para qualquer política de modernização, preso a superstições [...].

O conceito de 'fanatismo', por expressar uma condição mental irracional, um comportamento ligado à loucura, foi a principal saída encontrada por militares, jornalistas e historiadores para montar uma estrutura explicativa ao fenômeno que se desenvolveu no Contestado. [...]

[No entanto, ao ultrapassar as análises estereotipadas] Mais do que entender que os sertanejos reagiram a uma agressão externa, é importante considerarmos que eles não podiam ter sido mais explícitos na formação de um projeto rebelde, de um novo modelo de sociedade. A resistência e a negação do mundo dos coronéis e da empresa ferroviária norte-americana se desenvolveu na invenção de algo absolutamente novo – a 'Cidade Santa' [...]."

MACHADO, Paulo Pinheiro. O centenário do movimento do Contestado: 1912-2012 – história, memória e historiografia. *Portal de História da UFF*. Disponível em <http://mod.lk/EA9B7>. Acesso em 23 jul. 2018.

Explore

- Você considera que a memória da presença de negros e indígenas na Região Sul do Brasil é tão valorizada quanto a dos imigrantes europeus? Justifique.

O CONTESTADO HOJE

Boa parte dos descendentes dos rebeldes do Contestado vive hoje em comunidades espalhadas pelo interior de Santa Catarina. Em alguns municípios, como Timbó Grande, onde ocorreu a última batalha do Contestado, 44,2% da população é pobre ou indigente. Segundo o Censo de 2010, 50,4% das famílias têm renda *per capita* de até um quarto de salário mínimo.

Os moradores dessas comunidades dedicam-se, principalmente, aos cultivos de subsistência e ao trabalho temporário em grandes fazendas ou madeireiras. Com medo de perder oportunidades de trabalho, muitos evitam dizer que são parentes dos rebeldes que lutaram no Contestado.

O CANGAÇO

Além do messianismo, outra forma de expressão das tensões sociais no campo foi o cangaço. Esse é o nome que foi dado à ação de **bandos armados** que, entre os anos de 1870 e 1940, percorriam o sertão nordestino promovendo assaltos, atacando fazendas e estabelecimentos comerciais e fugindo da polícia.

O mais conhecido cangaceiro foi Virgulino Ferreira da Silva, o Lampião. Ele nasceu entre 1897 e 1900, em Serra Talhada, no estado de Pernambuco, em uma família de médios proprietários rurais. Cresceu em um ambiente de violentas disputas entre famílias rivais, e o próprio pai foi morto por se envolver em desavenças opondo grupos inimigos. Foi nesse ambiente de rixas familiares, emboscadas e vinganças que Lampião ingressou no cangaço, formou seu próprio bando e o liderou por quase vinte anos.

Em 1938, o bando de Lampião foi localizado pela polícia na fazenda Angicos, no sertão de Sergipe. Lampião, sua companheira, Maria Bonita, e mais nove cangaceiros foram mortos e decapitados pela polícia. Suas cabeças ficaram expostas no Museu Nina Rodrigues até 1968, quando foram enterradas.

O cangaço teve fim na década de 1940, quando o Brasil passou por um intenso processo de industrialização e urbanização. Com isso, milhares de sertanejos encontraram na migração para as principais cidades do Sudeste um meio de sobreviver e melhorar suas condições de vida.

Lampião e seu bando, 1936. Da esquerda para a direita: Vila Nova, cangaceiro desconhecido, Luís Pedro, Amoroso, Lampião, Cacheado, Maria Bonita, Juriti, cangaceiro desconhecido e Quinta-Feira.

AS INTERPRETAÇÕES SOBRE O CANGAÇO

Entre os pesquisadores, o tema do cangaço tem sido objeto de muitas interpretações. Na década de 1920, por exemplo, o político e romancista Gustavo Barros analisou o cangaço como resultado de um meio geográfico hostil e de uma sociedade sertaneja "selvagem" e "isolada da civilização". Já nos anos 1960, a socióloga Maria Isaura de Queiroz defendeu que o cangaço foi uma ação de sertanejos conscientes de sua condição miserável e dispostos a modificá-la.

O historiador Eric Hobsbawm, nos anos 1970, apresentou uma interpretação que ganhou muitos defensores. Ele analisou o cangaço como expressão do banditismo social, uma forma de rebeldia nos meios rurais tradicionais contra o regime oligárquico. Porém, ao contrário dos camponeses, que viam os cangaceiros como libertadores e Lampião como uma espécie de Robin Hood do sertão, Hobsbawm argumentou que esses bandos armados não eram revolucionários, mas formados por indivíduos que recorreram ao crime como saída para a sobrevivência.

Os cangaceiros despertavam sentimentos contraditórios nos sertanejos. Alguns os consideravam heróis que faziam justiça contra os ricos proprietários de terras, outros os temiam por sua violência.
O cangaço é tema recorrente na literatura de cordel, como na obra *História completa de Lampião e Maria Bonita*, de Rouxinol do Rinaré e Klévisson Viana, 2011.

ORGANIZAR O CONHECIMENTO

1. Escreva **V** (verdadeiro) ou **F** (falso) em cada frase a seguir.

   a) (   ) As comunidades de Canudos e do Contestado tinham em comum a religiosidade popular e messiânica e a autonomia em relação ao poder constituído.

   b) (   ) A Guerra de Canudos foi motivada pelo temor oligárquico diante da autonomia dos sertanejos e seu modo de vida comunitário.

   c) (   ) O discurso das elites republicanas desqualificava os rebeldes do Contestado como fanáticos, irracionais, perigosos e jagunços desordeiros.

   d) (   ) Os cangaceiros formaram grupos organizados e politizados, que tinham como objetivos tomar o poder dos coronéis e transformar a vida dos sertanejos.

2. Copie e complete a ficha a seguir.

	Guerra de Canudos	Guerra do Contestado	Cangaço
Data			
Local			
Composição social			
Objetivos			
Desfecho			

TEMA 4

CONTESTAÇÕES NAS CIDADES

Como as camadas populares urbanas atuaram no Brasil moderno e industrial que se formava no início da república?

A ONDA MIGRATÓRIA PARA O BRASIL

Entre 1887 e 1930, na transição do império para a república, em torno de 3,8 milhões de estrangeiros se estabeleceram no Brasil. Eram principalmente italianos, espanhóis, alemães, portugueses, sírios, libaneses e japoneses.

Esses imigrantes vinham principalmente de países europeus que se industrializaram na segunda metade do século XIX. Na Europa daquele período, a modernização nos campos e a crescente mecanização na produção fabril geraram um excedente de mão de obra. Esse problema causava fortes tensões sociais e foi aliviado com as políticas de estímulo à emigração.

Principalmente jovens e sem qualificação, esses imigrantes dirigiram-se, em geral, às regiões cafeeiras dos atuais estados de São Paulo, Rio de Janeiro e Minas Gerais. Muitos deles, especialmente alemães e italianos, também se instalaram no Sul do Brasil, onde se dedicaram ao cultivo de pequenas lavouras e à criação de animais.

No entanto, descontentes com a condição de pobreza e exploração em que viviam nas lavouras, muitos imigrantes seguiram para as cidades, onde tentaram se estabelecer trabalhando no comércio ou na indústria que surgia.

Festa da Polenta, em Venda Nova do Imigrante (ES), 2011. A festa preserva a tradição dos imigrantes italianos com comidas típicas e apresentações de música e dança.

Operárias da Tecelagem Mariângela, das Indústrias Reunidas F. Matarazzo, em São Paulo (SP), década de 1920. As fábricas têxteis empregavam um grande número de crianças e mulheres, que recebiam salários mais baixos que os dos homens adultos que desempenhavam a mesma função.

O DESENVOLVIMENTO DA INDÚSTRIA

Desde os últimos anos do império, parte dos capitais gerados pela economia cafeeira passou a ser aplicada na indústria e em outras atividades. Ou seja, os **lucros do café**, além de serem reinvestidos em novos cafezais e instalações necessárias à produção, também passaram a ser aplicados na atividade industrial. A relação entre lavoura cafeeira e indústria explica por que as principais regiões produtoras de café, especialmente São Paulo e Rio de Janeiro, também lideraram a expansão industrial.

Em parceria com o Estado e com investidores estrangeiros, os cafeicultores desenvolveram uma infraestrutura para o escoamento do café que incluía ferrovias, portos, companhias de navegação, estradas e produção de energia elétrica. A necessidade de crédito para financiar a produção e de serviços para facilitar as vendas do produto para o exterior também estimulou a expansão de bancos e de casas de exportação.

O crescimento do setor industrial resultou na expansão do operariado no país. Entre 1880 e 1920, o número de trabalhadores nas indústrias do Brasil quase quadruplicou: aumentou de 54 mil para mais de 200 mil. Além disso, as condições de trabalho eram péssimas: a jornada variava entre 14 e 16 horas diárias, não havia indenização por acidente de trabalho, direito a férias remuneradas, salário mínimo nem qualquer proteção ao trabalho infantil.

Os homens predominavam no setor metalúrgico e portuário. Já as mulheres e as crianças trabalhavam principalmente na indústria têxtil. Em 1920, a participação feminina no setor chegava a 58% do total de empregados. Mesmo assim, seus salários eram inferiores aos dos homens.

O OPERARIADO E SUAS MOBILIZAÇÕES

Grande parte dos operários das indústrias brasileiras era imigrante, com predomínio de italianos, espanhóis e portugueses. Foi principalmente por meio deles que as ideias socialistas, comunistas e anarquistas foram difundidas no país. Os imigrantes também tiveram papel importante na formação dos primeiros **sindicatos** no Brasil, na criação da imprensa operária e na organização de greves.

A mais poderosa mobilização operária do período ocorreu na cidade de São Paulo e ficou conhecida como **greve geral de 1917**. Com forte influência do anarcossindicalismo, a greve teve início no setor têxtil e se espalhou por outros ramos. O movimento foi violentamente reprimido pela polícia. Apesar disso, os trabalhadores conquistaram benefícios, como a construção de moradias populares e a regulamentação das condições de higiene e segurança nas fábricas.

Trabalhadores durante a greve geral de 1917, em São Paulo (SP).

É BOM SABER

A imprensa anarquista

A Primeira República foi um período de intensa atividade da imprensa operária no Brasil. Os líderes do movimento operário brasileiro, muitos deles anarquistas, escolheram os jornais como principal veículo de educação política e organização sindical. Jornais como *A Plebe*, *A Lanterna*, *La Battaglia* e *O Amigo do Povo* promoviam ideais de solidariedade e liberdade e mobilizavam os trabalhadores para a greve geral.

Nesse trabalho de propaganda e comunicação, as imagens cumpriam um papel fundamental. Isso porque a maioria dos trabalhadores eram analfabetos ou imigrantes que não haviam aprendido ainda a língua portuguesa.

A revolução social tende para o extermínio dos instrumentos da opressão e da barbárie, dignificando as ferramentas do trabalho útil e fecundo para o bem-estar de toda a humanidade, ilustração do jornal anarquista *A Plebe*, 1924.

Moradores diante de um cortiço no Rio de Janeiro (RJ), em 1904. O cortiço é um tipo de moradia urbana ocupado por famílias de baixa renda, em que os cômodos da construção são divididos e habitados por uma família, enquanto as demais instalações são de uso coletivo.

O CRESCIMENTO DAS CIDADES

A instalação de novas indústrias, estabelecimentos comerciais e habitações operárias impulsionou a **construção civil** e abriu espaço para a contratação de pedreiros, carpinteiros, marceneiros, serventes de obras, entre outros profissionais do setor.

O rápido crescimento das cidades também contribuiu para incrementar as indústrias. O afluxo de pessoas para os centros urbanos criou demandas por bens de consumo não duráveis, como alimentos, tecidos, sabões, bebidas, calçados e chapéus. A produção de **bens de consumo doméstico** foi a base da nossa nascente indústria.

O avanço da urbanização no período, entretanto, não veio acompanhado de um planejamento público de uso e ocupação do solo, articulado com o sistema de transporte e saneamento. Ao contrário, as cidades passaram a ser ocupadas de maneira irregular, com moradias inadequadas, nas quais as condições de higiene eram precárias, facilitando a proliferação de epidemias.

 # Dialogando com Geografia

Explore
- Essa imagem pode ser considerada um exemplo de espaço urbano desordenado? Justifique a sua resposta com elementos da imagem.

AS REFORMAS URBANAS

O **crescimento desordenado** de algumas cidades brasileiras, com habitações precárias e expansão de epidemias, era especialmente notado na cidade do Rio de Janeiro, a capital da república.

Em 1902, Rodrigues Alves assumiu a presidência da república propondo a reforma e a modernização do porto do Rio de Janeiro, ponto de partida para uma renovação urbana radical. Nomeado diretamente pelo presidente, o engenheiro Francisco Pereira Passos tomou posse como prefeito do Distrito Federal no final de dezembro do mesmo ano, recebendo amplos poderes.

Pereira Passos, em parceria com o governo federal, passou a remodelar a estrutura material da cidade com o plano popularmente conhecido como **"bota-abaixo"**: demolição de prédios, abertura de avenidas, prolongamento de ruas, reforma do calçamento, arborização e construção de jardins nas praças. Essa grande reforma atingiu principalmente a população pobre que morava e trabalhava no centro ou em suas redondezas.

Paralelamente, em São Paulo, os recursos gerados pela economia cafeeira permitiram a **reurbanização** da cidade, que se dividiu em bairros nobres, na parte alta, enquanto a várzea dos rios era destinada aos bairros operários e às fábricas, locais frequentemente sujeitos a enchentes.

O modelo de reurbanização do Rio de Janeiro e de São Paulo foi, em geral, seguido pelas demais capitais brasileiras da época. Dessa forma, a população pobre foi expulsa das áreas centrais e nobres das cidades e empurrada para as áreas periféricas, onde os serviços públicos praticamente não existiam.

As reformas urbanas do período, portanto, evidenciaram e agravaram os contrastes sociais do Brasil, como mostra o historiador José Murilo de Carvalho, no texto a seguir.

Vista do cruzamento da Rua Bahia com a Rua Goiás, em Belo Horizonte (MG), 1910. Inaugurada em 1897, a cidade teve, em sua construção, forte influência das reformas urbanísticas promovidas nas principais cidades europeias.

"A população que se comprimia nas áreas afetadas pelo bota-abaixo de Pereira Passos teve ou de apertar-se mais no que ficou intocado, ou de subir os morros adjacentes, ou de deslocar-se para [...] os subúrbios [...]. Abriu-se espaço para o mundo elegante [...]. No Rio reformulado circulava o mundo *Belle Époque* fascinado com a Europa, envergonhado do Brasil, em particular do Brasil pobre e do Brasil negro."

CARVALHO, José Murilo de. *Os bestializados*: o Rio de Janeiro e a república que não foi. São Paulo: Companhia das Letras, 1987. p. 40-41.

A REVOLTA DA VACINA

A política de remodelamento da capital federal se somava à realização de campanhas pela **higienização da cidade** e erradicação da febre amarela, da varíola e da peste bubônica.

Incumbido dessa tarefa, em 1903, o médico sanitarista Oswaldo Cruz, diretor-geral de Saúde Pública, criou brigadas sanitárias para eliminar os vetores dessas doenças: o mosquito, no caso da febre amarela, e o rato, no caso da peste. Essas brigadas tinham permissão para entrar nos domicílios pobres com mata-mosquitos e raticidas e para interditar as casas consideradas insalubres.

No ano seguinte, após intensos debates, o Congresso aprovou a lei que tornava obrigatória a vacinação contra a varíola. O desconhecimento sobre os efeitos da vacina, que era uma novidade na época, a falta de orientação da população sobre essas decisões e os métodos violentos empregados pelos batalhões da Saúde Pública em parceria com a polícia fizeram explodir uma rebelião popular na cidade do Rio de Janeiro, que ficou conhecida como **Revolta da Vacina**.

Durante vários dias, a população enfrentou nas ruas as forças policiais e as tropas do exército e da marinha. Em 16 de novembro de 1904, após violenta repressão aos populares, a lei da vacinação obrigatória foi revogada. O movimento retrocedeu até desaparecer completamente. A revolta deixou um saldo de trinta mortos e quase mil presos, dos quais 461 foram deportados para o Acre.

Caricatura de Oswaldo Cruz, de Bambino, c. 1904.

A LUTA NEGRA NAS CIDADES

A abolição da escravidão e a proclamação da república não garantiram a criação de políticas públicas para a inclusão social das populações negras. Apesar da conquista da liberdade, o racismo, ancorado em ideias pseudocientíficas e na defesa do embranquecimento da nação, contribuiu para a permanência de um quadro de segregação e pobreza desse segmento social, que desde então tem lutado por inclusão, respeito e visibilidade.

A REVOLTA DA CHIBATA

Durante a Primeira República, o ingresso nas Forças Armadas podia ser voluntário, representando para os negros um caminho de inserção social e meio de sobrevivência; ou involuntário, situação de muitos órfãos ou criminosos que eram obrigados a se alistar no serviço militar.

Além disso, principalmente na marinha, os cargos oficiais eram ocupados por membros das camadas mais ricas da sociedade. Os marinheiros, por sua vez, vinham de famílias pobres, e muitos deles eram ex-escravos ou descendentes de escravos. Para os oficiais, a disciplina só podia ser mantida com a mesma violência aplicada antes nas grandes fazendas. Por isso, era muito comum a violência física e psicológica na marinha.

> **Explore**
>
> - A charge acima é uma crítica ou um elogio ao trabalho de Oswaldo Cruz? Justifique sua resposta por meio de elementos da imagem.

OS MARINHEIROS SE REBELAM

Em 23 de novembro de 1910, após um marinheiro ser castigado com 250 chibatadas na frente de seus colegas de trabalho, os marinheiros dos encouraçados *Minas Gerais* e *São Paulo* tomaram posse das suas embarcações e se amotinaram. Eles exigiam o fim dos castigos físicos na marinha brasileira, especialmente as chibatadas, que eram estabelecidos pelos oficiais.

Liderada pelo marinheiro João Cândido, o **Almirante Negro**, a revolta se espalhou por outros navios de guerra. Inicialmente, com temor de que a cidade do Rio de Janeiro fosse bombardeada, o então presidente Hermes da Fonseca cedeu às exigências dos marinheiros, prometendo anistiar os amotinados. Porém, após a rendição, o governo prendeu e expulsou vários marinheiros da corporação.

Marinheiros do encouraçado *São Paulo* durante a Revolta da Chibata. Rio de Janeiro, 1910. Ao final da revolta, João Cândido foi preso e, depois de meses, internado em um hospital psiquiátrico, de onde saiu após dois anos.

A IMPRENSA NEGRA

A resistência negra, desde o período imperial, não se manifestava apenas nas fugas e na formação de quilombos. Em várias províncias do Brasil, setores letrados da população negra produziram os primeiros jornais destinados à valorização dos afrodescendentes e à defesa dos ideais de liberdade e igualdade dos revolucionários franceses.

O primeiro jornal da imprensa negra no Brasil foi o pasquim *O Homem de Cor*, surgido no Rio de Janeiro em 1833. Mais tarde, em 1876, foi criado no Recife o jornal *O Homem*, seguido de *A Pátria* (1889) e *O Progresso* (1899), ambos em São Paulo, enquanto em Porto Alegre foi publicado *O Exemplo*, em 1892.

Além desses periódicos independentes e pouco duradouros, alguns intelectuais negros também se destacaram escrevendo na grande imprensa. Foi o caso dos jornalistas José do Patrocínio (1857-1905) e Luís Gama (1830-1882), que canalizaram seu talento literário para a defesa da causa abolicionista.

Na Primeira República, São Paulo se transformou em um importante centro da imprensa negra. Depois dos pioneiros *A Pátria* e *O Progresso*, foram criados o *Menelick* e *A Princesa do Oeste* (1915), bem como *O Alfinete* e *A Liberdade* (1918); entre vários outros. O último produzido no período foi *Quilombo*, de 1929.

Os jornais da imprensa negra não tinham função informativa como a imprensa tradicional. Eles tratavam de questões raciais e sociais e eram voltados ao leitor negro. O objetivo era afirmar a identidade afrodescendente, promovendo a inclusão social dos negros e libertando-os da marginalidade criada pela escravidão.

Encouraçado: navio de guerra de grande porte, dotado de artilharia e músseis, e protegido por forte couraça.

ATITUDES PARA A VIDA

Oswaldo Cruz na Amazônia

As doenças que acometiam a população do Rio de Janeiro no início do século XX também estavam presentes em outras cidades brasileiras. Preocupado com a situação, o governo federal encarregou o médico Oswaldo Cruz de visitar os portos do país, entre 1905 e 1906, com o objetivo de implantar regras sanitárias. Poucos anos depois, o médico esteve no Pará, com a missão de combater a febre amarela. Ao contrário do que havia ocorrido no Rio de Janeiro, a campanha foi bem recebida pela população.

Em 1910, Oswaldo Cruz trabalhou para a Madeira-Mamoré Railway Company, empresa estadunidense encarregada da construção de uma estrada de ferro ligando Porto Velho a Guajará Mirim, na fronteira com a Bolívia, em Rondônia. A ferrovia era de grande interesse do governo brasileiro, mas a obra estava ameaçada, pois os trabalhadores padeciam de várias doenças, principalmente a malária, que provocava alto índice de mortalidade.

O médico sanitarista Oswaldo Cruz em foto de 1908.

Oswaldo Cruz sabia que para erradicar a malária era necessário combater o mosquito transmissor da doença, que se reproduz em águas paradas. Por isso, alertou as autoridades para a urgência de medidas de saneamento nas cidades e povoados amazônicos, mas encontrou forte resistência. Passados mais de cem anos, a malária ainda é um grande problema de saúde pública na Amazônia.

QUESTÕES

1. Escreva **V** (verdadeiro) ou **F** (falso) nas frases abaixo.
    a) A insalubridade dos portos brasileiros colocava em risco a economia agroexportadora, sustentáculo da Primeira República
    b) Para combater a malária na Amazônia, medidas de saneamento foram adotadas desde o início do século XX.
    c) Os estudos e propostas de Oswaldo Cruz na Amazônia levavam em conta as condições ambientais da região.

2. Explique o valor das atitudes em foco nesta unidade para o trabalho de Oswaldo Cruz como médico sanitarista: **pensar com flexibilidade; questionar e levantar problemas; aplicar conhecimentos prévios a novas situações**.

3. Oswaldo Cruz enfrentou o desinteresse de autoridades nas ações de saneamento básico; a descrença nas descobertas científicas sobre a transmissão de doenças; e a resistência da população ao tratamento dos doentes. Retome a descrição das atitudes, nas páginas 4 e 5, e indique quais delas você considera importantes para resolver essas situações. Justifique suas escolhas.

O MODERNISMO

A revolução estética ocorrida no Brasil com o movimento modernista deve ser compreendida no contexto da expansão da economia cafeeira, da industrialização e da urbanização no país. Com a riqueza gerada pelo café, surgiu uma nova elite social, política e econômica, que desejava também conquistar a hegemonia no campo das ideias e da cultura.

Essa burguesia, essencialmente urbana, rivalizava com a antiga elite do país, que só se interessava pela cultura europeia tradicional, das peças francesas, da poesia parnasiana ou das óperas italianas. Essa cultura das elites estava apartada do samba, da capoeira, das tradições indígenas e de outras expressões populares da época.

Foi nesse contexto que, no início da década de 1920, o modernismo surgiu no Brasil. Os artistas e intelectuais desse movimento queriam criar uma nova cultura nacional, conectada com as grandes transformações da civilização industrial. Para isso, eles pretendiam unir as vanguardas artísticas europeias, especialmente o expressionismo e o cubismo, com manifestações da cultura popular (de origem africana e indígena), desprezadas pelas elites brasileiras desde o período colonial.

A SEMANA DE 1922

A grande efervescência cultural do movimento modernista atingiu o seu ápice com a Semana de Arte Moderna de 1922, realizada durante os dias 13, 15 e 17 de fevereiro, no Teatro Municipal de São Paulo.

A Semana de 1922, como também ficou conhecida, reuniu intelectuais, pintores como Anita Malfatti e Emiliano Di Cavalcanti, escritores como Mário de Andrade e Oswald de Andrade, o escultor Victor Brecheret e o compositor Heitor Villa-Lobos.

O evento foi programado para comemorar o primeiro centenário da independência do Brasil. Porém, a intenção dos organizadores era proclamar uma segunda independência do país, dessa vez cultural e moderna. Para isso, eles propunham a ruptura das manifestações artísticas brasileiras com o tradicionalismo, procurando valorizar em suas obras as raízes brasileiras.

As inovações artísticas apresentadas durante a semana, porém, não agradaram ao público, que protestou. As vaias e o choque provocado pelas apresentações expressavam o impacto criado por uma estética mais ousada, que dava as costas para a arte acadêmica e convencional.

Capa do catálogo da exposição da Semana de Arte Moderna, com pintura de Di Cavalcanti, 1922.

ORGANIZAR O CONHECIMENTO

1. Elimine do quadro a expressão que não pertence ao grupo e a substitua por outra que faça sentido.

   > Fábricas   Greve geral de 1917
   > anarcossindicalismo
   > Imigrantes   Revolta da Vacina

2. Identifique os grupos sociais de cada movimento.
   a) Greves.
   b) Revolta da Vacina.
   c) Revolta da Chibata.
   d) Semana de 1922.

DE OLHO NA IMAGEM

A CIDADE INDUSTRIAL PELO OLHAR DE TARSILA DO AMARAL

A pintora Tarsila do Amaral (1886-1973) estava estudando em Paris quando a Semana de Arte Moderna foi realizada. Ao retornar ao Brasil, foi apresentada ao grupo modernista e formou, com eles, o chamado "grupo dos cinco": ela, a pintora e amiga Anita Malfatti e os escritores Oswald de Andrade, Mário de Andrade e Menotti Del Picchia. A obra Operários, reproduzida abaixo, expressa o diálogo que o modernismo estabeleceu com o mundo urbano e industrial no qual o Brasil ingressava.

QUESTÕES

1. Quais sentimentos a pintura desperta em você? Compartilhe suas impressões com os colegas.
2. A disposição dos personagens em pirâmide transmite alguma ideia? Qual?
3. Por que a obra Operários pode ser interpretada como uma crítica social?

Dialogando com Arte

Os edifícios, as chaminés e a fumaça que se espalha pelo céu ilustram a paisagem dos centros urbanos em processo de industrialização, como São Paulo. O tom acinzentando transmite as sensações de frieza, rigidez e aridez das cidades industriais.

A obra, como o próprio título sugere, representa a crescente massa de trabalhadores urbanos no Brasil. A preocupação social, somada ao retrato do Brasil do período, é uma marca dessa primeira geração da arte modernista brasileira.

Operários, pintura de Tarsila do Amaral, 1933.

No primeiro plano, a sobreposição dos rostos exprime a padronização, o anonimato e a massificação dos trabalhadores urbanos. Suas expressões sérias e cansadas traduzem o peso do trabalho na produção industrial.

Em meio ao anonimato dos personagens, Tarsila pintou pessoas de seu convívio, que representam os diferentes perfis e origens dos habitantes das cidades industriais: Mário de Andrade, Oswald de Andrade, Elsie Houston, Gregori Warchavchik e Benedito Sampaio.

Apesar da sobreposição, cada rosto é marcado pela individualidade, remetendo às diferentes origens étnicas da sociedade brasileira: negros, indígenas e brancos misturados aos imigrantes recém-chegados.

ATIVIDADES

APLICAR

1. (IFBA). Leia com atenção o texto sobre a República Velha (1889-1930) e, em seguida, assinale a alternativa correta sobre esse período.

"A República Velha é dividida em dois momentos: a República da Espada e a República Oligárquica. A República da Espada abrange os governos dos marechais Deodoro da Fonseca e Floriano Peixoto. Foi durante a República da Espada que foi outorgada a Constituição que iria nortear as ações institucionais durante a Primeira República. Além disso, o período foi marcado por crises econômicas, como a do Encilhamento, e por conflitos entre as elites brasileiras, como a Revolução Federalista e a Revolta da Armada. A República Oligárquica foi marcada pelo controle político exercido sobre o governo federal, pela oligarquia cafeeira paulista e pela elite rural mineira, na conhecida 'política do café com leite'. Foi nesse período ainda, que se desenvolveu, mais fortemente, o coronelismo, garantindo poder político regional às diversas elites locais do país."

Disponível em <www.brasilescola.com>.
Acesso em 23 set. 2015.
(adaptado)

a) A República Velha foi marcada, politicamente, pelo voto de cabresto, que consistia no voto livre apenas para os homens.

b) Durante esse período, ocorreram movimentos que pediam a volta da monarquia, como, por exemplo, o acontecido em Canudos (BA), liderado por Antônio Conselheiro.

c) As revoltas e os movimentos ocorridos na República Velha, como Contestado, Canudos, Chibata e Cangaço, nasceram de classes populares, que não eram assistidas ou privilegiadas pelo poder público.

d) Com a proclamação da república no Brasil, houve a separação entre a Igreja Católica e o Estado, permitindo, assim, o reconhecimento do casamento civil, o que foi duramente contestado pelo Padre Cícero Romão, no Ceará.

e) A política do café com leite garantia a manutenção do poder político nacional entre os estados de São Paulo e Minas Gerais, sendo contestado na Região Nordeste pelos bandos de cangaceiros, sendo o de Lampião o mais famoso.

2. A canção *O mestre-sala dos mares*, composta por João Bosco e Aldir Blanc em 1970, ficou famosa na voz de Elis Regina. Leia os versos da canção, observe a imagem e responda às questões.

"Há muito tempo nas águas da Guanabara
O dragão do mar reapareceu
Na figura de um bravo feiticeiro
A quem a história não esqueceu.
Conhecido como navegante negro
Tinha a dignidade de um mestre-sala
E ao acenar pelo mar, na alegria das regatas
Foi saudado no porto
Pelas mocinhas francesas
Jovens polacas e por batalhões de mulatas
Rubras cascatas
Jorravam nas costas dos santos
Entre cantos e chibatas
Inundando o coração
Do pessoal do porão
Que a exemplo do feiticeiro gritava, então!
Glória aos piratas, às mulatas, às sereias!
Glória à farofa, à cachaça, às baleias!
Glória a todas as lutas inglórias
Que através da nossa história
Não esquecemos jamais
Salve o navegante negro
Que tem por monumento
As pedras pisadas do cais [...]"

BOSCO, João; BLANC, Aldir.
O mestre-sala dos mares, 1970.

a) Que movimento social da Primeira República é o tema dessa canção?

b) Identifique referências sobre esse movimento na canção.

c) Quem é o navegante negro?

d) Como você interpreta os últimos três versos da canção?

João Cândido, foto de 1910.

3. Analise a charge ao lado e responda às questões a seguir.

   a) Procure identificar o que cada personagem dessa charge representa.

   b) A que movimento social da Primeira República essa cena se refere?

   c) Na sua opinião, o cartunista tinha uma visão positiva ou negativa desse movimento? Por quê? Qual seria a intenção dele ao representar o movimento dessa forma?

RETOMAR

4. Responda às questões-chave da abertura dos temas 3 e 4.

   a) De que forma os movimentos rurais da Primeira República atuaram?

   b) Como as camadas populares urbanas atuaram no Brasil moderno e industrial que se formava no início da república?

   Mais questões no livro digital

Antônio Conselheiro rechaça a república, charge de Angelo Agostini publicada na *Revista Illustrada*, em 1896.

AUTOAVALIAÇÃO

CONTEÚDOS

1. Ao final dos estudos propostos nesta unidade, como você avalia seu aprendizado? Consulte o livro e suas anotações pessoais sobre os quatro temas estudados para responder às seguintes questões.

   a) Quais conteúdos e/ou atividades considerei mais difíceis? Por quê?

   b) Quais conteúdos e/ou atividades considerei mais fáceis? Por quê?

   c) O que posso fazer para melhorar meu aprendizado?

ATITUDES

2. Marque com um X as frases que expressam situações que você experimentou durante o estudo desta unidade.

   a) ( ) Constatei a permanência, na república, de estruturas do período monárquico.

   b) ( ) Refleti sobre os impactos do crescimento das cidades e das indústrias sobre as estruturas de poder da república.

   c) ( ) Avaliei uma situação sob diferentes pontos de vista e percebi a diversidade social e cultural característica do Brasil durante a Primeira República.

3. Associe cada uma das frases acima às atitudes priorizadas nesta unidade.

   a) ( ) Pensar com flexibilidade.

   b) ( ) Questionar e levantar problemas.

   c) ( ) Aplicar conhecimentos prévios a novas situações.

COMPREENDER UM TEXTO

A política republicana, por Lima Barreto

Lima Barreto é considerado um dos maiores escritores brasileiros. Nascido no Rio de Janeiro, em 13 de maio de 1881, ele enfrentou o desafio de ser negro em um país que aboliu a escravidão, mas não concedeu direitos aos negros. Leia a seguir um texto escrito por ele em 1918, que traduz o desencanto do escritor com a república brasileira.

"Não gosto, nem trato de política. Não há assunto que mais me repugne do que aquilo que se chama habitualmente política. Eu a encaro, como todo o povo a vê, isto é, um ajuntamento de piratas mais ou menos diplomados que exploram a desgraça e a miséria dos humildes. [...]

A república [...], trazendo à tona dos poderes públicos a borra do Brasil, transformou completamente os nossos costumes administrativos e todos os 'arrivistas' se fizeram políticos para enriquecer. [...]

A república no Brasil é o regime da corrupção. Todas as opiniões devem, por esta ou aquela paga, ser estabelecidas pelos poderosos do dia. Ninguém admite que se divirja deles e, para que não haja divergências, há a 'verba secreta', os reservados deste ou daquele Ministério e os empreguinhos que os medíocres não sabem conquistar por si e com independência.

A vida, infelizmente, deve ser uma luta; e quem não sabe lutar, não é homem.

A gente do Brasil, entretanto, pensa que a existência nossa deve ser a submissão aos Acácios e Pachecos, para obter ajudas de custo e sinecuras.

Vem disto a nossa esterilidade mental, a nossa falta de originalidade intelectual, a pobreza da nossa paisagem moral e a desgraça que se nota no geral da nossa população.

Abertura da 15ª Festa Literária Internacional de Paraty (Flip), realizada em 2017, que homenageou o escritor Lima Barreto. Na ocasião, o ator Lázaro Ramos interpretou textos do escritor carioca.

Ninguém quer discutir; ninguém quer agitar ideias; ninguém quer dar a emoção íntima que tem da vida e das coisas. Todos querem 'comer'.

'Comem' os juristas, 'comem' os filósofos, 'comem' os médicos, 'comem' os advogados, 'comem' os poetas, 'comem' os romancistas, 'comem' os engenheiros, 'comem' os jornalistas: o Brasil é uma vasta 'comilança'. [...]

[...] proclamada que foi a república, ali, no Campo de Santana, por três batalhões, o Brasil perdeu a vergonha e os seus filhos ficaram capachos, para sugar os cofres públicos, desta ou daquela forma.

Não se admite mais independência de pensamento ou de espírito. Quando não se consegue, por dinheiro, abafa-se.

É a política da corrupção, quando não é a do arrocho.

Viva a república!"

BARRETO, Lima. "A política republicana". A.B.C. 19 de outubro de 1918. In: RESENDE, Beatriz; VALENÇA, Rachel. *Lima Barreto*: toda crônica. Rio de Janeiro: Agir, 2004. p. 392-393.

Arrivista: pessoa determinada a atingir seus objetivos a qualquer preço, mesmo que tenha de prejudicar o outro.

Sinecura: emprego rendoso que exige pouco esforço.

ATIVIDADES

EXPLORAR O TEXTO

1. Para Lima Barreto, a partir da proclamação da república brasileira, em 1889:
   a) implantou-se uma incapacidade moral e intelectual entre os homens, estimulada pelo clientelismo.
   b) estabeleceram-se novas práticas administrativas encabeçadas por revolucionários.
   c) revigoraram-se as práticas patrimonialistas típicas do Estado imperial pré-abolição.
   d) promoveu-se um afastamento entre a vida e a luta por ideais, devido à falta de liberdade.

2. Embora não mencione, Lima Barreto emite uma série de julgamentos que ocultam uma comparação entre a república e a monarquia extinta em 1889. Identifique de que maneira o autor julga esses dois regimes políticos. Você considera que ele estava correto em sua avaliação? Explique.

3. O verbo "comer", utilizado diversas vezes pelo autor em um dos parágrafos desse texto, pode ser substituído, sem perda de sentido, por:
   a) Consumir.
   b) Produzir.
   c) Aproveitar-se.
   d) Alimentar-se.

4. Por que o autor teria escolhido a frase: "Viva a república!" para encerrar seu texto?

RELACIONAR

5. Releia, na página 16, o conceito de república. Em seguida, a partir das críticas de Lima Barreto, liste os desvios aos princípios republicanos praticados durante a Primeira República. Você reconhece alguns desses desvios ainda hoje em nossa república? Quais? O que poderia ser feito para combatê-los?

REVISANDO

Uma república em construção

1. A **república** foi proclamada no Brasil em 15 de novembro de 1889, inspirada principalmente no modelo **federativo dos Estados Unidos**.

2. A república brasileira surgiu como resultado da **aliança** entre setores do **exército** e das **novas elites econômicas do país**, com o apoio da **classe média** urbana.

A Primeira República

1. A **Constituição de 1891** estabeleceu o **presidencialismo**, a **divisão dos três poderes**, a **separação entre a Igreja e o Estado** e o **voto universal masculino** (excluindo mendigos, analfabetos e, na prática, as mulheres).

2. A **República Oligárquica** caracterizou-se pela liderança das novas **elites cafeicultoras** no Poder Executivo do Brasil, sustentadas politicamente pela prática do **clientelismo** e pela **Política dos Governadores**.

3. O **coronelismo** consistiu no fortalecimento do poder local dos coronéis, que manipulavam as eleições por meio da **compra de votos** ou da **violência** contra os eleitores, caracterizando o **voto de cabresto**.

4. A **política do café com leite** marcou a proeminência das elites **paulista e mineira** no jogo político brasileiro, que se mantinham no poder por meio de **alianças com as oligarquias de outros estados**.

Contestações no campo

1. **Antônio Conselheiro** e seus seguidores fundaram, no **sertão da Bahia**, a comunidade religiosa de **Canudos**, que passou a ameaçar os interesses da Igreja e do Estado e, por isso, foi destruída.

2. A **Guerra do Contestado** opôs **pequenos agricultores** de uma comunidade religiosa a grandes fazendeiros e companhias estrangeiras na **luta pela terra**.

3. O **cangaço** é o nome que recebeu a ação de **bandos armados** que percorriam o **sertão nordestino** atacando fazendas e povoados e fugindo da polícia.

Contestações nas cidades

1. Parte dos **lucros gerados pelo café** foi investida na **industrialização** do Brasil na Primeira República.

2. As más condições de trabalho nas **indústrias** levaram os operários a **lutar por direitos** por meio de **sindicatos**, **greves** e de uma **imprensa** independente.

3. A **Revolta da Vacina**, no Rio de Janeiro, foi uma reação popular à política de **higienização urbana**, que incluiu a **vacinação obrigatória** contra a varíola.

4. A **Revolta da Chibata** foi um levante de **marinheiros** contra os **castigos físicos** adotados na marinha.

5. A **imprensa negra** difundiu-se na Primeira República, buscando a **valorização dos afrodescendentes**.

6. O **modernismo** foi um movimento artístico e intelectual que defendia a **ruptura com a arte acadêmica tradicional**, valorizando a **cultura popular brasileira**.

Trilha de estudo

Vai estudar? Nosso assistente virtual no *app* pode ajudar! <http://mod.lk/trilhas>

PARA ASSISTIR

O trenzinho do caipira
Composição: Heitor Villa-Lobos (1930)
Produção: Chamon Audiovisual
Ano: 2015
Duração: 5 min

Sinopse

A Orquestra Sinfônica Brasileira toca *O trenzinho do caipira*, composição do modernista Heitor Villa-Lobos, que procurou reproduzir na música os sons das locomotivas. Disponível em <http://mod.lk/gv061>. Acesso em 6 ago. 2018.

O vídeo e esta unidade

1. Que sensações a canção desperta em você? Há um o diálogo entre as culturas europeia e brasileira? Qual?

2. Associe o nome da canção ao contexto histórico do Brasil na Primeira República.

UNIDADE 2

A PRIMEIRA GUERRA MUNDIAL E A REVOLUÇÃO RUSSA

UMA ERA DE GUERRAS E ESPERANÇAS REVOLUCIONÁRIAS

O século XX é conhecido como o século da catástrofe, em virtude da destruição e das mortes provocadas pelas guerras. Contudo, havia também uma esperança de que a realidade podia ser transformada, de que o mundo podia ser um lugar menos injusto e menos desigual. Esse sentimento alimentou populações inteiras, que se lançaram na luta por um futuro melhor.

Em 2017, completaram-se cem anos da principal revolução ocorrida no século XX, a Revolução Russa, cujos impactos se estenderam, no mundo todo, por bastante tempo. Para os que nasceram no século XXI, a palavra "revolução" não é tão familiar quanto a palavra "guerra". Não é de estranhar, já que as guerras continuam acontecendo, enquanto as revoluções parecem nunca ter ocorrido.

COMEÇANDO A UNIDADE

1. Como o texto descreve o século XX?
2. Observe a imagem e leia a legenda. O que teria motivado as mulheres a participar da manifestação?
3. Você concorda com o seguinte trecho do texto: "Para os que nasceram no século XXI, a palavra 'revolução' não é tão familiar quanto a palavra 'guerra'"? Justifique.

ATITUDES PARA A VIDA

- Persistir.
- Questionar e levantar problemas.
- Assumir riscos com responsabilidade.
- Aplicar conhecimentos prévios a novas situações.

Mulheres manifestam-se contra o governo czarista, em 8 de março de 1917, em Petrogrado, Rússia. Sob o lema "pão e paz", as mulheres protestavam contra a fome e a guerra.

TEMA 1 — A PRIMEIRA GUERRA MUNDIAL

Como o nacionalismo e o imperialismo contribuíram para a eclosão da Primeira Guerra Mundial?

TENSÕES POR TRÁS DO OTIMISMO

Entre o final do século XIX e o início do XX, período conhecido como *Belle Époque*, as burguesias europeias viviam uma era de grande desenvolvimento econômico e tecnológico. Esse espírito de euforia contrastava, no entanto, com o acirramento das tensões entre as potências europeias. Por que isso acontecia?

O rápido crescimento industrial da Alemanha após a sua unificação, em 1871, ameaçava a supremacia econômica mundial da Grã-Bretanha e criava uma intensa **disputa imperialista** entre as nações. A França, terceira força nessa competição, nutria um sentimento de revanche por ter perdido as regiões da Alsácia-Lorena, ricas em ferro e carvão, para a Alemanha na Guerra Franco-Prussiana, em 1870. As disputas entre esses três países por territórios coloniais na África também geravam fortes tensões.

À medida que essas rivalidades se intensificaram, a maior parte dos países europeus aumentou consideravelmente a sua produção de armamentos e adotou o serviço militar obrigatório, ampliando seus contingentes militares. A Europa, portanto, passou a viver o que se convencionou chamar de **Paz Armada**.

Um fator também essencial para o acirramento das tensões na Europa foi o **nacionalismo**. Na Península Balcânica, o plano sérvio de criar a Grande Sérvia, reunindo os povos eslavos dos Bálcãs, voltava-se contra a dominação turca e austríaca na região. A Península Balcânica era ainda alvo do pan-eslavismo, movimento dirigido pela Rússia que pregava a união dos eslavos da Europa Oriental sob a proteção do Estado russo. Havia também o pangermanismo, que pregava a reunião dos povos de origem germânica em um único Estado liderado pela Alemanha.

A questão do Oriente, charge que satiriza as disputas territoriais na região dos Bálcãs antes da guerra, publicada no *Le Petit Journal*, em outubro de 1908. Nela podemos ver a Áustria-Hungria e a Rússia desmembrando o Império Turco.

As rivalidades entre os países motivaram a criação de acordos econômicos, políticos e militares entre eles. Por meio desses acordos, dois blocos opostos foram criados: a **Tríplice Aliança**, formada pelo Império Alemão, pelo Império Austro-Húngaro e pelo Reino da Itália; e a **Tríplice Entente**, que reunia Rússia, França e Grã-Bretanha.

Eslavo: grupo linguístico e étnico de que fazem parte diversos povos da Península Balcânica e da Europa Oriental, entre eles os russos, os polacos, os tchecos, os sérvios, os croatas e os ucranianos.

A FAÍSCA NO BARRIL DE PÓLVORA

Até o início do século XIX, o Império Otomano dominava a maior parte da Península Balcânica (veja o mapa da página seguinte). No entanto, as diversas nacionalidades reunidas no império passaram a lutar por sua independência, estimuladas principalmente pela Rússia e pela Áustria-Hungria, que tinham interesses na região.

Em 1878, depois de várias rebeliões e de um confronto militar entre Rússia e Turquia, foi assinado o **Tratado de Berlim**, que estabelecia a independência da Sérvia, de Montenegro e da Romênia, e determinava que a Bósnia-Herzegovina passaria a ser administrada pelo Império Austro-Húngaro, apesar de continuar pertencendo ao Império Otomano.

A Sérvia, que buscava a união de todos os povos eslavos dos Bálcãs, ambicionava incorporar a Bósnia-Herzegovina ao seu território. No entanto, a Áustria-Hungria anexou a região em 1908, contrariando os interesses nacionalistas da Sérvia.

A tensão nos Bálcãs chegou ao auge em 28 de junho de 1914. Nesse dia, o arquiduque Francisco Ferdinando, herdeiro do trono do Império Austro Húngaro, foi assassinado com sua esposa em Sarajevo, capital da Bósnia, por Gavrilo Princip, militante da organização secreta Mão Negra, que lutava pela causa bósnio-sérvia. Com o atentado, o grupo visava deflagrar uma revolta interna contra a dominação da Bósnia pela Áustria-Hungria.

A Áustria, em protesto, enviou um ultimato à Sérvia com uma lista de exigências que não foram acatadas integralmente. Em 28 de julho, a Áustria reagiu declarando guerra à Sérvia, decisão que marcou o início da Primeira Guerra Mundial. A Alemanha, líder da Tríplice Aliança, declarou seu apoio à Áustria, enquanto a Rússia, que integrava a Tríplice Entente, declarou apoio à Sérvia.

Aos poucos, vários outros países entraram na guerra, aderindo a um ou a outro bloco. Dessa maneira, o sistema de alianças transformou um conflito regional em uma guerra de efeito global. O entusiasmo nacionalista tomou conta de boa parte da população dos países em guerra.

Mapa localizador

O arquiduque Francisco Ferdinando e sua esposa deixam a prefeitura da Bósnia-Herzegovina, em Sarajevo, momentos antes do atentado que vitimou o herdeiro do trono austro-húngaro, em 28 de junho de 1914.

O CONFLITO

A Alemanha começou a guerra procurando dominar a França o mais rápido possível, invadindo o país vizinho através dos territórios de Luxemburgo e da Bélgica. No entanto, a resistência das tropas belgas retardou o avanço alemão, permitindo que a defesa francesa se reorganizasse.

A partir desse momento, o modo como os combates se desenvolveram ficou conhecido como **guerra de trincheiras**. As trincheiras eram redes de valas cavadas no solo onde os soldados se escondiam aguardando o melhor momento para o ataque. Chegada a hora, eles escoravam-se nas barricadas de sacos de areia para atacar a trincheira inimiga.

Das trincheiras dos dois lados, muitos soldados eram atingidos fatalmente. Quando parecia que o inimigo tinha sido derrotado, novas levas de homens saíam da trincheira, atirando por cima do parapeito, geralmente protegido por rolos e teias de arame farpado. Os combates realizados em territórios francês e belga representavam a **Frente Ocidental** da guerra.

Os poucos avanços ou recuos das partes envolvidas deram um caráter estático a essa primeira fase do conflito.

Foi no mar que a tecnologia bélica decidiu os rumos da guerra. Enquanto os alemães mobilizavam seus submarinos para afundar as embarcações inimigas, britânicos impunham à Alemanha um pesado bloqueio naval, impedindo a entrada no território de suprimentos e de matérias-primas para a indústria de guerra alemã.

> **PARA NAVEGAR**
>
> ● **100 anos da Primeira Guerra Mundial**
> Disponível em <http://infograficos.estadao.com.br/especiais/100-anos-primeira-guerra-mundial>.
> Acesso em 23 ago. 2018.
>
> O infográfico apresenta uma compilação de textos, fotos, documentos históricos, vídeos, entrevistas, ilustrações, mapas, reportagens e muitos outros materiais sobre o primeiro conflito mundial.

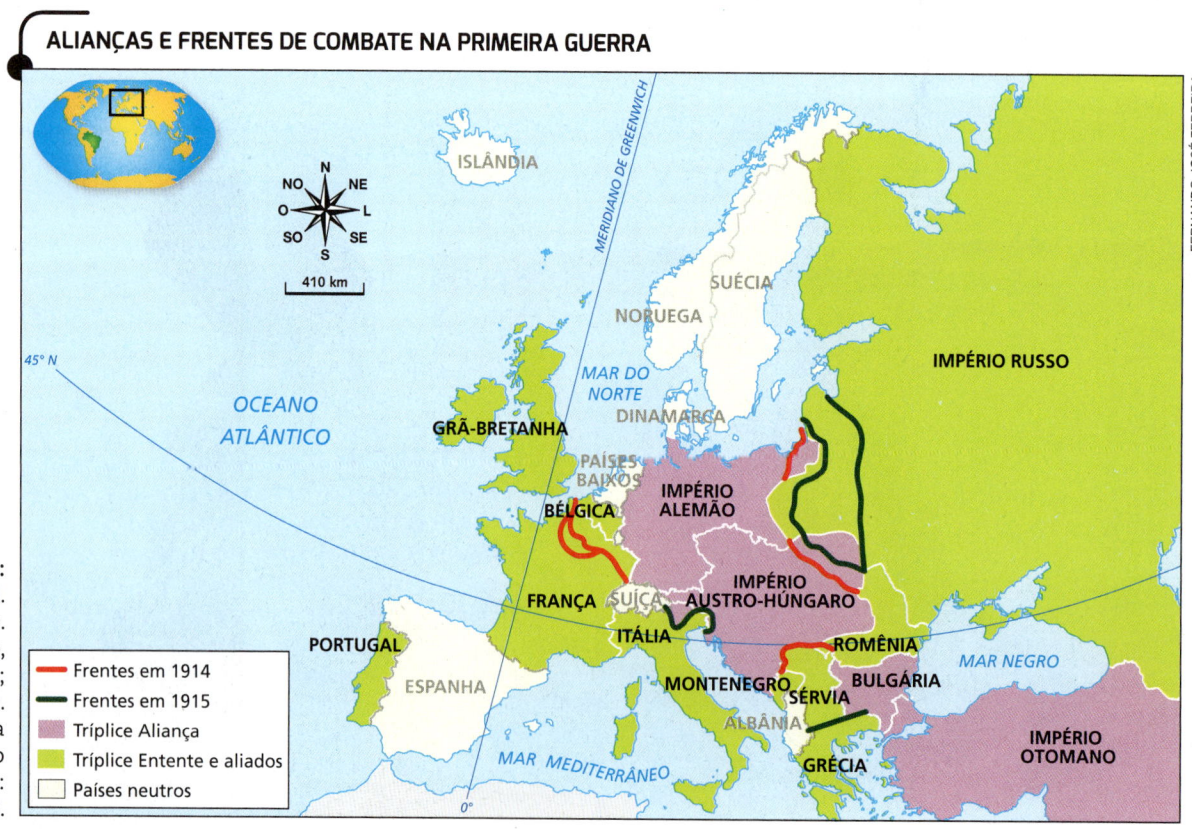

ALIANÇAS E FRENTES DE COMBATE NA PRIMEIRA GUERRA

Legenda:
- Frentes em 1914
- Frentes em 1915
- Tríplice Aliança
- Tríplice Entente e aliados
- Países neutros

Fontes: CHALIAND, Gérard. *Atlas strategique*. Paris: Complexe, 1988. p. 34; *Atlas histórico*. Encyclopaedia Britannica do Brasil. Barcelona: Marin, 1997. p. 178.

É BOM SABER

A vida no campo de batalha

"O campo de batalha é terrível. Há um cheiro azedo, pesado e penetrante de cadáveres. Homens que foram mortos no último outubro estão meio afundados no pântano e nos campos de nabo em crescimento. As pernas de um soldado inglês, ainda envoltas em polainas, irrompem de uma trincheira, o corpo está empilhado com outros; um soldado apoia seu rifle sobre eles. Um pequeno veio de água corre através da trincheira, e todo mundo usa a água para beber e se lavar; é a única água disponível. Ninguém se importa com o inglês pálido que apodrece alguns passos adiante. No cemitério de Langermak, os restos de uma matança foram empilhados e os mortos ficaram acima do nível do chão. As bombas alemãs, caindo sobre o cemitério, provocam uma horrível ressurreição. Num determinado momento, eu vi 22 cavalos mortos, ainda com os arreios. Gado e porcos jaziam em cima, meio apodrecidos. Avenidas rasgadas no solo, inúmeras crateras nas estradas e nos campos."

BINDING, Rudolf. Um fatalista na guerra. In: MARQUES, Ademar Martins e outros. *História contemporânea através de textos*. 11. ed. São Paulo: Contexto, 2008. p. 119.

Soldados alemães em trincheira durante a Primeira Guerra Mundial. Foto de 1916.

Explore

1. O texto apresenta o depoimento de um soldado alemão que lutou na Primeira Guerra Mundial. Que impressões ele provocou em você?
2. Durante o confronto, qual era o valor da vida humana? Aponte trechos do depoimento que justifiquem sua resposta.
3. O que a experiência da guerra pode ter provocado nos soldados sobreviventes?

ORGANIZAR O CONHECIMENTO

1. Elimine do quadro a expressão que não faz parte do grupo e a substitua por outra que faça sentido.

Disputas imperialistas   nacionalismo
produção de armamentos
sistema de alianças   ideias pacifistas

2. Antes da eclosão da Primeira Guerra Mundial, a Europa estava dividida em dois grandes blocos. Que blocos eram esses e por quais países cada um deles era formado?

Soldados alemão (à esquerda) e estadunidense que lutaram na Primeira Guerra Mundial.

DE OLHO NO INFOGRÁFICO

HISTÓRIAS DA TRÉGUA DE NATAL DE 1914

O armistício informal estabelecido no Natal de 1914 entre tropas inimigas na Frente Ocidental despertou diversas interpretações. Segundo a narrativa popular, a trégua foi um momento em que os valores humanitários se sobrepuseram a uma guerra que somente interessava aos governos e às elites econômicas das principais potências europeias.

A Trégua de Natal na cultura popular

A narrativa mais difundida nos meios de comunicação conta que, na véspera do Natal, soldados de ambos os lados da guerra trocaram felicitações e canções natalinas de suas trincheiras. E que, no dia seguinte, em um ato de rebelião contra a guerra, os inimigos deixaram suas trincheiras desarmados e se encontraram para celebrar o Natal.

Mesmo sem evidências, partidas de futebol entre os inimigos são recorrentes nas reconstituições.

Conversas amistosas e trocas de presentes também são muito difundidas nas representações artísticas e comerciais do evento.

A ilustração *Soldados britânicos e alemães na Trégua de Natal durante a Grande Guerra*, de Angus McBride, de 1969, ressalta o companheirismo entre os inimigos.

A trégua como um ato de resistência pacífica

Se, na época em que ocorreu, a trégua foi vista com certa normalidade, nos anos 1960 passou a ser lida como um ato revolucionário, com os soldados agindo contra a guerra e seus superiores. Hoje, porém, entende-se que essa leitura foi influenciada pelo espírito pacifista da juventude do período da Guerra Fria.

Pôster do filme *Feliz Natal* (*Joyeux Noël*), de 2005, do diretor Christian Carion. Desde os anos 1960, a interpretação pacifista da trégua de 1914 é a mais popular, recorrente no teatro, na publicidade e no cinema.

Soldados britânicos e alemães durante a Trégua de Natal de 1914.

A etiqueta de guerra

A trégua de 1914 não surpreendeu a sociedade na época porque momentos como aquele faziam parte da etiqueta de guerra até então. Serviam para a retirada de corpos do campo de batalha e enterros. Relatórios de oficiais do período indicam que a Trégua de Natal foi um desses momentos.

O que os documentos revelam?

No final de 1914, cartas e fotos dos soldados começaram a chegar da Frente Ocidental trazendo muitos **relatos pessoais** da trégua. A opinião pública percebeu o evento como interessante, mas sem grande relevância para a guerra.

Trecho de carta do capitão britânico Jack Armes:

"Hoje é noite de Natal, e me dirigi às trincheiras para cumprir meu turno. Por volta das sete da noite, os tiros cessaram. Os alemães haviam acendido luzes em suas trincheiras. Nossos homens saíram das trincheiras, e os alemães fizeram o mesmo e ficamos conversando. Então, fomos até o outro lado e conversamos com o oficial alemão. Dei permissão para ele enterrar alguns corpos e concordamos em cessar fogo até a meia-noite de amanhã. Então, nos desejamos boa noite e feliz Natal."

Trecho da carta de Josef Wenzl, soldado alemão:

"O dia acabara de raiar quando os britânicos acenaram para nós. Nossos homens acenderam luzes em uma árvore de Natal. Todo mundo saiu de dentro das trincheiras, e ninguém sequer pensou em atirar. O que eu consideraria uma loucura há poucas horas estava acontecendo bem diante dos meus olhos. Os inimigos que se odiavam estavam reunidos em volta de uma árvore de Natal, entoando canções natalinas."

Capa do jornal britânico *The Daily Mirror*, de 31 de dezembro de 1914.

Uma pausa estratégica, não uma rebelião de soldados

As raras punições e o envolvimento direto dos oficiais desmentem a versão de que os soldados teriam se rebelado. As terríveis condições das trincheiras e a mentalidade militar da época provavelmente contribuíram para a trégua, que foi um momento para descansar, mas principalmente para melhorar as condições das trincheiras, enterrar os mortos e espionar as posições inimigas.

Relato do capitão britânico Billy Congreve:

"Os alemães tentaram, vieram em nossa direção cantando. Então, abrimos fogo contra eles."

Mas nem todos aceitaram a trégua

Na maior parte do *front*, não houve cessar-fogo em nenhum momento. E mesmo nos trechos onde a trégua aconteceu, muitos soldados foram mortos em emboscadas ou feitos prisioneiros.

Estima-se que **100 mil soldados** tenham participado da Trégua de Natal, que ocorreu em várias partes do *front*.

Soldados e oficiais britânicos e alemães posam para foto na "terra de ninguém", a área entre as duas trincheiras.

Por que a trégua não se repetiu?

Com o crescente emprego de armas muito mais mortíferas e a incitação ao ódio através da propaganda, as antigas etiquetas de guerra foram suprimidas e as tréguas ficaram cada vez mais raras. Esse fato atribuiu à Trégua de Natal de 1914 um *status* quase mítico, e seu significado é disputado toda vez que a história é recontada em livros, na internet ou até em comerciais.

Fontes: CROCKER, Terri Blom. *The Christmas Truce*: myth, memory and the First World War. Lexington: The University Press of Kentucky, 2015; HOBSBAWM, Eric. *Era dos extremos*: o breve século XX (1914-1991). São Paulo: Companhia das Letras, 2008; STREISSGUTH, Tom. *Christmas Truce of 1914*. Minneapolis: Essencial Library, 2015. p. 68; United Kingdom Mission to the United Nations. Disponível em <http://mod.lk/vwca2>. Acesso em 4 ago. 2018.

55

TEMA 2

A GUERRA A CAMINHO DO FIM

A GUERRA NA ÁFRICA

Pouco se fala e se escreve sobre isso, mas a África foi um dos palcos da Primeira Guerra Mundial e também um dos motivos para a sua eclosão, já que o continente era objeto de disputa entre as potências imperialistas europeias. Cerca de 2,5 milhões de africanos, do norte e da região ao sul do Deserto do Saara, foram mobilizados para a guerra, principalmente como carregadores e soldados, lutando na África ou em solo europeu.

Muitos deles se alistaram voluntariamente, persuadidos pela propaganda nacionalista que também chegava às colônias ou esperando alguma compensação por lutar em defesa da metrópole. Grande parte deles também foi recrutada à força, situação comum nas colônias francesas do Mali e da Argélia. Os que lutaram na Europa sofreram com o inverno rigoroso e o despreparo para uma guerra moderna e longa.

Na África Ocidental, eles combateram nas colônias alemãs do Togo e Camarões, integrados às forças britânicas e francesas que, em 1914, ocuparam e conquistaram aquela região. Ao sul, participaram da tomada da atual Namíbia, onde os combates foram mais intensos. Na África Oriental Alemã, a luta foi feroz e prolongada. Atuando principalmente como carregadores, cerca de 100 mil africanos perderam a vida no território, vítimas da fome, da exaustão ou de doenças.

Na colônia portuguesa de Moçambique, na costa do Oceano Índico, a guerra foi dramática tanto para os africanos quanto para os soldados vindos da metrópole. A posição de Moçambique era estratégica: era porta de entrada para a África Oriental e situava-se entre possessões alemãs, ao norte, e britânicas, a oeste e ao sul. Ao entrar no conflito, Portugal estava preocupado com o futuro de suas colônias no continente, sobretudo Moçambique e Angola.

> **Quais foram os principais resultados da Primeira Guerra para a Europa, a África e os Estados Unidos?**

Um dia do exército e das tropas coloniais na África, cartaz de propaganda das operações francesas na África na Primeira Guerra Mundial, gravura de Lucien Hector Jonas, 1917.

Quando a guerra começou, Portugal procurou manter sua tradicional aliança com a Grã-Bretanha, mas também a costumeira ambiguidade da sua diplomacia. Mesmo sem declarar oficialmente guerra à Alemanha, o governo português enviou cerca de 30 mil soldados para combater as forças alemãs em Angola e em Moçambique.

A guerra nas matas do norte de Moçambique, centro dos combates, revelou o despreparo das forças portuguesas. A falta de treino, planejamento e remédios e o impacto diante do clima quente e úmido do verão tropical, agravado pelos mosquitos, trouxeram aos soldados portugueses sofrimento e mortes e ao país uma humilhação que se procurou esquecer. Mas para os africanos, que pereciam em uma guerra que não era sua, o sofrimento foi ainda maior.

"Certo é que morreram muitas dezenas de milhar de nativos moçambicanos [principalmente] os que foram capturados nas suas aldeias natais e obrigados ao trabalho forçado de carregador. Carlos Selvagem, um alferes que integrou a terceira expedição, em 1916, olhava-os 'com piedade, angulosos, nus, esquálidos, tiritando de frio debaixo dos pobres farrapos da manta, aglomerados em rebanho nos seus cercados de capim, deslocando-se lentamente, em lentas filas de comboios, ajoujados sob os fardos que os esmagam, e passivos, sonâmbulos, mecânicos, o olhar ausente, a face vaga, como quem vaga no indefinido dum sonho remoto, duma remota visão de palhotas e aldeias natais'."

CARVALHO, Manuel. Primeira Guerra Mundial: a Grande Guerra que Portugal quis esquecer. *Público*, 28 jul. 2014. Disponível em <http://mod.lk/sQ8d5>. Acesso em 24 ago. 2018.

Ajoujar: fazer vergar com peso ou carga excessiva.

Soldado alemão e carregadores nativos durante as operações de guerra na África Oriental Alemã, em 1915.

A RÚSSIA DEIXA A GUERRA

Enquanto a guerra estagnava na Frente Ocidental, na Frente Oriental as tropas alemãs impunham pesadas derrotas às tropas russas. Estas, apesar de numerosas, eram compostas em sua maioria de camponeses mal treinados e mal equipados.

Em novembro de 1917, uma revolução na Rússia levou ao poder um governo socialista que, atendendo ao apelo popular, retirou o país da guerra e, em março do ano seguinte, assinou a paz com a Alemanha. A saída da Rússia possibilitou à Alemanha concentrar suas tropas na Frente Ocidental.

A ENTRADA DOS ESTADOS UNIDOS E O FIM DA GUERRA

No início do conflito, os Estados Unidos adotaram uma posição de neutralidade, embora fornecessem dinheiro, armas e artigos manufaturados aos membros da Entente. Os estadunidenses temiam o acelerado crescimento industrial alemão, sendo mais interessante para eles a vitória da Grã-Bretanha.

Em abril de 1917, submarinos alemães atacaram navios estadunidenses que transportavam suprimentos aos países da Entente, episódio que levou os Estados Unidos a declararem guerra à Alemanha.

Após uma série de vitórias, os exércitos da Entente obrigaram o exército alemão a recuar. Em 9 de novembro de 1918, o imperador Guilherme II abdicou do trono alemão. Dois dias depois, uma delegação enviada a Paris pelo novo governo alemão assinou a rendição da Alemanha.

Avião utilizado por soldados dos Estados Unidos durante treinamento militar, c. 1917.

É BOM SABER

Tecnologia da destruição

Durante a Primeira Guerra Mundial, inovações científicas e tecnológicas que marcaram a Segunda Revolução Industrial, como a invenção do motor a combustão e do avião, os novos métodos de fabricação do aço e os avanços na indústria química, foram utilizadas sistematicamente para fins bélicos.

Um dos exemplos mais terríveis do uso da tecnologia a serviço da morte foi o emprego de armas químicas. O primeiro registro do uso dessas armas aconteceu em 1915, quando os alemães lançaram gás cloro contra um regimento franco-argelino. Em 1916, o gás mostarda também passou a ser utilizado no conflito. Ele atacava as vias respiratórias, provocava queimaduras e erupções na pele e causou muitas baixas durante a Primeira Guerra Mundial.

Outra tecnologia utilizada foi a aviação, tanto no combate aéreo quanto no lançamento de bombas. Inicialmente, foram usados dirigíveis, mas, devido à sua lentidão, eles foram substituídos por aviões. Além disso, toda uma nova geração de armas de artilharia – canhões, morteiros, metralhadoras e outros lançadores de projéteis – foi desenvolvida para ser usada na guerra de trincheiras.

Nos mares, utilizou-se pela primeira vez o submarino. Navegando sem ser notado, era usado para atacar navios inimigos, principalmente os que transportavam suprimentos para os soldados no *front*. A Alemanha, país mais avançado nessa tecnologia, realizou vários ataques com seus submarinos.

Explore

- Em sua opinião, é correto aplicar inovações científicas e tecnológicas, muitas vezes desenvolvidas com recursos públicos, na produção de armas? Por quê? Discuta o assunto com seus colegas.

A PAZ DOS VENCEDORES

Em janeiro de 1919, iniciou-se a **Conferência de Paris** com o objetivo de negociar as bases dos acordos de paz. Apesar de contar com a participação de representantes de vários países, as principais decisões foram centralizadas pelos estadistas da Grã-Bretanha, da França e dos Estados Unidos, os três grandes líderes da Entente.

Com o intuito de evitar novos conflitos, o então presidente dos Estados Unidos, Woodrow Wilson, procurou estabelecer princípios para equilibrar as relações entre os países. Entre eles, estava a formação da **Sociedade** ou **Liga das Nações**, organismo que estaria encarregado de zelar pela paz mundial.

Wilson também defendia uma paz que preservasse os territórios dos países derrotados e os desobrigasse a pagar indenizações de guerra. "Uma paz sem anexações nem indenizações", esse era o lema dos 14 princípios propostos pelo presidente Wilson.

A Liga das Nações foi criada, e a conferência estabeleceu, também, que os tratados seriam negociados em separado com cada um dos países vencidos. No entanto, franceses e britânicos não aceitaram a proposta dos Estados Unidos de preservar os países perdedores.

Com o desmantelamento dos impérios Otomano e Austro-Húngaro, todo o ônus da guerra recaiu sobre a Alemanha. Ela não teve escolha senão aceitar as determinações do **Tratado de Versalhes**, assinado em junho de 1919. O tratado a obrigava a devolver as ricas regiões mineradoras da Alsácia-Lorena para a França, a pagar uma pesada indenização aos vencedores e a ceder seus territórios coloniais. A Alemanha também foi obrigada a entregar à Polônia uma faixa de terra que garantia a esse país o acesso ao mar. Era o chamado **Corredor Polonês**.

Dialogando com Geografia

Explore
- Compare esse mapa com o da página 52. Que mudanças ocorreram na Europa após a Primeira Guerra Mundial?

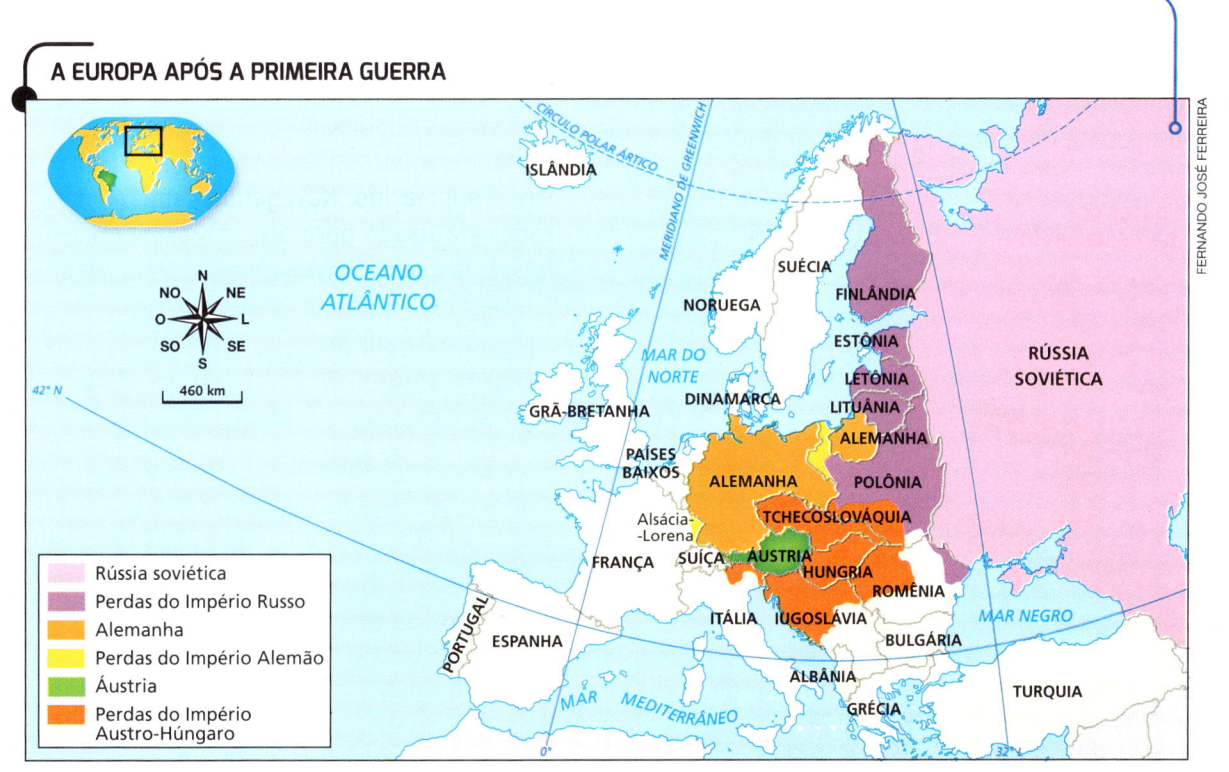

A EUROPA APÓS A PRIMEIRA GUERRA

Fonte: CHALIAND, Gérard; RAGEAU, Jean-Pierre. *Atlas politique du XXe siècle*. Paris: Seuil, 1988. p. 52.

O MUNDO APÓS A GUERRA

Além das terríveis perdas humanas (veja o gráfico) e dos danos ambientais e materiais, a Primeira Guerra Mundial causou grandes mudanças em todo o mundo.

A **Europa** retomou a "paz" em um cenário de destruição, inflação, miséria e endividamento externo. Uma verdadeira onda de revoluções e greves operárias varreram o continente. A crise social levou à crise da democracia parlamentar, com a formação de regimes totalitários, fortemente militarizados e caracterizados por um nacionalismo extremo.

A guerra também teve forte efeito na vida das mulheres. A escassez de mão de obra masculina, massivamente recrutada para a guerra, permitiu que grande número de mulheres ingressasse no mercado de trabalho. No entanto, em muitos casos, a incorporação delas à produção fabril foi temporária. Terminada a guerra, as operárias logo foram dispensadas, revelando a intenção de restaurar a antiga ordem social.

O esforço de guerra, porém, havia proporcionado às mulheres uma experiência de liberdade e independência financeira que ajudou a fortalecer diversos movimentos pela emancipação feminina. A luta pelo sufrágio feminino, por exemplo, logo obteve suas primeiras conquistas na Europa: na Holanda, em 1917, e na Grã-Bretanha e na Alemanha em 1918.

Ao contrário dos países europeus, a economia dos **Estados Unidos** conheceu uma fase de prosperidade e esperança. Durante a guerra, a indústria bélica e a agricultura do país tiveram uma expansão extraordinária e as exportações de manufaturados cresceram 1.000%.

Terminado o conflito, os países europeus assumiram uma dívida de 10 bilhões de dólares com os Estados Unidos, que se transformaram na principal potência mundial.

Na **África**, os impactos da guerra também foram grandes. O recrutamento de nativos para compor as tropas ou trabalhar como carregadores esvaziou aldeias, destruiu culturas e causou uma drástica redução da população masculina. O mapa do continente foi redesenhado com o fim da dominação colonial alemã e a transferência de suas antigas colônias para a Grã-Bretanha e a França, principalmente. A guerra também ajudou a despertar nas elites nativas cultas uma visão crítica diante da dominação imperialista europeia e o sentimento de que era possível derrotá-la.

PERDAS HUMANAS NA PRIMEIRA GUERRA MUNDIAL

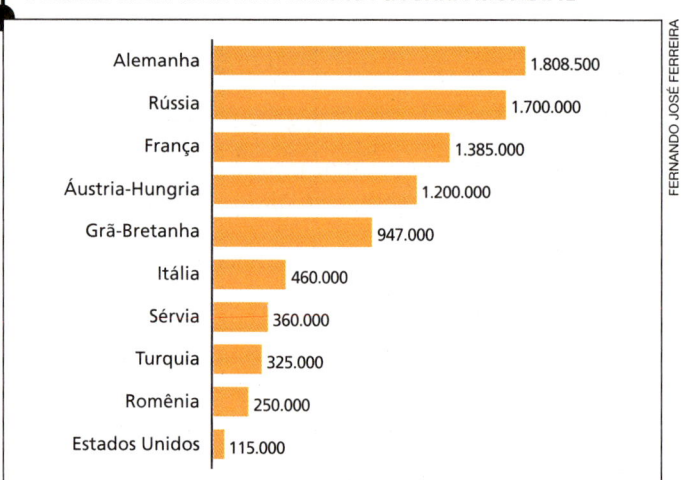

Alemanha	1.808.500
Rússia	1.700.000
França	1.385.000
Áustria-Hungria	1.200.000
Grã-Bretanha	947.000
Itália	460.000
Sérvia	360.000
Turquia	325.000
Romênia	250.000
Estados Unidos	115.000

Fonte: HILGEMANN, Werner; KINDER, Hermann. *Atlas historique*. Paris: Perrin, 1992. p. 402.

Mulher fabrica tubo de detonador durante a Primeira Guerra Mundial.

ORGANIZAR O CONHECIMENTO

1. Elabore um texto com as palavras do quadro.

   > Tratado de Versalhes   Conferência de Paris
   > Primeira Guerra Mundial   Alemanha
   > territórios coloniais   Alsácia-Lorena

2. Identifique a principal mudança ocorrida nos países europeus após a Primeira Guerra nas seguintes áreas.
   a) Política.
   b) Economia.
   c) Sociedade.

ATITUDES PARA A VIDA

Missão médica brasileira no Palácio do Catete. Rio de Janeiro, agosto de 1918.

O Brasil na Primeira Guerra Mundial

Quando estourou a guerra na Europa, em 1914, o governo brasileiro assumiu uma posição de neutralidade, mantendo relações diplomáticas e comerciais com todas as nações beligerantes.

Porém, a travessia do Atlântico se tornou perigosa, e os países da Entente impuseram restrições às nações que mantinham contato com a Alemanha. Isso afetava as vendas de café, principal produto de exportação brasileiro na época.

Em 1917, navios brasileiros foram atacados por submarinos alemães no Oceano Atlântico, levando o Brasil a declarar guerra contra a Tríplice Aliança. O governo brasileiro proibiu o comércio com a Alemanha e organizou uma divisão naval para patrulhar o Atlântico, além de enviar um grupo de oficiais aviadores para ser treinado na Europa.

O Brasil também organizou uma missão médica para atuar na França. Um grupo de quase 150 pessoas, entre médicos, enfermeiros, farmacêuticos e militares, organizou um hospital em Paris para cuidar dos feridos de guerra e das vítimas da gripe espanhola, doença que assolou o mundo em 1918.

QUESTÕES

1. Escreva **V** (verdadeiro) ou **F** (falso) nas frases.
    a) A participação do Brasil na Primeira Guerra Mundial foi mais expressiva nas frentes de batalha do que em operações de retaguarda.
    b) O Brasil entrou na Grande Guerra após seus navios serem atacados pela Alemanha.
    c) A entrada do Brasil na guerra poderia fortalecer sua posição no cenário internacional.
    d) Ao declarar guerra à Alemanha, o Brasil perdia seu principal parceiro comercial.

2. Na Primeira Guerra, houve brasileiros que apoiaram a Entente, os que defenderam a Tríplice Aliança e os que preferiram a neutralidade.
    a) Quais seriam, para o Brasil, as vantagens e os riscos envolvidos em cada posição?
    b) Como você avalia a decisão, tomada pelo governo brasileiro, de envolver-se na guerra?

3. Para elaborar as respostas da questão 2, você mobilizou as atitudes que estão em foco nesta unidade. Indique em qual momento foi importante:
    a) Aplicar conhecimentos prévios a novas situações.
    b) Questionar e levantar problemas.
    c) Assumir riscos com responsabilidade.
    d) Persistir.

ATIVIDADES

APLICAR

1. Leia o texto e responda às questões.

> "[...] Não surpreende que na memória dos britânicos e franceses [...] esta tenha permanecido como a 'Grande Guerra', mais terrível e traumática na memória que a Segunda Guerra Mundial. Os franceses perderam mais de 20% de seus homens em idade militar [...]. Os britânicos perderam uma geração – meio milhão de homens com menos de trinta anos [...]. Um quarto dos alunos de Oxford e Cambridge com menos de 25 anos [...] foi morto."
>
> HOBSBAWM, Eric. *Era dos extremos*: o breve século XX (1914-1991). São Paulo: Companhia das Letras, 1995. p. 33-34.

  a) Como o historiador Eric Hobsbawm caracteriza a Primeira Guerra Mundial?

  b) Identifique o número de mortes de franceses e britânicos no gráfico "Perdas humanas na Primeira Guerra Mundial", na página 60. Esses dados confirmam as informações apresentadas no texto? Explique.

2. O cartaz e o texto a seguir estão relacionados à participação dos africanos na Primeira Guerra Mundial.

Soldado da África Oriental Alemã na Primeira Guerra Mundial, gravura alemã de 1915. A bandeira retratada é a do Império Alemão (1871-1918).

> "Para os africanos, o conflito não foi uma grande guerra pela civilização ou pela democracia, como viam os aliados, nem a batalha para o *Kaiser* (império), como consideravam os alemães. Para os africanos, foi a continuação de uma guerra para a 'reorganização' do continente para as potências europeias; foi um conflito realizado entre os europeus e contra os africanos. [...]
>
> Não houve muitas mudanças para os africanos depois da guerra, especificamente do ponto de vista político. [...] O direito dos povos à autodeterminação [...] foi-lhes negado pela Europa, que a África ajudou a garantir a liberdade, a fortuna e o bem-estar."
>
> Centenário da Primeira Guerra Mundial (1914-1918): África no grande conflito. *Notícias Online*, 7 nov. 2014. Disponível em <http://mod.lk/CQ2ZV>. Acesso em 27 ago. 2018.

  a) Qual seria o objetivo de produzir um cartaz de propaganda como esse?

  b) Você imagina que esse tipo de propaganda fazia efeito entre os africanos? Por quê?

  c) De acordo com o texto, o que a guerra significava para os aliados, para os alemães e para os africanos?

  d) Para os africanos, valeu a pena combater ao lado das tropas do colonizador? Justifique.

3. Observe o infográfico "Histórias da Trégua de Natal de 1914", nas páginas 54 e 55, para responder às questões.

  a) Identifique as interpretações sobre a Trégua de Natal de 1914 apresentadas nos seguintes momentos:
  - Contemporâneo ao evento.
  - A partir dos anos de 1960.
  - Atualmente.

  b) Em sua opinião, a atual interpretação sobre a Trégua de Natal diminui sua importância histórica? Justifique.

RETOMAR

4. Responda às questões-chave da abertura dos temas 1 e 2.

  a) Como o nacionalismo e o imperialismo contribuíram para a eclosão da Primeira Guerra Mundial?

  b) Quais foram os principais resultados da Primeira Guerra para a Europa, a África e os Estados Unidos?

TEMA 3

GUERRA E REVOLUÇÃO NA RÚSSIA

O PAÍS MAIS EXTENSO DO MUNDO

O que você sabe sobre a Rússia? Várias informações podem nos vir à mente ao falar sobre o país que possui a área mais extensa do planeta. Com mais de 17 milhões de quilômetros quadrados e habitada por pouco mais de 143 milhões de pessoas, a Rússia faz fronteira com dezesseis países e tem nove fusos horários.

Um dos aspectos mais importantes da Rússia atual é, sem dúvida, a sua importância econômica e geopolítica. Membro permanente do Conselho de Segurança das Nações Unidas, o país é um dos maiores produtores de petróleo do mundo, além de possuir um dos maiores orçamentos militares do planeta.

Nos esportes, o país sediou os Jogos Olímpicos de Moscou, em 1980, os Jogos Olímpicos de Inverno em Sóchi, em 2014, e a Copa do Mundo de Futebol, em 2018.

O quadro atual da Rússia nem de perto lembra o seu passado. Até o início do século XX, o país tinha a maioria de sua população vivendo no campo, em condições análogas às do feudalismo, ao mesmo tempo que passava por um acelerado processo de industrialização e urbanização. Nesse cenário contraditório eclodiu uma das revoluções mais importantes da história.

> De que forma a participação da Rússia na Primeira Guerra Mundial contribuiu para a queda do regime czarista?

A RÚSSIA EM 2018

Em março de 2014, um referendo popular devolveu a República Autônoma da Crimeia à Rússia. O resultado, no entanto, ainda não tinha sido reconhecido pela comunidade internacional em 2018.

Fonte: FERREIRA, Graça Maria Lemos. *Atlas geográfico*: espaço mundial. São Paulo: Moderna, 2010. p. 89-97.

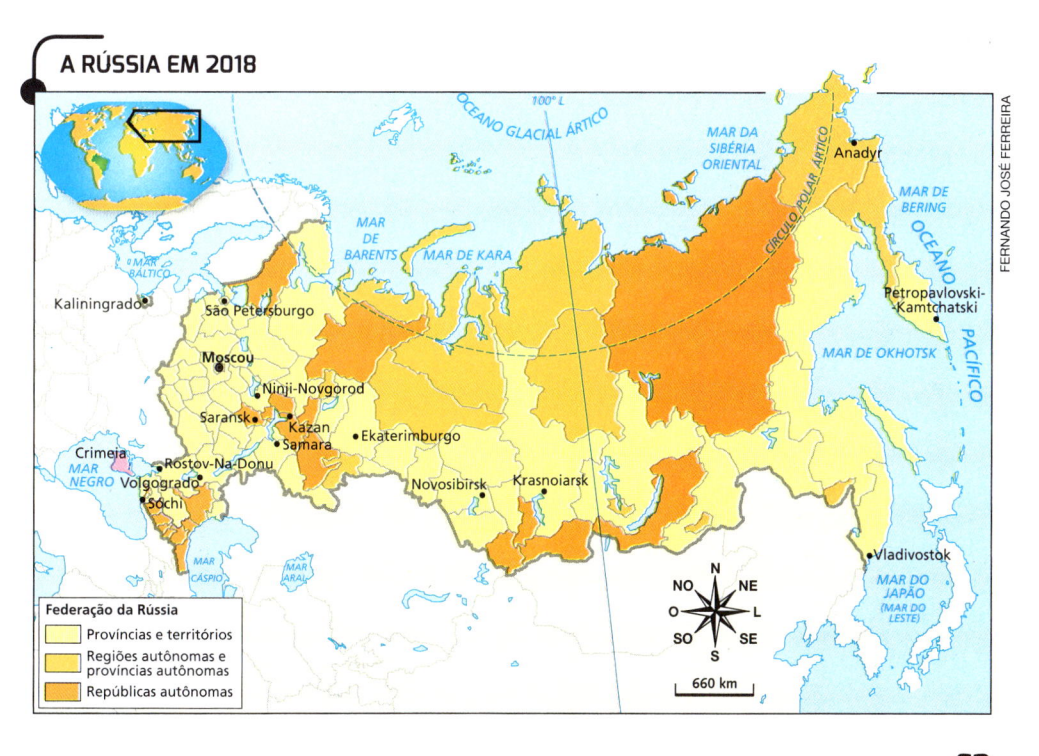

UM PAÍS DE CONTRASTES

Do século XVI a 1917, a Rússia foi uma monarquia absolutista governada por um czar, a autoridade mais importante do império. O monarca russo tinha em suas mãos todos os poderes e o apoio da Igreja Ortodoxa Russa e da nobreza proprietária de terras.

A partir da segunda metade do século XIX, o czar Alexandre II, com a ajuda de empréstimos externos, iniciou um programa de reformas liberais com o intuito de transformar a Rússia numa nação moderna e industrial. Ele aboliu a servidão, distribuiu terras aos camponeses, incentivou as atividades industriais e a fundação de bancos, melhorou o ensino e reorganizou o exército.

As reformas iniciadas por Alexandre II transformaram a Rússia num país de grandes contrastes. De um lado, a sociedade russa possuía características que lembravam o feudalismo, com cerca de 80% da sua população vivendo no campo em condições miseráveis. De outro, reformas modernizantes, impulsionadas pelo Estado czarista, permitiram que o processo de industrialização avançasse no país, com a construção de ferrovias, a instalação de indústrias siderúrgicas, o crescimento acelerado da indústria têxtil e o incremento da produção de ferro, carvão e petróleo.

O afluxo de capitais franceses, britânicos e belgas permitiu a abertura de grandes empresas, transformando Moscou e São Petersburgo nas cidades mais industrializadas da Rússia, além de Varsóvia, na Rússia polonesa. Entretanto, as outras cidades russas eram ilhas no interior de zonas rurais. Nesses locais, misturavam-se antigas relações de trabalho com práticas capitalistas de produção.

Nas fábricas, os operários eram submetidos a condições insalubres, tinham jornadas de trabalho de 12 a 16 horas por dia, recebiam baixos salários e estavam expostos a riscos de acidente. Além disso, não havia legislação trabalhista, direito de greve ou de organização sindical.

A extrema exploração do trabalhador industrial propiciou a organização de greves e sindicatos, e a difusão das ideias socialistas de Karl Marx e Friedrich Engels no país.

Galeria de imagens

Explore

- Descreva a condição social dessa família e a sua expressão diante do fotógrafo. Depois, aponte o que a imagem diz sobre a sociedade czarista do período.

Família de camponeses da região da Sibéria, na Rússia, em 1912. A maior parte dos camponeses do Império Russo vivia em situação de extrema pobreza.

O DOMINGO SANGRENTO E A REVOLUÇÃO DE 1905

A política expansionista do czar Nicolau II, neto de Alexandre II, levou a Rússia à guerra contra o Japão pelo controle da Manchúria, no nordeste da China, em 1904. Com a derrota do exército russo, as tensões sociais aumentaram no país.

Em janeiro de 1905, operários em greve e suas famílias dirigiram-se ao palácio do czar, em São Petersburgo, com um abaixo-assinado reivindicando direito de greve, melhores condições de vida e a convocação de uma Assembleia Constituinte. A manifestação foi fortemente reprimida pela guarda imperial, resultando na morte de centenas de manifestantes. Esse dia ficou conhecido como **Domingo Sangrento**.

O acontecimento gerou uma onda de protestos e greves por toda a Rússia e impulsionou a formação dos **sovietes**, conselhos de representantes eleitos por operários, camponeses e soldados, que teriam um papel fundamental na história posterior da Rússia.

A oposição ao czarismo, dirigida por grupos socialistas, tinha fortes laços com os setores rurais. Contudo, influenciado por correntes políticas europeias, o movimento passou a contar com uma expressiva participação da classe operária, o que resultou na criação do **Partido Operário Social-Democrata Russo**, em 1898.

Entretanto, a divergência de ideias entre seus integrantes levou o partido a se dividir em dois grupos. Inspirados nas ideias de Marx, os **bolcheviques** (que significa "representantes da maioria") defendiam a aliança entre os camponeses e o operariado para derrubar o czarismo e implantar o socialismo no país. Os **mencheviques** (que significa "representantes da minoria"), também marxistas, buscavam uma passagem gradual para o socialismo por meio de uma aliança dos operários e camponeses com a burguesia.

O rompimento definitivo entre os dois grupos ocorreu em 1912.

Pintura de 1905 que representa a guarda imperial atirando em manifestantes, no episódio conhecido como Domingo Sangrento.

A RÚSSIA NA PRIMEIRA GUERRA MUNDIAL

O principal objetivo de Nicolau II ao lançar a Rússia na Primeira Guerra era dominar o acesso do Mar Negro ao Mar Mediterrâneo e afastar a influência do Império Austro-Húngaro na Península Balcânica.

No entanto, a Rússia estava despreparada para enfrentar o exército alemão: muitos soldados russos eram camponeses e combatiam o inimigo com armas tecnologicamente inferiores, além de a produção industrial e o sistema de transportes do país não atenderem às necessidades colocadas pela guerra.

Para a Rússia, a guerra trouxe consequências sérias: crescimento das rebeliões populares e das greves operárias, inflação desenfreada e redução da produção agrícola, situação que gerou revoltas de soldados que combatiam nas frentes de batalha e fome em todo o país.

A REVOLUÇÃO DE FEVEREIRO

Em fevereiro de 1917, rebeliões populares, greves gerais, deserções e revoltas armadas de soldados contra seus comandantes, uma grave crise de abastecimento e a atuação de sovietes no campo e na cidade criaram uma situação revolucionária na Rússia. O soviete da cidade de Petrogrado, controlado pelos mencheviques e socialistas-revolucionários, assumiu a liderança desse processo e pressionou a **Duma** (Parlamento russo) a nomear um novo governo em torno de um programa liberal.

Diante dos acontecimentos, o czar foi obrigado a abdicar e a Rússia passou a ser dirigida por um Governo Provisório de orientação liberal. Inicialmente ministro da guerra, o socialista-revolucionário Alexander Kerensky assumiu o cargo de primeiro-ministro em julho. Porém, a decisão do novo governo de manter a Rússia na Primeira Guerra gerou violenta oposição, liderada pelos bolcheviques.

Petrogrado: nome que a cidade de São Petersburgo recebeu em 1914. Com a morte de Lênin, em 1924, a cidade passou a se chamar Leningrado. Após o fim da União Soviética, em 1991, a cidade voltou a se chamar São Petersburgo.

Socialista-revolucionário: com forte presença entre os camponeses russos, esse partido defendia a abolição da propriedade privada da terra e a formação de cooperativas no campo.

ORGANIZAR O CONHECIMENTO

1. O que foi o Domingo Sangrento? Que consequências esse acontecimento trouxe para a Rússia?

2. Complete cada frase com a expressão correspondente do quadro.

> soviete   czarismo
> Revolução de Fevereiro   menchevique

a) _____ é o nome pelo qual o regime absolutista na Rússia tornou-se conhecido.

b) A facção do Partido Social-Democrata Russo que defendia a transição gradual da Rússia para o socialismo foi chamada de _____.

c) O _____ era um organismo deliberativo dos trabalhadores formado após a Revolução de 1905.

d) A _____ derrubou o czarismo na Rússia.

Meninos soldados das tropas russas em 1917, último ano da participação da Rússia na Primeira Guerra Mundial.

TEMA 4

A RÚSSIA SOCIALISTA

A REVOLUÇÃO DE OUTUBRO

A direção política da Revolução de Fevereiro coube aos socialistas-revolucionários e aos mencheviques, em aliança com setores liberais da Rússia. Na ocasião, a maior parte da liderança bolchevique estava exilada ou presa na Sibéria, como Vladimir Lênin e Leon Trotsky.

Ao retornar do exílio, em abril de 1917, Lênin escreveu as *Teses de abril*, chamando os bolcheviques a derrubar o Governo Provisório e a entregar o poder aos sovietes. As teses de Lênin foram aprovadas pelo Partido Bolchevique. Em outubro de 1917 do calendário russo (novembro no calendário ocidental), os bolcheviques tomaram o Palácio de Inverno e depuseram o governo republicano liberal de Kerensky. Sob a liderança de Vladimir Lênin, os sovietes assumiram o poder.

Atendendo ao apelo popular, o novo governo retirou a Rússia da guerra ainda em 1917. Em março do ano seguinte, os bolcheviques assinaram com as potências centrais o **Tratado de Brest-Litovsk**, que retirava o país oficialmente da guerra. O custo foi alto: a Rússia perdeu a Polônia, a Finlândia, a Bessarábia (território dividido entre as atuais Moldávia e Ucrânia) e os territórios bálticos (Letônia, Estônia e Lituânia).

Além dessa medida, o novo governo estatizou bancos, estradas de ferro e indústrias e confiscou as terras da nobreza e da Igreja, que foram distribuídas entre os camponeses. As medidas revolucionárias do novo governo expropriaram a burguesia, a nobreza e membros da Igreja, atingindo também empresas estrangeiras com investimentos no país. A reação desses setores levou o país à guerra civil.

> **O que mudou na Rússia depois da Revolução Bolchevique de 1917?**

Bolchevique, pintura de Boris Mikhailovich Kustodiev, 1920.

Calendário russo: antes da revolução, a Rússia adotava o calendário juliano, que tinha uma diferença de cerca de quinze dias em relação ao calendário do Ocidente. O calendário ocidental (gregoriano) só foi implantado na Rússia depois de 1917, por decisão do governo bolchevique.

Mulheres e crianças russas fazem fila para comprar alimentos em 1919, durante a guerra civil que devastou a economia russa.

A GUERRA CIVIL E O COMUNISMO DE GUERRA

A guerra civil entre os bolcheviques e seus inimigos internos e externos começou em 1918. Do lado contrarrevolucionário formou-se o **Exército Branco**, reunindo oficiais czaristas, aristocratas e burgueses, apoiado por uma aliança de catorze potências estrangeiras, principalmente Estados Unidos, Grã-Bretanha, França e Japão. Do lado bolchevique estava o **Exército Vermelho**, comandado por Leon Trotsky.

Diante da guerra civil e das dificuldades que ela gerava, Lênin estabeleceu o **comunismo de guerra**. O programa definiu o confisco das colheitas no campo para abastecer os soldados e a população urbana; a suspensão da liberdade de imprensa, de greve e de associação; a proibição dos partidos menchevique e socialista-revolucionário; e a execução do czar e sua família, que estavam presos.

Apesar dessa situação crítica, a guerra civil não impediu o governo bolchevique de estabelecer uma política para combater o analfabetismo no país. Em 1918, a jornada de trabalho dos operários foi reduzida em 2 horas, sem redução de salário, para os que estudavam; clubes, fábricas e repartições públicas foram usados para o ensino.

Para Lênin, a política e a construção do socialismo não se separavam da escola, da instrução pública, do trabalho e do desenvolvimento da ciência. Foi com essa visão que sua companheira, a militante e pedagoga Nadejda Krupskaia, elaborou o primeiro programa de educação do Partido Comunista da Rússia, aprovado em 1919. Entre outras medidas, o programa estabeleceu a instrução gratuita e obrigatória para todas as crianças até os 16 anos; a criação de uma rede de instituições pré-escolares; e a garantia de alimentação, uniformes e materiais escolares a todos os alunos.

A guerra terminou em 1921 com a vitória do Exército Vermelho e a sobrevivência do Estado socialista. A Rússia soviética, porém, estava em colapso. A produção agrícola e industrial havia diminuído, as principais cidades tinham se esvaziado, as minas estavam abandonadas, e os transportes, desmantelados. Estima-se que a fome que devastou o país no inverno de 1921-1922 tenha causado a morte de aproximadamente 5 milhões de pessoas.

A NOVA POLÍTICA ECONÔMICA

Terminada a guerra civil, em 1921, era preciso adotar medidas urgentes para reconstruir a economia russa. Para isso, o X Congresso do Partido Comunista da Rússia aprovou, no mesmo ano, a **Nova Política Econômica**, conhecida como NEP. As medidas fundamentais da NEP foram a formação de cooperativas nacionais, a autorização para pequenas e médias empresas privadas funcionarem no país e a permissão para os camponeses venderem seus produtos no mercado livre. As grandes indústrias, as comunicações, o sistema financeiro e os transportes continuaram controlados pelo Estado.

A ideia da NEP era desenvolver aspectos capitalistas que evitassem a falência total da economia russa e salvassem o regime socialista recém-estabelecido. Conta-se que Lênin justificou esse momento de incentivo a práticas capitalistas dizendo que era preciso dar "um passo atrás para, depois, dar dois à frente". Assim, partiu-se do pressuposto de que era necessário estimular uma produção excedente no campo para abastecer as cidades e possibilitar o crescimento industrial da Rússia soviética.

Contudo, as medidas estabelecidas pela NEP não foram suficientes para impulsionar a economia russa, que apenas em 1926 atingiu os níveis de produção do período anterior à guerra. O crescimento extraordinário da economia do país se deu a partir da década de 1930, impulsionado pelos chamados planos quinquenais. Naquela década, enquanto os países capitalistas sofriam os efeitos devastadores da crise de 1929, a Rússia, renomeada de **União Soviética** em 1922, apresentava taxas de crescimento nunca até então alcançadas pelas economias ocidentais.

A DITADURA STALINISTA

Com a morte de Lênin, em 1924, iniciou-se uma disputa pelo poder entre Leon Trotsky e Joseph Stalin. Trotsky propunha a expansão da revolução mundial como uma das tarefas centrais do governo soviético. Stalin, então secretário-geral do Partido Comunista, defendia que era necessário primeiro consolidar a revolução no país. Stalin venceu a disputa com Trotsky e passou a governar a União Soviética como um ditador.

A ditadura stalinista começou de fato em 1927, com a aprovação da proposta de Stalin de coletivização forçada da agricultura. O objetivo era obrigar a classe dos camponeses prósperos, conhecidos como *kulaks*, a aderir às fazendas coletivas. Como resistiram a entregar sua produção ao governo, os *kulaks* foram vítimas de violenta repressão. Presos, executados ou deportados para regiões distantes, a classe dos *kulaks* foi eliminada da União Soviética.

A repressão também se voltou contra os que denunciavam a burocracia stalinista. Entre 1936 e 1939, o governo montou processos judiciais para punir os supostos traidores da revolução, e o terror implantou-se no país. Pessoas acusadas ou suspeitas de traição eram levadas para campos de trabalho forçado criados pelo regime. Os números são divergentes, mas se acredita que 5 milhões de pessoas foram presas e cerca de 500 mil tenham sido executadas pelo regime stalinista.

Pela felicidade nacional!, cartaz de 1950 que exemplifica a arte de agitação e propaganda soviética.

O REALISMO SOCIALISTA

Para muitos socialistas, a transformação nas artes era parte do processo de transformação da sociedade e da criação de uma nova cultura revolucionária. Esse projeto animou vários artistas de vanguarda na Rússia pré-revolucionária, e continuou incentivando depois da Revolução Socialista de 1917.

Nos primeiros anos que se seguiram à tomada do poder pelos bolcheviques, muitos artistas que defendiam a revolução socialista, como o cineasta Sergei Eisenstein e o poeta Vladimir Maiakovski, promoveram várias iniciativas nas artes visando criar novas formas de expressão, diferentes e mais radicais que as tradicionais. A proposta era estimular a livre expressão artística e despertar nos trabalhadores o interesse pela arte.

Foi com esse objetivo que, em 1918, criou-se a Oficina de Artes Visuais, uma seção da Narkompros, o departamento organizado pelos bolcheviques que cuidava da educação e da cultura na Rússia soviética.

Com a chegada de Stalin ao poder, contudo, as manifestações das vanguardas soviéticas foram reprimidas e consideradas "burguesas" ou "decadentes". Financiada e controlada pelo Estado, a arte deveria enaltecer a "pátria" soviética e representar apenas o mundo dos trabalhadores: soldados em guerra, operários e camponeses fortes e felizes etc. Surgia assim o realismo socialista.

Com um conjunto de normas e procedimentos de produção artística previamente delimitados pelo Estado, o realismo socialista tornou-se a arte oficial da União Soviética, cumprindo um papel fundamental na preservação do regime stalinista.

> **Explore**
> - Que elementos dessa obra a caracterizam como uma pintura do realismo socialista?

O komsomol mobilizado, pintura de Alexander Nicholayevich Samokhvalov, 1932-1933.

OS IMPACTOS MUNDIAIS DA REVOLUÇÃO RUSSA

Na visão de muitos intelectuais, trabalhadores e setores da classe média, a Primeira Guerra Mundial havia exposto a falência dos modelos econômicos e sociais vigentes. Nesse contexto de crise do capitalismo, os partidos socialistas despontaram na Europa como uma força emergente, capaz de construir uma alternativa de futuro para as camadas sociais oprimidas, que passaram a vislumbrar um mundo no qual as desigualdades sociais deixariam de existir.

A partir da Revolução Russa, o socialismo soviético se apresentou como uma alternativa ao capitalismo, não apenas na Europa, mas em todo o mundo. Leia o que o historiador Eric Hobsbawm escreveu a respeito do significado histórico da Revolução de Outubro.

"[...] uma onda de revolução varreu o globo nos dois anos após [a Revolução de] Outubro, e as esperanças dos aguerridos bolcheviques não pareceram irrealistas. [...] 'Sovietes' foram formados por empregados de indústria do tabaco em Cuba, onde poucos sabiam onde ficava a Rússia. Os anos de 1917-19 na Espanha vieram a ser conhecidos como o 'biênio bolchevique' [...]. Movimentos estudantis revolucionários irromperam em Pequim [...] em 1919 e Córdoba (Argentina) em 1918, logo espalhando-se por toda a América Latina e gerando líderes e partidos marxistas revolucionários. [...] Em suma, a Revolução de Outubro foi universalmente reconhecida como um acontecimento que abalou o mundo."

HOBSBAWM, Eric. *Era dos extremos*: o breve século XX (1914-1991). São Paulo: Companhia das Letras, 1995. p. 71-72.

Pôster soviético de 1920 representando Lênin "varrendo o mundo" da monarquia e do capitalismo. Entre os personagens varridos estão o imperador da Prússia, o rei da Grã-Bretanha e dois capitalistas estadunidenses.

Quiz: a Primeira Guerra Mundial e a Revolução Russa

Você compreendeu o conteúdo estudado nesta unidade? Vamos checar!

Disponível em <http://mod.lk/t5gfo>.

ORGANIZAR O CONHECIMENTO

1. Copie o quadro abaixo no caderno e complete-o.

	Revolução de Fevereiro	Revolução de Outubro
Liderança		
Principais motivos		
Regime político que implantou		
Medidas tomadas		

2. Com Stalin, a União Soviética se transformou em um regime burocrático e ditatorial. Explique essa afirmativa.

ATIVIDADES

APLICAR

1. Leia o texto a seguir e responda às questões.

"Um terço do país se encontra submetido a um regime de vigilância especial, isto é, fora da lei. As forças policiais, sejam visíveis ou secretas, aumentam dia a dia. Nas prisões e nas colônias penais, além das centenas de milhares de criminosos comuns, há uma enorme quantidade de condenados políticos, e agora ali se encontram até mesmo os operários. [...]

As perseguições religiosas nunca foram tão frequentes nem tão cruéis. Em todas as cidades e centros industriais, agrupam-se tropas enviadas, de armas nas mãos, contra o povo. [...] Apesar do orçamento do Estado, que aumenta de maneira desmesurada [...], essa intensa e terrível atividade do governo acentua de ano a ano o empobrecimento da população agrícola, isto é, os cem milhões de homens sobre os quais repousa a potência da Rússia. Por essa razão, a fome agora é um fenômeno normal.

O descontentamento geral de todos os grupos sociais e sua hostilidade para com o governo também são um fenômeno normal."

Carta do escritor Leon Tolstoi ao czar Nicolau II, 16 de janeiro de 1902. In: SALOMONI, Antonella. *Lênin e a Revolução Russa*. 2. ed. São Paulo: Ática, 1997. p. 16-17.

a) Anote o remetente e o destinatário da carta e a data em que ela foi escrita.
b) Qual é o objetivo da carta?
c) Caracterize o governo da Rússia no período.
d) Cite as condições descritas na carta que levariam a Rússia à Revolução Socialista de 1917.

2. Analise as imagens a seguir para responder às questões.

Cartaz russo de 1930 com os seguintes dizeres: "Camaradas, juntem-se a nós na fazenda coletiva".

Dois ovais, pintura de Wassily Kandinsky, 1919.

a) Em qual contexto foi produzida a imagem 1? Que características da obra chamam a sua atenção? Com qual finalidade provavelmente o artista a elaborou?

b) A imagem 2 representa algum objeto que você conheça? O que se destaca nessa obra?

c) Compare essas duas imagens com a obra mostrada na página 70. Qual delas se assemelha mais à pintura de Alexander Nicholayevich Samokhvalov? Justifique a sua resposta.

d) Qual das duas imagens era mais importante para o regime stalinista? Explique.

3. Observe a tabela a seguir para responder às questões.

UNIDADES AGRÍCOLAS COLETIVIZADAS NA UNIÃO SOVIÉTICA	
1930	5.999.000
1931	13.839.000
1933	15.258.000

Fonte: NETTO, José Paulo. *O que é stalinismo*. São Paulo: Brasiliense, 1984. p. 39. (Coleção Primeiros passos)

a) Que mudança ocorrida na agricultura soviética foi mostrada nessa tabela?

b) Que medida adotada pelo governo soviético explica essa mudança?

c) Que efeitos o processo histórico mostrado na tabela teve sobre a classe social dos *kulaks*?

d) Qual relação pode ser estabelecida entre o processo representado na tabela e as características do regime stalinista?

RETOMAR

4. Responda às questões-chave da abertura dos temas 3 e 4.

a) De que forma a participação da Rússia na Primeira Guerra Mundial contribuiu para a queda do regime czarista?

b) O que mudou na Rússia depois da Revolução Bolchevique de 1917?

Mais questões no livro digital

AUTOAVALIAÇÃO

CONTEÚDOS

1. Ao final dos estudos propostos nesta unidade, como você avalia seu aprendizado? Consulte o livro e suas anotações pessoais sobre os quatro temas estudados para responder às seguintes questões.

a) Quais conteúdos e/ou atividades considerei mais difíceis? Por quê?

b) Quais conteúdos e/ou atividades considerei mais fáceis? Por quê?

c) O que posso fazer para melhorar meu aprendizado?

ATITUDES

2. Marque um **X** nas frases que expressam situações que você experimentou durante o estudo desta unidade.

a) ( ) Fiquei com dúvidas sobre o Tratado de Versalhes. Suas determinações, com apoio da Liga das Nações, foram suficientes para garantir uma paz duradoura?

b) ( ) Temas estudados no 8º ano, como o imperialismo, o nacionalismo e as ideias socialistas, foram importantes para compreender melhor a Primeira Guerra Mundial e a Revolução Russa.

c) ( ) Avaliei positivamente a decisão do governo bolchevique de retirar a Rússia da guerra e assinar a paz com a Alemanha.

d) ( ) Debatemos em classe os aspectos positivos e negativos do socialismo adotado na Rússia.

e) ( ) Revisei o conteúdo de cada tema estudado para responder com qualidade às questões-chave dos temas da unidade.

3. Associe cada uma das frases acima às atitudes a seguir.

a) ( ) Persistir.

b) ( ) Questionar e levantar problemas.

c) ( ) Assumir riscos com responsabilidade.

d) ( ) Aplicar conhecimentos prévios a novas situações.

EM FOCO
A QUESTÃO PALESTINA

Disputas por Jerusalém

A cidade de Jerusalém abriga locais sagrados para judeus, cristãos e muçulmanos, e o estatuto da cidade é um tema central dos conflitos entre israelenses e palestinos.

O plano de partilha da Palestina, apresentado pela Organização das Nações Unidas (ONU) em 1947, previa que Jerusalém seria zona internacional, supervisionada pela própria ONU. Porém, na prática isso não aconteceu, em razão do domínio israelense que se impôs na região.

Apesar disso, acatando a decisão da ONU, os países instalaram suas embaixadas em Tel Aviv, até mesmo os Estados Unidos, principal aliado do Estado de Israel. A situação mudou em dezembro de 2017, quando o governo de Donald Trump anunciou a transferência da embaixada do país da cidade de Tel Aviv para a cidade de Jerusalém, causando mal-estar internacional.

A decisão unilateral dos Estados Unidos foi recebida como uma provocação pelos palestinos e condenada pela Assembleia Geral das Nações Unidas, que recusou a proposta apresentada pelo presidente Trump de reconhecer Jerusalém como capital de Israel.

Origens do conflito na região

A tensão em torno de Jerusalém é parte da Questão Palestina, cujas origens remontam ao modo como foi criado o Estado de Israel. Entretanto, as raízes desse processo não estão no Oriente Médio, mas na Europa.

No final do século XIX, intensificou-se a perseguição aos judeus no Velho Mundo, principalmente no leste do continente e no Império Russo. Em resposta, os judeus organizaram o **movimento sionista**, com o objetivo de constituir um Estado exclusivamente judeu na Palestina. Alegavam, para isso, o direito histórico de retornar ao território habitado por seus antepassados hebreus.

Em 1901, constituiu-se o Fundo Nacional Judeu, entidade que arrecadava dinheiro entre judeus da **diáspora**, ou seja, espalhados por todo o mundo, com a finalidade de comprar terras e facilitar a migração para a Palestina. O território, porém, não era desabitado. Nele viviam povos de diferentes origens, entre eles os palestinos, população de origem árabe que era maioria no território.

Mural com o retrato da palestina Ahed Tamini, adolescente de 17 anos que se tornou símbolo da resistência palestina. Pintura dos italianos Jorit Agoch e Salvatore De Luise, 2017.
Moradora da Cisjordânia, Ahed Tamini ficou presa em uma penitenciária israelense durante oito meses após estapear um soldado em uma ação repressiva do exército israelense na cidade onde ela vive. A jovem saiu da prisão em julho de 2018, após campanha internacional por sua libertação.

Treinamento da milícia Notrim, em Israel. Em 1936, os britânicos legalizaram a formação de milícias judaicas na Palestina, chamadas Notrim. Essas milícias tiveram papel importante na repressão à grande revolta árabe (1936-1939), bem como nos acontecimentos que sucederam a partilha da Palestina em 1947.

• A Palestina na condição de protetorado britânico

Nos anos iniciais do movimento sionista, a Palestina fazia parte do Império Otomano, aliado dos países que depois seriam derrotados na Primeira Guerra Mundial. Antes mesmo do fim do conflito, Grã-Bretanha e França negociaram a partilha dos territórios otomanos em áreas de influência, com o consentimento da Rússia. Sobre as ruínas do Império Otomano criaram-se cinco Estados, cuja estrutura e fronteira foram decididas pelas potências europeias. Porém, o único Estado realmente independente que emergiu na região foi a Turquia.

A Palestina foi submetida à administração militar dos britânicos, que ocuparam Jerusalém em dezembro de 1917. Um mês antes, havia circulado uma carta que ficou conhecida como **Declaração Balfour**. Nesse documento, o secretário de assuntos estrangeiros da Grã-Bretanha, Arthur James Balfour, assinalava o compromisso do seu governo com o estabelecimento de um "lar nacional" para os judeus na Palestina. Naquele momento, segundo estimativas britânicas, havia 700 mil árabes e 56 mil judeus vivendo na região.

A Liga das Nações, antecessora da ONU, confiou aos britânicos o mandato sobre a Palestina em 1922, oficializando a ocupação. A migração judaica se intensificou, e os sionistas se tornaram aliados da administração britânica. Em protesto, a população árabe do território realizou uma greve geral em 1936, iniciando a "grande revolta árabe" na Palestina, que se estendeu até 1939. A Grã-Bretanha reprimiu violentamente o movimento. Mais de 5 mil palestinos morreram e muitos outros foram exilados.

Fonte 1

A Declaração Balfour

"[...] O governo de Sua Majestade vê com bons olhos o estabelecimento na Palestina de um lar nacional para o povo judeu e empregará seus melhores esforços para facilitar a realização desse objetivo, ficando claramente entendido que nada deverá ser feito que possa prejudicar os direitos civis e religiosos das comunidades não judias existentes na Palestina ou os direitos e o estatuto político usufruídos pelos judeus em qualquer outro país."

Arthur James Balfour. Declaração Balfour, 1917. Disponível em <http://mod.lk/hdqga>. Acesso em 6 set. 2018. (tradução nossa)

EM FOCO

• A criação do Estado de Israel

Durante a Segunda Guerra Mundial, o nazismo alemão perseguiu e matou milhões de judeus. Pessoas do mundo inteiro tomaram conhecimento do Holocausto, reforçando a pressão pela criação de um Estado nacional judaico. Entretanto, naquele momento a população árabe era majoritária na Palestina: menos de um terço dos habitantes eram judeus.

Coube à recém-criada ONU buscar uma solução para o impasse. Na partilha proposta pelo organismo em 1947, a Palestina foi dividida em dois Estados, e mais da metade do território foi destinada ao futuro Estado de Israel. A Liga Árabe recusou a proposta e defendeu um Estado único, alegando que a divisão contrariava os anseios da maioria da população; os sionistas, ao contrário, aceitaram-na, uma vez que ela reconhecia a formação de um Estado judeu no território.

A recusa dos países árabes deu origem à primeira guerra árabe-israelense (1948-1949). Os israelenses foram vitoriosos e ampliaram o território originalmente estabelecido pela ONU. Em contrapartida, a presença e as propriedades palestinas foram drasticamente reduzidas. Milhares de palestinos emigraram, dando origem à **diáspora palestina**.

A expansão israelense sobre as terras palestinas foi novamente ampliada na **Guerra dos Seis Dias**, em 1967. Israel anexou as colinas de Golan, pertencentes à Síria; a Cisjordânia, que integrava a Jordânia; a Península do Sinai, pertencente ao Egito; além de ocupar a parte oriental de Jerusalém. O Sinai foi devolvido ao Egito em 1982, após a assinatura dos acordos de Camp David.

Fonte 2

TERRITÓRIOS ISRAELENSES E PALESTINOS (1947-2012)

FERNANDO JOSÉ FERREIRA

1947 - PLANO DE PARTILHA DA ONU
- Estado judeu (Israel 1947)
- Estado árabe (Palestina 1947)
- Outros países árabes
- Jerusalém (zona internacional)

1949
- Israel 1947
- Palestina ocupada por:
  - Israel
  - Jordânia (Cisjordânia)
  - Egito (Faixa de Gaza)
- Jerusalém dividida entre Israel e Jordânia

1967
- Israel 1949-1967
- Ocupação militar israelense (Guerra dos Seis Dias, jun. 1967)

2009
- Israel 1967
- Território ocupado por Israel desde 1967
- Território devolvido por Israel ao Egito em 1982
- Situação em 2009
  - Território sob controle israelense
  - Território sob controle palestino
  - Território sob controle israelense e palestino

O fracasso das negociações de paz

O alinhamento de países árabes, como Egito e Arábia Saudita, com os Estados Unidos, principal defensor de Israel, enfraqueceu a causa palestina. Em 1987, os palestinos que viviam na Faixa de Gaza e na Cisjordânia iniciaram uma rebelião contra a ocupação israelense. Esse primeiro movimento, espontâneo, levou o nome de **Intifada** (guerra das pedras), pois era assim que os palestinos enfrentavam o exército israelense.

A persistência dos protestos estimulou a busca de um acordo entre as partes, com a mediação do governo dos Estados Unidos. Em 1993, Israel e a **Organização para a Libertação da Palestina (OLP)**, liderada por Yasser Arafat, assinaram os acordos de Oslo. Eles previam a retirada do exército israelense da Cisjordânia e da Faixa de Gaza até 1999, quando esses territórios passariam a ser administrados pela então criada **Autoridade Nacional Palestina (ANP)**.

Entretanto, houve descontentamento em ambos os lados. O artífice israelense do acordo, Ytzhak Rabin, foi assassinado por um opositor nacionalista. No lado palestino, criticou-se um arranjo em que a ANP aceitava administrar um território que tem as fronteiras, o espaço aéreo, os impostos e a água controlados por Israel. Além disso, o reduzido território palestino é atravessado por estradas, muros, quartéis e assentamentos de colonos judeus. Diante da tentativa frustrada de paz, eclodiu em setembro de 2000 a segunda Intifada.

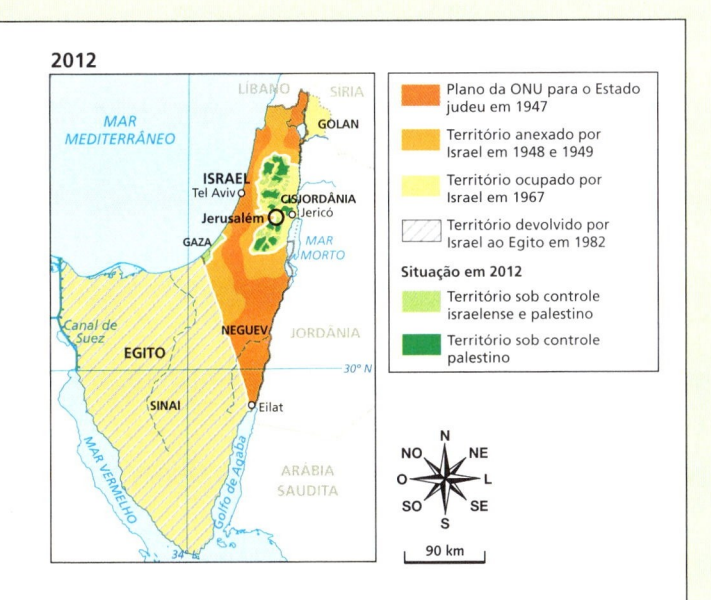

Fontes: FERREIRA, Graça M. L. Atlas geográfico: espaço mundial. 4. ed. São Paulo: Moderna, 2013. p. 103; FERREIRA, Graça M. L. Moderno atlas geográfico. 6. ed. São Paulo: Moderna, 2016. p. 51.

Fonte 3

Manifestantes palestinos atiram pedras em soldados israelenses durante a primeira Intifada. Beit Omar, Cisjordânia, 1988.

EM FOCO

Desafios para a paz na Palestina

Em retaliação à nova Intifada, Israel iniciou, em 2002, a construção de um muro de mais de 700 quilômetros de extensão e até 8 metros de altura na Cisjordânia, sob o argumento de prevenir ataques terroristas. Uma barreira similar contorna Jerusalém Oriental. A construção do muro agravou ainda mais as tensões entre judeus e palestinos.

Em 2004, iniciou-se um período de disputa entre grupos palestinos pelo controle da Autoridade Palestina. O **Fatah** defende a formação de um Estado palestino laico e soberano nas fronteiras anteriores à guerra de 1967. O grupo fundamentalista **Hamas** prega a formação de um Estado islâmico soberano em toda a Palestina.

Nesse contexto, o cotidiano palestino é marcado pela precariedade e pela violência. A taxa de desemprego entre os palestinos em 2018 era de 27%, uma das mais altas do mundo. Além de ofensivas militares, os palestinos estão sujeitos a arbitrariedades do exército israelense e a hostilidades dos colonos judeus. Assim, no século XXI, a Questão Palestina é ainda uma ferida aberta, em um mundo que anseia pela paz.

ATIVIDADES

ORGANIZAR O CONHECIMENTO

1. De que maneira Grã-Bretanha e Estados Unidos estão relacionados à Questão Palestina?
2. Qual é o argumento utilizado por Israel para construir um muro na Cisjordânia? Por que os palestinos acusam o Estado judeu de ocupar seu território?

ANALISAR AS FONTES

3. **Fonte 1** Qual foi o compromisso expresso pela Declaração Balfour?
4. **Fonte 2** Observe os mapas. O que eles revelam sobre o território israelense? E sobre o território palestino?
5. **Fonte 3** Que movimento a foto registra? Identifique palestinos e israelenses e descreva o local do conflito e as armas utilizadas por cada grupo.

POR UMA CONDUTA CIDADÃ

6. Passados mais de setenta anos da criação do Estado de Israel, a região ainda é palco de violência cotidiana. Na sua opinião, o que pode ser feito para resolver o conflito? Discuta essa questão com os colegas.

Vista de parte do muro construído pelo governo israelense separando Israel da Cisjordânia, próximo ao campo de refugiados palestinos de Shuafat e da cidade de Jerusalém, em 2012.

REVISANDO

A Primeira Guerra Mundial

1. O **nacionalismo**, as rivalidades e as **disputas imperialistas** entre as grandes potências contribuíram para a eclosão da Primeira Guerra Mundial.
2. Na **guerra de trincheiras**, os soldados passavam a maior parte do tempo abrigados em valas cavadas no solo em condições extremamente insalubres.
3. **Milhares de africanos** foram mobilizados para participar do conflito, como **carregadores** ou **soldados** das tropas coloniais.
4. O **Tratado de Versalhes**, assinado em 1919, impôs à Alemanha severas punições, alimentando o **revanchismo nacional alemão**.
5. **Inovações tecnológicas** do período, como o desenvolvimento de motores a combustão interna e os avanços da indústria química, foram utilizadas para incrementar a **indústria da guerra**.

A queda do czarismo na Rússia

1. A **Rússia czarista** iniciou o século XX em um quadro de fortes contradições: um **processo acelerado de industrialização** em um país predominantemente agrário, com milhões de trabalhadores explorados e miseráveis, e governado por uma **monarquia absolutista**.
2. A **Revolução de 1905**, violentamente reprimida pelas forças czaristas, deixou como legado principal a formação dos **sovietes**, conselhos de soldados, operários e camponeses.
3. A participação da Rússia na **Primeira Guerra** empurrou o país para a **revolução**. Em fevereiro de 1917, uma série de greves e protestos populares culminou na **derrubada do czar** e no estabelecimento de um Governo Provisório (**Revolução de Fevereiro**).

A Rússia socialista

1. A **Revolução de Outubro**, dirigida pelos bolcheviques, derrubou o governo republicano e liberal de Kerensky e iniciou a **construção do socialismo** na Rússia.
2. Entre 1918 e 1921, a **guerra civil** entre o Exército Branco e o Exército Vermelho desorganizou a economia russa e causou a morte de milhões de pessoas. Os **bolcheviques** venceram e o **Estado socialista** sobreviveu na Rússia.
3. A disputa entre as políticas defendidas por **Trotsky** e **Stalin** terminou em 1927, com a **vitória de Stalin**. No poder, ele estabeleceu um **regime ditatorial** baseado na repressão, na censura e na propaganda de exaltação do líder.
4. A Revolução Russa apresentou o **socialismo soviético** como uma alternativa ao **capitalismo**, alimentando a esperança de trabalhadores e partidos socialistas de todo o mundo por uma sociedade igualitária.

Trilha de estudo

Vai estudar? Nosso assistente virtual no *app* pode ajudar! <http://mod.lk/trilhas>

PARA ASSISTIR

- **Reds**
  Direção: Warren Beatty
  País: Estados Unidos
  Ano: 1981
  Duração: 195 min

Sinopse

O filme é baseado na vida do jornalista estadunidense John Reed, que testemunhou a Revolução de Outubro e a retratou em um dos livros mais populares sobre a tomada do poder pelos bolcheviques na Rússia: *Dez dias que abalaram o mundo*, publicado pela primeira vez em 1919.

O filme e esta unidade

1. Como a narrativa do filme é construída? Quais personagens e acontecimentos estudados nesta unidade você identificou no filme?
2. Qual foi a reação dos trabalhadores dos Estados Unidos ao receberem a notícia da revolução na Rússia? Explique-a de acordo com o contexto histórico do período.
3. Você gostou do filme? Por quê?

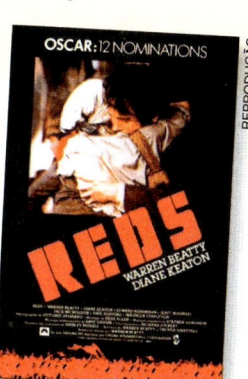

UNIDADE 3
A CRISE DO CAPITALISMO E A SEGUNDA GUERRA MUNDIAL

A CIVILIZAÇÃO EM CRISE

Era o dia 6 de agosto de 1945, e os moradores da cidade japonesa de Hiroshima apenas começavam suas atividades cotidianas. O Japão ainda não havia se rendido e enfrentava a poderosa máquina de guerra dos Estados Unidos. Mesmo assim, Hiroshima não inspirava temor, pois a cidade não abrigava bases militares nem depósitos de armas.

Contudo, por volta das oito horas da manhã, um bombardeiro B-29 lançou a *Little Boy* sobre o centro de Hiroshima. Sob o codinome "garotinho", ocultava-se a arma mais mortífera já inventada pelo ser humano até então: a **bomba atômica**. No dia 9 de agosto, a cidade de Nagasaki também foi alvo desse tipo de bomba.

Cerca de 250 mil pessoas morreram no momento das duas explosões ou ao longo daquele ano em decorrência da radiação. A barbárie daqueles atos tem sido relembrada pela arte na tentativa de compreender, superar ou mesmo "cicatrizar as feridas" abertas nos sobreviventes das duas tragédias. Deixemos a arte falar.

"Pensem nas crianças
Mudas telepáticas
Pensem nas meninas
Cegas inexatas
Pensem nas mulheres
Rotas alteradas
Pensem nas feridas
Como rosas cálidas
Mas oh não se esqueçam
Da rosa da rosa
Da rosa de Hiroxima*
A rosa hereditária
A rosa radioativa
Estúpida e inválida
A rosa com cirrose
A antirrosa atômica
Sem cor sem perfume
Sem rosa, sem nada"

A rosa de Hiroxima [1954].
In: MORAES, Vinicius de. *Poesia completa e prosa*.
4. ed. Rio de Janeiro: Nova Aguilar, 2004. p. 405.

* Mantivemos a grafia original adotada pelo poeta. Atualmente, por influência do inglês, o nome dessa cidade tem sido grafado com "sh" (Hiroshima).

ATITUDES PARA A VIDA

- Escutar os outros com atenção e empatia.
- Pensar de maneira interdependente.
- Questionar e levantar problemas.

Vítimas do bombardeio em Hiroshima no momento da explosão, pintura de Fumiaki Kajiya, 2002. O artista, sobrevivente da explosão, tinha 6 anos de idade quando a cidade foi destruída.

COMEÇANDO A UNIDADE

1. De que modo o poema de Vinicius de Moraes nos convida a refletir sobre o bombardeio a Hiroshima e a Nagasaki?

2. Na leitura do poema, quais expressões causaram maior desconforto em você? Por quê?

3. A pintura reproduzida abaixo, do sobrevivente Fumiaki Kajiya, foi inspirada em suas lembranças pessoais da destruição de Hiroshima. Como o artista expressou o horror que ele testemunhou?

HIROSHIMA PEACE MEMORIAL MUSEUM

TEMA 1 — A CRISE DE 1929

Como a economia mais próspera do planeta se tornou o centro da maior recessão econômica mundial conhecida até hoje?

A EXPANSÃO ECONÔMICA DOS ESTADOS UNIDOS

Você ou alguém da sua família tem o costume de escutar programas de rádio? Para você, quais seriam as estações mais populares atualmente? Você sabia que as primeiras radiodifusoras, com programação regular, surgiram na década de 1920? Foi nessa época também que o cinema se tornou popular, com filmes de Hollywood sendo exibidos em locais muito parecidos com aqueles que você conhece hoje.

Nos Estados Unidos, a expansão dos meios de comunicação de massa, como o rádio e o cinema, foi beneficiada pela grande prosperidade econômica do país durante e após a Primeira Guerra Mundial. Como o conflito não foi travado em seu território, a economia estadunidense não sofreu os danos decorrentes dos combates. Além disso, a guerra debilitou grande parte do potencial industrial europeu, permitindo que os Estados Unidos se tornassem o principal exportador de mercadorias de todo o planeta, responsável por cerca de 30% da produção mundial naquela época.

Ao contrário dos Estados Unidos, a Europa saiu da Primeira Guerra economicamente abalada. O desemprego cresceu, e a inflação galopante desvalorizou as moedas nacionais, especialmente o marco alemão, causando o empobrecimento da população. Interessados em recuperar suas economias, os países europeus adotaram medidas para proteger e estimular suas indústrias, restringindo as importações.

Congestionamento na cidade de Nova York, 1927. Com a criação do Ford Modelo T e depois da linha de montagem, em 1913, o automóvel começou a ser produzido para as massas. Em 1920, 9 milhões de carros em circulação foram registrados nos Estados Unidos; em 1929, esse volume havia crescido para 29 milhões.

Operadores trabalhando na bolsa de valores de Nova York, nos Estados Unidos, em 2018.

LIMITES DO CRESCIMENTO ECONÔMICO

A partir de meados dos anos 1920, as medidas protecionistas dos países europeus afetaram a economia dos Estados Unidos, que passou a apresentar uma queda significativa no volume de exportações para a Europa.

A esse problema externo, somavam-se, internamente, os baixos salários pagos aos trabalhadores estadunidenses e a queda dos preços dos produtos agropecuários causada pela redução do consumo. Com a retração dos mercados externo e interno, a economia dos Estados Unidos estava diante de um problema de **superprodução**.

Assim, a partir de 1925, o crescimento econômico dos Estados Unidos começou a regredir. Simultaneamente, o governo e os bancos ofereciam muito crédito para tentar estimular a produção e elevar o consumo, o que ampliou a especulação na bolsa de valores. Você tem ideia do que seja e como funcionam as bolsas de valores?

A BOLSA DE VALORES E O *BOOM* ESPECULATIVO

Para atrair investidores, uma empresa coloca ações à venda na bolsa de valores, que é o local onde elas são negociadas. **Ação** é um documento que representa a propriedade de uma parte do patrimônio de uma empresa. Numa situação ideal, se a empresa tiver lucros, o preço das ações sobe, beneficiando os investidores, também conhecidos como **acionistas**. Caso os lucros da empresa diminuam, o preço das ações cai, prejudicando os investidores. Assim, os acionistas procuram vender suas ações antes que os preços caiam demais.

Operações desse tipo na bolsa de valores são consideradas normais e acontecem até os dias de hoje. Porém, naquele período, com a economia superaquecida e a ausência de regulamentação governamental, investimentos feitos nos setores produtivos (que são aqueles que geram emprego) passaram a ser transferidos, em massa, para as aplicações na bolsa de valores, que parecia ser o caminho mais rápido para a riqueza.

Como resultado, a maior parte das empresas ficou muito endividada, pois produzia muito e vendia pouco, enquanto o preço das ações não parava de subir. Criou-se, assim, uma situação contraditória, que cedo ou tarde levaria ao colapso: por um lado, os investimentos crescentes valorizavam rapidamente o preço das ações; por outro, muitas empresas representadas por essas ações estavam à beira da falência.

A QUEBRA DA BOLSA DE NOVA YORK

Em outubro de 1929, o governo dos Estados Unidos elevou para acima de 10% a taxa de juros cobrada sobre as operações de crédito para investimentos no mercado financeiro. A esperança era que o capital voltasse a fluir para o setor produtivo. Essa medida, porém, contribuiu para difundir a desconfiança no lucro fácil da especulação financeira, produzindo uma verdadeira corrida dos acionistas para vender suas ações.

O primeiro dia de pânico ocorreu em 24 de outubro, quando 12 milhões de ações foram colocadas à venda. Sem compradores para essas ações, ocorreu uma queda acelerada no preço delas e a falência de milhares de investidores. A notícia se espalhou, agravando a situação. No dia 29, ocorreu o *crack* (quebra) da bolsa de valores de Nova York.

Muitos especuladores recorriam a empréstimos bancários para comprar ações. Com o *crack* da bolsa, eles não tinham como pagar os empréstimos contraídos. Assim, milhares de correntistas não tiveram os seus depósitos garantidos pelos bancos, provocando quebras no sistema bancário dos Estados Unidos. Ou seja, o dinheiro dos clientes que estava guardado nos bancos simplesmente desapareceu.

Acreditando que o próprio mercado colocaria as coisas nos eixos, o governo estadunidense cruzou os braços perante a crise. O mercado, porém, não conseguiu se restabelecer por conta própria, e a economia capitalista entrou em uma crise que se prolongou por vários anos.

Explore

- Observe a foto. Em que tipo de espaço você imagina que as *Hoovervilles* surgiram? Que tipos de material devem ter sido utilizados para construí-las? Elas contavam com serviços de água, luz e saneamento básico?

É BOM SABER

A crise financeira de 2008

Em 2008, outra crise econômica de grandes proporções atingiu o mundo. Novamente, o problema surgiu nos Estados Unidos, envolvendo a compra e venda de ações no mercado financeiro. Como você viu, às vésperas da crise de 1929, inúmeros investidores compraram ações sem saber se as empresas eram lucrativas ou se estavam a caminho da falência. No início do século XXI, algo semelhante ocorreu, mas com o mercado de compra e venda de imóveis.

Com a crise, moradias improvisadas proliferaram pelos Estados Unidos. Algumas delas seriam chamadas de *Hoovervilles*, as cidades de Hoover (Herbert Hoover), presidente dos Estados Unidos no auge da crise econômica. Na foto, *Hooverville* na cidade de Seattle, 1934.

Villa Desocupación, na cidade de Buenos Aires, na Argentina, em foto de 1932.
O bairro foi formado por pessoas desabrigadas em decorrência da crise mundial de 1929.

OS EFEITOS MUNDIAIS DA CRISE

Nos Estados Unidos, os trabalhadores foram os mais afetados pela crise de 1929. Em quatro anos, a população de desempregados saltou de 400 mil para 16 milhões, os quais, sem poder contar com um sistema de previdência social, foram lançados à miséria.

Os efeitos da crise também se estenderam pela maior parte do mundo capitalista na década de 1930. Os países da Europa Ocidental foram os que mais sentiram seus impactos. Os Estados Unidos não só cortaram os empréstimos que faziam a alguns desses países, como também cobraram as dívidas contraídas por eles, prejudicando as suas já fragilizadas economias do pós-guerra.

Na União Soviética, por sua vez, não havia bolsas de valores nem capital especulativo. Além disso, o país havia sido isolado pelas economias capitalistas, que temiam a expansão mundial do socialismo. Durante a grande crise capitalista, esse isolamento preservou os soviéticos dos resultados mais terríveis da depressão econômica.

O IMPACTO DA CRISE NA AMÉRICA LATINA

Os países da América Latina também foram gravemente afetados pela Grande Depressão. Argentina e Brasil, por exemplo, tinham suas economias baseadas na exportação de gêneros primários, como trigo, carne bovina e café. Além disso, parte importante do capital investido nesses países era de origem estrangeira, principalmente dos Estados Unidos, da Grã-Bretanha e da França.

Com a expansão da crise e a drástica redução das importações estadunidenses e europeias, os preços dos gêneros primários caíram de forma abrupta, prejudicando as economias latino-americanas. Além disso, diante da crise, os investidores estrangeiros diminuíram drasticamente o volume de capitais aplicados na América Latina.

Grande Depressão: período prolongado de crise econômica, marcado pela redução drástica da produção, do comércio e dos serviços, a exemplo do que ocorreu nos Estados Unidos e em grande parte do mundo na década de 1930.

ARGENTINA E BRASIL

Entre o final do século XIX e a crise de 1929, a Argentina tinha a economia mais próspera da América Latina e uma das rendas *per capita* mais elevadas do mundo. Sua riqueza estava concentrada nas exportações de trigo (37%) e carne bovina (39%). As vendas desses produtos já vinham se desacelerando desde 1925, mas, com o início da Grande Depressão, caíram drasticamente.

Apesar dos impactos da crise, o governo argentino adotou medidas para recuperar rapidamente a economia do país. A partir de 1932, sob uma bandeira nacionalista, a Argentina iniciou sua industrialização por substituição das importações. A produção industrial de bens de consumo voltada para o mercado interno foi o motor do crescimento econômico argentino, ainda que o trigo e a carne continuassem liderando as exportações do país.

O caso brasileiro não foi muito diferente do argentino. Na década de 1920, o café representava 69% das exportações do país, seguido da borracha e do algodão, ambos com 2,5%. Diante da crise, a economia brasileira foi profundamente afetada pela queda das exportações. Por isso, nos anos 1930, o governo de Getúlio Vargas tomou medidas para diversificar a produção agrícola e promover a industrialização por substituição das importações.

De modo geral, os países da América Latina criaram mecanismos reguladores da economia para superar os efeitos da crise de 1929. Fundaram instituições financeiras de controle do crédito, do câmbio e da inflação, como os Bancos Centrais, elevaram as tarifas de importação e investiram na industrialização nacional. Em outras palavras, começaram a construir um Estado intervencionista para combater os efeitos da política de livre mercado.

Crianças fazem fila em um abrigo para receber alimentos. Estados Unidos, foto de 1931.

ROOSEVELT E O *NEW DEAL*

Em 1933, o democrata Franklin Roosevelt assumiu a presidência dos Estados Unidos, eleito com a promessa de recuperar a economia ainda abalada pela crise 1929. No comando de um país com cerca de 16 milhões de desempregados, o novo presidente adotou um ambicioso programa de combate à crise, que ficou conhecido como **New Deal** (Novo Acordo).

A base do programa era o abandono do liberalismo e a adoção de uma política de intervenção direta do Estado na condução da economia. Essa medida foi vista como a única saída para combater a especulação e os efeitos desastrosos da política de livre mercado adotada até então. A política de bem-estar social também teve grandes avanços, com a aprovação do direito de greve, da liberdade sindical e de uma ampla legislação relacionada à seguridade social.

LINHAS DE ATUAÇÃO DO *NEW DEAL*

O programa democrata de Roosevelt seguia, em grande parte, as propostas do economista britânico John Maynard Keynes (1883-1946), que defendia o papel regulador do Estado na economia para evitar ou reduzir os efeitos das crises econômicas. Veja algumas das medidas implementadas.

- **Agricultura**. Medidas foram tomadas para aumentar os rendimentos dos agricultores, fixando limites à produção, recuperando os preços e fornecendo incentivos às exportações.

- **Indústria**. Para ajudar na recuperação das empresas, foi criado um programa de auxílio à indústria que previa a concessão de créditos a juros baixos e a nacionalização de empresas em dificuldades ou em processo de falência.

- **Emprego**. A jornada de trabalho semanal foi reduzida, fixou-se um salário mínimo e realizou-se um amplo programa de construção de obras públicas, como estradas, usinas hidrelétricas, escolas e hospitais, criando novos postos de trabalho.

A recuperação da economia foi financiada com dinheiro público, obtido com o aumento de impostos. A taxação dos cidadãos mais ricos foi o mecanismo escolhido pelo governo para garantir a distribuição de renda e financiar a recuperação econômica do país.

Pessoas vivendo na extrema pobreza, foto de Dorothea Lange, Oklahoma, Estados Unidos, 1936. A fotógrafa percorreu as regiões sul e oeste dos Estados Unidos, nos anos 1930, registrando o impacto da Grande Depressão na vida dos trabalhadores rurais.

ORGANIZAR O CONHECIMENTO

1. Sobre a economia dos Estados Unidos nas primeiras décadas do século XX, responda às questões a seguir.
    a) Aponte os principais fatores que impulsionaram a economia estadunidense durante e após a Primeira Guerra Mundial.
    b) Quais foram as principais consequências, nos Estados Unidos e no mundo, da quebra da bolsa de Nova York em 1929?

2. Elimine do quadro a expressão que não faz parte do grupo e a substitua por outra que faça sentido.

> superprodução   *crash*   especulação financeira
> liberalismo   regulação econômica

87

TEMA 2 — O NAZIFASCISMO

Como os regimes totalitários contribuíram para a eclosão de um novo conflito mundial?

O FRACASSO DA REVOLUÇÃO MUNDIAL

Na Europa, particularmente nas nações derrotadas na Primeira Guerra Mundial (Alemanha, Áustria e Hungria), as dificuldades econômicas, as perdas humanas e materiais e a instabilidade política pareciam reunir as condições favoráveis para uma revolução socialista, como a que havia eclodido na Rússia em 1917. A grande burguesia e setores da classe média acreditavam que um "perigo comunista" ameaçava o continente.

Evidências dessa "ameaça" não faltavam. Em 1918, uma revolução levou à queda do Império Alemão; no ano seguinte, na Hungria, nasceu a República Húngara dos Conselhos, inspirada no modelo bolchevique russo; no triângulo industrial da Itália, formado pelas cidades de Milão, Turim e Gênova, greves operárias e ocupações de fábrica marcaram o "biênio vermelho" (1919-1920) no país.

Cena do filme *A cidade sem judeus*, de Hans Karl Breslauer, 1924. A película recém-restaurada denunciava os riscos que o crescente antissemitismo representava para a nação austríaca. Os judeus, no filme, são considerados culpados pela fome e pelo desemprego que dominaram a Áustria depois da Primeira Guerra Mundial. O país é levado a uma crise mais aguda após a expulsão dos judeus por uma lei racista, que depois foi revogada.

Explore

- Ainda hoje são registrados casos de agressões violentas por xenofobia ou por intolerância religiosa. Em sua opinião, o que leva uma pessoa ou um grupo a praticar um ato de intolerância como esse? Converse com seus colegas sobre o assunto antes de elaborar uma resposta.

No entanto, o medo do comunismo foi logo afastado. A revolução foi derrotada na Alemanha; na Hungria, uma aliança de tropas contrarrevolucionárias, lideradas pela França e pela Romênia, depôs o governo revolucionário após 133 dias no poder; e, na Itália, negociações entre o governo e os sindicatos garantiram o retorno à normalidade.

A derrota dessas revoluções, o isolamento da União Soviética e os primeiros sinais de recuperação da economia europeia, a partir de 1925, pareciam indicar que a estabilidade tinha sido restabelecida e as democracias liberais europeias estavam asseguradas.

A GRANDE DEPRESSÃO NA EUROPA

Esse cenário de estabilidade, porém, mudaria completamente com a crise de 1929 e os efeitos que ela produziu na economia europeia. Os capitais estadunidenses investidos na recuperação dos países europeus afetados pela guerra foram reduzidos drasticamente. O desemprego em massa se espalhou pela Europa, e cresceram as críticas ao liberalismo político e econômico, incapaz de conter a crise.

A crise econômica reforçou a polarização política na Europa. De um lado, trabalhadores, ativistas políticos e intelectuais denunciavam o capitalismo liberal como responsável pela crise e defendiam a revolução socialista. De outro, setores da classe média e a grande burguesia, preocupados com a possibilidade de uma revolução, apoiaram propostas autoritárias para defender o capitalismo e recuperar valores nacionais.

OS REGIMES TOTALITÁRIOS NA EUROPA

O **autoritarismo** e o **totalitarismo** são regimes de governo que se caracterizam pelo abuso da autoridade no exercício do poder. O totalitarismo, porém, é um regime extremo, em que a vontade do grupo governante se confunde com a administração do Estado. A vida pessoal e as relações sociais são controladas pelo governo, o cotidiano é rigidamente policiado, assim como a imprensa, a cultura e o sistema educacional.

O uso da força também é outra característica importante dos regimes totalitários. Quem não concorda com o regime, tem uma posição política diferente ou não pertence ao grupo étnico dominante é considerado criminoso e é perseguido como inimigo nacional.

Os principais exemplos de regimes totalitários foram: o **fascismo**, na Itália; o **nazismo**, na Alemanha; e o **stalinismo**, na União Soviética.

Os meninos da harmonia, charge de David Low, 1940, que representa os ditadores Adolf Hitler, da Alemanha, Benito Mussolini, da Itália, Francisco Franco, da Espanha, e Joseph Stalin, da União Soviética.

A ASCENSÃO DO FASCISMO NA ITÁLIA

Após a Primeira Guerra Mundial, a economia da Itália se deteriorou. Empresas fecharam suas portas e o desemprego cresceu. A sociedade italiana enfrentava também o drama das perdas humanas na guerra: 500 mil mortos e 400 mil mutilados.

De um lado, a crise do pós-guerra e o fortalecimento das organizações operárias fizeram avançar as propostas socialistas, influenciadas pela Revolução Russa, e o movimento anarcossindicalista. Do outro, desempregados, ex-combatentes e antigos socialistas fundaram o *Fasci di Combattimento*, grupo paramilitar liderado por Benito Mussolini que combatia os comunistas, a democracia liberal e as organizações operárias e socialistas.

Em outubro de 1922, os fascistas promoveram a **Marcha sobre Roma**. Pressionado, o rei convocou o líder fascista a ocupar o cargo de primeiro-ministro. Em 1925, Mussolini tonou-se *Duce* (o condutor supremo da Itália). Como ditador, extinguiu os partidos políticos de oposição, fechou ou suspendeu todos os jornais não fascistas e criou uma polícia política que vigiava e punia os opositores do regime.

O *fascio* italiano, principal símbolo do fascismo, que faz referência ao feixe de varas usado pelos oficiais da Roma antiga responsáveis pela execução da justiça.

Paramilitar: força civil formada por pessoas armadas e geralmente fardadas, que não pertencem às forças militares regulares ou oficiais.

Membros do *Fasci di Combattimento*, em foto da década de 1930.

Pessoas sem-teto esperam do lado de fora de um abrigo público em Berlim, na Alemanha, em 1924. O empobrecimento da população acirrou os conflitos sociais e políticos na Alemanha do entreguerras.

AS ORIGENS DO NAZISMO NA ALEMANHA

A proclamação da república na Alemanha ocorreu em novembro de 1918, durante a Primeira Guerra Mundial, e foi resultado de uma revolução conduzida por socialistas e liberais. O novo governo, conhecido como **República de Weimar**, tratou logo de pôr fim à guerra e negociar a paz com os vencedores.

Em 1919 foi assinado o Tratado de Versalhes, que encerrou a guerra de forma definitiva. O acordo declarou a Alemanha responsável por todos os danos causados aos países vencedores e impôs a ela uma "paz punitiva". A assinatura do documento, que estabelecia exigências pesadas, causou grande impacto na população alemã.

A fim de efetuar os pagamentos estabelecidos pelo tratado, que se prolongaram por vários anos após o conflito, o governo de Weimar assumiu enormes dívidas, principalmente com os Estados Unidos. Essa situação deixou a economia alemã extremamente frágil e dependente dos capitais estrangeiros.

Os problemas econômicos da Alemanha acirraram os problemas sociais: desemprego, concentração de renda, empobrecimento da classe média e dos trabalhadores. A república enfrentava ainda a forte reação da burguesia e das classes médias, que acusavam o governo de ser responsável pela derrota alemã e de favorecer o movimento operário e socialista.

A FUNDAÇÃO DO PARTIDO NAZISTA

A crise econômica e social que atingiu a Alemanha durante a República de Weimar, agravada pelos ressentimentos nacionalistas, criou o cenário ideal para a fundação, em 1919, do **Partido Nacional Socialista dos Trabalhadores Alemães**, o Partido Nazista, liderado por Adolf Hitler.

A doutrina nazista, articulada politicamente em torno do partido, proclamava a superioridade do que eles chamavam de raça ariana, da qual os alemães supostamente se originaram.

Raça ariana: classificação surgida no século XIX para identificar os indivíduos altos, loiros e fortes, especialmente os povos nórdicos e germânicos, tidos como superiores. Trata-se de uma classificação ideológica e não científica. O termo ariano, isoladamente, refere-se a um grupo linguístico indo-europeu.

Os nazistas procuravam explorar o sentimento nacionalista da população alemã, abalada com os resultados da guerra. Prometendo resgatar a honra nacional, defendiam a destruição dos principais inimigos da Alemanha: externamente, as potências que impuseram o Tratado de Versalhes; internamente, os judeus, acusados de conspirar contra a Alemanha, os comunistas e o governo republicano de Weimar. Além disso, a estrutura do partido, fortemente militarizada, simbolizava a ideia de ordem num país desorganizado política, social e economicamente.

A CRISE DE 1929 E A ASCENSÃO DO NAZISMO

Inteiramente dependente das exportações e dos empréstimos externos, a Alemanha sofreu as consequências da crise de 1929 e da retirada dos capitais estadunidenses. Muitas indústrias fecharam suas portas, e o desemprego industrial atingiu 44% da população economicamente ativa.

Diante da crise, os grupos socialistas ganharam força por suas críticas ao liberalismo e à concentração de renda nas mãos da burguesia. Do outro lado, também crescia o movimento nazista, com seu discurso nacionalista, de rejeição ao Tratado de Versalhes e sua proposta de unidade nacional. As Tropas de Assalto, conhecidas como SA (*Sturmabteilung*), ligadas ao Partido Nazista, atacavam organizações socialistas e comunistas.

Para ampliar o apoio popular, os nazistas apresentaram propostas que beneficiavam empresários e trabalhadores do campo e das cidades: forte investimento na construção civil para geração de postos de trabalho, reforma agrária sem indenização, cartelização da economia em benefício dos grandes grupos industriais, participação dos trabalhadores nos lucros das empresas, anulação das dívidas dos agricultores, preços melhores para as colheitas e salários dignos para os operários. Além disso, Hitler propunha romper com as limitações impostas pelo Tratado de Versalhes e investir na expansão do exército e da indústria bélica alemã.

Cartelização: formação de cartel, acordo feito entre empresas que dividem entre elas o mercado com o propósito de controlar os preços e combater os concorrentes.

Primeiro Congresso do Partido Nacional Socialista dos Trabalhadores Alemães, também conhecido como Partido Nazista, em Munique. Foto de 1923.

OS NAZISTAS NO PODER

Nas eleições presidenciais de março de 1932, Hitler concorreu, mas foi derrotado nas urnas pelo marechal Paul von Hindenburg, que tinha o apoio de vários partidos. Apesar disso, em julho, o Partido Nazista conseguiu vencer as eleições para o *Reichstag*, o Parlamento alemão. Em janeiro do ano seguinte, Adolf Hitler foi convidado pelo presidente Hindenburg a assumir o cargo de chanceler no governo alemão. Os nazistas chegavam, assim, ao poder.

Menos de um mês depois, os nazistas incendiaram o prédio do *Reichstag* e responsabilizaram os comunistas. Esse foi o pretexto para decretar o estado de emergência, dissolver o Parlamento e ordenar a prisão das principais lideranças de esquerda. Todos os partidos, à exceção do Partido Nazista, foram fechados. Estava instalada a ditadura nazista na Alemanha.

O regime nazista implementou diversas políticas buscando ampliar sua popularidade. Veja a seguir.

- **Pangermanismo**. Segundo essa ideologia, o Estado alemão deveria incorporar os territórios de outros países europeus habitados por populações germânicas, formando uma grande nação ariana.
- **Espaço vital**. Por esse princípio, os "povos inferiores" deveriam ser dominados, garantindo territórios onde a nação ariana pudesse se desenvolver plenamente.

Essas ideias, que combinavam belicismo, nacionalismo e racismo, foram bem recebidas por uma população que, pouco tempo antes, não tinha perspectivas de futuro e agora era chamada a dominar o mundo.

Hitler, cercado por apoiadores, desfila em carro aberto na cidade de Nuremberg, Alemanha, em 1933.

ORGANIZAR O CONHECIMENTO

1. Resuma as principais características dos regimes totalitários.

2. Numere as frases de 1 a 6, ordenando-as para que formem um texto contínuo e coerente.

   a) (   ) Na Itália, esses grupos eram representados pelo Partido Fascista, dirigido por Mussolini; na Alemanha, pelo Partido Nazista, comandado por Hitler.

   b) (   ) Em 1933, com o apoio da grande burguesia industrial, o nazismo chegou ao poder.

   c) (   ) De um lado, estavam as mobilizações de operários, socialistas e comunistas; de outro, o crescimento dos grupos nacionalistas de extrema-direita.

   d) (   ) Na Alemanha, o nazismo conquistou grande apoio popular com a pauperização econômica e social gerada pela Grande Depressão.

   e) (   ) A crise econômica e social que caracterizou a Europa nos anos 1920 foi acompanhada de intensa polarização política.

   f) (   ) Na Itália, após a Marcha sobre Roma, em 1922, Mussolini foi convidado a compor o governo e logo assumiu o poder como ditador.

DE OLHO NA IMAGEM

A PROPAGANDA NAZISTA

As imagens foram intensamente utilizadas como instrumento de propaganda pelos nazistas. Cartazes, pôsteres, faixas, fotografias e filmes foram produzidos em larga escala para difundir os ideais nazistas, mas também para construir imagens negativas a respeito dos indivíduos considerados por eles inimigos da nação alemã. Os alvos privilegiados eram os marxistas (comunistas e socialistas) e os judeus.

Neste pôster produzido nas eleições de 1932, o marxismo aparece associado ao Partido Social-Democrata, a mais antiga e forte corrente de orientação marxista na Alemanha daquele período.

Durante o regime nazista, o Partido Comunista da Alemanha foi praticamente aniquilado, e os membros do Partido Social-Democrata sofreram forte repressão.

No chapéu do "anjo da guarda", pode-se ler a sigla SPD, de Partido Social-Democrata da Alemanha. Acima da sigla está em evidência o símbolo da União Soviética, a foice e o martelo, associado ao comunismo.

Apropriadas pelo nazismo como símbolo da identidade ariana, as suásticas surgiram na Índia por volta de 3000 a.C. De lá, espalharam-se pela Ásia e Europa, sendo utilizadas como símbolo de sorte.

O saco de dinheiro, o traje típico de homem de negócios e o nariz aquilino eram elementos comuns às representações que os nazistas faziam dos judeus naquele período.

O texto do cartaz diz: "O marxismo é o anjo da guarda do capitalismo. Vote Nacional Socialismo. Lista 1."

Na cena, o anjo da guarda "marxista" caminha de mãos dadas com o "judeu" capitalista, em um caminho cercado por chamas.

O marxismo é o anjo da guarda do capitalismo. Pôster nazista para as eleições do *Reichstag*, 1932.

QUESTÕES

1. O que os personagens desta imagem representam? Como eles foram caracterizados?
2. Qual seria o objetivo dos nazistas ao produzir um cartaz como esse?
3. Quais elementos do cartaz permitem associá-lo ao antissemitismo nazista?
4. Construa uma interpretação relacionando todos os elementos da imagem.

ATITUDES PARA A VIDA

Guernica: arte e resistência

Em 1937, ano em que Pablo Picasso produziu *Guernica*, a Espanha se encontrava em guerra civil. O conflito começou com o golpe liderado pelo general Francisco Franco, em 1936, contra o governo eleito da república.

O general Franco, de tendência fascista, contou com o auxílio da Alemanha, da Itália e de Portugal, que enviaram armamentos e soldados. No mês de abril, a força aérea alemã bombardeou o vilarejo basco de Guernica, na Espanha, atingindo principalmente a população civil.

Pablo Picasso havia sido incumbido pelo governo republicano de produzir uma pintura para representar a Espanha na Exposição Internacional de Paris. Impactado com a destruição de Guernica, o artista a definiu como tema de sua obra.

Franco venceu a guerra civil em 1939 e o país foi submetido a uma ditadura de partido único, que durou cerca de quarenta anos. Por isso, Picasso determinou que a tela não poderia ser exposta na Espanha enquanto a democracia não fosse restabelecida. A obra permaneceu sob a guarda do Museu de Arte Moderna de Nova York e apenas em 1981 foi transladada para Madri, onde se encontra até hoje. *Guernica* se transformou em símbolo contra o fascismo, as guerras e todos os horrores por eles provocados.

Guernica, pintura do espanhol Pablo Picasso, 1937.

QUESTÕES

1. Que impressões *Guernica* despertou em você?

2. Identifique as frases incorretas.
   a) A Guerra Civil Espanhola refletiu a polarização política na Europa do entreguerras.
   b) Em *Guernica*, Picasso fez um retrato realista da Guerra Civil Espanhola.
   c) A popularidade de *Guernica* se explica pelo sucesso da arte moderna no mundo inteiro.
   d) *Guernica* revela o engajamento político de Picasso em relação à ditadura franquista.

3. Explique como as atitudes priorizadas nesta unidade (**escutar os outros com atenção e empatia, pensar de maneira interdependente, questionar e levantar problemas**) nos ajudam a compreender a importância de *Guernica* até hoje.

ATIVIDADES

APLICAR

1. Analise o gráfico com atenção.

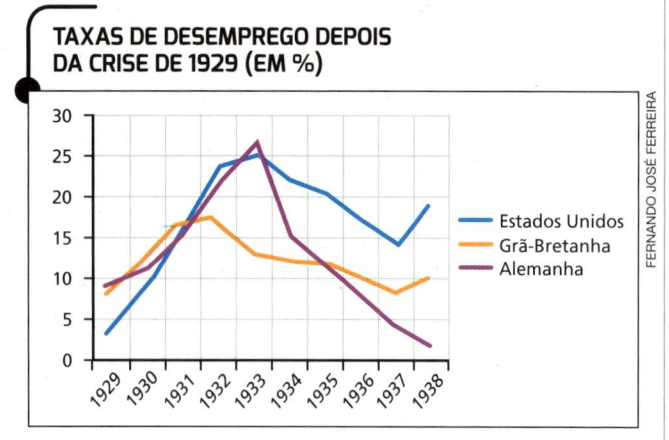

TAXAS DE DESEMPREGO DEPOIS DA CRISE DE 1929 (EM %)

(Gráfico com linhas representando Estados Unidos, Grã-Bretanha e Alemanha entre 1929 e 1938)

Fonte: GAZIER, Bernard. *A crise de 1929*. Porto Alegre: L&PM, 2010. p. 24.

a) Descreva a evolução da taxa de desemprego nos três países indicados no gráfico.

b) Que fatores contribuíram para a redução do desemprego na Alemanha após 1933?

2. As frases de Mussolini abaixo foram pintadas em muros italianos durante o regime fascista.

"A Itália terá seu grande lugar no mundo."

"Se a vitória foi mutilada uma vez, isso não quer dizer que será mutilada outra vez."

"Se avanço, siga-me; se retrocedo, mate-me; se morro, vinga-me."

"Única fé: o amor da pátria; única vontade: a de tornar grande o povo italiano."

"O *Duce* sempre tem razão."

SEGÀLA, Ariberto. *I muri del Duce*. Gardolo: Edizioni Arca, 2001. p. 18, 66, 73, 80 e 86.

a) A qual "vitória mutilada" se refere a segunda frase?

b) Quais frases se referem diretamente à guerra?

c) Quais demonstram o totalitarismo de Mussolini?

d) Quais revelam o apelo nacionalista do fascismo?

3. Leia o texto e observe a imagem.

"A ascensão da direita radical [fascismo italiano e alemão] após a Primeira Guerra Mundial foi sem dúvida uma resposta ao perigo, na verdade, à realidade da revolução social e do poder operário, em geral, e à Revolução de Outubro e ao leninismo, em particular. Sem esses não teria havido fascismo algum. [...]

Após a recuperação econômica de 1924, o Partido dos Trabalhadores Nacional-Socialistas foi reduzido a uma rabeira de 2,5 a 3% do eleitorado. [...] Contudo, [em 1928], havia subido para mais de 18% do eleitorado [...]. Quatro anos depois, no verão de 1932, era de longe o mais forte, com mais de 37% dos votos totais [...]. Está claro que foi a Grande Depressão que transformou Hitler de um fenômeno da periferia política no senhor potencial, e finalmente real, do país."

HOBSBAWM, Eric. *Era dos extremos: o breve século XX – 1914-1991*. São Paulo: Companhia das Letras, 1995. p. 127, 132-133.

Cartaz nazista das eleições presidenciais alemãs de 1932 destinado às mulheres retrata uma família abatida.

a) Que fatores, segundo o autor, foram decisivos para a ascensão do nazifascismo ao poder?

b) Como Hobsbawm justifica suas próprias conclusões a respeito da ascensão do nazifascismo?

c) O pôster nazista reproduzido acima confirma a análise desenvolvida nesse texto? Explique.

RETOMAR

4. Responda às questões-chave da abertura dos temas 1 e 2.

a) Como a economia mais próspera do planeta se tornou o centro da maior recessão econômica mundial conhecida até hoje?

b) Como os regimes totalitários contribuíram para a eclosão de um novo conflito mundial?

TEMA 3

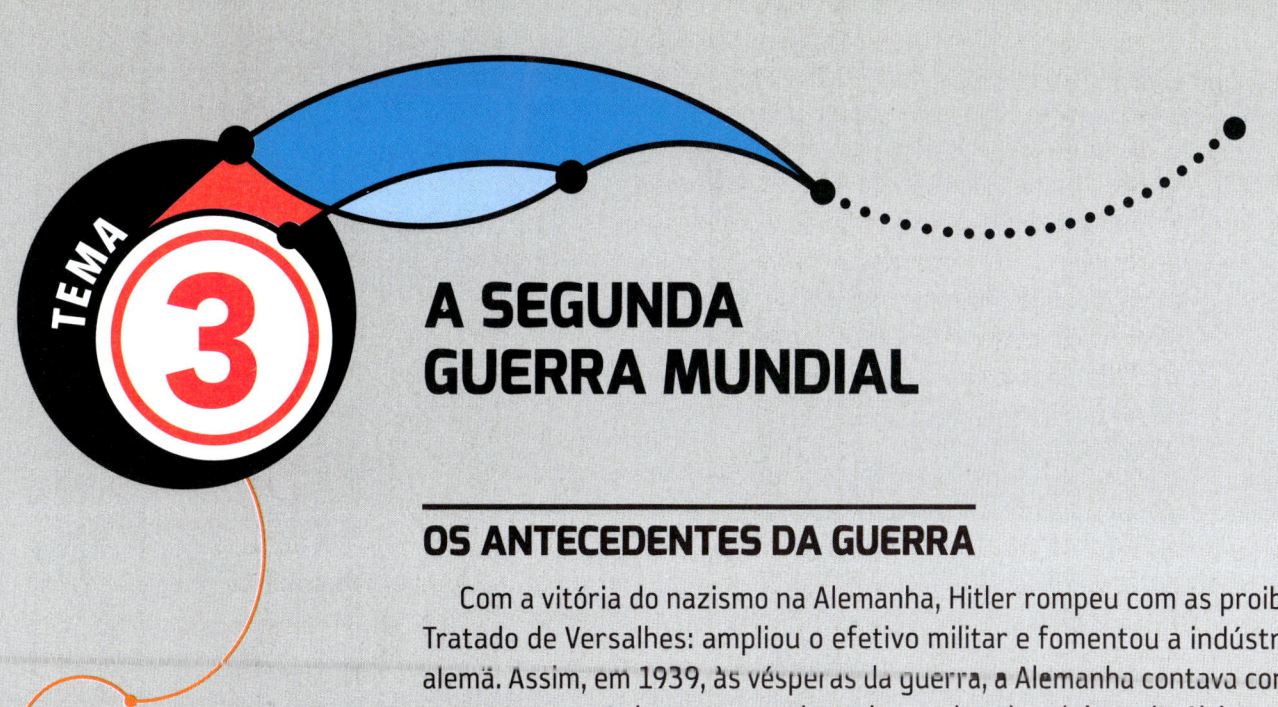

A SEGUNDA GUERRA MUNDIAL

OS ANTECEDENTES DA GUERRA

Com a vitória do nazismo na Alemanha, Hitler rompeu com as proibições do Tratado de Versalhes: ampliou o efetivo militar e fomentou a indústria bélica alemã. Assim, em 1939, às vésperas da guerra, a Alemanha contava com aviões, caças, tanques de guerra, submarinos e bombardeiros de última geração, comandados por oficiais bem treinados. Preparar o país para a guerra gerou empregos, movimentou a vida econômica e deu a impressão de que o nazismo era a solução para os problemas políticos e sociais da Alemanha.

A Itália e o Japão, futuros aliados da Alemanha, tinham em comum interesses expansionistas e imperialistas. Na Itália, o governo fascista de Mussolini implantou um programa de modernização do país com o objetivo de preparar a Itália para a conquista de novos territórios, começando pela África.

Como explicar que a Alemanha, imbatível nos primeiros anos da guerra, foi derrotada pelos Aliados?

Soldados fazem juramento a Hitler em Tirol, na Áustria Ocidental, em 1938. Grande parte da população da Áustria tinha origem alemã, fato que favoreceu a anexação do país ao Estado nazista.

O Japão saiu da Primeira Guerra como a maior potência militar do Extremo Oriente. No entanto, a expansão japonesa esbarrava na escassez de recursos naturais, como o petróleo, que obrigava o país a depender das exportações estrangeiras. A anexação de territórios vizinhos parecia ser a solução para a dependência japonesa.

Em 1931, o Japão invadiu a província chinesa da Manchúria e, no ano seguinte, atingiu a cidade de Xangai. Em 1935, Hitler rompeu oficialmente com os acordos de paz assinados ao final da Primeira Guerra e retirou a Alemanha da Liga das Nações. Em março de 1938, ocupou a Áustria, anunciando o *Anschluss*, ou seja, a anexação da Áustria à Alemanha.

A FORMAÇÃO DO EIXO E O ACORDO DE MUNIQUE

O expansionismo nazifascista na Europa e do Japão no Oriente aproximou os governos dos três países. Em 1936, a Alemanha e a Itália formaram o **Eixo Roma-Berlim**, enquanto os alemães e japoneses assinaram o **Pacto Anticomintern**, constituído para barrar o avanço da União Soviética. Em 1937, a Itália aderiu ao pacto e, em 1940, os três países oficializaram o Pacto Tripartite ou do Eixo.

O próximo passo do governo nazista foi mobilizar suas tropas para a fronteira com a Tchecoslováquia com a clara intenção de anexar os Sudetos, região do território tcheco habitada por maioria alemã.

A ameaça contra a Tchecoslováquia levou os governos da Alemanha, Itália, França e Grã-Bretanha a se reunirem na **Conferência de Munique**, em 1938. O encontro autorizou a anexação dos Sudetos à Alemanha. Porém, um ano depois, Hitler apossou-se de todo o território tcheco, enquanto a Eslováquia declarou sua independência e alinhou-se aos nazistas.

Enquanto os países do Eixo expandiam suas conquistas, as nações vencedoras da Primeira Guerra mantinham-se neutras. Para elas, o anticomunismo de Hitler era conveniente, na medida em que atacava o perigo soviético.

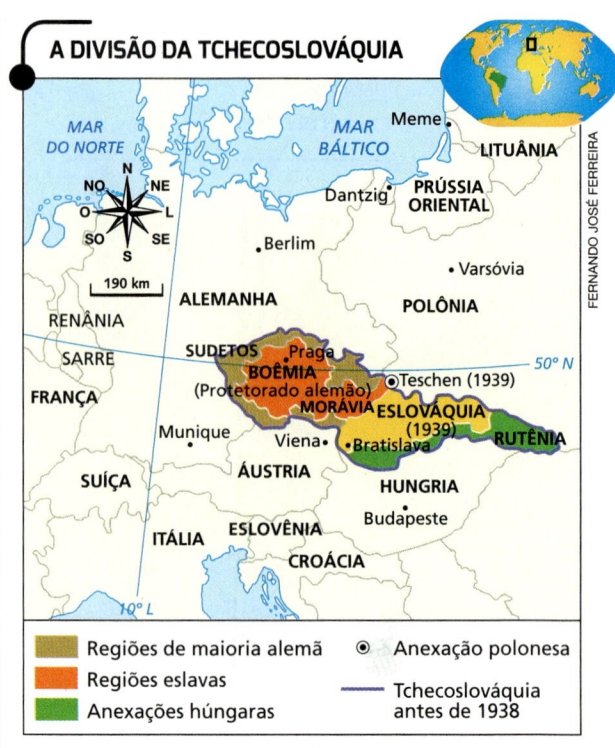

A DIVISÃO DA TCHECOSLOVÁQUIA

Fonte: CHALIAND, Gérard; RAGEAU, Jean-Pierre. *Atlas politique du XXe siècle*. Paris: Seuil, 1988. p. 61.

O INÍCIO DA GUERRA

Após a invasão da Tchecoslováquia, os governos da França e da Grã-Bretanha assinaram um acordo com a Polônia que lhe garantia todo apoio possível no caso de uma invasão alemã.

Enquanto isso, o ditador Joseph Stalin negociava secretamente com Hitler garantias da neutralidade soviética. Stalin acreditava que, no caso de uma guerra, a União Soviética enfrentaria sozinha a Alemanha nazista, pois Grã-Bretanha e França não sairiam em defesa do Estado bolchevique.

O resultado da aproximação entre Hitler e Stalin foi o **Pacto Nazi-Soviético de Não Agressão**, assinado em 1939. Pelo acordo, alemães e soviéticos dividiram a Polônia, e a União Soviética recuperou territórios perdidos ao final da Primeira Guerra.

Hitler, confiante de que França e Grã-Bretanha não iriam à guerra, ordenou a invasão da Polônia, que ocorreu em 1º de setembro de 1939. Dois dias depois, Grã-Bretanha e França declararam guerra à Alemanha, dando início à Segunda Guerra Mundial.

Explore

- O fato de o artista representar Hitler como o noivo e Stalin como a noiva não foi casual. Explique.

Até quando durará a lua de mel?, charge de 1939 que satiriza o Pacto de Não Agressão assinado por Hitler e Stalin.

A CONQUISTA DA EUROPA OCIDENTAL

Os combates entre os Aliados (liderados pela França e Grã-Bretanha) e as forças do Eixo começaram, de fato, em 1940, quando os alemães partiram para a conquista da Escandinávia, no norte da Europa. A campanha da Escandinávia foi rápida e, em maio de 1940, Noruega e Dinamarca já estavam ocupadas pela Alemanha.

Enquanto as tropas alemãs ainda lutavam na Noruega, Hitler iniciou a operação para a conquista da França. Para atingir esse objetivo, os alemães direcionaram tropas para os territórios belga e holandês, atraindo para lá boa parte das forças franco-britânicas. A estratégia deu certo. Enquanto um efetivo importante das tropas aliadas era cercado pelos alemães ao norte, na Bélgica, outra parte dos blindados alemães invadiu a França por Luxemburgo e chegou ao Canal da Mancha.

As tropas aliadas, divididas, foram incapazes de evitar a conquista da França. Em junho, as tropas nazistas tomaram Paris e hastearam sua bandeira, com o símbolo da suástica, no topo da Torre Eiffel.

É BOM SABER

A *Blitzkrieg*: a guerra-relâmpago

Na guerra, os alemães utilizaram uma estratégia conhecida como *Blitzkrieg*, ou guerra-relâmpago, técnica militar que resultou na rápida ocupação da Polônia, da Noruega, da França, entre outros países. A estratégia consistia em ataques coordenados da *Luftwaffe*, a divisão aérea alemã, que bombardeava instalações militares e destruía as linhas de comunicação inimigas. Na sequência, ofensivas de divisões de blindados – os tanques *Panzers* –, com o apoio da artilharia e da infantaria, garantiam o rápido avanço nos territórios invadidos, impedindo que suas forças tivessem tempo de organizar a defesa.

Tanque *Panzer* na conquista do norte da França pelas tropas alemãs, em junho de 1940.

Tropas nazistas na cidade soviética de Vitebsk, destruída pelas chamas, em agosto de 1941. Durante a guerra, os soviéticos adotaram a tática de terra arrasada. Antes de abandonar uma área, os moradores destruíam plantações, casas e cidades para dificultar a sobrevivência dos alemães em território soviético.

Führer: expressão alemã que significa líder, condutor. Foi a nomenclatura adotada por Hitler quando se tornou o comandante do Estado alemão.

O EIXO A CAMINHO DO LESTE

Ainda em junho de 1940, Mussolini entrou na guerra ao lado da Alemanha e avançou para o norte da África. Nessa região, o socorro enviado pela Alemanha poupou os italianos de uma derrota total contra os ingleses.

Na Europa, Alemanha e Itália voltaram-se para os Bálcãs. A Itália invadiu a Grécia através da Albânia. Em seguida, as tropas alemãs entraram na Romênia e na Bulgária para consolidar a adesão desses países às forças do Eixo. Em abril de 1941, forças da Alemanha, da Bulgária e da Hungria invadiram a Iugoslávia e entraram na Grécia para novamente salvar os italianos de uma derrota.

Em meados de 1941, boa parte da Europa estava nas mãos dos nazistas ou de governos aliados de Hitler. O *Führer* podia, então, voltar-se para a União Soviética. Os recursos naturais do território soviético, principalmente as reservas de petróleo, eram o grande alvo da ambiciosa expansão nazista. Além disso, a União Soviética era considerada a pátria dos comunistas e tinha uma população de maioria eslava, muito discriminada pelos nazistas.

> "Os soviéticos sofriam duplo preconceito, por serem eslavos e por serem comunistas. Em relação a eles também o objetivo era a destruição completa. A invasão da União Soviética pela Alemanha, em junho de 1941, reforçou a arrogância dos alemães, e o massacre impetrado a civis e militares deu-lhes a ilusão de que o objetivo seria atingido."
>
> CAPELATO, Maria Helena; D'ALESSIO, Márcia Mansor. *Nazismo:* política, cultura e holocausto. São Paulo: Atual, 2004. p. 32, 92-95. (Coleção Discutindo a história)

O governo soviético, porém, mantinha uma política de neutralidade. Confiante no Pacto de Não Agressão assinado com Hitler, Stalin acreditava que a União Soviética estava segura, apesar do alerta da **Orquestra Vermelha**, a eficiente rede de espionagem soviética que atuava na Alemanha e em territórios ocupados pelos nazistas na Europa Ocidental. Na madrugada de 22 de junho de 1941, o exército nazista cruzou as fronteiras da União Soviética.

A GUERRA NA UNIÃO SOVIÉTICA

Os alemães avançaram rapidamente no território soviético e, em setembro, chegaram a Leningrado. Evitando o custo de um combate direto com os russos, os nazistas impuseram um cerco à cidade que durou 900 dias. A **Operação Barbarossa**, como ficou conhecida, deveria terminar antes do inverno, como nos mostra a seguinte diretriz do alto comando alemão, de dezembro de 1940.

> "As forças alemãs devem estar preparadas para esmagar a União Soviética numa campanha rápida, mesmo antes da conclusão da guerra contra a Inglaterra. Para este propósito, o exército deverá empregar todas as unidades disponíveis [...]."
>
> SHIRER, William L. *Ascensão e queda do Terceiro Reich*. Rio de Janeiro: Civilização Brasileira, 1964. v. 3. p. 283-284.

A campanha alemã começou a se complicar no final de 1941, quando chegou às portas de Moscou. Ali, os alemães sofreram, diante do Exército Vermelho, sua primeira grande derrota e foram obrigados a recuar. O conflito prosseguiu, e os nazistas tiveram que travar no território soviético uma guerra muito mais prolongada do que Hitler havia previsto.

Nos combates da frente oriental, os alemães empregaram um grau de violência que não se verificou na frente ocidental. Nas duas frentes houve massacres e muito sofrimento, mas nada que se comparasse à campanha sangrenta na União Soviética, que perdeu mais de 20 milhões de pessoas no conflito.

Duas razões explicam a brutalidade da ofensiva alemã na União Soviética: a ideologia racista do nazismo, que classificava os eslavos como inferiores, e o objetivo de Hitler de destruir o comunismo soviético e conquistar o "espaço vital" para o desenvolvimento da Alemanha.

PARA LER

● **Éramos jovens na guerra: cartas e diários de adolescentes que viveram a Segunda Guerra Mundial**

Autores: Sarah Wallis e Svetlana Palmer

Rio de Janeiro: Objetiva, 2014

O livro reúne trechos de cartas e de diários de dezesseis adolescentes que lutaram, fugiram ou simplesmente tentaram sobreviver à Segunda Guerra Mundial em diferentes lugares da Europa e fora dela.

Soldados nazistas na cidade de Minsk, na União Soviética, em julho de 1941. Apenas na conquista de Minsk e Smolensk, em junho-julho de 1941, cerca de meio milhão de soviéticos foram mortos pelas forças do Eixo.

OS ESTADOS UNIDOS NA GUERRA E A OFENSIVA ALIADA

No Pacífico, o Japão estava em guerra com a China desde 1937. Em junho de 1941, os japoneses ocuparam também o sul da Indochina, causando a forte reação dos Estados Unidos, que tinham muitos interesses econômicos e estratégicos na região.

Disposto a afastar a influência dos Estados Unidos na Ásia, em 7 de dezembro de 1941, o Japão atacou a base estadunidense de Pearl Harbor, no Havaí. No dia seguinte, o Congresso dos Estados Unidos votou a declaração de guerra contra o Japão. Em seguida, a Alemanha e a Itália, aliadas do Japão, declararam guerra aos Estados Unidos.

A entrada dos Estados Unidos na guerra acabou envolvendo muitos países, entre eles o Brasil e o México, fortalecendo o bloco dos Aliados. Na Europa, Bulgária, Hungria e Romênia, aliados da Alemanha, também declararam guerra aos Estados Unidos.

A ofensiva aliada começou na Ásia, na Batalha de Midway, em junho de 1942. Os japoneses, decididos a controlar o Pacífico, atacaram a base de Midway. O bombardeio foi desastroso para o Japão, que perdeu quase 4 mil homens e 332 aviões. A partir de 1943, a aviação e a marinha dos Estados Unidos retomaram aos poucos os territórios ocupados pelos japoneses: Ilhas Marshall, Marianas, Filipinas e outras ilhas da região do Oceano Pacífico.

Na União Soviética, depois da derrota em Moscou, a ofensiva nazista voltou-se para a conquista do petróleo russo do Cáucaso. Nessa campanha, a batalha decisiva foi travada em Stalingrado, cidade de grande importância estratégica e política para alemães e soviéticos. O conflito terminou em 1943, com a rendição total do 6º exército nazista, encarregado da operação, e um saldo de 1,5 milhão de mortos de ambos os lados.

PARA NAVEGAR

Segunda Guerra em Revista

Disponível em <http://200.144.6.120/exposicao_guerra/>.

Acesso em 23 ago. 2018.

O *site* traz uma exposição virtual sobre a Segunda Guerra Mundial, organizada pelo Arquivo Público do Estado de São Paulo. Além de documentos do acervo, a exposição disponibiliza acesso a jornais e revistas do período.

Explore

- Observe o mapa com atenção. Como a posição geográfica da Alemanha pode nos auxiliar a compreender o desfecho da guerra?

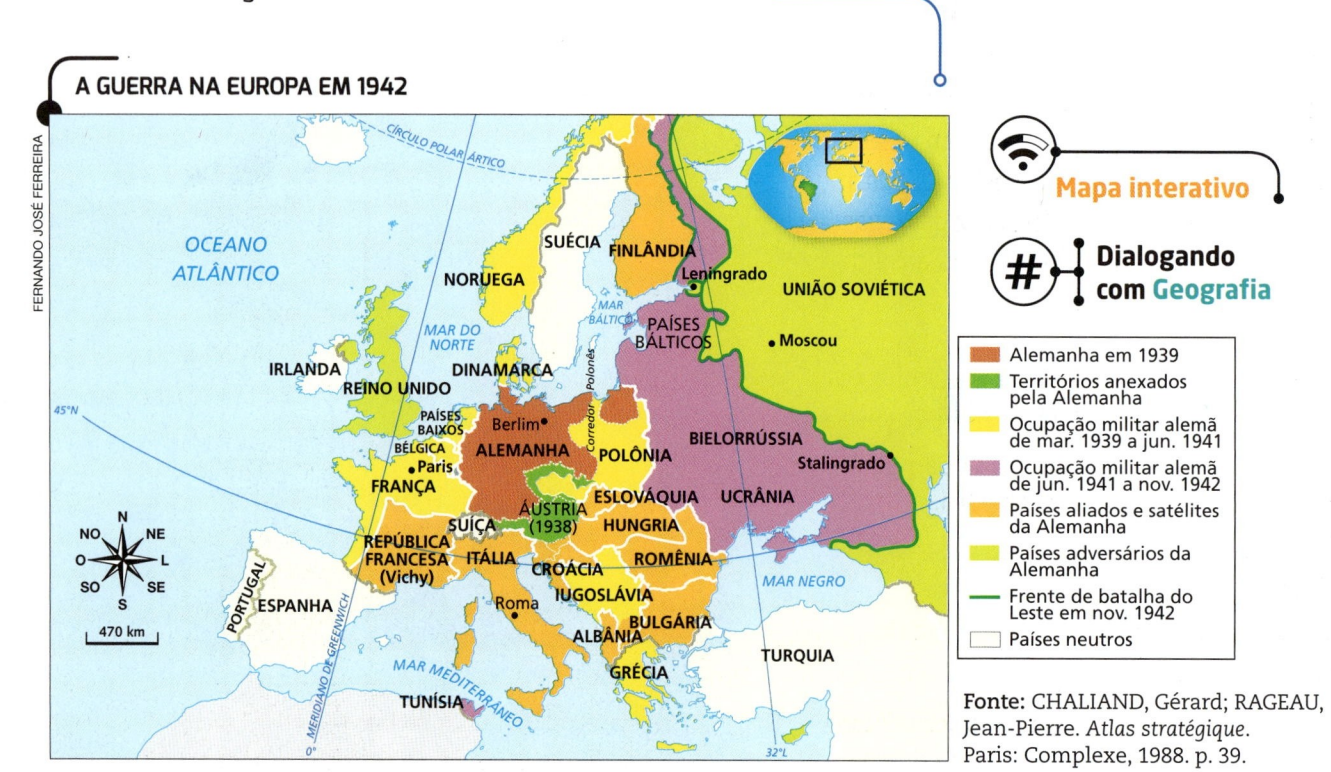

A GUERRA NA EUROPA EM 1942

Legenda:
- Alemanha em 1939
- Territórios anexados pela Alemanha
- Ocupação militar alemã de mar. 1939 a jun. 1941
- Ocupação militar alemã de jun. 1941 a nov. 1942
- Países aliados e satélites da Alemanha
- Países adversários da Alemanha
- Frente de batalha do Leste em nov. 1942
- Países neutros

Fonte: CHALIAND, Gérard; RAGEAU, Jean-Pierre. *Atlas stratégique*. Paris: Complexe, 1988. p. 39.

A ÚLTIMA FASE DA GUERRA

Depois do fracasso alemão em território soviético, o Exército Vermelho iniciou o avanço em direção a Berlim, capital do *Reich*, retomando no caminho os territórios ocupados pelos nazistas no leste da Europa.

Na outra frente da guerra, a ofensiva anglo-estadunidense começou com a expulsão de alemães e italianos do norte da África. Essa vitória facilitou a invasão da Itália em 1943 e a derrubada de Mussolini. Temendo que a Itália mudasse de lado na guerra, os alemães ocuparam o norte do país e resgataram Mussolini. Libertado, ele proclamou a **República de Saló**.

Em 6 de junho de 1944 (o **Dia D**), cerca de 160 mil soldados aliados, com o apoio de 6 mil navios e 5 mil aviões, desembarcaram na costa da Normandia, região costeira da França, abrindo uma nova frente da guerra no Ocidente.

Aos poucos, os Aliados libertaram a França, a Bélgica, a Holanda e ocuparam o lado oeste da Alemanha. Em abril de 1945, os exércitos soviéticos entraram nos subúrbios de Berlim. Os chefes alemães refugiaram-se em abrigos subterrâneos, enquanto os soldados travavam uma luta desesperada para defender o coração da capital nazista.

A luta alemã foi inútil. No final de abril, Hitler e sua companheira Eva Braun se suicidaram, exemplo seguido por outros líderes nazistas. Nesse mesmo mês, o grande aliado de Hitler, Mussolini, foi capturado e executado pelos *partisans*, dando fim à República de Saló, na Itália.

Em 2 de maio, os soviéticos tomaram Berlim e hastearam a bandeira vermelha no alto do *Reichstag*. Cinco dias depois, em 7 de maio, a Alemanha se rendeu incondicionalmente.

Contudo, a guerra continuou no Pacífico. No dia 6 de agosto, os Estados Unidos lançaram uma bomba atômica sobre a cidade de Hiroshima, matando milhares de pessoas. No dia 9, foi a vez de Nagasaki. Derrotado, o governo japonês assinou a rendição no dia 2 de setembro de 1945.

Partisan: expressão de origem francesa para designar membro da resistência civil organizada em países da Europa com o objetivo de combater as forças nazifascistas por meio de atos de sabotagem, confrontos diretos ou oferecendo suporte às tropas regulares aliadas.

Soldado soviético hasteando a bandeira da União Soviética no topo do *Reichstag*, em Berlim, na Alemanha, em maio de 1945.

ORGANIZAR O CONHECIMENTO

1. Apresente uma razão para cada país abaixo entrar na Segunda Guerra Mundial.
   a) Alemanha.
   b) Japão.
   c) Estados Unidos.
   d) União Soviética.

2. Explique a guerra-relâmpago, tática adotada pelos nazistas no início da Segunda Guerra.

TEMA 4

OS CRIMES DE GUERRA, A ONU E A CARTA DE 1948

A ONU tem cumprido a missão para a qual foi criada? Por quê?

CRIMES DE GUERRA

Após a rendição nazista, os crimes cometidos pelas forças do Eixo e pelas tropas aliadas começaram a ser revelados e divulgados no mundo. O choque causado por essas revelações resultou na criação de um conceito que não existia no direito internacional até aquele momento, o de **crimes de guerra**. Antes disso, as atrocidades cometidas nas guerras eram vistas como "efeitos colaterais" dos conflitos, um custo que não era possível evitar.

A ideia que está por trás do conceito de crimes de guerra é a de que um indivíduo pode ser julgado e condenado pelas ações do país que representa ou de seus soldados. As leis que classificam os crimes de guerra foram definidas pelas Convenções de Genebra, e eles são de três tipos.

- **Crimes contra a paz.** Ações de planejamento e execução de uma guerra de agressão ou de violação de tratado, sem razões que a justifiquem.
- **Crimes de guerra no sentido estrito.** Execução, maus-tratos e violência contra prisioneiros, deportação de civis, pilhagem do patrimônio e ataques à população civil.
- **Crimes contra a humanidade.** Assassinato, extermínio e escravização de civis; perseguição por motivos religiosos, étnico-raciais ou políticos.

Os três tipos de crimes de guerra foram cometidos na Segunda Guerra, mas o que deixou marcas mais profundas na memória relacionada a esse período foram os crimes contra a

Evacuação de civis em Alepo, na Síria, 2016. A batalha pelo controle de Alepo terminou com a vitória do regime do presidente Bashar al-Assad. Investigadores de crimes de guerra e ativistas dos direitos humanos alertam o mundo sobre o elevado número de crimes de guerra cometidos na Síria.

humanidade, praticados por ambos os lados do conflito. Entre os crimes nazistas, destaca-se a perseguição aos ciganos, homossexuais, eslavos e principalmente aos judeus; entre os crimes dos Aliados, os de maior gravidade foram os bombardeios às cidades de Hiroshima e Nagasaki.

O HOLOCAUSTO

Foi durante a campanha nazista no território soviético, em 1941, que o alto comando do *Reich* ordenou o início do extermínio em massa do povo judeu, também conhecido como **Holocausto**. Essa decisão foi oficializada na **Conferência de Wannsee**, no dia 20 de janeiro de 1942, realizada em uma mansão no subúrbio de Berlim. Nela, oficiais do alto escalão do Estado nazista definiram os detalhes da operação chamada de "solução final para o problema judaico".

A ata da Conferência, redigida pelo oficial nazista Adolf Eichmann, informava o número de judeus vivendo na Europa na época (11 milhões) e o modo como eles deveriam ser exterminados. O genocídio promovido pelos nazistas resultou na morte de cerca de 6 milhões de judeus. A maioria foi morta em territórios ocupados pelo *Reich* na Polônia e na União Soviética em ataques realizados pelas unidades móveis de extermínio (*Einsatzgruppen*) e nos campos de extermínio de Auschwitz-Birkenau, Sobibór e Treblinka.

O extermínio dos judeus fazia parte da ideologia nazista de purificação da raça e ampliação do espaço vital destinado ao desenvolvimento do povo alemão. Ele também se voltou contra ciganos, negros, eslavos, homossexuais e testemunhas de Jeová. Estima-se que meio milhão de ciganos e 200 mil homossexuais tenham sido mortos nas áreas ocupadas pelos alemães.

Explore

- Outros genocídios ocorreram ao longo do século XX e no início do século XXI. Você já ouviu falar de algum deles? Em que época e país eles ocorreram? Discuta o assunto com os colegas.

Sobreviventes do Holocausto identificam-se em foto tirada em Auschwitz quando os prisioneiros do campo foram libertados pelas tropas soviéticas, em 27 de janeiro de 1945. Foto de 2015. O campo de concentração e extermínio do complexo de Auschwitz, na Polônia, esteve ativo de maio de 1940 a janeiro de 1945 e nele foram mortas cerca de 1,3 milhão de pessoas.

Vista da cidade de Dresden, na Alemanha, destruída pela guerra, em fevereiro de 1945.

O BOMBARDEIO DE DRESDEN

Na madrugada de 13 para 14 de fevereiro de 1945, consumou-se um dos atos mais condenáveis da ação dos Aliados na guerra. A cidade alemã de Dresden, um dos mais belos centros da arte barroca na Europa, foi bombardeada por mais de 800 aviões da coalizão aliada. Duas mil toneladas de explosivos foram despejadas sobre a cidade, resultando em mais de 50 mil mortos, a maioria deles civis. Quando o dia raiou, 311 aviões bombardeiros dos Estados Unidos voltaram a atacar o que restava da cidade.

Não havia justificativas para a destruição de Dresden, já que na cidade não havia a presença de tropas nazistas resistindo à ofensiva aliada nem fábricas de artefatos militares que justificassem um ataque aéreo tão massivo.

"Dresden era, em fevereiro de 1945, uma cidade de grande importância histórica (algo equivalente ao que Florença significa ainda hoje para a Itália) e que, em parte por seu valor cultural e em parte por não possuir qualquer importância militar, havia sido poupada de qualquer ataque aéreo por parte dos Aliados. [...] Exatamente por tais motivos, [...] por volta de 600 mil refugiados e feridos encontravam-se na cidade, aumentando de 640 mil para mais de 1,2 milhão de pessoas o total da população."

RIBEIRO, Fábio Viana. A morte de uma cidade. *Blog* da Revista *Espaço Acadêmico*. Disponível em <http://mod.lk/nzorm>. Acesso em 3 out. 2018.

O BOMBARDEIO DE HIROSHIMA E NAGASAKI

Mas foi no Pacífico, quando a guerra já tinha terminado na Europa, que os Aliados cometeram os ataques mais abomináveis contra a população civil. No dia 6 de agosto de 1945, às 8h15 da manhã no horário local, os Estados Unidos lançaram sobre a cidade de Hiroshima a bomba atômica, provocando uma onda de choque que devastou a cidade.

Segundo as autoridades dos Estados Unidos, a decisão de usar a bomba atômica teve como objetivo acelerar a rendição do Japão, pois uma operação terrestre no território inimigo seria mais prolongada e causaria mais mortes. Porém, muitos estudiosos argumentam que os Estados Unidos queriam afirmar ao mundo, principalmente aos soviéticos, seu poderio político e militar.

A bomba atômica explodiu cerca de 600 metros acima do solo. O objetivo era potencializar a destruição, mas, como o choque foi de cima para baixo e não horizontalmente, algumas construções ficaram em pé, ainda que em ruínas. Cerca de 80 mil pessoas morreram instantaneamente, e outras milhares morreram dias após a explosão.

No dia 9 de agosto foi lançada uma segunda bomba, dessa vez sobre a cidade de Nagasaki. Dos seus 265 mil habitantes, 80 mil morreram na explosão. Ainda hoje, habitantes das duas cidades japonesas sofrem com doenças e alterações genéticas causadas pela radiação.

O caráter aleatório dos ataques a Dresden, Hiroshima e Nagasaki e o número expressivo de vítimas civis que produziram permitem incluí-los entre os **crimes de guerra**.

A bomba atômica explode sobre a cidade de Nagasaki, em 9 de agosto de 1945. A nuvem em forma de cogumelo que se formou com a explosão da bomba em Nagasaki é uma das imagens mais simbólicas da destruição causada pela Segunda Guerra Mundial.

O TRIBUNAL DE NUREMBERG

A guerra deixou a Europa em ruínas. Cidades como Stalingrado e Kiev, na União Soviética, Berlim, na Alemanha, e Varsóvia, na Polônia, foram destruídas pelos bombardeios. Cerca de 60 milhões de pessoas morreram na guerra, 20 milhões somente na União Soviética. Diante desse quadro desolador, a guerra não poderia terminar sem que os responsáveis fossem apontados e seus atos punidos.

No dia 8 de agosto de 1945, três meses após a rendição da Alemanha, Estados Unidos, União Soviética, França e Grã-Bretanha assinaram o Estatuto de Londres, que deu origem ao **Tribunal Militar Internacional de Nuremberg**. O objetivo era julgar os criminosos de guerra, em particular o alto escalão do regime nazista.

O julgamento, liderado por representantes dos quatro países vencedores no conflito, estendeu-se de 20 de novembro de 1945 a 1º de outubro de 1946. Em 218 dias de audiência foram ouvidas 360 testemunhas, aproximadamente. Ao todo, 12 réus foram condenados à pena de morte por enforcamento, 9 condenados à prisão perpétua ou temporária e apenas 3 foram absolvidos. Os crimes praticados pelos Aliados não foram sequer apreciados por esse tribunal.

Oficiais nazistas no banco dos réus, em Nuremberg, Alemanha, 1946. Adolf Hitler, Joseph Goebbels e Heinrich Himmler, três das principais lideranças nazistas, cometeram suicídio em maio de 1945, três meses antes do início do julgamento.

O presidente dos Estados Unidos Donald Trump abre a reunião do Conselho de Segurança da 73ª sessão da Assembleia Geral da ONU, realizada em Nova York, nos Estados Unidos, em setembro de 2018.

A ORGANIZAÇÃO DAS NAÇÕES UNIDAS

No dia 25 de abril de 1945, poucos dias antes da rendição nazista, representantes dos Aliados reuniram-se na Conferência de São Francisco, na Califórnia, com o objetivo de fortalecer a Liga das Nações, a aliança formada para promover a paz ao término da Primeira Guerra Mundial. O principal resultado desse encontro foi a elaboração do documento de fundação de uma nova organização internacional, a **Organização das Nações Unidas (ONU)**.

Originalmente constituída de 50 nações, a ONU tinha a ambiciosa missão de "preservar as gerações vindouras do flagelo da guerra", como declarado em sua carta de fundação. Essa iniciativa contribuiu para legitimar o clamor mundial a favor do julgamento dos crimes nazistas.

No dia 24 de outubro de 1945, o documento fundador da ONU foi ratificado por China, Estados Unidos, França, Reino Unido, União Soviética e outros países, incluindo o Brasil. Seus signatários assumiram o desafio de promover a segurança, o respeito aos direitos humanos e a paz no mundo, colaborar para o desenvolvimento econômico e social das nações, valorizar os laços de solidariedade entre os países e fortalecer os princípios de soberania e autodeterminação dos povos.

Os princípios estabelecidos pelas Nações Unidas são leis internacionais válidas para todos os países-membros, mas as questões internas de cada país estão fora de sua jurisdição. Além disso, a atuação da ONU na manutenção da paz e da segurança mundial está limitada pela relação de força entre as nações. O fato de o Conselho de Segurança ser o único organismo com poder decisório mostra que a influência de um país nessa organização depende de sua força econômica, política e militar.

Palestinos caminham em rua de uma das favelas da cidade de Khan Yunis, no sul da Faixa de Gaza, em 2017. Os ataques aéreos e terrestres realizados pelas forças israelenses contra a Faixa de Gaza nas guerras de 2008, 2012 e 2014, agravados pelo bloqueio militar do Estado judeu, causaram milhares de mortes e uma grave crise humanitária que se arrasta até hoje.

Explore

- O Conselho de Segurança da ONU é composto de quinze países, mas o voto de apenas um dos cinco membros permanentes é suficiente para barrar qualquer proposta. Por essa razão, desde o início da guerra na Síria, em 2011, dois grandes aliados do governo sírio com assento permanente na ONU, Rússia e China, têm vetado qualquer resolução que puna o regime de Bashar al-Assad pela violenta repressão às manifestações populares no país e pelos bombardeios às cidades controladas pelos rebeldes. Da mesma forma, os Estados Unidos, tradicionais aliados de Israel, usam seu poder de veto para impedir que a ONU condene o Estado judeu pela construção de assentamentos nos territórios palestinos da Cisjordânia e Jerusalém Oriental e pela violência contra a população da Faixa de Gaza. Considerando esses dois exemplos, responda: é possível garantir a segurança e a paz no mundo com essa estrutura de poder da ONU? Converse com seus colegas para responder a essa questão.

Observe, a seguir, como a ONU está estruturada.

O FUNCIONAMENTO DA ONU

ASSEMBLEIA GERAL
Reúne os delegados dos países-membros (hoje são 193), cada um deles com direito a um voto. A Assembleia Geral discute temas diversos que afetam a vida de todos os seres humanos, como segurança, direitos humanos, desenvolvimento sustentável, desarmamento, conflitos militares etc.

CONSELHO DE SEGURANÇA
Órgão executivo responsável pela manutenção da paz e da segurança internacionais, composto de cinco países-membros permanentes (China, Rússia, Estados Unidos, França e Reino Unido) e dez eleitos por um período de dois anos. Apenas os membros permanentes possuem poder de veto nas reuniões.

SECRETARIADO
Órgão burocrático da ONU, que tem 16 mil funcionários e é dirigido por um secretário-geral. Este é sempre eleito pela Assembleia Geral, mas seu nome é indicado pelo Conselho de Segurança. Entre suas funções estão administrar as forças de paz, analisar problemas econômicos e sociais, organizar conferências internacionais e traduzir documentos oficiais da ONU.

A DECLARAÇÃO UNIVERSAL DOS DIREITOS HUMANOS

A **Declaração Universal dos Direitos Humanos**, aprovada pela Assembleia Geral das Nações Unidas em 10 de dezembro de 1948, coroou uma longa história pela conquista dos direitos fundamentais dos indivíduos. O documento serve de base para a luta contra a opressão, a discriminação e a intolerância e por uma vida digna aos seres humanos de todo o mundo. Leia a seguir alguns artigos desse documento.

"Art. 2 – § 1. Todo ser humano tem capacidade para gozar os direitos e as liberdades estabelecidos nesta Declaração, sem distinção de qualquer espécie, seja de raça, cor, sexo, idioma, religião, opinião política ou de outra natureza, origem nacional ou social, riqueza, nascimento, ou qualquer outra condição. [...]

Art. 4 – Ninguém será mantido em escravidão ou servidão; a escravidão e o tráfico de escravos serão proibidos em todas as suas formas.

Art. 5 – Ninguém será submetido à tortura nem a tratamento ou castigo cruel, desumano ou degradante. [...]

Art. 18 – Todo ser humano tem direito à liberdade de pensamento, consciência e religião; este direito inclui a liberdade de mudar de religião ou crença e a liberdade de manifestar essa religião ou crença, pelo ensino, pela prática, pelo culto e pela observância, em público ou em particular. [...]

Art. 23 – § 1. Todo ser humano tem direito ao trabalho, à livre escolha de emprego, a condições justas e favoráveis de trabalho e à proteção contra o desemprego."

Declaração Universal dos Direitos Humanos, aprovada pela Assembleia Geral das Nações Unidas em 10 de dezembro de 1948. Disponível em <http://mod.lk/cmndv>. Acesso em 14 ago. 2018.

Mulheres protestam contra declarações preconceituosas do presidente dos Estados Unidos, Donald Trump, na cidade de Lyon, França, em 2017. Apesar de serem garantidos por leis internacionais, os direitos humanos ainda são desrespeitados em muitas partes do mundo.

ORGANIZAR O CONHECIMENTO

1. Identifique o órgão das Nações Unidas correspondente a cada frase.
   a) Composto de quinze Estados-membros, tem o poder de aprovar sanções contra países-membros que cometem crimes de guerra.
   b) Reúne representantes dos países-membros para discutir e aprovar resoluções que poderão ou não ser acatadas.
   c) Pode impedir que uma resolução aprovada pela Assembleia Geral seja adotada pela organização.
   d) Entre outras tarefas, está encarregado de organizar as conferências internacionais e de traduzir os documentos aprovados.

2. Dê dois exemplos de crimes de guerra cometidos pelos nazistas na Segunda Guerra Mundial para cada uma das classificações a seguir.
   a) Crimes contra a paz.
   b) Crimes no sentido estrito.
   c) Crimes contra a humanidade.

ATIVIDADES

APLICAR

1. Leia o texto e responda às questões a seguir.

    "Atuando em todo o país e desenvolvendo todo tipo [...] de guerra irregular, da propaganda à guerra de *partisans*, da sabotagem ao terrorismo, a resistência francesa abrangeu consideráveis contingentes guerrilheiros [...] e organizações subterrâneas, como o Résistance Fer – que dirigiu a luta clandestina dos ferroviários, empreendendo sistemática campanha de sabotagens. Estima-se que, em 1944, ano da libertação, aproximadamente 400 mil pessoas estavam envolvidas com a resistência, das quais 116 mil empunhavam armas."

    VISACRO, Alessandro. *Guerra irregular*: terrorismo, guerrilha e movimentos de resistência ao longo da história. São Paulo: Contexto, 2009. [e-book].

    a) Quem eram os *partisans*? Qual foi sua importância para a resistência civil contra os nazifascistas?

    b) Por que, segundo o texto, a resistência francesa travou uma guerra irregular?

    c) Quais métodos de resistência utilizados pelos *partisans* franceses são citados no texto?

2. Observe a imagem e responda às questões a seguir.

    Judeus são descobertos em seu esconderijo e levados por soldados alemães para o campo de concentração e extermínio de Treblinka, na Polônia, 1943.

    a) Descreva o que foi a política da "solução final para o problema judaico" e explique como, ideologicamente, os nazistas a justificavam.

    b) É possível afirmar que a imagem revela um crime contra a humanidade? Justifique sua resposta.

3. A charge a seguir mostra Adolf Hitler apoiando-se sobre o mapa da Europa, enquanto uma de suas mãos esmaga um personagem que representa a Tchecoslováquia. O primeiro-ministro britânico Neville Chamberlain protesta erguendo o guarda-chuva.

    A Grã-Bretanha foi pouco enfática em seus protestos contra a expansão territorial do nazismo, charge de Belmonte, março de 1939.

    a) A qual fato histórico, ocorrido em 1939, a charge faz referência?

    b) Qual é a crítica feita por Belmonte nessa charge?

    c) O cartunista parece tomar alguma posição em relação aos dois blocos de países que entrariam em guerra? Se sim, qual seria?

4. O Tribunal de Nuremberg ficou conhecido como o primeiro Tribunal Penal Internacional, mas não foi o único a julgar os crimes de guerra dos nazistas, como mostra o texto a seguir.

    "O programa dos Tribunais de Crimes de Guerra prosseguiu durante todo o período em que os Aliados ocuparam a Alemanha: nas zonas ocidentais, mais de 5 mil pessoas foram condenadas por crimes de guerra ou crimes contra a humanidade, das quais quase oitocentas receberam pena capital, sendo 486 executadas – as últimas execuções ocorreram na cadeia de Landsberg, em junho de 1951, ignorando veementes apelos de clemência expressos pelos alemães."

    JUDT, Tony. *Pós-guerra*: uma história da Europa desde 1945. Rio de Janeiro: Objetiva, 2008. p. 67.

a) Os tribunais criados para punir os crimes de guerra na Europa apenas trataram dos crimes nazistas. Qual é a sua opinião sobre isso?

b) Pouco se fala sobre o assunto, mas os japoneses cometeram grandes atrocidades na Segunda Guerra, principalmente contra a população chinesa. Com um colega, pesquise sobre os crimes de guerra cometidos pelo Japão neste conflito: em quais países isso foi feito; quais práticas foram adotadas; e se houve punições a esses crimes, como foi feito com os alemães.

c) Com base no estudo feito na unidade e nos dados da pesquisa, organizem uma simulação de um tribunal internacional para crimes de guerra, que aprecie e julgue os crimes praticados pelos países do Eixo e pelos Aliados.

RETOMAR

5. Responda às questões-chave da abertura dos temas 3 e 4.

a) Como explicar que a Alemanha, imbatível nos primeiros anos da guerra, foi derrotada pelos Aliados?

b) A ONU tem cumprido a missão para a qual foi criada? Por quê?

Mais questões no livro digital

AUTOAVALIAÇÃO

CONTEÚDOS

1. Ao final dos estudos propostos nesta unidade, como você avalia seu aprendizado? Consulte o livro e suas anotações pessoais sobre os quatro temas estudados para responder às seguintes questões.

a) Quais conteúdos e/ou atividades considerei mais difíceis? Por quê?

b) Quais conteúdos e/ou atividades considerei mais fáceis? Por quê?

c) O que posso fazer para melhorar meu aprendizado?

ATITUDES

2. Marque com um **X** as frases que expressam situações que você experimentou durante o estudo desta unidade.

a) ( ) Consegui expor dúvidas e propor questões que ampliaram minha compreensão sobre as crises econômicas e políticas das décadas de 1920 e 1930 e a Segunda Guerra Mundial.

b) ( ) Utilizei conhecimentos adquiridos em outras disciplinas, como arte, ciências e geografia, durante o estudo dos temas da unidade e a elaboração das atividades propostas.

c) ( ) Refleti sobre o valor do convívio pacífico entre povos de diferentes culturas e sobre o impacto das guerras, principalmente sobre a população civil.

3. Associe cada uma das frases do item anterior às atitudes a seguir.

a) ( ) Pensar de maneira interdependente.

b) ( ) Escutar os outros com atenção e empatia.

c) ( ) Questionar e levantar problemas.

COMPREENDER UM TEXTO

Em 1995, a jornalista britânica Linda Melvern lançou o livro *Crime derradeiro: quem traiu a ONU e por quê*. Nele, Melvern aborda os limites da atuação da Organização das Nações Unidas em suas funções e a parcialidade dos países mais poderosos que a comandam. Esse livro recebeu destaque em uma resenha escrita pelo jornalista escocês Neil Ascherson. Como você verá no trecho a seguir, Ascherson é tão cético quanto Melvern em relação à ONU.

Ilustração atual satirizando a atuação do Conselho de Segurança da ONU.

A ONU, por Neal Ascherson

"Ler o livro de Linda [Melvern], *The Ultimate Crime* [Crime derradeiro, sem tradução para o português] [...]; é [...] uma maneira de perceber uma verdade fundamental sobre a ONU: o mundo precisa dessa organização. Até os membros de seu Conselho de Segurança precisam dela. Mas parece que o mundo também quer manter a ONU em uma condição crônica de crise e fraqueza, apesar de ansiar que ela sobreviva, e que não pereça. A desgraça é sempre iminente, mas nunca se concretiza. Isso porque, além das funções oficiais, a ONU também desempenha tarefas secretas e, por seus fracassos e fraquezas, sofre todo tipo de abuso. [...]

O 'drama sagrado' foi rigorosamente um produto da Guerra Fria. A ONU foi dominada e, em grande medida, financiada pelos Estados Unidos, enquanto as suas ações eram limitadas pelo poder de veto da União Soviética. E utilizar a ONU como palco de uma peça de teatro foi uma estratégia para não usar o mundo como um campo de batalha de armas nucleares. Após 1989, esperava-se que a ONU atingisse a maioridade e se tornasse a peça central da nova ordem mundial. Ao invés disso, assistiu-se, com horror incrédulo, a incapacidade das intervenções na Somália, em Ruanda e na Bósnia de acabar com o derramamento de sangue; a ONU não conseguia nem mesmo explicar suas intenções de maneira coerente. [...]

Admitimos que a ONU tem vida própria. Mas o drama sagrado era um teatro de fantoches. Ainda que suas agências de fato possuam vontade própria, a força que as movimenta desde o centro, no 38º andar da torre de vidro em que trabalha o secretário-geral, é a vontade dos países-membros permanentes do Conselho de Segurança.

Quando a mão é removida do fantoche, é insensato culpá-lo por sua fraqueza. Se queremos reinventar a ONU como algo mais do que um teatro, primeiro é necessário esmagar o controle do Conselho de Segurança. A ONU precisaria ter uma receita regular e assegurada, um Comitê Militar plenamente formado, e licença para agir em assuntos emergenciais. Mas os membros-permanentes – Estados Unidos, Rússia, Grã-Bretanha, França e China – consentiriam bancar o Frankenstein, dar vida e liberdade à efígie gigante que criaram 50 anos atrás? Porcos voarão sobre o Rio East antes que isso aconteça."

ASCHERSON, Neil. The UN remains weak because the Great Powers keep it that way. The big powers do not dare to give the UN the strength it needs to let the UN. *The Independent*, 22 out. 1995. Disponível em <http://mod.lk/calhv>. Acesso em 17 jul. 2018. (tradução nossa)

ATIVIDADES

EXPLORAR O TEXTO

1. De acordo com o autor, a ONU é uma instituição enfraquecida:
    a) pois alguns países têm mais valor do que outros em seus órgãos ou agências.
    b) porque os países-membros não entram em consenso a respeito dos conflitos mundiais.
    c) porque não houve sucesso em muitas das intervenções que realizou em nome da paz mundial.
    d) porque ela é mantida propositalmente em crise pelos países-membros visando à sua supressão.

2. O autor utiliza a expressão "drama sagrado" para designar a ONU. Qual é o sentido que as duas palavras exprimem no texto?

3. O texto apresenta algumas contradições no relacionamento da ONU com seus países-membros. Quais são essas contradições e seus efeitos para o funcionamento desse organismo internacional?

4. Qual é a proposição feita pelo autor no último parágrafo do texto?

RELACIONAR

5. Em seu texto de 1995, o autor menciona três exemplos de fracasso da ONU. Desde então, poderíamos adicionar outros episódios, como os conflitos na Síria ou dos palestinos contra o Estado de Israel.
    a) Em relação a esse tema, de que maneira Neil Ascherson teria respondido à questão: "é possível garantir a segurança e a paz no mundo com essa estrutura de poder da ONU?", proposta na página 110?
    b) Apesar dos seus fracassos, que conquistas fundamentais a ONU obteve em nome da paz mundial e da defesa dos direitos humanos?

REVISANDO

A crise do capitalismo liberal

1. Após a Primeira Guerra Mundial, os **Estados Unidos** se transformaram na maior **potência industrial e financeira** do planeta.

2. A produção industrial dos Estados Unidos entrou em fase de desaceleração a partir de 1925, em razão do **protecionismo europeu** e dos **baixos salários** pagos aos trabalhadores estadunidenses.

3. A **especulação financeira** ocultava as dificuldades das indústrias dos Estados Unidos e explodiu com a **quebra da bolsa de Nova York em 1929**.

4. A crise atingiu profundamente a economia mundial, iniciando um período de **Grande Depressão**.

O totalitarismo avança na Europa

1. No **totalitarismo**, a vida pessoal e as relações sociais são controladas pelo governo, assim como a imprensa, a cultura e a educação.

2. O **nazifascismo** combatia a democracia liberal, as correntes socialistas e comunistas e as organizações operárias.

3. Os **nazistas**, particularmente, defendiam o **pangermanismo** e a superioridade da **"raça" ariana**.

A guerra e o colapso da civilização

1. Na década de 1930, o **Japão** anexou a Manchúria e Xangai; a **Itália** invadiu a Etiópia e a Albânia; e a **Alemanha** anexou a Áustria e conquistou a Tchecoslováquia.

2. Em setembro de 1939, a **Alemanha invadiu a Polônia**, iniciando a **Segunda Guerra Mundial**.

3. As forças alemãs iniciaram, em junho de 1941, a invasão da **União Soviética**.

4. Em dezembro de 1941, em resposta ao ataque japonês à **base militar de Pearl Harbor**, no Havaí, os **Estados Unidos** declararam guerra aos países do Eixo.

5. A **guerra terminou em 1945**: em maio, na Europa, com a ocupação de Berlim pelos soviéticos; em agosto, no Pacífico, com o **lançamento das bombas** sobre o Japão.

Os crimes de guerra e a ONU

1. O Holocausto e os bombardeios sobre as cidades de Dresden, Hiroshima e Nagasaki são enquadrados como **crimes de guerra**.

2. Os crimes cometidos pelo alto comando nazista foram julgados no **Tribunal de Nuremberg**.

3. A **ONU** foi criada após a Segunda Guerra com o objetivo de promover a paz e a segurança no mundo.

4. O **poder de veto** dos membros permanentes no **Conselho de Segurança** tem paralisado as ações da ONU.

Trilha de estudo

Vai estudar? Nosso assistente virtual no *app* pode ajudar! <http://mod.lk/trilhas>

PARA NAVEGAR

- **Os pilares da sociedade**

Sinopse

Navegue por essa obra do pintor alemão George Grosz.

O OED e esta unidade

1. Os jornalistas são associados à ideia de liberdade de expressão. Podemos afirmar o mesmo para o jornalista representado na obra? Justifique.

2. Quais elementos simbólicos associam o cidadão nacionalista alemão à ideologia do Partido Nazista?

Os pilares da sociedade, pintura de George Grosz, 1926.

Multimídia

Use o código QR para acessar o conteúdo. Disponível em <http://mod.lk/cjqgd>.

UNIDADE 4

O BRASIL DE VARGAS A JANGO

ATITUDES PARA A VIDA

- Pensar com flexibilidade.
- Esforçar-se por exatidão e precisão.
- Aplicar conhecimentos prévios a novas situações.
- Pensar e comunicar-se com clareza.

OS FLAGELADOS DA SECA

As secas prolongadas no sertão nordestino causam a perda de plantações e animais e, consequentemente, a fome, levando muitas famílias a migrar para as cidades do litoral ou para outros estados.

Esse problema não é recente. Estiagens, desde o século XVI, forçavam os indígenas da região a se deslocarem para outras áreas. A partir dos anos 1930, o Estado brasileiro começou a investir fortemente na industrialização e na modernização econômica do país, mas concentrando os investimentos no Sudeste. Assim, o Nordeste e os flagelados da seca permaneceram relegados a sua própria sorte.

A vida do sertanejo serviu de inspiração para escritores e artistas preocupados com temas sociais. O pintor Candido Portinari (1903-1962), por exemplo, na obra *Criança morta*, inspirou-se nesse drama para representar uma dor universal: os pais diante do filho morto.

COMEÇANDO A UNIDADE

1. Que aspecto do Brasil Portinari escolheu como tema da obra representada ao lado? Descreva-o.
2. De que forma essa obra é uma denúncia social?
3. É provável que Portinari tenha se inspirado em uma obra da arte universal para representar esse drama brasileiro. Que obra seria essa?

Criança morta, pintura de Candido Portinari, 1944. A obra faz parte de uma série de pinturas chamada *Retirantes*.

TEMA 1 — O PRIMEIRO GOVERNO DE GETÚLIO VARGAS

Como Getúlio Vargas subiu ao poder no Brasil e conquistou grande popularidade?

A CRISE E O FIM DA PRIMEIRA REPÚBLICA

Você estudou que, na Primeira República, houve um arranjo político entre as oligarquias de Minas Gerais e São Paulo que ficou conhecido como "política do café com leite". Na década de 1920, porém, o descontentamento das demais oligarquias estaduais com seu papel secundário na política nacional se intensificou e passou a ameaçar de fato a liderança paulista e mineira.

Em 1929, a crise política atingiu seu ápice. O presidente Washington Luís, que representava São Paulo, resolveu lançar para as eleições de 1930 a candidatura do paulista Júlio Prestes, momento em que caberia a Minas Gerais indicar seu sucessor. Descontentes, mineiros e gaúchos se aproximaram, reuniram oposições de outros estados à política federal e formaram a **Aliança Liberal**. Contra o candidato da situação, eles lançaram as candidaturas de Getúlio Vargas, presidente do Rio Grande do Sul, e de João Pessoa, presidente da Paraíba, respectivamente aos cargos de presidente e vice-presidente do Brasil.

É a primeira vez que um presidente paulista fica com a faca e sem o queijo... na mão!, charge de Storni publicada na revista *Careta*, em agosto de 1929.

O programa da Aliança Liberal defendia o incentivo ao conjunto da produção agrícola nacional e não apenas ao café. Além disso, apresentava leis de proteção aos trabalhadores e de incentivo à indústria, bem como insistia na necessidade de uma reforma política, com a instituição do voto secreto.

À crise política somou-se o colapso econômico desencadeado pela quebra da bolsa de valores de Nova York, em outubro de 1929. Os Estados Unidos reduziram as importações de café do Brasil, provocando a queda dos preços internacionais do produto. A grande quantidade de café disponível no mercado e a queda no consumo agravaram a crise no setor cafeeiro, o que gerou desentendimentos entre os produtores e o governo federal.

Nas eleições, venceu Júlio Prestes. Porém, um acontecimento imprevisto mudaria esse quadro político. Em julho de 1930, João Pessoa foi assassinado durante um levante oligárquico que tornou o município de Princesa independente da Paraíba. Mesmo sem ter relação com a política nacional, o fato serviu de estopim para a eclosão de uma ação armada contra Washington Luís.

Apoiada pelos tenentes e comandada por Getúlio Vargas, a revolta teve início em Minas Gerais e no Rio Grande do Sul, em outubro. Rapidamente, ela ganhou adeptos nos estados do Nordeste. Pressionado, Washington Luís renunciou, e um grupo de militares ocupou provisoriamente a direção do governo.

Em 3 de novembro, apoiado por setores populares e pela maioria dos líderes do movimento, Getúlio Vargas assumiu o poder. Esse acontecimento pôs fim à chamada República Oligárquica e ficou tradicionalmente conhecido como **Revolução de 1930**.

VARGAS NO PODER: O GOVERNO PROVISÓRIO

O Governo Provisório, instituído após a vitória do movimento, era formado por representantes das elites estaduais vitoriosas e por militares que apoiaram o movimento, em particular as lideranças do tenentismo. Getúlio procurou governar mantendo certo equilíbrio entre esses dois setores. Um exemplo foi a nomeação de **interventores** nos estados, vários deles militares. O interventor de cada estado, por sua vez, nomeava os prefeitos dos municípios.

Essa política de intervenção despertou resistência, principalmente em São Paulo. A elite paulista, colocada à margem do poder central, lutava por novas eleições para a presidência da república, pela autonomia estadual e contra o interventor nomeado por Vargas para São Paulo, que não era paulista. A mais importante exigência do movimento era a elaboração de uma nova Constituição para o país.

Em 9 de julho de 1932, começou em São Paulo uma reação militar contra o governo federal, que ficou conhecida como **Revolução Constitucionalista de 1932**. Após três meses de guerra, a Força Pública Paulista assinou a rendição. Na visão das lideranças paulistas, a derrota militar se transformou em vitória política, no ano seguinte, com a convocação de eleições para a **Assembleia Nacional Constituinte** e a nomeação de um paulista como interventor do estado de São Paulo.

É BOM SABER

O tenentismo

O movimento tenentista representou a reação dos oficiais de média e baixa patente do exército contra o regime oligárquico e as práticas políticas tradicionais. Difundidas pelos quartéis do Brasil na década de 1920, suas propostas pregavam o voto secreto e extensivo às mulheres, a moralização política e a reforma do ensino público.

A bela adormecida, charge de Storni publicada na revista *Careta*, em novembro de 1931, que satiriza a Constituinte "dormindo" nos pensamentos de Vargas.

O GOVERNO VARGAS NA DÉCADA DE 1930

1929

Agosto
Formação da Aliança Liberal.

Outubro
Quebra da bolsa de valores de Nova York.

1930

Fevereiro
Início da Revolta de Princesa, na Paraíba.

Março
Vitória de Júlio Prestes nas eleições.

Julho
Assassinato de João Pessoa.

Outubro
Início da Revolução de 1930.

Novembro
Vargas institui um governo provisório.

1932
Revolução Constitucionalista em São Paulo.

1933
Convocação da Assembleia Nacional Constituinte.

1934
Promulgação da nova Constituição.

1935
Levante Comunista.

1937
Instituição do Estado Novo.

A CONSTITUIÇÃO DE 1934

Os trabalhos da Assembleia Nacional Constituinte se iniciaram em novembro de 1933. Entre os 254 constituintes eleitos estava uma mulher, a médica paulista Carlota Pereira de Queirós. A participação de uma deputada mulher nos trabalhos da Assembleia foi algo inédito e significou um reforço na luta pelos direitos das mulheres.

Em julho de 1934, depois de longos debates, a Constituição foi promulgada. A nova lei apresentou muitos avanços democráticos em relação à Constituição anterior. No sistema eleitoral, ela instituiu o voto secreto e extensivo à mulher que exercia função pública remunerada. Na educação, estabeleceu o ensino primário integral gratuito e obrigatório e tornou o ensino religioso facultativo nas escolas públicas, a ser ministrado de acordo com a confissão religiosa da família.

Na área dos direitos sociais, as inovações foram ainda maiores. A Constituição de 1934 proibiu a diferença salarial entre homens e mulheres que exerciam a mesma função, estabeleceu regras para o trabalho dos menores e das mulheres, bem como instituiu as férias e o descanso semanal remunerados.

Além disso, por voto indireto, a Assembleia Nacional Constituinte elegeu Getúlio Vargas presidente da república, com mandato até maio de 1938, quando seriam realizadas eleições por via direta.

Almerinda Farias Gama, primeira mulher representante classista a votar nas eleições para a Assembleia Nacional Constituinte. Rio de Janeiro, julho de 1933.

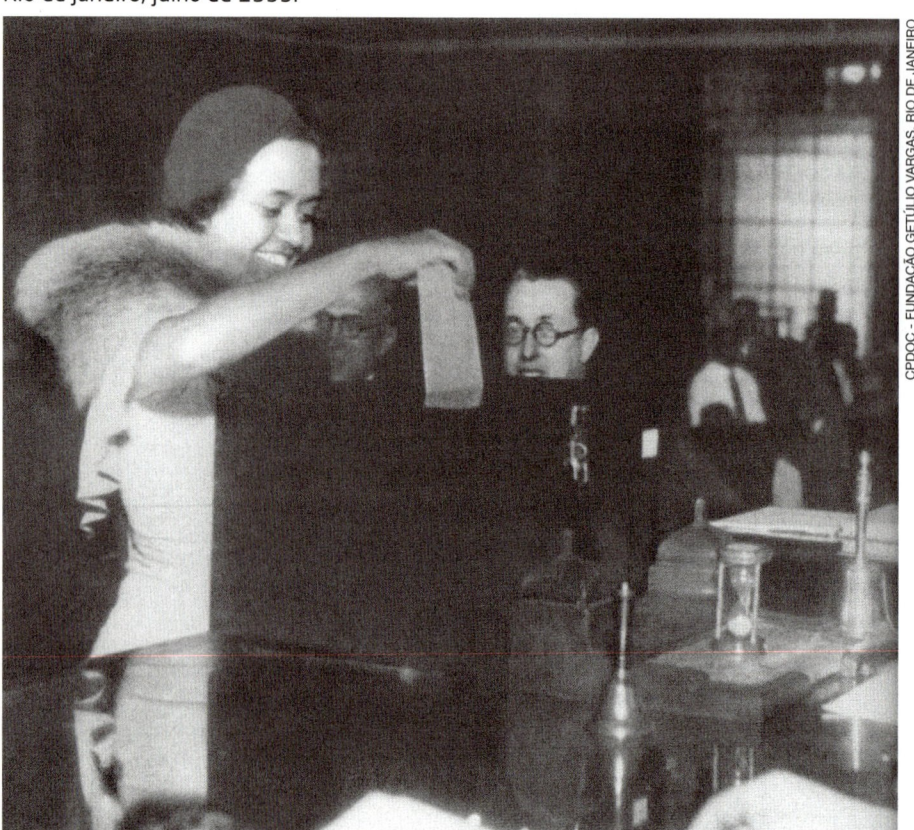

INTEGRALISTAS E COMUNISTAS

Em meados da década de 1930, os efeitos da Grande Depressão mundial também atingiam o Brasil. Com isso, setores da sociedade brasileira começaram a se mobilizar para defender propostas a fim de superar a crise. Entre elas, destacaram-se duas organizações políticas.

A **Ação Integralista Brasileira (AIB)**, nacionalista, avaliava que a democracia era um regime incapaz de tirar o Brasil da crise. Assim, propunha uma forma de governo inspirada nos regimes totalitários, como o fascismo na Itália e o nazismo na Alemanha, e era, sobretudo, contra o comunismo.

Do outro lado, estava a **Aliança Nacional Libertadora (ANL)**, que se opunha ao integralismo e ao avanço do nazismo e do fascismo na Europa. Propunha a nacionalização de empresas estrangeiras, a reforma agrária e um governo popular para o Brasil. Embora dirigida pelo Partido Comunista, a ANL contava com a participação de anarquistas, liberais e socialistas.

Em novembro de 1935, a ANL organizou uma revolta com o objetivo de instaurar um governo revolucionário e popular. Prejudicado por falhas no planejamento, o movimento ficou restrito às cidades de Recife, Natal e Rio de Janeiro e foi logo reprimido. A rebelião serviu de pretexto para o governo decretar estado de sítio, censurar os meios de comunicação e prender os envolvidos na revolta, como o líder Luís Carlos Prestes.

Estado de sítio: suspensão temporária de certos direitos e garantias individuais.

Bonde passando pela Avenida Rio Branco, em Natal (RN), em fins de 1942. Conta-se que, nos quatro dias de governo popular em Natal, o povo aproveitou a gratuidade do transporte público para passear de bonde o tempo todo, e eles ficavam cheios como o da foto.

PARA LER

● **Olga**
Autor: Fernando Morais
São Paulo: Companhia das Letras, 1993

Nesse livro biográfico, Fernando Morais apresenta a trajetória da judia alemã Olga Benário. A narrativa se dedica, principalmente, à militância política de Olga, à sua relação com Luís Carlos Prestes e ao momento em que ela foi presa e deportada para a Alemanha, onde morreu num campo de concentração nazista, em 1942.

É BOM SABER

O levante de 1935 em Natal

A capital potiguar teve quatro dias de governo popular. Após um levante no batalhão do exército, iniciado no dia 23 de novembro de 1935, os rebeldes depuseram os governantes locais, incluindo o governador do estado, e assumiram o poder. Dirigidos pelo Partido Comunista do Brasil (PCB), eles aboliram as tarifas cobradas nos bondes, que passaram a circular gratuitamente, e distribuíram roupas e alimentos ao povo. Porém, com as notícias de que tropas federais estavam a caminho, os revolucionários fugiram e a situação política retornou à normalidade.

Charge de Nássara publicada na revista *Careta*, em maio de 1937. Nela, há o seguinte diálogo entre a Presidência e Vargas: "Ela – Por que você me leva para passear em frente daquela turma? Ele – Para deixá-los com água na boca...".

O ESTADO NOVO

As eleições presidenciais estavam marcadas para o dia 3 de janeiro de 1938, conforme previa a Constituição de 1934. Getúlio Vargas, porém, apesar de apoiar publicamente as eleições, tinha outros planos.

Desde o levante comunista de 1935, a ameaça do "perigo vermelho" continuava sendo útil para justificar as medidas repressivas do governo. E assim ela foi usada por Vargas mais uma vez. Em setembro de 1937, os jornais publicaram a descoberta do **Plano Cohen**, um suposto plano comunista para a tomada do poder no país. Porém, ele havia sido redigido pelo capitão Olímpio Mourão Filho, integralista e chefe do serviço secreto do exército, como pretexto para Vargas dar um golpe e se manter no poder.

No dia 10 de novembro de 1937, tropas federais fecharam o Congresso Nacional e a população foi informada pelo rádio de que um novo regime político estava sendo instaurado: o **Estado Novo**. No mesmo ano, uma nova Constituição foi anunciada, ampliando ainda mais os poderes do presidente.

Os trabalhadores urbanos e suas lideranças sindicais foram uma das preocupações centrais do Estado Novo. O objetivo principal era criar leis para aproximar os sindicatos do aparato do Estado e desarticular a organização independente dos trabalhadores.

A primeira medida nessa direção foi formalizada em 1939 com a proibição da existência de mais de um sindicato por categoria profissional. Em 1942, entrou em vigor o **imposto sindical**, um percentual recolhido compulsoriamente do salário, uma vez ao ano, e repassado aos sindicatos, outras entidades de classe e ao Ministério do Trabalho.

Apesar disso, Vargas criou leis para regulamentar o trabalho, atendendo, em parte, a antigas reivindicações do movimento operário. Assim, em 1943, Vargas aproveitou as comemorações do Dia do Trabalho para anunciar a **Consolidação das Leis do Trabalho (CLT)**, um conjunto de normas que reunia leis já existentes e unificava o mercado de trabalho em todo o país.

Entre os direitos trabalhistas estabelecidos estavam a jornada de 8 horas, a igualdade salarial entre homens e mulheres, o salário mínimo, a proibição do trabalho para menores de 14 anos, a licença-maternidade e o adicional salarial para as atividades insalubres.

Vargas e as leis trabalhistas

Aprenda, nessa entrevista, como Vargas se apropriou da luta dos trabalhadores para difundir sua imagem de grande estadista e "pai dos pobres". Disponível em <http://mod.lk/1fyi8>.

Explore

- Segundo o historiador Samuel Souza, por que a imagem de Vargas é até hoje associada aos trabalhadores?

INSTRUMENTOS DE REPRESSÃO E CENSURA

O governo Vargas tratou de criar ou de reestruturar instituições encarregadas de reprimir a oposição e de enaltecer o governante.

A **Delegacia de Ordem Política e Social (Dops)**, por exemplo, criada em 1924 para conter as tensões sociais do período, teve sua ação redirecionada para reprimir os comunistas e os opositores do governo. Judeus, integralistas, simpatizantes do nazismo e do fascismo e imigrantes vindos dos países do Eixo também viraram alvos da repressão política. São diversos os relatos de tortura e de outras arbitrariedades cometidas pela polícia política do regime.

Além da repressão, o Estado Novo foi marcado pela censura e pelo uso da propaganda. Para isso, foi criado, em 1939, o **Departamento de Imprensa e Propaganda (DIP)**. O DIP tinha a tarefa de difundir a ideologia do regime entre as camadas populares por meio da coordenação, orientação e centralização da propaganda, do controle das produções artísticas, da direção do programa de radiodifusão oficial do governo e da organização de manifestações cívicas, festas patrióticas, exposições e concertos.

A propaganda governamental e a censura eram realizadas mediante o controle dos grandes jornais e da produção cultural, bem como por meio de cartilhas, voltadas para crianças e jovens, que enalteciam Vargas e seu governo. Na Rádio Nacional, verbas oficiais permitiam que um elenco de grandes estrelas reproduzisse nos programas os valores e comportamentos considerados adequados na época, como a exaltação do trabalho e o combate à boemia.

Página da cartilha *A juventude no Estado Novo*, produzida pelo DIP entre 1937 e 1945. Nela está escrito: *"Crianças! Aprendendo, no lar e nas escolas, o culto da pátria, trareis para a vida prática todas as probabilidades de êxito"*.

A era do rádio

Ouça o áudio para conhecer alguns programas de rádio difundidos no Brasil entre os anos 1930 e 1960, observando a importância desse meio de comunicação no período.
Disponível em <http://mod.lk/kxzgd>.

Explore

1. Que assuntos eram abordados nos programas de rádio entre os anos 1930 e 1960?
2. Na sua opinião, os programas de rádio hoje têm a mesma função que os daquela época? Por quê? Quais são as semelhanças e as diferenças entre eles?

É BOM SABER

Nas ondas do rádio

O rádio chegou oficialmente ao Brasil em 1922, com a transmissão de um discurso do presidente Epitácio Pessoa. Porém, foi nas duas décadas seguintes, quando o preço do aparelho se tornou mais acessível, que o país viveu a era de ouro do rádio. No Estado Novo, o rádio revelou-se um instrumento estratégico para difundir o sentimento de brasilidade por todo o país e enaltecer o regime. Consciente disso, em 1938, o governo Vargas lançou *A Hora do Brasil*, programa obrigatório que transmitia diariamente os principais atos do presidente, música brasileira e notícias de diversas regiões do Brasil. Em 1962, *A Hora do Brasil* passou a se chamar *Voz do Brasil*, sendo transmitida até hoje.

DE OLHO NA IMAGEM

A ARTE NACIONALISTA

Como estudamos na unidade 1, o movimento modernista, que despontou no Brasil nos anos 1920, esforçou-se por recuperar as raízes da cultura brasileira e expressar, na arte, os traços fundamentais da identidade nacional. Essa característica também marcou o Estado Novo, que, assim, se aproximou da estética modernista, patrocinando e divulgando muitos artistas, como o paulista Candido Portinari.

Portinari aproximou-se dos modernistas e desenvolveu uma pintura de temáticas sociais, como a tela Café*, produzida dois anos antes da instauração do Estado Novo. A arte de Portinari seria apropriada pelo governo Vargas a serviço de seu projeto político nacionalista e populista.*

Dialogando com Arte

QUESTÕES

1. A pintura de Portinari está dividida em três planos distintos. O que foi representado em cada um desses planos?
2. Qual desses três planos é o mais importante para compreendermos a temática da obra? Por quê?
3. Portinari representou a produção cafeeira por meio dos personagens e da ação que eles realizam. Indique quais são os elementos que caracterizam esses dois temas e por que o artista decidiu representar a lavoura de café dessa maneira.
4. Quais temas e valores defendidos pelo governo de Getúlio Vargas podem ser identificados nessa pintura de Portinari?

- Homens e mulheres trabalham na lavoura: uns colhem café e outros carregam as sacas.
- O rosto dos trabalhadores, exceto o que está de frente para o espectador, não tem expressão ou está escondido.
- Um homem ordena e fiscaliza o trabalho na lavoura.
- As mãos e os pés dos trabalhadores são avantajados, de maneira desproporcional ao restante do corpo.
- O traço do rosto revela que o trabalhador é negro ou pardo.

Café, pintura de Candido Portinari, 1935.

O FIM DO ESTADO NOVO

O fim do Estado Novo está diretamente relacionado à participação do Brasil na Segunda Guerra Mundial. Durante o conflito, o bloqueio britânico aos navios mercantes alemães gerou uma queda acentuada no comércio entre Brasil e Alemanha. Por outro lado, as trocas comerciais entre o nosso país e os Estados Unidos aumentaram consideravelmente.

Assim, em troca de financiamentos para construir indústrias de base e modernizar as Forças Armadas, o Brasil permitiu que tropas estadunidenses instalassem bases militares no Nordeste. O Brasil também passou a fornecer borracha e minérios para a indústria bélica dos países Aliados.

A Alemanha, contrariada, atacou, com os seus submarinos, navios mercantes brasileiros nas águas do Mediterrâneo e do Atlântico. Diante disso, em agosto de 1942 o Brasil declarou guerra aos países do Eixo. Dois anos depois, foram enviadas tropas para combater os nazistas na Itália, conhecidas como **Força Expedicionária Brasileira (FEB)**.

Com a derrota do nazifascismo na guerra, a situação política de Vargas tornou-se insustentável. No poder desde 1930, ficava cada vez mais difícil para Vargas explicar como a ditadura brasileira tinha lutado, no bloco dos países Aliados, contra governos totalitários na Europa. Manifestações estudantis lideradas pela União Nacional dos Estudantes (UNE) contra o nazifascismo passaram a agitar o país.

Além disso, por lutar ao lado da União Soviética na guerra, o Brasil foi pressionado a anistiar e libertar os presos políticos, muitos deles comunistas, e a legalizar o Partido Comunista do Brasil (PCB). Associado ao comunismo por seus inimigos políticos, Vargas foi forçado a renunciar em 29 de outubro de 1945.

ORGANIZAR O CONHECIMENTO

1. Copie e complete o quadro sobre a Revolução de 1930.

Estados envolvidos	
Motivos	
Desfecho	

2. Ordene corretamente os acontecimentos a seguir, numerando-os de 1 a 5.
   a) (   ) Eclode a Revolução Constitucionalista em São Paulo.
   b) (   ) O DIP e a CLT são criados.
   c) (   ) As mulheres que exercem função pública remunerada conquistam o direito ao voto.
   d) (   ) Vargas institui o Estado Novo.
   e) (   ) Apoiado por setores populares e pelos tenentes, Vargas assume o poder.

3. Politicamente, o Estado Novo caracterizou-se como uma ditadura, mas, do ponto de vista social, foi responsável por promover importantes avanços no país. Explique essa contradição.

Manifestação queremista no Palácio da Guanabara, no Rio de Janeiro, em 1945. O queremismo tinha como bandeira a "Constituinte com Getúlio" e foi apoiado pelo PCB.

TEMA 2
O BRASIL ENTRE DUAS DITADURAS (1945-1964)

Que contexto social e político levou ao golpe civil-militar de 1964?

O RETORNO À DEMOCRACIA

Após a deposição de Vargas, o cargo de presidente da república foi provisoriamente ocupado pelo presidente do Supremo Tribunal Federal, José Linhares. O fim da ditadura propiciou a criação de novos partidos políticos: o **Partido Social Democrático (PSD)**, identificado com as velhas elites agrárias estaduais, e a **União Democrática Nacional (UDN)**, antigetulista, que combatia a intervenção do Estado na economia e nas relações entre patrões e empregados, bem como defendia a abertura da economia ao capital estrangeiro.

No final de 1945, os brasileiros voltaram a escolher o presidente do país. Nas eleições, disputaram o general **Eurico Gaspar Dutra**, candidato da coligação PSD-PTB, o brigadeiro Eduardo Gomes, da UDN, e Iedo Fiuza, do PCB, que foi legalizado. Com o apoio de última hora de Getúlio Vargas, Dutra foi eleito com 55,35% dos votos. Essas eleições também definiram os parlamentares encarregados de elaborar uma nova Constituição para o país.

Assim que tomou posse, em 31 de janeiro de 1946, Dutra alinhou-se, praticamente de forma incondicional, aos Estados Unidos. No contexto da Guerra Fria, o Brasil rompeu relações diplomáticas com a União Soviética, fechou o PCB e cassou os mandatos de seus parlamentares.

Em setembro, a Assembleia Constituinte promulgou a nova **Constituição** do país, que marcou o retorno da democracia à sociedade brasileira. A nova carta reconheceu vários direitos e liberdades individuais, como a livre manifestação de pensamento, a liberdade religiosa e de associação e a ampla garantia de defesa do acusado. Também conservou o voto secreto e obrigatório para maiores de 18 anos e manteve os analfabetos excluídos das eleições. O direito de greve foi reconhecido aos trabalhadores, mas de forma extremamente restritiva: a legislação trabalhista classificou a maioria das ocupações como "atividades essenciais", proibindo, na prática, qualquer paralisação.

Eleitores fazem fila para votar na cidade de São Paulo durante as eleições de 1945.

Getúlio Vargas durante campanha eleitoral em São Paulo. Foto de 1950.

O SEGUNDO GOVERNO VARGAS

"Bota o retrato do velho outra vez... bota no mesmo lugar." Assim começava a marchinha que saudava o retorno de Getúlio Vargas à presidência da república em 1950, dessa vez eleito pelo voto direto. Nas eleições de 1950, Vargas derrotou o candidato apoiado por Dutra, retornando à presidência e mostrando que seu prestígio político ainda era muito forte.

O cenário político do segundo governo Vargas, porém, foi marcado pela instabilidade e por uma intensa polarização política. De um lado estava o nacional-estatismo, representado por Vargas, que defendia o fortalecimento do capitalismo nacional, a criação de empresas estatais em setores estratégicos, a ampliação de leis sociais e de políticas públicas intervencionistas. Do outro, o liberal-conservadorismo, que pregava a liberalização da economia e do mercado de trabalho, a abertura do mercado nacional a investimentos estrangeiros e o alinhamento incondicional do país aos Estados Unidos.

O FIM TRÁGICO DO GOVERNO VARGAS

Com auxílio da grande imprensa, a oposição a Vargas se empenhou em desqualificar seu governo e mobilizar a população contra o presidente. Seus opositores criticavam não apenas a administração e a política econômica estatal, como também acusavam Vargas de ser corrupto e violento. O jornalista Carlos Lacerda, proprietário do jornal *Tribuna de Imprensa*, era o líder dessa oposição. Nas colunas do seu jornal, Lacerda fazia uma série de acusações políticas e pessoais contra Vargas.

A crise política se agravou quando, em 5 de agosto de 1954, o chefe da segurança de Vargas, Gregório Fortunato, articulou uma tentativa frustrada de assassinato de Lacerda. O jornalista sobreviveu, mas o major da aeronáutica que o acompanhava, Rubens Vaz, morreu. Após o episódio, oficiais superiores e subalternos das Forças Armadas foram pressionados nos jornais a derrubarem o presidente. Entre renunciar ou sofrer um golpe militar, Vargas recorreu à saída trágica: na noite de 24 de agosto de 1954, no Palácio do Catete, pôs fim à sua vida com um tiro no peito. Deixou uma carta-testamento, acusando seus inimigos internos, aliados a grupos estrangeiros, de serem os responsáveis pelas dificuldades enfrentadas pelo povo brasileiro.

A comoção pelo suicídio de Vargas espalhou-se por todo o país. Motins populares irromperam em várias cidades, impedindo a tomada do poder pelos militares. Assim, o vice-presidente Café Filho assumiu a presidência, garantindo a realização das eleições em 1955.

O GOVERNO JK

Você já ouviu falar de JK? Essa é a maneira pela qual muitas pessoas se referem a Juscelino Kubitschek, mineiro que ocupou a presidência da república entre janeiro de 1956 e janeiro de 1961.

O governo de Juscelino foi marcado por uma grande euforia nacional em razão do crescimento econômico vivido pelo Brasil, resultado, em grande parte, dos incentivos ao desenvolvimento industrial e da construção de uma nova capital. O *slogan* usado em sua campanha presidencial resumia o objetivo de seu governo: fazer o Brasil progredir "**cinquenta anos em cinco**".

Nesse mesmo período, o país obteve grandes conquistas no mundo do esporte: em 1958, a seleção brasileira de futebol finalmente se sagrou campeã mundial, oito anos após a derrota na final para o Uruguai, em pleno Maracanã. No tênis feminino, Maria Esther Bueno tornou-se a melhor do mundo em 1959, depois de vencer os torneios de Wimbledon, no Reino Unido, e o Aberto dos Estados Unidos.

Na música, o destaque foi o surgimento da **bossa nova**. Esse novo ritmo musical, derivado do samba e com forte influência do *jazz*, teve grande projeção internacional. João Gilberto, Tom Jobim, Vinicius de Moraes e Baden Powell encantaram o mundo com músicas como *Chega de saudade* e *Garota de Ipanema*, que foram, e ainda são, regravadas por artistas de vários países.

O acelerado crescimento econômico, as conquistas esportivas e a repercussão da bossa nova fizeram o Brasil ganhar enorme visibilidade internacional. No plano interno, a euforia e o clima de otimismo foram as marcas que caracterizaram o país em seus "anos dourados".

JK em dois momentos: ao lado, recebe os músicos Dorival Caymmi, Fernando Lobo, Pixinguinha, Louis Armstrong e Lamartine Babo, em 1957; acima, homenageia a seleção brasileira de futebol campeã da Copa do Mundo de 1958.

A CONSTRUÇÃO DE BRASÍLIA

Ao assumir a presidência da república, Juscelino se comprometeu a concretizar uma ideia existente desde o século XIX: levar a administração federal para uma nova capital, que seria construída na região central do Brasil. Considerada por JK a meta-síntese de seu governo, a construção da "Novacap" representava tanto a integração das diversas regiões do território brasileiro quanto a modernização em curso no país.

Projetada pelo urbanista Lúcio Costa e pelo arquiteto Oscar Niemeyer, a cidade recebeu o nome de Brasília e foi erguida por trabalhadores de diversas partes do Brasil, principalmente do Nordeste, que ficaram conhecidos como **candangos**. Leia, a seguir, o depoimento de Benedito, um cearense que deixou sua cidade e mudou-se para Brasília no final dos anos 1950.

"A seca, 58, não tinha, num tinha como a gente sobreviver aqui, né. Só ficou as mulher aqui, os homem foram embora tudim, ficou só as pessoas mais velha, até o papai foi [...] vendeu um terreno aqui nos angicos pra poder viajar conseguir verba e deixar pra família cumê, né? Pra num deixar com fome [...], eu disse, pai eu vou embora [...], vou fazer o quê aqui na seca no Ceará? O ti Alfonso já foi se embora eu vou fazer o quê? Eu vou morrer de fome aqui? Aí tirei meus documentos e fui, aí no dia da viagem [...] chegou [...] mais de quinze pessoas."

Depoimento de Benedito Teles Moreira, 2011. In: ARAÚJO, Silva de; SALES, Telma Bessa. *Isso é conversa de candango*: memórias acerca da construção de Brasília (1956-1960). Disponível em <http://mod.lk/2gKVW>. Acesso em 16 ago. 2018.

Brasília foi inaugurada em 21 de abril de 1960. O projeto urbanístico da nova capital previa a ausência de muros ou cercas entre as quadras residenciais, o que facilitaria o contato entre pessoas de diferentes classes sociais. No entanto, com o passar do tempo, a realidade mostrou-se diferente do imaginado. Nos arredores de Brasília, por exemplo, surgiram grandes áreas urbanas, popularmente chamadas **cidades-satélites**, onde passaram a viver os mais pobres, como os candangos.

População participa da inauguração de Brasília, em 1960.

Clipe

Explore

1. Em que estado o senhor Benedito nasceu? Quando e por que ele migrou para Brasília?
2. Por que depoimentos como esse auxiliam no trabalho do historiador? Que perguntas você faria a um candango caso o entrevistasse?

Caminhão leva operários para trabalhar na construção de Brasília, em 1958.

O BREVE GOVERNO DE JÂNIO QUADROS

Apesar do clima de otimismo no Brasil, o governo JK foi muito criticado. Os gastos para sustentar o crescimento resultaram no aumento da dívida externa e da inflação no país. Além disso, várias denúncias de corrupção recaíram sobre o governo, principalmente envolvendo a construção de Brasília.

Foi explorando essas dificuldades do governo JK que o ex-governador de São Paulo, Jânio Quadros, foi eleito presidente da república. Durante sua campanha, Jânio se apresentou como um político que governava para o povo, sem compromissos partidários. Utilizando uma vassoura como símbolo de campanha, ele prometeu "varrer" a corrupção do Brasil e acabar com a dívida externa.

Ao assumir o cargo, em janeiro de 1961, Jânio tomou medidas polêmicas. No plano interno, proibiu o uso de biquínis nas praias e o uso de maiôs cavados nos desfiles em concursos de *miss*. Já no plano externo, visando demonstrar independência em relação aos Estados Unidos, o presidente condecorou o então ministro da Indústria e Comércio de Cuba, Ernesto "Che" Guevara, com a Ordem do Cruzeiro do Sul, restabeleceu relações diplomáticas com a União Soviética e abriu relações comerciais com a China.

Com essas medidas, Jânio desagradou militares e lideranças políticas que apoiavam o seu governo, isolando-se politicamente. Em 25 de agosto, ele renunciou ao mandato, alegando que "forças ocultas" o impediam de governar. Ao contrário do que talvez Jânio esperasse, o Congresso Nacional aceitou o pedido de renúncia e a população não se manifestou.

A CRISE SUCESSÓRIA

Com a renúncia de Jânio Quadros, o vice-presidente João Goulart (ou Jango, como era conhecido) deveria assumir o cargo. Porém, na ocasião, ele estava em viagem diplomática à China. Por sua ligação com o movimento sindical, Jango era visto com desconfiança pelas elites conservadoras e pelos militares, que o identificavam com a ameaça comunista. Por isso, tentaram impedir a sua posse.

A reação dos aliados de Jango foi rápida. No Rio Grande do Sul, o então governador Leonel Brizola iniciou uma campanha exigindo o cumprimento da Constituição. Nomeada **Campanha da Legalidade**, a operação logo recebeu o apoio de vários políticos e setores da sociedade em todo o país.

Diante das pressões, o Congresso votou uma proposta para pôr fim à crise: limitar o poder do presidente. Instaurou-se, assim, um regime **parlamentarista**, com um primeiro-ministro como chefe de governo. As lideranças políticas e militares indicaram Tancredo Neves para o cargo de primeiro-ministro, nome que foi aceito por João Goulart. Assim, quando Jango retornou ao Brasil, assumiu a presidência.

Charge de Théo satirizando o governo de Jânio Quadros, publicada na revista *Careta*, em janeiro de 1960.

O GOVERNO JANGO

O acordo que garantiu a posse de Jango previu a realização de uma consulta popular em 1965 para definir a permanência do parlamentarismo ou o retorno do presidencialismo. No entanto, graças à campanha movida pelo partido de Jango, o PTB, com o apoio de sindicatos e movimentos populares, o plebiscito foi antecipado. Realizado em 6 de janeiro de 1963, venceu o presidencialismo.

Ao recuperar os poderes presidenciais, Jango propôs um conjunto de reformas visando democratizar o capitalismo brasileiro. Conhecidas como **reformas de base**, previam, entre outras medidas, a extensão do direito de voto aos analfabetos e aos militares de baixa patente, as reformas agrária e educacional, a nacionalização de empresas farmacêuticas e de serviços públicos e a limitação da remessa de lucros para o exterior.

Os trabalhadores e setores populares formavam a base eleitoral do governo Jango e tiveram intensa atuação política no período. Os operários organizavam greves; os estudantes formavam organizações estudantis; e os militares de baixa patente exigiam ser ouvidos por seus superiores. No campo, as **Ligas Camponesas** defendiam os trabalhadores rurais de abusos praticados pelos donos das terras.

Essas associações camponesas, lideradas pelo advogado e político pernambucano Francisco Julião, exigiam do governo a melhoria das suas condições de vida. Atendendo às pressões dos camponeses, em 1963, Jango criou o **Estatuto do Trabalhador Rural**. A lei estendeu aos trabalhadores rurais os mesmos direitos dos trabalhadores urbanos, como registro em carteira profissional, salário mínimo e férias remuneradas.

Ferroviários da Estrada de Ferro Sorocabana, em greve por aumento salarial, sentam-se na linha do trecho de chegada e saída de trens, impedindo a passagem de qualquer locomotiva. Bauru (SP), janeiro de 1962.

Charge de 1963 satirizando a derrocada do governo Jango.

O GOLPE CIVIL-MILITAR

As reformas de Jango buscavam diminuir as desigualdades sociais, mas foram vistas pelos setores conservadores como o primeiro passo para a adoção do comunismo no Brasil.

As críticas ao governo Jango tinham origem também nas dificuldades que atingiam a economia brasileira. A inflação anual, por exemplo, cresceu de 26,3% em 1960 para 78,4% em 1963. O PIB, que tinha sido de 5,3% em 1962, caiu para 1,5 em 1963.

Ciente de que suas reformas não seriam aprovadas no Congresso Nacional, Jango resolveu instituí-las por meio de decretos, anunciados em grandes comícios. Os dois primeiros, assinados em 13 de março de 1964, estatizavam as refinarias e definiam as áreas sujeitas à desapropriação para fins de reforma agrária.

A conspiração para depor Jango se intensificou, unificando grandes proprietários rurais, empresários e as Forças Armadas. No dia 19, os setores conservadores realizaram a **Marcha da Família com Deus pela Liberdade**, em São Paulo, mobilizando milhares de pessoas favoráveis à deposição de Jango.

Na noite do dia 31 de março, tropas partiram de Minas Gerais com destino ao Rio de Janeiro, onde estava o presidente. Jango, porém, não aceitou o golpe e viajou para Porto Alegre com o objetivo de articular a resistência. Mas não teve sucesso.

Na madrugada do dia 2 de abril, o Congresso Nacional declarou vaga a presidência, empossando o presidente da Câmara dos Deputados, Ranieri Mazzilli. Iniciava-se o regime militar no Brasil.

ORGANIZAR O CONHECIMENTO

1. Explique por que Brasília é considerada a cidade-símbolo do governo JK.

2. Leia as afirmativas e escreva **Q** para Jânio Quadros ou **G** para Jango.
   a) (   ) Retomou relações diplomáticas com a União Soviética e condecorou o líder revolucionário Che Guevara.
   b) (   ) Em seu governo, foi realizado um plebiscito que determinou o retorno do presidencialismo ao Brasil.
   c) (   ) Associado à herança trabalhista de Vargas e ao comunismo, sofreu um golpe articulado pelos setores conservadores do Brasil.
   d) (   ) Sua falta de definição política desagradou tanto a direita quanto a esquerda brasileira, levando à sua renúncia.

3. Escreva um parágrafo sobre as reformas de base propostas por João Goulart, considerando seus principais pontos, objetivos e resultados.

ATIVIDADES

APLICAR

1. Observe a charge e responda às questões.

A vontade do freguez..., charge de Belmonte publicada no jornal *Folha da Noite* em maio de 1937.

a) Belmonte representa Getúlio Vargas em três períodos distintos de sua carreira política. Identifique-os.

b) Relacione cada momento do governo de Vargas com as vestimentas e os discursos representados na charge.

c) É possível perceber, por essa charge, qual é a posição de Belmonte em relação ao governo Vargas? Explique.

2. Leia o texto abaixo, que mostra como o direito de voto às mulheres que exercem função pública remunerada, conquistado na Constituição de 1934, era visto com receio por parte da sociedade brasileira da época.

> "Para muitos, inclusive mulheres, as recentes conquistas femininas na política, no direito, no trabalho, representavam uma ameaça. [...] temiam que as novas ocupações as fizessem desinteressar-se pelos assuntos domésticos. Temiam a desestruturação da família [...]. As próprias mulheres [...] afirmavam que as mudanças não significavam uma ruptura brusca e completa com o passado, com a forma de organização da vida social e com os valores tradicionais [...]. [...] A mulher brasileira, portanto, [...] deveria atuar no mundo moderno capitalista acumulando uma dupla função: a de dona de casa e educadora dos filhos e a de cidadã consciente de seus deveres e responsável pelo destino da pátria."
>
> ARAÚJO, Rita de Cássia Barbosa de. O voto de saias: a Constituinte de 1934 e a participação das mulheres na política. *Revista de Estudos Avançados*, v. 17, n. 49, set./dez. 2003. Disponível em <http://mod.lk/k00E9>. Acesso em 17 ago. 2018.

a) Identifique no texto os principais receios de parte da sociedade da época em relação à participação feminina na política.

b) O texto aponta que a luta das mulheres por liberdade e igualdade tinha um adversário muito mais difícil de ser vencido que as instituições. Era a força da tradição. Escreva um texto argumentativo sobre o assunto, relacionando-o aos dias atuais. Exponha suas ideias de forma **clara** e **organizada**. Para isso, elabore um rascunho, **releia-o** e faça os acertos necessários. Ao final, passe a redação a limpo.

3. (Enem-MEC/2006). A moderna democracia brasileira foi construída entre saltos e sobressaltos. Em 1954, a crise culminou no suicídio do presidente Vargas. No ano seguinte, outra crise quase impediu a posse do presidente eleito, Juscelino Kubitschek. Em 1961, o Brasil quase chegou à guerra civil depois da inesperada renúncia do presidente Jânio Quadros. Três anos mais tarde, um golpe militar depôs o presidente João Goulart, e o país viveu durante vinte anos em regime autoritário. A partir dessas informações, relativas à história republicana brasileira, assinale a opção correta.

a) Ao término do governo João Goulart, Juscelino Kubitschek foi eleito presidente da república.

b) A renúncia de Jânio Quadros representou a primeira grande crise do regime republicano brasileiro.

c) Após duas décadas de governos militares, Getúlio Vargas foi eleito presidente em eleições diretas.

d) A trágica morte de Vargas determinou o fim da carreira política de João Goulart.

e) No período republicano citado, sucessivamente, um presidente morreu, um teve sua posse contestada, um renunciou e outro foi deposto.

RETOMAR

4. Responda às questões-chave da abertura dos temas 1 e 2.

a) Como Getúlio Vargas subiu ao poder no Brasil e conquistou grande popularidade?

b) Que contexto social e político levou ao golpe civil-militar de 1964?

TEMA 3

A MODERNIZAÇÃO BRASILEIRA E SUAS CONTRADIÇÕES

Como as políticas econômicas adotadas no Brasil entre 1930 e 1964 agravaram as desigualdades regionais no país?

A ECONOMIA NA ERA VARGAS

Até o começo dos anos 1930, a estrutura econômica brasileira era profundamente dependente do modelo agrário-exportador. Baseado no latifúndio, na monocultura e na hierarquização social entre donos de terras e trabalhadores, esse sistema promoveu e fortaleceu a política oligárquica, que tinha suas raízes na sociedade colonial e se consolidou com a república.

Contra esse modelo, Getúlio Vargas chegou ao poder com um discurso que criticava o liberalismo econômico, sobretudo após os efeitos da crise de 1929 no Brasil. A redução drástica das exportações de café, a dificuldade de importar artigos industrializados que o país não fabricava e o cultivo limitado de produtos importantes para abastecer o mercado interno revelavam a necessidade urgente de promover reformas econômicas no Brasil.

Vista da Praça da Sé, no centro da cidade de São Paulo, em foto de 1940.

A proposta de Vargas, ainda à frente do Governo Provisório (1930-1934), era levar o Brasil em direção a um capitalismo moderno por meio do investimento na industrialização, tarefa que cabia ao Estado impulsionar. Porém, isso não significou o abandono do modelo agrário-exportador estabelecido ao longo de séculos no país.

O programa original da política econômica de Vargas previa o investimento na diversificação da produção agrícola, visando o abastecimento do mercado interno, e a industrialização como forma de reduzir as importações. Com essas ações, o objetivo era tornar o Brasil menos dependente de outros países e incentivar o desenvolvimento de um mercado interno competitivo.

Com essa nova política econômica, surgiu uma elite industrial, principalmente em São Paulo e no Rio de Janeiro, que já sediavam as principais indústrias leves que tinham sido criadas no país no início da república. O Rio de Janeiro, capital da república, e São Paulo, maior centro produtor de café, concentravam também a maior parte das elites e da classe média do país.

A concentração de uma elite industrial no eixo Rio-São Paulo foi fundamental para esse setor ganhar força nas decisões políticas do governo e convencer o Estado a investir no crescimento industrial.

AS DISPARIDADES REGIONAIS

Enquanto o Sudeste se desenvolvia, o Nordeste perdia gradativamente sua força política e econômica com a crise da lavoura canavieira e os efeitos das secas prolongadas. O Centro-Oeste e o Norte, por sua vez, contavam com pouca atenção do governo federal. Com baixa densidade demográfica, essas duas regiões sofriam com problemas na comunicação com a capital federal e com a precária estrutura logística.

A crescente industrialização do eixo Rio-São Paulo, somada à conquista de direitos sociais pelos trabalhadores urbanos a partir dos anos 1930, contribuiu para que as grandes cidades do Sudeste passassem a atrair cada vez mais trabalhadores do Norte e do Nordeste do país. Muitos trabalhadores que se dirigiam às cidades também vinham das áreas rurais do Sudeste, expulsos pela crise que atingiu o café na década de 1930.

A estrutura urbana da Região Sudeste, porém, não foi ampliada e melhorada para atender a uma população em constante crescimento. A chegada de famílias em situação precária propiciou o aumento do número de moradias impróprias. A situação no interior das fábricas era outro problema. Jornadas de trabalho abusivas, péssimas condições de segurança e higiene e baixos salários geravam muitas queixas, que só foram atenuadas com a criação da CLT, em 1943.

CRESCIMENTO DA AGRICULTURA E DA INDÚSTRIA NO BRASIL

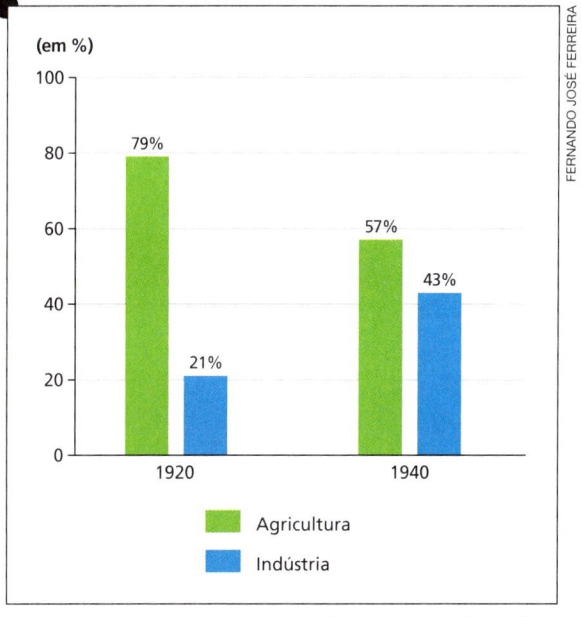

(em %)

- 1920: Agricultura 79%, Indústria 21%
- 1940: Agricultura 57%, Indústria 43%

Fonte: D'ARAUJO, Maria Celina. *A era Vargas*. 2. ed. São Paulo: Moderna, 2004. p. 52. (Coleção Polêmica)

Explore

- Mesmo com o incentivo à produção industrial na era Vargas, o Brasil não abandonou o modelo agroexportador. Explique essa afirmação com base nos dados do gráfico.

Vista da Praça Cívica, em Goiânia, em foto da década de 1940. A construção da nova capital do estado de Goiás foi um dos marcos da política de Vargas de incrementar a ocupação do Centro-Oeste do Brasil. A cidade de Goiânia foi inaugurada em 5 de julho de 1942.

A POLÍTICA ECONÔMICA DO ESTADO NOVO

Durante o Estado Novo, o governo Vargas tomou medidas para fazer do Estado o motor do desenvolvimento da indústria de base no Brasil, setor essencial para que o país desse o salto na sua produção industrial. Em 1938, foi criado o **Conselho Nacional do Petróleo** (CNP) com a tarefa de regulamentar a exploração do petróleo no país.

Na década de 1940, foram criadas importantes companhias estatais, como a mineradora **Companhia Vale do Rio Doce**, encarregada de extrair e exportar minério de ferro de Minas Gerais, e a Companhia Hidrelétrica do São Francisco. Em 1941, foi instalada, com apoio dos Estados Unidos, a produtora de aço **Companhia Siderúrgica Nacional** (CSN), em Volta Redonda (RJ).

Como o modelo agroexportador não havia sido abandonado, o governo também fomentou o avanço em direção ao interior. Exemplo disso foi a chamada **Marcha para o Oeste**, dedicada a promover a ocupação do Centro-Oeste por meio de incentivos à migração e à expansão das fronteiras agrícolas. Outro exemplo foram os "soldados da borracha", isto é, os milhares de brasileiros, a maioria flagelados da seca e da fome no Nordeste, que, entre 1943 e 1945, foram alistados e enviados à Amazônia para trabalhar na exploração do látex.

Apesar desse empenho, o sertão nordestino permaneceu relativamente estagnado. As secas prolongadas e os problemas sociais levaram ao aumento da criminalidade. A resposta de Vargas dividiu-se entre a repressão a movimentos de banditismo social, como o cangaço, e a compreensão paternalista na punição de indivíduos em situação de miséria que cometiam pequenos delitos.

É BOM SABER

A Petrobras: ontem e hoje

O tema da exploração do petróleo é polêmico no Brasil desde o governo Vargas. Os setores nacionalistas defendiam o direito exclusivo das companhias brasileiras na exploração do produto; os liberais pregavam a abertura da exploração para as empresas estrangeiras.

Com a campanha "O petróleo é nosso", lançada em 1947, a linha nacionalista prevaleceu. Em 1953, no segundo governo Vargas, foi criada a **Petrobras**, empresa estatal que tinha o monopólio sobre as atividades de exploração do petróleo, exceto sobre a distribuição dos derivados do produto, em todo o território nacional.

A discussão a respeito do monopólio da empresa na exploração do petróleo retornou nos anos 1990, no contexto das reformas "modernizantes" da Constituição brasileira. O resultado foi a aprovação da Lei do Petróleo, em 1997, que aboliu a exclusividade da Petrobras na exploração do produto.

No início dos anos 2000, pesquisadores da Petrobras descobriram o **pré-sal**, uma extensa área sedimentar com reservas de petróleo e gás que se estende do litoral do Espírito Santo ao de Santa Catarina, abrangendo as bacias de Santos, Campos e Espírito Santo.

O DESENVOLVIMENTISMO DE JK

As políticas de incentivo à industrialização, à urbanização e ao crescimento da produção agrícola voltada para o mercado interno produziram mudanças importantes na situação econômica do Brasil, melhorando as condições de vida de setores urbanos, mas certamente aprofundaram a discrepância entre o eixo Sul-Sudeste e o eixo Norte-Nordeste do país.

Juscelino Kubitschek direcionou sua política econômica para a integração territorial e o fortalecimento do capitalismo no Brasil por meio do desenvolvimento de um mercado interno forte e da industrialização. A proposta era construir um pacto agrário-industrial que promovesse crescimento econômico seguido de desenvolvimento social. Esse modelo ficou conhecido como **nacional-desenvolvimentista**.

Para viabilizar essa tarefa, JK criou o **Plano de Metas**, um programa de trinta objetivos a serem alcançados ao longo dos seus cinco anos de governo. Com isso, várias medidas foram tomadas para atrair investimentos estrangeiros: concessão de terrenos para a instalação de fábricas, redução de impostos, permissão para a remessa de lucros ao exterior e autorização para importar equipamentos industriais.

As medidas adotadas pelo governo estimularam a entrada de multinacionais, sobretudo do setor automobilístico, além de facilitar a criação de empresas nacionais de bens de consumo duráveis, como eletrodomésticos.

Seguindo o Plano de Metas, muitos recursos do Estado também foram direcionados aos setores de energia, indústria de base, transportes, alimentação e educação, assim como à construção de Brasília. Foi criado, por exemplo, o Cruzeiro Rodoviário, um conjunto de rodovias que integravam as várias regiões do Brasil à nova capital. O governo também construiu as usinas hidrelétricas de Furnas e de Três Marias, em Minas Gerais, e ampliou o refino de petróleo.

Do ponto de vista social, pode-se dizer que o projeto de JK faliu. As discrepâncias regionais se aprofundaram, já que a industrialização se concentrou no Sudeste. A contração de empréstimos para a realização de obras como Brasília levou o país ao endividamento externo, assim como elevou a inflação. A expansão da grande propriedade rural promoveu a marginalização dos camponeses, impulsionando a migração para as cidades. Sem infraestrutura adequada, as cidades incharam e as condições de sobrevivência tornaram-se cada vez mais precárias.

Funcionamento esquemático de uma hidrelétrica. A força da água de um rio gira a turbina; esta, por sua vez, movimenta o gerador, que produz energia elétrica. A energia é distribuída por linhas de transmissão.

Entrada de água no canal é regulada

Casa de força

Linhas de transmissão de energia

Gerador

ÀS VÉSPERAS DO GOLPE CIVIL-MILITAR

O elevado endividamento externo foi o principal legado econômico do governo de JK ao seu sucessor. Na tentativa de controlar a inflação e a dívida, Jânio Quadros adotou uma política econômica de controle dos gastos públicos e negociação da dívida externa. Além disso, abandonou a prática de imprimir dinheiro para saldar os débitos, pois isso desvalorizava a moeda e elevava a inflação. Suas medidas não tiveram sucesso, e Jânio renunciou deixando ao sucessor o mesmo cenário.

O governo Jango estabeleceu uma política de austeridade fiscal e pagamento das dívidas negociadas com os credores internacionais, ao mesmo tempo que propôs as reformas de base, como você estudou no tema 2. Indo na direção contrária à do governo JK, Jango propôs uma reforma agrária que retirava dos latifundiários terras improdutivas ou sem registro legal de propriedade para distribuí-las entre os pequenos produtores. Foram as reformas de base, principalmente a reforma agrária, que despertaram a resistência dos setores conservadores da sociedade e culminaram no golpe de 1964.

ORGANIZAR O CONHECIMENTO

1. Elimine o item que não faz parte do grupo, substituindo-o por outro que faça sentido.

   > estímulo à industrialização
   > Marcha para o Oeste   era Vargas
   > criação da Petrobras   criação da CSN   Plano de Metas

2. Associe cada letra a seu respectivo item.
   - a) Getúlio Vargas.
   - b) Juscelino Kubitschek.
   - c) Jânio Quadros.
   - d) João Goulart.

   1. ( ) Procurou controlar os gastos públicos, mas sem sucesso, renunciando ao cargo sem alterar o quadro inflacionário.
   2. ( ) Incentivou a industrialização do Sudeste e criou empresas como a Companhia Vale do Rio Doce e a Companhia Siderúrgica Nacional.
   3. ( ) Propôs reformas profundas, procurando honrar os compromissos com os credores externos e melhorar as condições de vida dos trabalhadores.
   4. ( ) Por meio do Plano de Metas, estimulou a entrada de investimentos estrangeiros, a criação de indústrias nacionais de bens de consumo duráveis e a construção de rodovias para integrar as regiões do país.

Várias manifestações da Marcha da Família com Deus pela Liberdade ocorreram no Brasil a partir de 19 de março de 1964, como esta da foto, na cidade de Recife (PE). Milhares de pessoas protestavam contra as reformas de base e exigiam a deposição de João Goulart.

TEMA 4 — INDÍGENAS E NEGROS NA CONSTRUÇÃO DA IDENTIDADE NACIONAL

A "CONSTRUÇÃO" DOS BRASILEIROS

Como vimos, no período situado entre 1930 e o golpe de 1964 importantes mudanças econômicas, sociais e políticas ocorreram no Brasil. Com essas mudanças em curso, duas das principais preocupações dos governos diziam respeito ao caminho que o Brasil deveria trilhar para atingir a modernidade e aos elementos que formavam a identidade nacional brasileira.

A ideia de uma identidade nacional não era nova no Brasil. Desde o período regencial, a preocupação em identificar e valorizar as características peculiares dos brasileiros e os traços fundamentais da nossa cultura já era discutida por setores da intelectualidade do país. A valorização da cultura e dos tipos humanos do Brasil esteve presente, por exemplo, na literatura romântica de meados do século XIX e na Semana de Arte Moderna de 1922.

Ao discutir as tarefas que o país deveria cumprir para alavancar o desenvolvimento e o que era ser brasileiro, diferentes visões foram defendidas. Havia intelectuais que valorizavam a miscigenação entre brancos, indígenas e negros como base de uma nação forte e aqueles que viam no branqueamento da nossa população a chave para o país ingressar no mundo civilizado.

Qual era a situação das populações indígenas e afrodescendentes no Brasil dos anos 1930 a 1950?

Mapa localizador

Branqueamento: relativo às ideias pseudocientíficas criadas no século XIX que classificaram os povos em civilizados e atrasados e elegeram os europeus e seu modo de vida como modelo de superioridade.

Monumento às Três Raças, na cidade de Goiânia (GO). Foto de 2013.

O DISCURSO DO GOVERNO VARGAS

No período varguista prevaleceu o discurso sobre o "homem brasileiro", cujas qualidades residiam na sua origem miscigenada, adquirindo virtudes das raças fundamentais da sociedade brasileira. Assim, o **mito das três raças** colocava o negro, o indígena e o branco no mesmo nível de importância para a composição do povo brasileiro. Concentrado nas questões sociais, o Estado encontrou nesse discurso um caminho frutífero para reorganizar a sociedade ao redor de um projeto focado na figura do trabalhador e na sua valorização enquanto agente necessário para o crescimento do país.

Com o Estado Novo, a construção de uma identidade nacional brasileira transformou-se em uma política de governo, na qual a educação e a cultura desempenharam papel estratégico. A exaltação de um ideal nacionalista era muito útil à política centralizadora de Vargas, interessado em criar uma associação entre um líder forte, um brasileiro orgulhoso de sua identidade e um país integrado à modernidade. Assim, a partir da redefinição da noção de "trabalhador", construiu-se um poderoso discurso que homogeneizava as massas em torno da ideia de nação.

No plano cultural, o ministro da Educação e Saúde Pública, Gustavo Capanema, estabeleceu diálogos com artistas e intelectuais, sobretudo os modernistas da chamada Segunda Geração (1930-1945). Muitos deles, como Carlos Drummond de Andrade e Mário de Andrade, atuaram politicamente, influenciando as medidas culturais do governo. Essas relações permitiram o avanço dos estudos que visavam identificar, compreender e selecionar as raízes nacionais, especialmente a indígena, a negra e a caipira, vinculando-as a um projeto de criação de uma cultura oficial brasileira.

O ÍNDIO COMO PRECURSOR DO BRASIL

Em relação aos indígenas, o objetivo principal do governo Vargas era incorporá-los integralmente à sociedade brasileira como agentes produtivos e comprometidos com o enriquecimento da nação. Uma das expressões dessa política foi a decretação, em 1934, do 19 de abril como **Dia do Índio**.

Seguindo a lógica de valorização dessas populações tradicionais, resgatou-se a imagem romântica dos indígenas como precursores do Brasil. Isso levou à fundação, em 1939, do **Conselho Nacional de Proteção aos Índios (CNPI)**, que tinha a função de realizar estudos sobre as populações indígenas em parceria com o Serviço de Proteção aos Índios (SPI).

Com a Marcha para o Oeste, Vargas foi o primeiro presidente brasileiro a visitar uma aldeia indígena, em 1940. Dentro do ideal de valorização do trabalhador, ele propôs transformar os indígenas em grupos economicamente produtivos para contribuir com o crescimento nacional. Para tanto, o SPI teria o papel essencial de educar e doutrinar os indígenas para contribuírem com esse projeto.

Serviço de Proteção aos Índios: criado em 1910 com o objetivo de prestar assistência aos indígenas do Brasil, de modo a civilizá-los por meio da educação e do trabalho.

Explore

- Qual teria sido a intenção do governo de divulgar a foto do presidente interagindo com indígenas? Que imagem de Vargas essa foto apresenta?

Vargas, acompanhado do sertanista Orlando Villas-Bôas, recebe uma comissão de indígenas, em janeiro de 1954.

CONSEQUÊNCIAS DA POLÍTICA INDIGENISTA

A iniciativa dos políticos e intelectuais de saudar os indígenas como a origem do Brasil contribuiu, ironicamente, para a destruição de povos e culturas que simbolizavam o passado ancestral do Brasil.

A expansão das "fronteiras da civilização" para o interior do país promoveu o contato dos brancos com grupos indígenas que até então viviam isolados. Esse contato expôs os nativos a muitas doenças para as quais eles não tinham imunidade, o que levou a uma nova crise demográfica entre os indígenas.

A política de integração também contribuiu para destruir culturas e tradições indígenas. O Estado continuou a tratar os índios como seres incapazes, que necessitavam de tutela, desrespeitando seus interesses e implementando políticas sem consulta às suas lideranças.

OS INDÍGENAS DEPOIS DE VARGAS

As mudanças na vida das populações indígenas continuaram no governo JK. A chamada Nova Marcha para o Oeste, caracterizada pela construção de Brasília e do Cruzeiro Rodoviário, propiciou uma nova onda de expansão da frente agrícola com a criação de grandes propriedades rurais. A falta de regulamentação do projeto por parte do Estado deixou as populações indígenas do Centro-Oeste à mercê dos latifundiários.

A política nacional-desenvolvimentista de JK também diminuiu os investimentos no Serviço de Proteção aos Índios, o que intensificou a exploração das terras indígenas das regiões Centro-Oeste e Norte do país.

No governo Jânio Quadros, porém, a ação coordenada de políticos e latifundiários para integrar os indígenas e suas terras à lógica do mercado sofreu uma importante derrota. Por iniciativa dos irmãos Villas-Bôas, do antropólogo Darcy Ribeiro e do Marechal Rondon foi criado, em 1961, o **Parque Nacional do Xingu**.

A criação desse parque contribuiu para proteger as populações indígenas, suas terras e modos de vida. Renomeado futuramente de Parque Indígena do Xingu, ele serviu de modelo para a política de reconhecimento e demarcação das terras indígenas estabelecida pela Constituição de 1988.

Jovem Kalapalo lava mandioca brava para obter polvilho. Aldeia Aiha, Parque Indígena do Xingu, Querência (MT), 2018.

É BOM SABER

Expedição Roncador-Xingu

Integrando o programa Marcha para o Oeste, o governo de Getúlio Vargas organizou a Expedição Roncador-Xingu com o objetivo de reconhecer e mapear os territórios indígenas. Chefiada pelos irmãos Orlando, Cláudio e Leonardo Villas-Bôas, a expedição promovia contatos não violentos com os povos indígenas isolados. Os irmãos também defendiam a preservação das culturas nativas, dos seus territórios e modos de vida, sendo responsáveis pela futura criação do Parque Nacional do Xingu, no Mato Grosso.

A VALORIZAÇÃO DOS AFRODESCENDENTES

Nos anos 1940, os negros do Brasil começaram a se organizar para superar uma história de exclusão e conquistar direitos básicos. Por meio da formação de grupos, como a **União dos Homens de Cor** (1943), reivindicavam uma política de assistência social que promovesse a sua inserção enquanto atores econômicos na sociedade brasileira.

No campo das artes, foi fundado o **Teatro Experimental do Negro** (1944) com o objetivo de contribuir para a alfabetização dos negros e combater a discriminação racial, criando um espaço de divulgação e valorização das artes e da beleza afro-brasileiras.

O ativismo dos afrodescendentes continuou crescendo. Entre 1946 e 1958, vários congressos foram realizados com o objetivo de reivindicar uma política social positiva para as populações negras do país. Por meio da atuação de líderes como Abdias do Nascimento (1914-2011), foi possível organizar no Brasil uma frente que atuou para difundir as demandas da comunidade negra.

O crescimento da atenção dada à questão racial no país levou Getúlio Vargas, durante seu segundo governo, a aprovar a **Lei Afonso Arinos**, em 3 de julho de 1951, que tornou crime o preconceito de raça ou de cor no país.

Em 1958, no governo JK, ocorreu o **Primeiro Congresso Nacional do Negro**, em Porto Alegre (RS). O objetivo principal era discutir a situação de exclusão social, política e econômica dos negros no Brasil, apontando o baixo nível educacional dessa população, além do preconceito histórico, como uma das principais causas desse quadro geral de exclusão. O Congresso foi importante para a criação de um plano de alfabetização voltado para os negros.

Essas iniciativas de organização do movimento negro foram essenciais para resgatar e valorizar a história dos afrodescendentes em território nacional e não apenas suas raízes africanas, possibilitando que esses grupos conquistassem espaço e protagonismo na sociedade brasileira. A luta do movimento negro continuaria nos anos seguintes, sendo freada com o golpe de 1964, mas retomada na década de 1970.

Abdias do Nascimento e Léa Garcia em cena da peça *Sortilégio*, do Teatro Experimental do Negro, em 1957.

ORGANIZAR O CONHECIMENTO

1. Assinale as afirmativas corretas sobre a política indigenista de Vargas.
   a) A propaganda governamental idealizou a figura do indígena como o precursor do povo brasileiro, retomando o Romantismo do século XIX e dialogando com as ideias modernistas.
   b) Com o objetivo de reforçar a identidade nacional brasileira, o indígena passou a ter os mesmos direitos que os não índios.
   c) A política de integração dos indígenas por meio da atuação do SPI e do CNPI trouxe apenas benefícios aos nativos, que tiveram suas culturas e tradições respeitadas e preservadas.
   d) Vargas queria integrar os indígenas à sociedade brasileira de modo que contribuíssem, com trabalho, para o desenvolvimento do país.

2. Como as organizações do movimento negro atuaram no Brasil entre os anos 1940 e 1960? Quais eram os seus objetivos?

ATITUDES PARA A VIDA

Música popular e identidade nacional

No início do século XX, o samba, nascido de tradições musicais africanas, era cultivado entre as classes populares do Rio de Janeiro, gente pobre e marginalizada que se reunia para tocar, cantar e dançar nos quintais e terreiros. Esse gênero musical, visto com muita reserva pelas elites e autoridades da época, se transformou num símbolo da cultura popular brasileira após 1930.

As políticas culturais desenvolvidas por Getúlio Vargas, especialmente durante o Estado Novo, foram decisivas nesse processo. Os sambistas foram incentivados a escrever canções sintonizadas com o projeto de nação proposto pelo Estado Novo, enaltecendo a natureza exuberante do Brasil, tecendo elogios ao povo mestiço e ao cidadão trabalhador. Letras irreverentes e temas relacionados à vida boêmia eram censurados pelo DIP.

Nesse contexto foram produzidos alguns clássicos da música popular brasileira. *Aquarela do Brasil* (1939), de Ary Barroso, por exemplo, tornou-se praticamente um símbolo do Brasil, de sua terra e de seu povo. Leia um trecho dessa canção.

A atriz e cantora luso-brasileira Carmem Miranda, em foto de 1941. Na década de 1940, a artista estrelou diversos filmes nos Estados Unidos, divulgando a imagem e a música brasileiras no exterior.

"Brasil
Meu Brasil brasileiro
Meu mulato inzoneiro
Vou cantar-te nos meus versos
Ô Brasil, samba que dá
Bamboleio que faz gingar
Ô Brasil, do meu amor
Terra de Nosso Senhor
Brasil, Brasil
Pra mim, pra mim [...]

Ah, ouve essas fontes murmurantes
Aonde eu mato a minha sede
E onde a lua vem brincar
Ah, este Brasil lindo e trigueiro
É o meu Brasil, brasileiro
Terra de samba e pandeiro
Brasil, Brasil
Pra mim, pra mim [...]"

BARROSO, Ary. *Aquarela do Brasil*, 1939.

QUESTÕES

1. Qual é a imagem do Brasil sugerida nos versos de *Aquarela do Brasil*?
2. Por que havia interesse do Estado Novo em promover a música popular? Justifique sua resposta.
3. *Aquarela do Brasil* é conhecida e admirada até hoje, no mundo inteiro. Converse com um colega sobre a canção. Para vocês, as imagens que ela expressa sobre o Brasil e os brasileiros são válidas para os nossos dias? Por quê?

ATIVIDADES

APLICAR

1. Observe a charge a seguir, leia a sua legenda e relacione-a ao Plano de Metas do governo de JK, identificando a crítica feita nela.

Vosmicês tão perdendo seu tempo. Ele tá passeando em Brasília e acha muito chato atendê as senhoras!, charge de Théo, publicada na revista *Careta*, em novembro de 1960.

2. O texto a seguir trata da política indigenista do governo Vargas. Leia-o para responder às questões.

> "Em agosto de 1940, o presidente Getúlio Vargas visitou a aldeia dos índios Karajá na Ilha do Bananal, no Brasil Central. [...] Como parte de seu projeto multifacetado de construção de um Brasil novo – mais independente economicamente, mais integrado politicamente e socialmente mais unificado, Vargas voltou-se para o valor simbólico dos aborígenes. [...] os índios seriam defendidos por Vargas por conterem as verdadeiras raízes da brasilidade.
>
> [...] Consoante com sua imagem de 'pai dos pobres', o presidente segurou um bebê Karajá nos braços. Depois de explorar a ilha, Vargas manifestou o desejo de reconhecer o território dos 'Xavante extremamente ferozes' que habitavam as redondezas. Da segurança de seu avião, Vargas viu, através de binóculos, uma aldeia Xavante não contatada [e] prometeu distribuir terras para os índios e caboclos que viviam na região. Ao 'fixar o homem à terra', o Estado extirparia as raízes do nomadismo, convertendo índios e sertanejos em cidadãos produtivos. O SPI iria doutrinar os índios, 'fazendo-os compreender a necessidade do trabalho'."
>
> GARFIELD, Seth. *As raízes de uma planta que hoje é o Brasil:* os índios e o Estado-nação na era Vargas. Disponível em <http://mod.lk/0IxeU>. Acesso em 22 ago. 2018.

a) Explique o significado da frase grifada no texto.

b) Segundo o texto, qual foi a proposta de Vargas para as populações indígenas que viviam no Centro-Oeste?

c) Com base no texto e no que você estudou, explique qual era a intenção de Vargas ao difundir que os indígenas continham as verdadeiras raízes da brasilidade.

d) O projeto Marcha para o Oeste, criado pelo governo Vargas, relembra um processo histórico semelhante ao ocorrido em outro país ao longo do século XIX. Escreva sobre isso, apontando as diferenças e as semelhanças entre as duas políticas de ocupação do oeste.

3. Analise o gráfico a seguir para responder às questões.

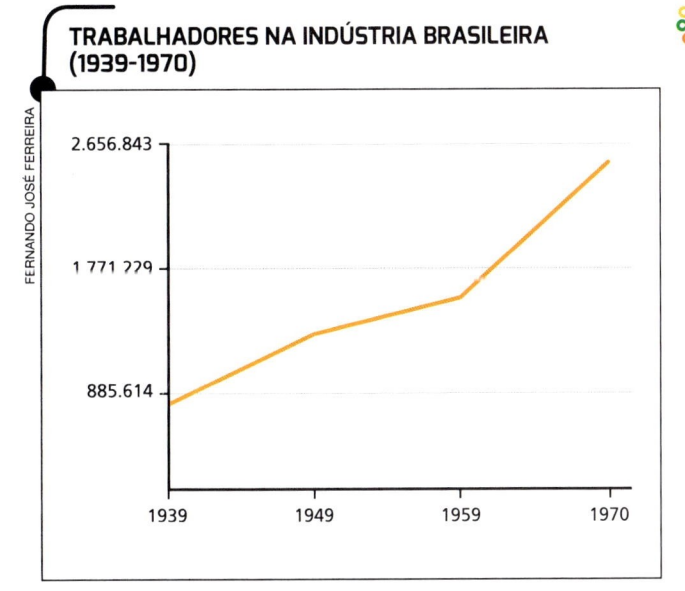

TRABALHADORES NA INDÚSTRIA BRASILEIRA (1939-1970)

[Gráfico de linhas mostrando: 1939: 885.614; 1949: 1.771.229; 1959: (valor intermediário); 1970: 2.656.843]

FERNANDO JOSÉ FERREIRA

Fonte: Séries Históricas e Estatísticas. Instituto Brasileiro de Geografia e Estatística (IBGE). Disponível em <http://mod.lk/hdnF9>. Acesso em 22 ago. 2018.

a) O que os dados do gráfico mostram?

b) Cite dois fatores que explicam a mudança representada nesse gráfico.

c) De que modo podemos relacionar esse gráfico aos dados do gráfico da página 135?

4. Você estudou que o governo Dutra estimulou a iniciativa privada, enquanto Vargas investiu na criação de empresas estatais. Essas medidas, ora privatizantes ora estatizantes, são adotadas conforme a orientação do governo que comanda o país. Você conhece empresas estatais que foram privatizadas? Faça uma lista dessas empresas, indique os setores em que elas atuam e **avalie** os pontos positivos e os negativos da sua privatização. Em seguida, junte a sua lista com as dos colegas e realizem um debate sobre o tema: **as vantagens e as desvantagens** das privatizações. No debate, respeite a fala dos colegas, **escutando-os com atenção**, e **reflita** sobre os argumentos deles, avaliando os pontos com os quais você concorda e discorda. Esforce-se para expor suas opiniões com **clareza** e **argumentos objetivos**.

RETOMAR

5. Responda às questões-chave da abertura dos temas 3 e 4.

a) Como as políticas econômicas adotadas no Brasil entre 1930 e 1964 agravaram as desigualdades regionais no país?

b) Qual era a situação das populações indígenas e afrodescendentes no Brasil dos anos 1930 a 1950?

Mais questões no livro digital

AUTOAVALIAÇÃO

CONTEÚDOS

1. Ao final dos estudos propostos nesta unidade, como você avalia seu aprendizado? Consulte o livro e suas anotações pessoais sobre os quatro temas estudados para responder às seguintes questões.

a) Quais conteúdos e/ou atividades considerei mais difíceis? Por quê?

b) Quais conteúdos e/ou atividades considerei mais fáceis? Por quê?

c) O que posso fazer para melhorar meu aprendizado?

ATITUDES

2. Nesta unidade, priorizamos o trabalho com as seguintes atitudes: **aplicar conhecimentos prévios a novas situações, esforçar-se por exatidão e precisão, pensar com flexibilidade** e **pensar e comunicar-se com clareza**. Essas atitudes foram úteis para você durante o estudo da unidade? Em qual momento, tema ou atividade?

3. Retome a descrição das atitudes, nas páginas 4 e 5, e identifique outras atitudes que foram importantes para você durante o estudo desta unidade. Justifique suas escolhas.

4. Em qual das atitudes trabalhadas ao longo da unidade você percebe que tem mais desenvoltura? Você considera que precisaria desenvolver melhor alguma(s) dela(s)? Por quê? Quais ações poderiam ajudar nesse sentido?

145

COMPREENDER UM TEXTO

Os marcos históricos em geral lembram grandes feitos de grandes homens. Assim, por exemplo, é o golpe de Getúlio Vargas, em 1930, ou a fundação de Brasília por JK em 1960. Mas há biografias que nos ajudam a contar histórias que foram, talvez, propositalmente esquecidas. A vida de Laudelina de Campos Melo, mulher, negra e pobre, é uma dessas histórias que insistem teimosamente em fazer lembrar por que vivemos em um dos países mais desiguais e racistas do mundo.

Laudelina, uma mulher para ser lembrada

"A Proposta de Emenda Constitucional 66/2012, a PEC das Domésticas, foi aprovada em 2013. Por meio dela, a categoria passou a ter uma série de direitos garantidos, incluindo carteira assinada, FGTS, seguro-desemprego, férias remuneradas e adicional noturno.

De acordo com o Instituto de Pesquisa Econômica Aplicada (Ipea), existem hoje no Brasil cerca de 7,2 milhões de trabalhadores domésticos. Desse total, 93% são mulheres. E dessas mulheres, 62% são negras.

A aprovação da emenda foi motivo de comemoração para milhares de trabalhadoras, que passaram a ter condições mais dignas de trabalho. Do outro lado, os empregadores se sentiram ameaçados com o que chamaram de 'encarecimento do serviço'.

Para além desse embate, importa ressaltar que a conquista de direitos de todas as domésticas passa fundamentalmente pela história de uma mulher negra: Laudelina de Campos Melo.

Criadora do sindicato das domésticas de Campinas, em 1936, o primeiro do Brasil, ela teve uma trajetória que combinou, de forma singular, a luta pela valorização do emprego doméstico, o feminismo e o ativismo pela igualdade racial.

Laudelina nasceu em Poços de Caldas, Minas Gerais, em 1904. Sua mãe era empregada doméstica e doceira na cidade. Ela perdeu o pai, que era lenhador, aos 12 anos em um acidente de trabalho e teve que abandonar a escola ainda no primário para cuidar dos cinco irmãos menores e ajudar a mãe nos preparos dos doces. Antes de completar 18 anos, Laudelina teve sua primeira experiência como empregada doméstica. Nesse momento nasceu a indignação com o cotidiano marcado pelo racismo dos patrões, além da exploração e más condições do trabalho doméstico.

Aos 20 anos, Laudelina se mudou para Santos, em São Paulo, onde continuou a trilhar o mesmo caminho da mãe, empregada doméstica, e deu sequência à jornada de ativismo, passando a integrar o Grupo da Frente Negra, que reunia entidades que lutavam por melhores condições políticas e culturais para a população negra.

No litoral de São Paulo, ela conheceu e se casou com Geremias Henrique Campos Mello. O casal se mudou para Campinas, onde tiveram dois filhos, se separaram posteriormente e onde Laudelina aprofundou sua luta em prol das trabalhadoras domésticas.

Laudelina de Campos Melo morreu dia 22 de maio de 1991, em Campinas. Dois anos antes foi criada a ONG Casa Laudelina de Campos Melo, que busca honrar o legado da líder sindical. A entidade promove ações focadas no empoderamento, na autonomia econômica, na produção e troca de conhecimentos e também formação e qualificação profissional de mulheres negras."

TERTO, Amauri. Laudelina de Campos Melo, a heroína negra que lutou para garantir direitos às domésticas no Brasil. *HuffPost Brasil*, 12 nov. 2017. Disponível em <http://mod.lk/ezhpz>. Acesso em 17 jul. 2018.

COMPREENDER UM TEXTO

ATIVIDADES

EXPLORAR O TEXTO

1. Qual é o principal propósito do autor ao escrever essa notícia?
   a) Destacar a importância da vida de Laudelina de Campos Melo durante a primeira metade do século XX.
   b) Descrever as conquistas obtidas pelos trabalhadores com a aprovação da chamada PEC das Domésticas.
   c) Ressaltar a contribuição de Laudelina de Campos Melo na conquista de direitos garantida pela PEC das Domésticas.
   d) Listar as conquistas trabalhistas obtidas pela luta das mulheres negras ao longo do século XX.

2. A "luta pela valorização do emprego doméstico, o feminismo e o ativismo pela igualdade racial" se concretizou, em parte, na PEC das Domésticas. Identifique um argumento do autor que confirme essa afirmação.

3. O autor expressa uma posição favorável ou contrária à PEC das Domésticas? Explique.

4. Segundo o texto, muitos empregadores ficaram descontentes com a aprovação da PEC das Domésticas alegando que a nova lei "encarecia o serviço". Qual é sua opinião a respeito da crítica desses empregadores?

RELACIONAR

5. No primeiro parágrafo, o autor menciona alguns direitos assegurados pela PEC das Domésticas. Você sabe o que é carteira assinada, FGTS, seguro-desemprego, férias remuneradas e adicional noturno? Qual é a importância desses direitos para os trabalhadores?

6. Ao longo do século XX, sindicatos como o das domésticas de Campinas, criado em 1936 por Laudelina de Campos Melo, estabeleceram relações contraditórias com o Estado brasileiro. Tendo isso em mente, avalie:
   a) a relação entre os sindicatos e o governo Vargas.
   b) o papel desses sindicatos na queda do presidente João Goulart.

REVISANDO

O primeiro governo Vargas

1. A **Revolução de 1930** decorreu de uma aliança entre as **oligarquias de Minas Gerais, Rio Grande do Sul e Paraíba** contra a candidatura do paulista Júlio Prestes.

2. Na **Revolução Constitucionalista de 1932**, os paulistas reivindicavam **eleições** para a presidência, uma nova **Constituição** e **autonomia** estadual.

3. A **Constituição de 1934** estabeleceu o **voto secreto e** extensivo à **mulher** que exercia função pública remunerada, **leis trabalhistas**, entre outras medidas.

4. **Estado Novo** (1937-1945): repressão política, nacionalismo exacerbado e leis trabalhistas.

5. A participação do Brasil na **Segunda Guerra** criou uma situação política interna contraditória que contribuiu para o **fim do Estado Novo**.

O Brasil entre 1945 e 1964

1. O governo **Dutra** alinhou-se aos **Estados Unidos** e promulgou a **Constituição de 1946**.

2. Em seu segundo governo, **Vargas** enfrentou uma forte oposição política, principalmente da **UDN**, que o levou ao **suicídio**, em 1954.

3. **JK** governou sob o lema **"cinquenta anos em cinco"**, tendo como meta-síntese a nova capital, **Brasília**, construída pelos **candangos**.

4. **Jânio Quadros** teve um curto governo, marcado pela **moralização dos costumes** e pela reaproximação com a **China** e a **União Soviética**.

5. Por exigência dos setores conservadores, **Jango** assumiu a presidência sob um **regime parlamentarista**.

6. O **governo Jango** foi marcado pelas **reformas de base**, pela crise econômica e pela polarização política.

7. Os setores **conservadores** articularam um **golpe civil-militar**, que depôs Jango em **1964**.

A modernização brasileira

1. **Vargas** adotou uma política econômica de incentivo à **industrialização**, e à criação de **empresas estatais**, como a **CSN** e a **Petrobras**.

2. O **Plano de Metas** do governo **JK** favoreceu os investimentos estrangeiros e o crescimento dos setores de energia, transporte e indústria de base.

3. A política **nacional-desenvolvimentista** de JK fez elevar a inflação, o custo de vida, a dívida externa e as desigualdades regionais.

Indígenas e negros

1. **Vargas** propunha integrar os **indígenas** à sociedade brasileira como **trabalhadores** comprometidos com o projeto de modernização econômica do país.

2. No discurso oficial, os **indígenas** foram identificados como aqueles que tinham as **raízes da brasilidade**.

3. Os **afrodescendentes** organizaram-se para **combater o racismo, valorizar sua cultura** e **lutar por direitos**.

4. O modelo desenvolvimentista do Estado brasileiro avançou sobre os **territórios indígenas** e contribuiu para **destruir seu modo de vida**.

Trilha de estudo

Vai estudar? Nosso assistente virtual no *app* pode ajudar! <http://mod.lk/trilhas>

PARA NAVEGAR

● O centenário da seca

Disponível em <http://infograficos.estadao.com.br/cidades/o-centenario-da-seca/index.html>. Acesso em 22 ago. 2018.

Sinopse

Reportagem especial do *Estadão* sobre a seca no sertão do Ceará em 1915, 1932 e 2015. Por meio dela, você vai saber como é a vida das pessoas nos períodos de estiagem na região.

O *site* e esta unidade

1. Quais eram as condições de vida dos sertanejos nas secas de 1915 e 1932?
2. Qual foi o objetivo da construção de campos de concentração no sertão cearense na seca de 1932?

PREPARANDO-SE PARA O ENEM

As questões a seguir foram extraídas de provas do Enem (Exame Nacional do Ensino Médio). Para resolvê-las, siga o roteiro:

- Leia com atenção a questão inteira: os materiais que ela apresenta para sua reflexão (textos, mapas, gráficos, figuras etc.), o enunciado e todas as alternativas.
- Identifique o tema (assunto) abordado e o problema que você precisa resolver.
- Examine com atenção cada uma das alternativas antes de escolher aquela que você considera correta e registrá-la em seu caderno.
- É importante que você siga esses passos para poder relacionar os elementos da questão com os conhecimentos que adquiriu em seus estudos.
- Deixe para consultar os conteúdos do seu livro ou pedir ajuda somente após responder a todas as questões.

1. (Enem-MEC/2016).

"O coronelismo era fruto de alteração na relação de forças entre os proprietários rurais e o governo, e significava o fortalecimento do poder do Estado antes que o predomínio do coronel. Nessa concepção, o coronelismo é, então, um sistema político nacional, com base em barganhas entre o governo e os coronéis. O coronel tem o controle dos cargos públicos, desde o delegado de polícia até a professora primária. O coronel hipoteca seu apoio ao governo, sobretudo na forma de voto."

CARVALHO, J. M. *Pontos e bordados*: escritos de história política. Belo Horizonte: Editora UFMG, 1998. (adaptado)

No contexto da Primeira República no Brasil, as relações políticas descritas baseavam-se na:

a) coação das milícias locais.
b) estagnação da dinâmica urbana.
c) valorização do proselitismo partidário.
d) disseminação de práticas clientelistas.
e) centralização de decisões administrativas.

Orientações para a resposta

O texto do cientista político José Murilo de Carvalho demonstra que, na Primeira República, a barganha, isto é, a troca de favores, vantagens ou privilégios entre o governo e os coronéis, era uma das engrenagens que movia o sistema político nacional. Para responder a esta questão, identifique quais são as moedas de troca utilizadas tanto pelo governo quanto pelos coronéis. Também relembre o que você estudou sobre o coronelismo e a Política dos Governadores, que caracterizaram a Primeira República no Brasil. Caso seja necessário, para julgar as alternativas, faça uso de um dicionário para identificar as palavras que você desconhece.

2. (Enem-MEC/2017).

"O *New Deal* visa restabelecer o equilíbrio entre o custo de produção e o preço, entre a cidade e o campo, entre os preços agrícolas e os preços industriais, reativar o mercado interno — o único que é importante —, pelo controle de preços e da produção, pela revalorização dos salários e do poder aquisitivo das massas, isto é, dos lavradores e operários, e pela regulamentação das condições de emprego."

CROUZET, M. Os Estados perante a crise. In: *História geral das civilizações*. São Paulo: Difel, 1966. (adaptado)

Tendo como referência os condicionantes históricos do entreguerras, as medidas governamentais descritas objetivavam:

a) flexibilizar as regras do mercado financeiro.
b) fortalecer o sistema de tributação regressiva.
c) introduzir os dispositivos de contenção creditícia.
d) racionalizar os custos da automação industrial mediante negociação sindical.
e) recompor os mecanismos de acumulação econômica por meio da intervenção estatal.

Orientações para a resposta

O texto evidencia que algumas medidas foram tomadas para "restabelecer equilíbrio", controlar, reativar, revalorizar e regulamentar. Também aponta que tais ações foram sintetizadas no *New Deal*, dando indícios que se trata da política que combateu a crise econômica que estourou em 1929 com a quebra da bolsa de valores de Nova York. O enunciado informa o período em que essas medidas ocorreram (entre as duas guerras mundiais) e a instituição responsável por elas (o governo). Você deve assinalar a alternativa que contém o objetivo mais amplo do governo estadunidense quando tomou essas providências no contexto pós-crise de 1929.

3. (Enem-MEC/2015).

"A participação da África na Segunda Guerra Mundial deve ser apreciada sob a ótica da escolha entre vários demônios. O seu engajamento não foi um processo de colaboração com o imperialismo, mas uma luta contra uma forma de hegemonia ainda mais perigosa."

MAZRUI, A. Procurai primeiramente o reino político... In: MAZRUI, A.; WONDJI, C. (Org.). *História geral da África*: África desde 1935. 3. ed. São Paulo: Cortez; Brasília: Unesco, 2011. v. 8.

Para o autor, a "forma de hegemonia" e uma de suas características que explicam o engajamento dos africanos no processo analisado foram:

a) comunismo/rejeição da democracia liberal.
b) capitalismo/devastação do ambiente natural.
c) fascismo/adoção do determinismo biológico.
d) socialismo/planificação da economia nacional.
e) colonialismo/imposição da missão civilizatória.

Orientações para a resposta

O texto caracteriza o imperialismo e uma outra "forma de hegemonia ainda mais perigosa" como "dois demônios". Para assinalar a alternativa correta, você precisa saber identificar que outra forma de hegemonia é essa. Note que o autor reconhece que, durante a Segunda Guerra Mundial, as populações africanas colaboraram com nações que praticaram o imperialismo, um dado importante para responder à questão. Assim, é importante ler cada alternativa, procurando identificar se a "forma de hegemonia" e uma de suas características apontadas nela têm a ver com os motivos que impulsionaram muitos africanos a lutarem na Segunda Guerra.

4. (Enem-MEC/2015).

"Bandeira do Brasil, és hoje a única. Hasteada a esta hora em todo o território nacional, única e só, não há lugar no coração do Brasil para outras flâmulas, outras bandeiras, outros símbolos. Os brasileiros se reuniram em torno do Brasil e decretaram desta vez com determinação de não consentir que a discórdia volte novamente a dividi-lo!"

Discurso do ministro da Justiça Francisco Campo na cerimônia da festa da bandeira, em novembro de 1937. In: OLIVEN, R. *A parte e o todo*: a diversidade cultural do Brasil nação. Petrópolis, 1992.

O discurso proferido em uma celebração em que as bandeiras estaduais eram queimadas diante da bandeira nacional revela o pacto nacional proposto pelo Estado Novo, que se associa à:

a) supressão das diferenças socioeconômicas entre as regiões do Brasil, priorizando as regiões estaduais carentes.
b) orientação do regime quanto ao reforço do federalismo, espelhando-se na experiência política norte-americana.
c) adoção de práticas políticas autoritárias, considerando a contenção dos interesses regionais dispersivos.
d) propagação de uma cultura política avessa aos ritos cívicos, cultivados pela cultura regional brasileira.
e) defesa da unidade do território nacional, ameaçado por movimentos separatistas contrários à política varguista.

Orientações para a resposta

O discurso reproduzido na questão enfatiza que a bandeira do Brasil é um símbolo único e solitário do país e para os brasileiros. A fonte dele também aponta quem o proferiu (ministro da Justiça Francisco Campo), em que situação (festa da bandeira) e quando (novembro de 1937). O enunciado complementa esta informação, mostrando de que maneira foi conduzida a cerimônia. Para selecionar a alternativa correta, você deve relacionar esses dados às características do Estado Novo, especialmente no que se refere à centralização do poder nas mãos do Executivo nacional e ao nacionalismo exacerbado.

UNIDADE 5

O MUNDO DIVIDIDO PELA GUERRA FRIA

1968: UM ANO REVOLUCIONÁRIO

Juventude e transgressão costumam se confundir no imaginário popular, como se rebeldia e coragem fossem inerentes a essa fase da vida. Mas nem sempre foi assim. Esse comportamento rebelde começou a se formar entre 1950 e 1970, e o movimento de Maio de 1968, na França, foi um dos maiores exemplos desse espírito contestador levado adiante, sobretudo, pela juventude estudantil.

Nos muros e faixas, palavras de ordem desafiavam a moral vigente, as tradições e a autoridade das forças governamentais, escolares, policiais, familiares e religiosas. O contexto internacional, marcado pela lembrança da guerra total, pela tensão entre as duas superpotências e pela iminência de um colapso nuclear, também despertava insatisfação e desejo de mudanças entre os jovens.

ATITUDES PARA A VIDA

- Pensar e comunicar-se com clareza.
- Escutar os outros com atenção e empatia.
- Questionar e levantar problemas.

COMEÇANDO A UNIDADE

1. Em 2018, eventos realizados no mundo inteiro lembraram as mobilizações de Maio de 1968 na França. O que você imagina que os jovens franceses reivindicavam?

2. Descreva a imagem desta abertura e responda de que forma ela se relaciona à ideia de rebeldia e transgressão.

3. Na sua opinião, a transgressão e a rebeldia continuam sendo características do comportamento da juventude atual? Justifique.

Jovem no alto de um semáforo acompanha passeata durante as mobilizações de Maio de 1968. Paris, França, 1968.

TEMA 1

A CONFIGURAÇÃO GEOPOLÍTICA NO MUNDO BIPOLAR

AS ORIGENS DO CONFLITO

A Segunda Guerra Mundial destruiu definitivamente a ordem internacional existente no início do século XX, marcada pela hegemonia da Grã-Bretanha, França, Alemanha, Império Austro-Húngaro e Rússia. As antigas potências europeias caíram e, em seu lugar, o mundo assistiu à afirmação do poderio dos Estados Unidos e da União Soviética.

Em 1945, os principais líderes aliados reunidos nas conferências de Ialta (fevereiro) e Potsdam (julho-agosto) definiram a partilha do mundo em áreas de influência dos Estados Unidos e da União Soviética. Eles também estabeleceram a divisão da Alemanha e de sua capital, Berlim, em quatro zonas internacionais: francesa, britânica, soviética e estadunidense.

A aliança circunstancial que aproximou Estados Unidos e União Soviética durante a Segunda Guerra se desfez e se transformou em disputa aberta após 1945, período que ficou conhecido como **Guerra Fria**. O conflito recebeu esse nome porque a tensão entre essas superpotências nunca se concretizou em um enfrentamento direto entre elas.

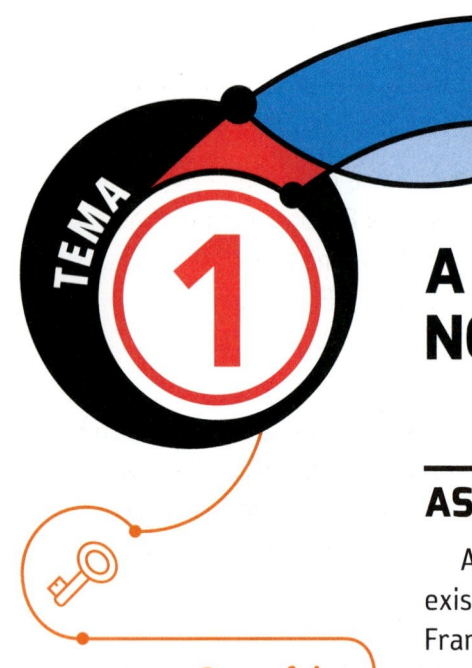

O que foi a chamada Guerra Fria? Quais foram as suas principais características?

Explore
- Que interesses estavam por trás da política de boa vizinhança dos Estados Unidos?

A política de boa vizinhança

Entre 1933 e 1945, os Estados Unidos investiram na ampliação de seu poder na América Latina. Assista ao audiovisual que analisa os aspectos da política de boa vizinhança estadunidense. Disponível em <http://mod.lk/w59ny>.

Hum, hum, pelo menos nós dois gostamos da mesma comida, charge de 1959 que satiriza a divisão do mundo entre comunistas (representados pelo soviético Nikita Kruschev) e capitalistas (simbolizados pelo vice-presidente estadunidense Richard Nixon).

A OFENSIVA DOS ESTADOS UNIDOS

Os Estados Unidos saíram da Segunda Guerra fortalecidos: suas perdas humanas foram bem menores que as dos países europeus, sua economia cresceu e o país tinha o monopólio das armas nucleares. Esse cenário favorável ajudou o governo estadunidense a se voltar contra aquele que considerava seu verdadeiro inimigo: a União Soviética.

Em 1947, o então presidente dos Estados Unidos, Harry Truman, fez um pronunciamento no Congresso em que se comprometia a auxiliar qualquer país na contenção do avanço comunista, lançando as bases da **Doutrina Truman**. No mesmo ano, o governo pôs em prática o **Plano Marshall**, por meio do qual os Estados Unidos concediam empréstimos a juros baixos aos países europeus ocidentais para auxiliá-los a reconstruir suas economias, devastadas pela guerra.

A ofensiva seguinte foi a criação, em 1949, da **Organização do Tratado do Atlântico Norte (Otan)**, que reunia os países da Europa Ocidental, os Estados Unidos e o Canadá em uma aliança militar permanente. O objetivo da organização era assegurar a defesa de seus membros contra a ameaça do avanço soviético.

Plano Marshall em ação nas obras de reconstrução de Berlim Ocidental, na Alemanha Ocidental, em 1950.

A CONTRAOFENSIVA SOVIÉTICA

A União Soviética havia cumprido um papel decisivo na derrota nazista na Europa e chegou ao final do conflito devastada pelos combates travados contra os alemães na frente oriental. Em um primeiro momento, portanto, ela precisou dedicar prioridade absoluta à sua reconstrução.

Temendo que a aceitação dos recursos do Plano Marshall ameaçasse seus interesses na Europa Oriental, a União Soviética pressionou as democracias populares da região a recusarem a ajuda estadunidense. Assim, como uma resposta ao avanço capitalista, foi criado, em setembro de 1947, o **Comitê de Informação dos Partidos Comunistas e Operários (Cominform)**, com a finalidade de coordenar e controlar ideologicamente as ações dos Partidos Comunistas da Europa Oriental.

Por meio do Cominform, os soviéticos finalmente ocupavam o seu posto, na ponta oposta à dos Estados Unidos, no mundo bipolarizado da Guerra Fria. Por isso, em razão da sucessão desses eventos – Doutrina Truman, Plano Marshall e Cominform –, muitos estudiosos tendem a definir 1947 como o marco inicial da Guerra Fria.

Em junho de 1948, Estados Unidos, Grã-Bretanha e França anunciaram o desejo de reforçar a integração alemã à Europa Ocidental e unificaram as três zonas de ocupação em uma zona econômica única. O mesmo aconteceu com os três setores de Berlim, originando Berlim Ocidental.

A União Soviética, temendo a ameaça de uma Berlim capitalista e unificada na zona de ocupação soviética, decretou o bloqueio de Berlim Ocidental. Porém, sem obter sucesso nessa ação, em maio de 1949 decidiu suspendê-lo.

Em setembro desse mesmo ano foi criada a **República Federal da Alemanha (RFA)**, que reuniu as zonas de ocupação estadunidense, britânica e francesa e com capital em Bonn. No mês seguinte, era fundada a **República Democrática Alemã (RDA)**, no lado soviético e com capital em Berlim Oriental.

Democracia popular: termo utilizado para designar o regime político socialista surgido após a Segunda Guerra Mundial na Europa Oriental.

O ENDURECIMENTO NO BLOCO SOCIALISTA

A rivalidade entre Estados Unidos e União Soviética se intensificou após a divisão formal da Alemanha. Em janeiro de 1949, a União Soviética criou o **Conselho de Assistência Econômica Mútua (Comecon)** como uma resposta ao Plano Marshall. O Conselho tinha por objetivo integrar as economias do bloco socialista, criando bases para um mercado comum entre as economias planificadas da Europa.

Em agosto desse mesmo ano, Stalin anunciava que os soviéticos também possuíam a arma nuclear. Em 1955, como resposta à criação da Otan, a União Soviética e os países da Europa Oriental formaram o **Pacto de Varsóvia**, a aliança militar do bloco soviético.

O período que se seguiu à divisão da Alemanha em dois Estados foi marcado pela *stalinização* da Europa Oriental. O projeto era reproduzir nesses países o modelo soviético de economia centralizada e partido único, além de sua organização militar e policial.

Na década de 1950, Berlim Ocidental passava por um processo de crescimento econômico, possibilitado pelos recursos recebidos por meio do Plano Marshall. A parte oriental da cidade, no entanto, não recebia a mesma ajuda financeira da União Soviética, sobrecarregada, no período, pelos custos de reconstrução do país. Dessa forma, muitos habitantes da parte leste de Berlim emigravam para a parte ocidental da cidade.

Em agosto de 1961, visando conter esse afluxo de pessoas, o governo da Alemanha Oriental construiu o **Muro de Berlim**, separando fisicamente as duas partes da cidade. Chamado por muitos de "muro da vergonha", ele foi um símbolo da divisão do mundo em dois blocos: capitalista e socialista.

Economia planificada: modelo de organização econômica típico dos países socialistas em que o Estado, por meio de planos elaborados por um órgão central, determina o que deve ser produzido, em que condições, em qual quantidade e para quem.

No aniversário de 18 anos de construção do Muro de Berlim, turistas aproveitam a plataforma construída no lado ocidental da cidade, capitalista, para visualizar a parte leste. Berlim Ocidental (RFA), 11 de agosto de 1979.

Manifestação contra a prisão do roteirista estadunidense Dalton Trumbo (segundo homem à direita), em 1950. Ao se negar a depor na comissão presidida por Joseph McCarthy e delatar os colegas, Trumbo foi condenado a um ano de prisão. Ele e outros nove profissionais da indústria cinematográfica dos Estados Unidos foram integrados à "lista negra" de Hollywood.

O ANTICOMUNISMO NOS ESTADOS UNIDOS

Nos Estados Unidos, a campanha anticomunista se intensificou na década de 1950, como é possível notar neste trecho do discurso do senador Joseph McCarthy.

> "A razão pela qual nós nos encontramos em uma posição de impotência não é porque o nosso único inimigo poderoso potencial enviou homens para invadir nossas costas, mas sim por causa das ações traidoras daqueles que foram muito bem tratados por esta nação. [...] Isso é uma verdade evidente no Departamento de Estado. [...] Em minha opinião, o Departamento de Estado, que é um dos departamentos governamentais mais importantes, está completamente infestado de comunistas."
>
> Discurso do senador Joseph McCarthy em Wheeling, Virgínia Ocidental [20 fev. 1950]. Disponível em <http://mod.lk/pyjyp>. Acesso em 20 ago. 2018. (tradução nossa)

Entre 1953 e 1954, McCarthy presidiu o Comitê de Atividades Antiamericanas do Congresso, período em que conduziu um verdadeiro processo de "caça às bruxas" que ficou conhecido como **macarthismo**. Cidadãos foram perseguidos por suspeita de serem socialistas, comunistas ou mesmo liberais críticos à política estadunidense. Pessoas eram presas, demitidas do emprego, proibidas de trabalhar, além de passarem por interrogatórios, muitos dos quais transmitidos pela televisão para todo o país.

É BOM SABER

Os *gulags* e a perseguição política soviética

Gulag é a sigla para a expressão russa *Glavnoie Upravlenie Laguerei* (Administração Geral dos Campos). Os *gulags* foram criados pelo Império Russo no processo de ocupação da Sibéria, no século XVII. Funcionavam como campos de detenção e de trabalho forçado de criminosos comuns e de opositores do governo czarista.

Após a Revolução Russa e a instalação da ditadura stalinista, esses campos foram mantidos e utilizados como estratégia de controle e repressão política. Neles, os presos estavam sujeitos a longas jornadas de trabalho em minas e indústrias. O trabalho forçado, a tortura, a insalubridade, o frio e a fome levaram muitos prisioneiros à morte. Estima-se que, durante o governo de Stalin (1927-1953), dos 10 milhões de prisioneiros levados aos *gulags*, cerca de 2 milhões morreram.

A CORRIDA ARMAMENTISTA E ESPACIAL

Em 1945, as **bombas nucleares** lançadas pelos Estados Unidos sobre as cidades japoneses de Hiroshima e Nagasaki revelaram uma nova tecnologia bélica, com um poder de destruição em massa. O impacto do ataque estadunidense despertou a corrida de outras potências, sobretudo da União Soviética, para desenvolver a mesma arma. Em 1949, os soviéticos testaram sua primeira bomba nuclear.

A posse dessas armas pelas principais potências deixou o mundo sob o ameaça de uma guerra nuclear entre Estados Unidos e União Soviética, capaz de destruir todo o planeta. Embora em alguns momentos os ataques mútuos parecessem eminentes, a consciência do poder destrutivo das armas nucleares forçava os dois países a agir estrategicamente, estudando e tolerando o inimigo, relaxando assim as tensões.

A corrida armamentista estimulou a **corrida espacial**. O interesse em demonstrar superioridade econômica, científica e tecnológica, associado ao projeto de desenvolver armas espaciais, levou à exploração do espaço.

A União Soviética saiu na frente nesse novo campo de disputa lançando, em 1957, o **Sputnik I**, primeiro satélite artificial que tinha a função de transmitir um sinal de rádio e testar sua resistência no espaço. No mesmo ano, lançou o **Sputnik II**, que levou ao espaço o primeiro ser vivo, a cadela Laika. Em abril de 1961, o major da Força Aérea da União Soviética, **Yuri Gagarin**, tornou-se o primeiro ser humano a viajar no espaço.

A grande conquista dos Estados Unidos veio em 1969, quando a missão **Apollo 11**, comandada pelo astronauta Neil Armstrong, pisou em solo lunar. A chegada da nave estadunidense à Lua pôs fim a uma década de hegemonia soviética nos programas de exploração espacial.

Reprodução da nave espacial soviética em órbita Vostok. A bordo da espaçonave Vostok I, Yuri Gagarin, seu único tripulante, revelou ainda do espaço, em 1961: "A Terra é azul!".

ORGANIZAR O CONHECIMENTO

1. Ordene cronologicamente os acontecimentos históricos a seguir.
   a) ( ) Criação da Otan.
   b) ( ) Construção do Muro de Berlim.
   c) ( ) Lançamento do Plano Marshall.
   d) ( ) Criação do Pacto de Varsóvia.
   e) ( ) Conferência de Ialta e Potsdam.

2. Explique o motivo que levou o governo da Alemanha Oriental a construir o Muro de Berlim e o significado dessa construção no contexto da Guerra Fria.

A cadelinha Laika a bordo do Sputnik II, em 3 de novembro de 1957, antes de partir para o espaço. A nave permaneceu 163 dias em órbita, mas Laika morreu poucos dias depois por falta de oxigênio. Os Estados Unidos enviaram vários macacos ao espaço, mas muitos, como Laika, não retornaram. Atualmente, um acordo internacional proíbe o envio de animais em viagens espaciais.

ATITUDES PARA A VIDA

Guerra Fria nos esportes

As tensões políticas do século XX foram levadas para as Olimpíadas modernas, realizadas a cada quatro anos desde 1896. Mas, ao contrário do que acontecia na Grécia antiga, quando a trégua era estabelecida para dar lugar aos jogos, as disputas foram suspensas em 1916, 1940 e 1944 em virtude das duas guerras mundiais.

A União Soviética participou pela primeira vez da competição nas Olimpíadas de Helsinque, na Finlândia, em 1952. Com uma delegação de 300 atletas, ela ocupou o segundo lugar no quadro de medalhas, logo atrás dos Estados Unidos. As tensões se agravaram nas Olimpíadas de Melbourne (1956). Pouco antes do início dos jogos, a Hungria foi invadida por tanques soviéticos, o que motivou a saída da Espanha, da Holanda e da Suíça, em sinal de protesto.

Em 1968, nos Jogos Olímpicos da Cidade do México, a ginasta tcheca Vera Caslavsca dividiu o primeiro lugar com a soviética Larissa Petrik. No pódio, quando soou o hino da União Soviética, Vera voltou as costas para a bandeira vermelha, em sinal de protesto contra a repressão à Primavera de Praga.

Nas Olimpíadas de Moscou (1980), em resposta à invasão do Afeganistão pela União Soviética, no ano anterior, os Estados Unidos boicotaram os jogos, seguidos de 60 países. A União Soviética deu o troco: não participou dos jogos de Los Angeles (1984), boicote acompanhado por 17 países.

Representação atual da disputa entre os Estados Unidos (simbolizados pela águia Sam) e a União Soviética (representada pelo urso Misha) durante a Guerra Fria.

QUESTÕES

1. Identifique a afirmativa incorreta.
   a) O ideal olímpico de cooperação entre os povos marcou a participação da União Soviética e dos Estados Unidos nas Olimpíadas durante a Guerra Fria.
   b) As tensões políticas da Guerra Fria provocaram boicotes de países e protestos de atletas, mesmo sendo proibidos nos Jogos Olímpicos.
   c) A conduta dos atletas nas Olimpíadas muitas vezes expressava as divisões existentes em cada um dos blocos da Guerra Fria.
   d) Os países do bloco soviético viam o esporte como peça importante da propaganda do regime soviético.

2. Reúna-se com um colega. Lembrem-se de que, nesta atividade, será importante mobilizar as atitudes em foco nesta unidade: **pensar e comunicar-se com clareza**; **escutar os outros com atenção e empatia**; **questionar e levantar problemas**.
   a) Qual é a opinião da dupla a respeito da realização de manifestações de cunho político nas competições esportivas? Apontem argumentos favoráveis e contrários e elaborem uma conclusão.
   b) Vocês têm conhecimento da existência de tensões políticas ou sociais no esporte atualmente? O que pensam a respeito? Justifiquem suas respostas.
   c) Exponham as respostas da dupla para a classe.

TEMA 2

GUERRA E REVOLUÇÃO NA ÁSIA: CHINA E COREIA

De que forma a polarização política e ideológica da Guerra Fria se manifestou na China e na Coreia?

DUAS REVOLUÇÕES NA CHINA

Ao longo do século XIX, a China foi alvo da cobiça das potências imperialistas estrangeiras, interessadas nos recursos naturais do território e no mercado chinês. A presença constante de britânicos, franceses, russos, estadunidenses e japoneses no país despertou o nacionalismo e a revolta dos chineses contra o governo imperial, submisso às nações estrangeiras.

A insatisfação com a exploração estrangeira levou à formação do Partido Nacionalista, mais tarde nomeado de **Kuomintang**. Liderado pelo médico Sun Yat-sen, reunia a burguesia chinesa e pregava uma república democrática e nacionalista. Em 1911, os nacionalistas depuseram o último imperador e proclamaram a república.

A república, porém, não estabilizou o país. O presidente e ex-ministro do governo imperial, Yuan Chek'ai, preparava a restauração monárquica com ele no trono. Diante da ameaça de retorno da monarquia, diversas províncias proclamaram a autonomia. Nesse contexto, foi fundado, em 1921, o **Partido Comunista da China (PCC)**, tendo como um de seus líderes **Mao Tsé-tung**. O novo partido agregava intelectuais, estudantes, trabalhadores urbanos e rurais.

Seguindo a orientação da União Soviética, a partir de 1923, os comunistas se aliaram ao *Kuomintang* contra os grandes proprietários rurais, que pretendiam transformar as províncias em feudos independentes. Sindicatos e milícias operárias e camponesas foram formados em várias partes do território para combater os grandes proprietários e seus chefes militares, conhecidos como senhores da guerra.

A REVOLUÇÃO CHINESA DE 1949

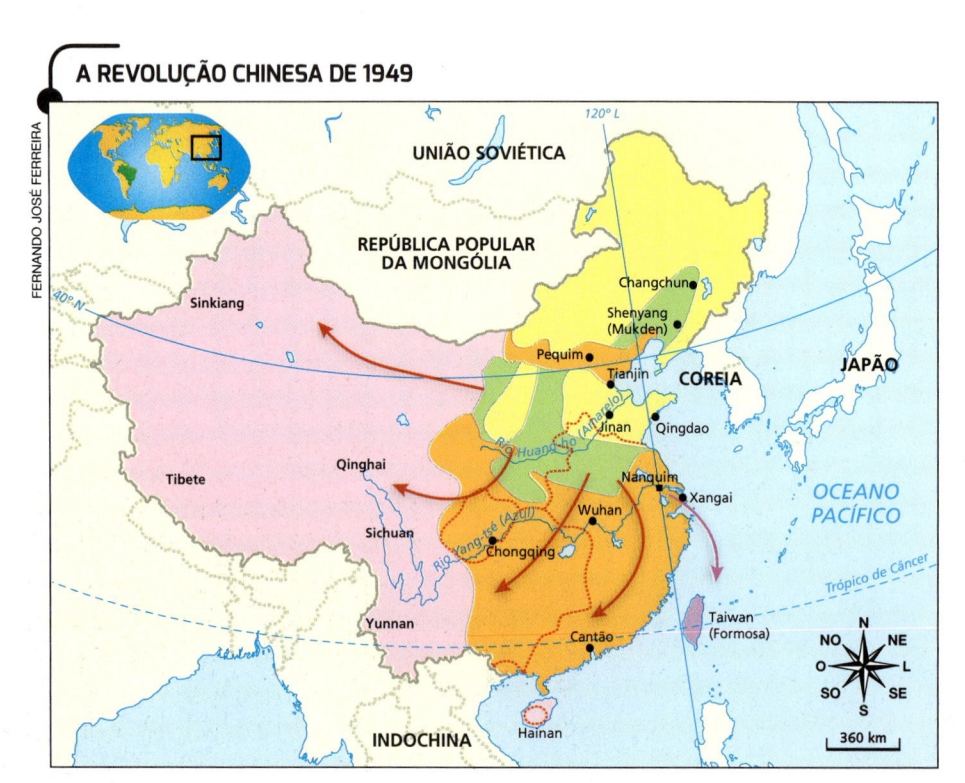

Mapa interativo

Áreas comunistas
- Em 1945
- Em julho de 1948
- Em dezembro de 1949
- Territórios controlados depois de 1949
- Ofensiva dos comunistas em 1949

Nacionalistas
- Cidades ocupadas pelos nacionalistas em 1946
- Área dos nacionalistas
- Retirada nacionalista
- Região sob controle nacionalista em 1950

Fonte: VICENTINO, Cláudio. *Atlas histórico: geral e Brasil*. São Paulo: Scipione, 2011. p. 150.

A aliança entre comunistas e o *Kuomintang* durou até 1927, quando o novo líder nacionalista, Chiang Kai-shek, tomou o poder. Ele desarmou as milícias operárias e camponesas e massacrou os comunistas em Xangai, Nanquim e Pequim. Atacado, o PCC iniciou a formação do Exército Vermelho. Enquanto o *Kuomintang* dominava as cidades, o PCC colocava em prática a conquista das áreas rurais e as táticas de guerrilha.

A guerra civil entre o Exército Vermelho e as forças de Chiang Kai-shek só foi interrompida durante a invasão japonesa (1937-1945). Depois, controlando a maior parte do território libertado do domínio japonês, o movimento revolucionário continuou até 1949, quando derrotou o governo capitalista. Apoiado pelos camponeses, o Partido Comunista chegou ao poder e estabeleceu a **República Popular da China**.

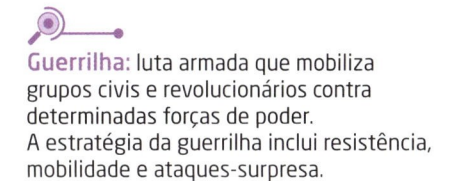

Guerrilha: luta armada que mobiliza grupos civis e revolucionários contra determinadas forças de poder.
A estratégia da guerrilha inclui resistência, mobilidade e ataques-surpresa.

A REPÚBLICA POPULAR DA CHINA

O governo comunista estatizou a atividade industrial, confiscou as grandes propriedades e parte dos bens dos camponeses médios e criou fazendas coletivas, nas quais os camponeses mantinham apenas a propriedade sobre os animais, os objetos pessoais e familiares.

Em 1958, a fim de incrementar a produção, foram criadas cooperativas rurais e novas indústrias. Essas iniciativas econômicas ficaram conhecidas como o **Grande Salto para a Frente**. O programa de comunização da agricultura estabelecido pelo Grande Salto, porém, desorganizou a produção e resultou na morte de milhões de camponeses, vítimas da escassez de alimentos que atingiu o país entre 1958 e 1960.

Após a morte de Mao Tsé-tung, em 1976, o regime socialista na China sofreu profundas mudanças. O novo dirigente, Deng Xiaoping, introduziu um programa de reformas econômicas de inspiração capitalista, preservando o domínio do **Partido Comunista** no país. Novas leis autorizaram a instalação de multinacionais no território e restabeleceram a propriedade privada. O Estado, porém, manteve o controle dos salários, dos preços dos itens de consumo e do valor da moeda, bem como da imprensa e da vida política no país. Esse sistema está vigente na China até os dias de hoje.

A bandeira da China tremula na sede do Partido Comunista Chinês, em Xangai, em 2017. A bandeira vermelha de cinco estrelas, adotada no país com a vitória da revolução socialista, em 1949, compartilha o espaço com os modernos edifícios de Xangai, símbolos da economia de mercado da China atual.

A GUERRA E A DIVISÃO DA COREIA

A Alemanha não foi o único país dividido após a Segunda Guerra Mundial. No leste da Ásia, outra divisão surgiu, e esta, ao contrário do caso alemão, se mantém até hoje.

Em agosto de 1945, o Japão foi derrotado no Pacífico e, no mês seguinte, assinou a rendição, assinalando o fim definitivo da Segunda Guerra Mundial. A Coreia, ocupada pelos japoneses desde 1910, foi libertada e, em seguida, dividida. Forças estadunidenses ocuparam o sul da Península Coreana, enquanto tropas soviéticas se estabeleceram no norte.

O fracasso das eleições livres de 1948 agravou a divisão entre os dois lados e, a partir de então, um governo socialista estabeleceu-se no norte, enquanto uma administração capitalista firmou-se no sul. Depois disso, as tensões entre as duas partes se intensificaram, apesar de seus dirigentes manterem negociações visando reunificar o país. As hostilidades mútuas se transformaram em guerra aberta em junho de 1950, quando as forças do norte invadiram o sul.

A União Soviética declarou apoio às tropas do norte. A Organização das Nações Unidas (ONU), criada em 1945, condenou a invasão e enviou tropas para a região, formadas principalmente de soldados estadunidenses. A aproximação das tropas dos Estados Unidos da fronteira com a China arrastou também a jovem república chinesa para o conflito, reforçando o bloco dos norte-coreanos e soviéticos. A guerra só terminou em julho de 1953, com a assinatura do armistício e a divisão da Coreia em dois Estados: a **Coreia do Sul**, capitalista, e a **Coreia do Norte**, socialista.

A Coreia do Norte adotou um regime ditatorial de partido único, no modelo da União Soviética, que se mantém até hoje. Nos últimos anos, o país tem desenvolvido um forte programa de armamento nuclear. Em 2017, o então presidente dos Estados Unidos, Donald Trump, iniciou negociações com o ditador da Coreia do Norte, Kim Jong-un, visando ao fim do programa nuclear norte-coreano (leia sobre o assunto no boxe da página ao lado).

Norte-coreanos e chineses em um campo de prisioneiros administrado pelos Estados Unidos durante a Guerra da Coreia. Pusan (atual Busan), em 1951.

GUERRA FRIA: O MUNDO BIPOLAR (1945-1989)

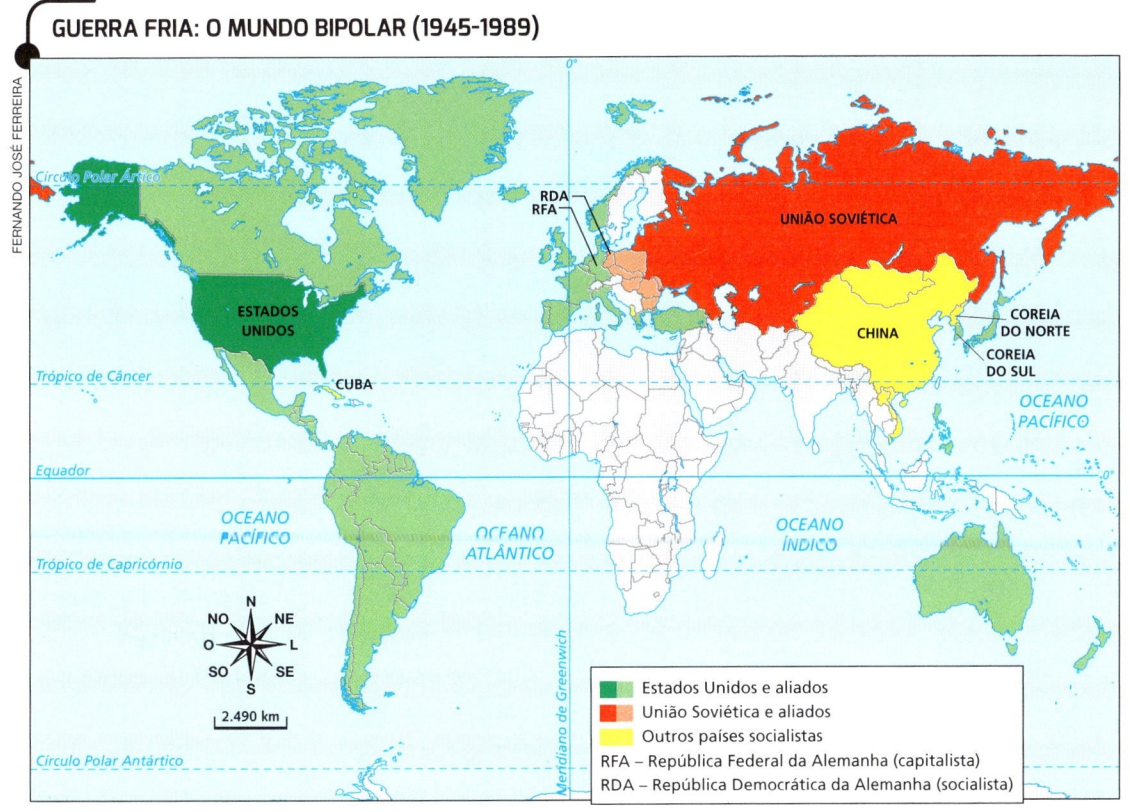

Legenda:
- Estados Unidos e aliados
- União Soviética e aliados
- Outros países socialistas
- RFA – República Federal da Alemanha (capitalista)
- RDA – República Democrática da Alemanha (socialista)

Fonte: VICENTINO, Cláudio. *Atlas histórico*: geral e Brasil. São Paulo: Scipione, 2011. p. 149.

É BOM SABER

Acordos e desacordos entre Estados Unidos e Coreia do Norte

"Depois do estardalhaço do encontro entre os presidentes dos EUA, Donald Trump, e da Coreia do Norte, Kim Jong-un, em 12 de junho de 2018 [...] o ânimo esfriou. [...] ficaram quatro compromissos abrangentes, ambiciosos e sem um plano de trabalho definido, contidos num breve documento que pode ser resumido assim:

- Estabelecer relações entre os EUA e a Coreia do Norte para a busca da paz e da prosperidade.
- Unir esforços para a construção de um regime de paz e de estabilidade na Península Coreana.
- Trabalhar na direção da completa desnuclearização da Península Coreana.
- Encontrar e repatriar restos mortais resultantes das hostilidades militares ativas que marcaram a relação entre as Coreias no período entre 1950 e 1953.

[Contudo, dois meses após o encontro, o governo norte-coreano afirmou que] 'Os EUA ainda não estão prontos para atender às expectativas norte-coreanas em termos de dar um passo adiante para assinar um acordo de paz'."

CHARLEAUX, João Paulo. Quais os recuos no acordo entre Trump e Kim Jong-un. *Nexo Jornal*. Disponível em <http://mod.lk/6vp3t>. Acesso em 28 ago. 2018.

ORGANIZAR O CONHECIMENTO

1. Relacione cada frase à expressão correspondente.

   a) Dirigiu a revolução que derrubou a monarquia na China.
   b) Foi formado para combater as forças nacionalistas no interior da China.
   c) Chefes militares que lutavam nas províncias para defender o poder dos grandes proprietários rurais.
   d) Tomou o poder no país em 1949, formando a República Popular da China.
   e) Programa de comunização da agricultura e de incremento da indústria chinesa.

   1. ( ) Senhores da guerra.
   2. ( ) Exército Vermelho.
   3. ( ) Grande Salto para a Frente.
   4. ( ) Partido Comunista da China (PCC).
   5. ( ) *Kuomintang*.

2. A Guerra da Coreia expressou o mundo bipolar da Guerra Fria. Explique essa afirmação.

DE OLHO NA IMAGEM

PICASSO PINTA O MASSACRE NA COREIA

A pintura Massacre na Coreia, concluída pelo espanhol Pablo Picasso em 1951, representa, em estilo expressionista, o Massacre de Sinchon. Segundo testemunhas, em dezembro de 1950, no início da Guerra da Coreia, soldados estadunidenses fuzilaram centenas de civis que se escondiam sob uma ponte na aldeia de Sinchon, no que é hoje a Coreia do Norte. Embora os governos da Coreia do Sul e dos Estados Unidos tenham sempre negado o massacre, entrevistas realizadas com veteranos de guerra estadunidenses em 1999 parecem confirmar a execução.

Os equipamentos bélicos dos soldados são uma síntese de diferentes épocas, das espadas e elmos antigos e medievais às metralhadoras modernas.

QUESTÕES

Dialogando com Arte

1. Com um colega, respondam às questões a seguir.
   a) Da mesma forma como fez em *Guernica*, Picasso representou mulheres grávidas entre as vítimas. Qual seria a intenção do artista ao fazer isso?
   b) Por que os soldados foram representados com equipamentos bélicos de épocas distintas?
   c) O artista manifestou defender algum lado da guerra nessa obra? Utilizem elementos da pintura para justificar a resposta.

2. Picasso, nessa pintura, inspirou-se em um conhecido quadro do também espanhol Francisco de Goya.
   a) Façam uma rápida pesquisa na internet para descobrir que quadro é esse.
   b) Destaquem aspectos da obra de Goya que dialogam com a pintura de Picasso.

Massacre na Coreia, pintura de Pablo Picasso, 1951.

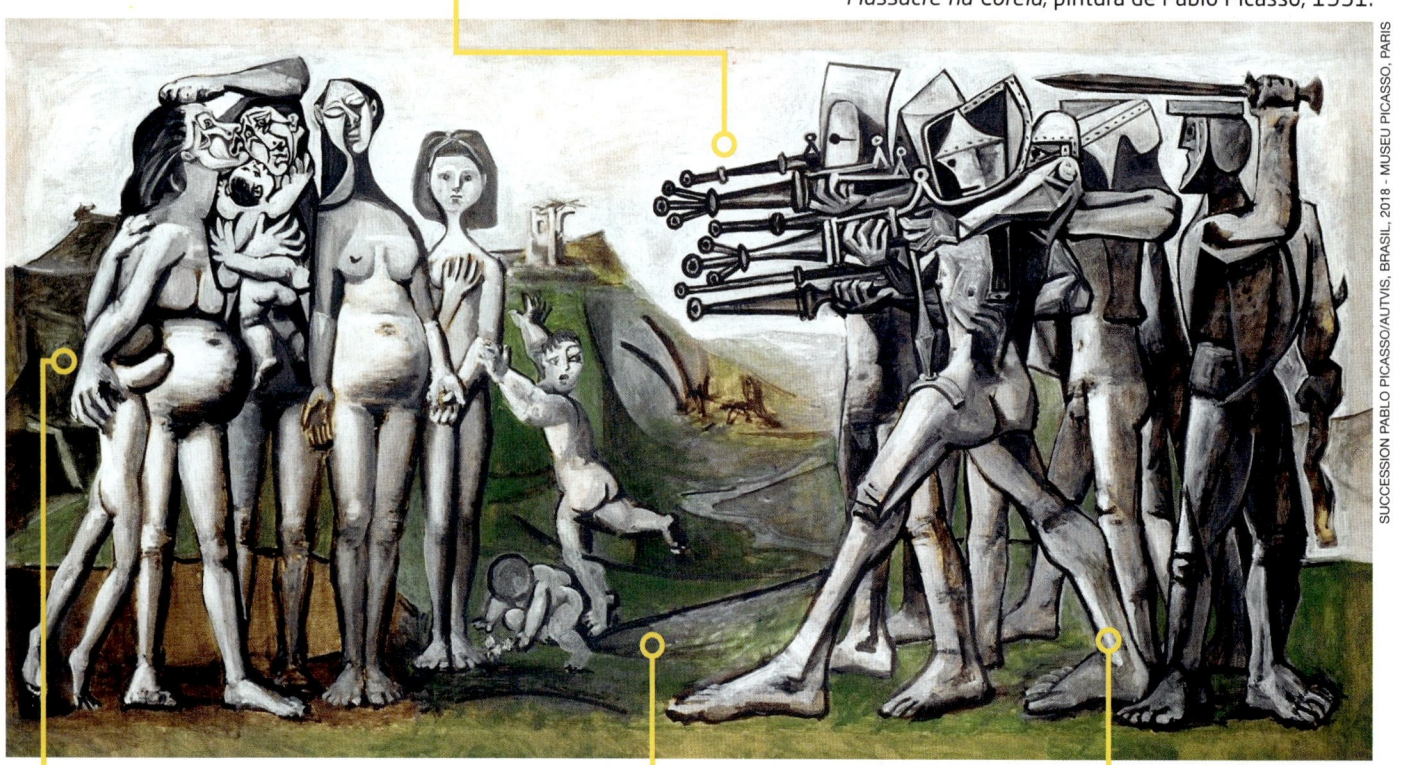

Note que as mulheres, algumas delas grávidas, parecem enfrentar com altivez os agressores.

O rio que separa as duas partes da cena, a dos agressores e a das vítimas, representa a fronteira entre as duas Coreias.

A representação dos soldados difere claramente da das vítimas. Eles são retilíneos, duros, desumanizados.

ATIVIDADES

APLICAR

1. (Unifor-CE/2003). Nos primeiros anos da Guerra Fria, os Estados Unidos difundiram vários discursos com a intenção de legitimar as ações do Estado e convencer a opinião pública acerca dos "perigos" da expansão soviética e, consequentemente, do socialismo.

Sobre a Doutrina Truman, formulada nos anos que seguiram à Segunda Guerra Mundial, é correto afirmar que:

a) visava criar na população mundial um clima de terror em razão dos perigos do avanço do socialismo no território americano e do liberalismo no território soviético.

b) almejava unir os países capitalistas e socialistas em torno de um único programa de desenvolvimento mundial e formalizar a Organização das Nações Unidas (ONU).

c) ambicionava formar um bloco de países da Europa Oriental para lutar contra o avanço dos governos comunistas e socialistas e preservar as colônias da Ásia e da África.

d) objetivava preservar a hegemonia mundial dos Estados Unidos, evitar o confronto entre os países capitalistas e isolar a União Soviética e seus aliados.

e) buscava alternativas para acabar com a rivalidade entre os Estados Unidos e a União Soviética e, consequentemente, propor a "coexistência pacífica" entre as duas potências.

2. Leia o texto para responder às questões.

"Com efeito, a definição de Guerra Fria que a época deu é de uma tripla confrontação: entre duas superpotências, entre dois sistemas econômico-sociais e entre duas ideologias. No primeiro caso, em se tratando da confrontação entre a União Soviética e os Estados Unidos, é lógico explorar o período que se inicia em 1917, ano do triunfo da Revolução Russa e início de sua consolidação, que chegaria supostamente até a constituir o país em superpotência. No caso de examinarmos a confrontação entre socialismo e capitalismo, temos de partir de 1917 da mesma forma; o mesmo para a luta ideológica entre um sistema político que privilegia a igualdade e a justiça social sobre a liberdade e a democracia; que se contrapõe aos valores e à ideologia do Ocidente capitalista. A confrontação própria da Guerra Fria, na realidade, instalou-se na história em 1917, quase trinta anos antes da criação da expressão que a designa e se começar a falar dela."

RIBERA, Ricardo. A Guerra Fria: notas para um debate. *Novos Rumos*, v. 49, n. 1, jan./jun. 2012. Disponível em <http://mod.lk/2CetG>. Acesso em 20 set. 2018.

a) Segundo o autor, a definição de Guerra Fria foi criada para nomear a existência de três confrontos relacionados. Quais confrontos foram esses?

b) Que outro marco para o início da Guerra Fria o autor propõe? Por que ele teria sido importante?

c) Embora o texto não informe, qual marco adotado para o início da Guerra Fria é questionado pelo autor?

3. Observe a imagem e responda às questões.

"Tio Sam" forçando as nações da Europa Ocidental a assinarem o Tratado do Atlântico Norte (Otan), charge soviética de 1949.

a) Onde e quando essa charge foi produzida?

b) Qual mensagem ela transmite?

c) Que argumento um opositor do regime soviético poderia utilizar para criticar essa charge?

RETOMAR

4. Responda às questões-chave da abertura dos temas 1 e 2.

a) O que foi a chamada Guerra Fria? Quais foram as suas principais características?

b) De que forma a polarização política e ideológica da Guerra Fria se manifestou na China e na Coreia?

TEMA 3 — A REVOLUÇÃO CUBANA

Por que a Revolução Cubana caminhou em direção ao socialismo?

DA GUERRILHA AO SOCIALISMO

Desde 1898, quando Cuba se tornou independente da Espanha, até 1959, quando era governada pelo ditador Fulgêncio Batista, os governos cubanos sempre contaram com o apoio dos Estados Unidos. A economia do país, baseada na agroindústria açucareira, era totalmente dependente das importações e dos capitais estadunidenses.

Entre 1956 e 1959, uma guerrilha, liderada por Fidel Castro e Ernesto "Che" Guevara, entre outros, derrubou o governo e tomou o poder em Cuba. Com apoio popular, os revolucionários não pretendiam derrubar o capitalismo na ilha, mas garantir a soberania nacional e realizar reformas para impulsionar o desenvolvimento econômico e social do país.

Com esses objetivos, o novo governo realizou a reforma agrária e nacionalizou as empresas estrangeiras, inclusive estadunidenses, causando a reação imediata dos Estados Unidos.

Em abril de 1961, com o objetivo de derrubar o governo revolucionário de Fidel Castro, o governo de Washington e os cubanos anticastristas exilados nos Estados Unidos tentaram invadir a Baía dos Porcos, no sul de Cuba. No entanto, a ação fracassou, aumentando ainda mais as tensões entre os dois países.

A tentativa de invasão levou Cuba a estabelecer uma aliança com o regime de Moscou, que se concretizou, em 1962, com a instalação de mísseis soviéticos na ilha caribenha e a adoção do socialismo no país.

No mesmo ano, os Estados Unidos decretaram o total bloqueio econômico e político a Cuba, que também foi expulsa da Organização dos Estados Americanos (OEA), bem como o bloqueio naval, e exigiram a retirada imediata dos mísseis do país. A **Crise dos Mísseis**, como ficou conhecida, criou um clima de enorme tensão internacional. Durante treze dias, o mundo acreditou estar à beira de uma nova guerra mundial, desta vez de proporções nucleares.

Sob a supervisão da ONU, os soviéticos concordaram em retirar os mísseis de Cuba, com a condição de os Estados Unidos retirarem da Turquia os armamentos nucleares que estavam voltados para a União Soviética.

Fidel Castro discursa em Havana, Cuba, em janeiro de 1959.

Encontro histórico entre o presidente dos Estados Unidos Barack Obama e o líder cubano Raúl Castro, primeiro passo para o restabelecimento das relações diplomáticas entre os dois países. Havana, Cuba, 2016. A política de reaproximação entre os dois países regrediu com a posse de Donald Trump na presidência dos Estados Unidos, que tomou medidas para recrudescer o embargo à ilha.

O SOCIALISMO EM CUBA

O regime socialista adotado em Cuba universalizou o ensino, reduziu a mortalidade infantil e o desemprego. O acesso à moradia e à saúde pública foi facilitado. A indústria, contudo, não foi incrementada.

No terreno político foi implantado um regime nos moldes soviéticos, caracterizado pela ditadura de um partido único (o Partido Comunista), pela supressão das liberdades democráticas e pela perseguição aos opositores do regime.

A economia cubana sofreu os danos do bloqueio econômico dos Estados Unidos, que já dura mais de 55 anos. O embargo proíbe a realização de empréstimos, investimentos e relações comerciais com o país inimigo, além de punir com sanções econômicas empresas estrangeiras que negociem com Cuba.

Isolada pelo embargo dos Estados Unidos, Cuba aproximou-se da União Soviética, que se tornou a principal parceira comercial do país. Até o final da década de 1980, a venda do açúcar cubano para os soviéticos, em troca de petróleo, era responsável por cerca de 85% do comércio exterior da ilha caribenha.

Com a dissolução da União Soviética, em 1991, Cuba perdeu sua principal parceira comercial. Nesse novo cenário, o embargo comercial imposto pelos Estados Unidos trouxe danos terríveis ao país, que mergulhou em uma profunda crise econômica e social.

É BOM SABER

A presença cubana no programa de saúde brasileiro

"O PMM [Programa Mais Médicos] baseou-se em dados científicos, que mostravam a severa escassez de médicos e a necessidade da população por assistência médica nos lugares longínquos e de difícil acesso, sejam eles nos grotões do país, no agreste, nas periferias das capitais ou na região amazônica. Os dados iniciais da pesquisa já indicam uma mudança nesse cenário, apontando uma melhoria significativa dessa realidade. [...]

[...] o PMM é um programa de abrangência internacional, o que permite aos médicos brasileiros [...] terem em solo brasileiro a oportunidade de intercambiar experiências, oportunidades, práticas profissionais de uma profissão milenar e universalmente padronizada em seu escopo técnico-científico.

Constata-se a presença de médicos de várias nacionalidades: cubanos, argentinos, uruguaios, venezuelanos, peruanos, espanhóis, mexicanos, hondurenhos, dominicanos, alemães, portugueses, holandeses, italianos, enfim, são 48 países integrados no PMM. [...]"

MACHADO, Maria Helena; CAMPOS, Francisco Eduardo de; LIMA, Nísia Trindade. Em defesa do Mais Médicos: 48 países integrados no programa. *Agência Fiocruz de notícias*, 28 jan. 2015. Disponível em <http://mod.lk/3etps>. Acesso em 6 set. 2018.

ORGANIZAR O CONHECIMENTO

1. Explique o que foi a Crise dos Mísseis.

2. Leia as frases sobre a Revolução Cubana e identifique a que conceito elas se referem.
   a) O governo coletivizou as propriedades agrícolas.
   b) Os Estados Unidos proibiram relações comerciais com Cuba.
   c) O governo cubano estabeleceu um regime no modelo soviético.
   d) Foi o principal parceiro comercial de Cuba durante a Guerra Fria.

TEMA 4 — REFORMAS E CONTESTAÇÕES NA GUERRA FRIA

O que os movimentos de crítica e contestação dos anos 1960 tinham em comum?

REFORMAS NA EUROPA OCIDENTAL

O cenário do pós-guerra na Europa era desolador. Muitas das grandes cidades foram seriamente danificadas pelas invasões, pelas batalhas e pelos bombardeios. O parque industrial dos países envolvidos no conflito, dos dois blocos, estava praticamente destruído. Temia-se, na época, que essa situação de pobreza generalizada pudesse favorecer o avanço do comunismo na Europa Ocidental.

É nesse contexto de extrema dificuldade e de temor da ameaça comunista que podemos entender a ajuda financeira dos Estados Unidos aos países da Europa Ocidental, por meio do Plano Marshall, e a formação de um modelo de governo preocupado com a educação, a saúde e os direitos sociais dos trabalhadores, o chamado **Estado de bem-estar social** (*Welfare State*).

A política econômica e social desenvolvida na Europa Ocidental teve origem nas teorias elaboradas pelo economista inglês John Maynard Keynes, que pregava um modelo de Estado mais regulamentador, que impulsionasse investimentos na produção e se comprometesse com programas de desenvolvimento social. Conhecido como **keynesianismo**, esse foi o modelo adotado pelo presidente Franklin Roosevelt, nos Estados Unidos dos anos 1930, para combater os efeitos da crise econômica de 1929.

A intervenção do Estado na promoção de benefícios sociais combinava-se com uma política de controle da economia, centrada em programas de estatização de setores estratégicos de cada país, como o sistema financeiro, os meios de transporte, a produção de energia e as comunicações, em parceria com a iniciativa privada.

Parisienses se locomovem em caminhão militar durante a greve de transportes de 1947. Nesse ano, os trabalhadores franceses organizaram greves para reivindicar o aumento de salários, bem como expressar apoio aos políticos comunistas e seus receios contra o Plano Marshall.

Cerca de 10 mil estudantes saem em protesto nas ruas do bairro Quartier Latin, em Paris, França, 6 de maio de 1968.

A EUROPA DO BEM-ESTAR SOCIAL

O resultado da reorientação do papel do Estado foi a formação de um enorme contingente de pessoas beneficiadas pelos serviços por ele prestados. Pela primeira vez, os serviços públicos passaram a ser vistos como obrigação do Estado e direito do cidadão.

O Estado de bem-estar social, além de garantir educação, saúde e outros serviços públicos de qualidade, proporcionou aos trabalhadores acesso a artigos de consumo, como automóveis e viagens de férias. No entanto, mesmo garantindo a permanência da democracia e do capitalismo, as reformas promovidas pelos governos social-democratas não conseguiram evitar movimentos de contestação ao capitalismo no bloco ocidental.

MAIO DE 1968

O mais célebre movimento de contestação às estruturas de poder no bloco ocidental foi o **Maio de 1968**, na França. O movimento começou em março com o protesto de estudantes da Universidade de Nanterre, nos arredores de Paris, contra as punições disciplinares e a burocracia na instituição, levando à ocupação da universidade. Logo o movimento recebeu a adesão de outros estudantes e tomou as ruas de Paris em maio, reivindicando a reforma da grade curricular.

A partir das pautas educacionais, o movimento rapidamente agregou outras reivindicações, como o fim da Guerra do Vietnã, a reformulação das estruturas de poder do Estado, da Igreja e da família tradicional, a liberalização dos costumes e, por fim, as críticas ao capitalismo, ao imperialismo estadunidense e ao autoritarismo soviético.

A violenta repressão policial contra os estudantes insuflou outros setores descontentes. Assim, fortalecendo o movimento, mais de 6 milhões de operários entraram em greve em várias cidades da França por melhores salários, jornada de trabalho de 40 horas semanais e outros direitos trabalhistas.

O movimento terminou em junho, quando o governo conservador que venceu as eleições na França dissolveu os grupos de esquerda, proibiu as manifestações e coagiu os operários a retornarem ao trabalho. No entanto, os questionamentos levantados pela geração de Maio de 1968 permaneceram vivos, influenciando sociedades no mundo todo.

Social-democracia: corrente política de origem marxista surgida na Europa Ocidental no final do século XIX. Suas lideranças defendiam ser possível humanizar o capitalismo por meio de progressivas reformas, no terreno das leis, e construir um Estado de bem-estar social.

PARA LER

- **1968: eles só queriam mudar o mundo**
  Autores: Ernesto Sotto; Regina Zappa
  2. ed. Rio de Janeiro: Zahar, 2018

  O livro narra os principais acontecimentos políticos e culturais e as mudanças de comportamento que marcaram o Brasil e o mundo no ano de 1968.

A PRIMAVERA DE PRAGA

A Tchecoslováquia foi formada em 1918 com a dissolução do Império Austro-Húngaro. Ocupado pelos nazistas durante a Segunda Guerra Mundial, o território foi libertado pela União Soviética em 1944. Os acordos firmados entre as potências aliadas ao final da guerra colocaram a Tchecoslováquia na área de influência soviética.

A adoção do socialismo, a partir de 1948, estimulou o desenvolvimento econômico do país por meio da indústria pesada e promoveu melhorias no ensino e na saúde. Na esfera política, contudo, estabeleceu-se uma ditadura de partido único, que silenciava os opositores com a censura e a repressão. A partir dos anos 1960, a estagnação econômica e o autoritarismo político levaram setores da sociedade, sobretudo na capital, Praga, a apoiar as ideias reformistas de Alexander Dubcek, dirigente eleito pelo Partido Comunista em janeiro de 1968.

As propostas liberalizantes de Dubcek tinham como objetivo democratizar o socialismo na Tchecoslováquia: acabar com a censura, reestabelecer a liberdade de expressão e o pluripartidarismo e mesclar uma economia estatal com o livre mercado. O apoio popular às reformas de Dubcek deu início à Primavera de Praga. Nesse breve período, houve liberdade de expressão e reunião, estudantes e intelectuais reivindicavam a ampliação das liberdades e trabalhadores se organizavam exigindo o controle operário das fábricas.

Temendo perder o controle sobre o Estado satélite, a União Soviética reagiu. Na noite de 20 para 21 de agosto de 1968, tropas do Pacto de Varsóvia invadiram a Tchecoslováquia. A população, disposta a resistir, ocupou as ruas. Mas era inútil. Os dirigentes do Partido Comunista, pressionados, cederam um após outro. Dubcek foi preso e levado a Moscou, onde foi obrigado a declarar o fim da Primavera de Praga.

Mapa localizador

Tanque soviético tomado pela resistência popular em Praga, na Tchecoslováquia, 21 de agosto de 1968.

Manifestação pela igualdade de direitos entre homens e mulheres, em Nova York, Estados Unidos, 1970.

CONTRACULTURA E FEMINISMO

Muitas mobilizações que marcaram a Guerra Fria ultrapassaram as disputas ideológicas entre os defensores do capitalismo ou do socialismo. Nos anos 1960, por exemplo, emergiu entre os jovens dos Estados Unidos o movimento da **contracultura**, que questionava as estruturas sociais e culturais dominantes, opondo-se às guerras, à sociedade de consumo, ao trabalho formal, à família tradicional e ao casamento. Paz, amor, liberdade sexual e vida em comunidade expressaram o modo de vida de muitos jovens estadunidenses do período.

Nessa onda de críticas e contestações também nasceu o **movimento feminista**. Após a Segunda Guerra, as mulheres conquistaram o direito ao voto na maior parte dos países ocidentais e passaram a representar uma parcela cada vez mais expressiva da força de trabalho urbana. Porém, mesmo tendo conquistado direitos e espaço na vida pública, elas continuavam recebendo salários mais baixos, eram desvalorizadas intelectualmente e submetidas a um padrão de comportamento que as vinculava ao ambiente doméstico.

Por essa razão, a década de 1960 marcou uma nova fase na luta das mulheres. Não se tratava apenas do direito à educação, ao trabalho e à atividade política, mas de estabelecer uma nova forma de relacionamento entre homens e mulheres, de garantir a autonomia da mulher sobre seu corpo e sua sexualidade.

A SEGREGAÇÃO DOS NEGROS NOS ESTADOS UNIDOS

A escravidão nos Estados Unidos foi abolida em 1863. Depois disso, emendas constitucionais estabeleceram direitos iguais entre brancos e negros. No entanto, as Leis de Jim Crow, aprovadas em alguns estados a partir de 1876, instituíram a segregação racial, que se manteve até os anos 1960.

Principalmente nos estados sulistas, taxas e testes de alfabetização excluíam os negros do direito ao voto. Nos locais públicos, como escolas, trens e ônibus, havia instalações separadas para negros e brancos. A herança da escravidão legou à maioria dos negros a pobreza, a falta de acesso aos estudos e o sofrimento com a violência policial.

O marco inicial da luta dos negros contra a segregação racial foi a atitude de desobediência civil da costureira Rosa Parks, em 1955. Parks desafiou a lei segregacionista que vigorava no Alabama ao se negar a ceder o assento no ônibus a um homem branco. Parks foi presa por sua insubordinação, motivando protestos e boicotes ao transporte público.

A atitude de Rosa Parks deu um grande impulso ao **movimento negro** nos Estados Unidos, que teve entre seus principais líderes o pastor Martin Luther King. Nas décadas de 1950 e 1960, ele promoveu um movimento de desobediência civil no país com a realização de marchas pacíficas e assembleias como estratégia de luta pela conquista dos direitos civis da população negra.

A forte adesão ao movimento levou à aprovação da **Lei dos Direitos Civis de 1964**, que proibiu a discriminação e segregação racial em qualquer órgão público, promovendo a integração escolar e proibindo o racismo nas contratações. Em 1965 foi aprovada a Lei de Direito de Voto, que estabeleceu o direito de voto a todos os cidadãos do país, independentemente de escolaridade e renda.

As conquistas do movimento negro, no entanto, despertaram a reação de setores segregacionistas da sociedade estadunidense. Em 1968, Martin Luther King foi assassinado por um racista branco.

À esquerda, Rosa Parks discursa em Washington, em 1968; à direita, Martin Luther King na Marcha de Washington, em 1963.

ORGANIZAR O CONHECIMENTO

1. Elimine do quadro a expressão que não faz parte do grupo e a substitua por outra que faça sentido.

   > Estado de bem-estar social   social-democracia
   > keynesianismo   reformas do capitalismo
   > liberalismo econômico   Europa Ocidental

2. Identifique o movimento relacionado a cada motivação a seguir.
   a) Contestava os costumes conservadores e a burocracia das instituições.
   b) Reivindicava igualdade entre homens e mulheres.
   c) Pretendia democratizar o socialismo no país.
   d) Lutava pelo fim da segregação racial e pela conquista dos direitos civis.
   e) Opunha-se às guerras e à sociedade de consumo, valorizando a vida em comunidade.

ATIVIDADES

APLICAR

1. UFJF (2013). A Revolução Cubana foi um movimento popular latino-americano que repercutiu no continente e culminou na adoção do socialismo. São elementos do processo, exceto:

   a) o apoio da maioria da população a Fidel Castro, em oposição ao governo de Fulgêncio Batista, tendo o rádio como um dos difusores das propostas revolucionárias.

   b) o caráter reformista do governo de Cuba, que levou a crescentes atritos com os Estados Unidos, quando estes apoiaram a invasão da Baía dos Porcos pelos opositores de Castro.

   c) a aproximação de Fidel Castro com a União Soviética, em 1961, e o anúncio que Cuba seguiria o rumo socialista e que as reformas seriam aprofundadas.

   d) o apoio de empresários e latifundiários às propostas do movimento revolucionário, o que facilitou a implantação do projeto socialista.

   e) a influência do governo cubano em diversos movimentos sociais latino-americanos, que lutaram pela criação de novas orientações políticas para o continente.

2. Criada pelo cartunista argentino Quino, Mafalda é uma menina esperta, politizada e questionadora. Leia, a seguir, uma de suas conversas com a amiga Susanita.

   Tirinhas da Mafalda, do cartunista Quino, s/d.

   a) Que diferença você percebeu entre as ideias de Mafalda e as da sua amiga Susanita?

   b) Qual das duas meninas faria parte do movimento feminista dos anos 1960? Por quê?

   c) Que outras reivindicações feministas daquele período ela defenderia?

   d) Você concorda com o ponto de vista de Mafalda ou com o de Susanita? Justifique expondo sua opinião para a classe.

3. Leia o texto a seguir e responda.

"[Martin Luther] King condenava três grandes males americanos: o racismo, o militarismo e a exploração econômica. Sua receita para a mudança incluía uma 'redistribuição radical do poder econômico e político' para promover a justiça racial e social.

Mas os Estados Unidos ainda estão longe de superar esses obstáculos. [...] Um estudo recente do Census Bureau americano mostra que a desvantagem em relação a oportunidades econômicas no país é tão grande que mesmo meninos negros nascidos em famílias ricas e nos bairros americanos mais desenvolvidos ainda recebem salários mais baixos e tendem a ter condições socioeconômicas piores em sua vida adulta.

A discussão sobre o racismo no país ganhou força nos últimos anos em razão do crescimento de movimentos e protestos contra violência policial, encarceramento em massa da população negra e a constante descriminação institucional e estrutural [...].

A anulação em 2013 de parte do Ato de Direitos do Voto, aprovado em 1965 graças aos esforços de Luther King, tem prejudicado o acesso às urnas. [...]

[...] Os pleitos também não acontecem no domingo, como no Brasil, mas em dias de trabalho normal. Quem quiser votar, tem que conciliar a ida aos postos de votação com o emprego.

A realidade para as mulheres negras é ainda mais difícil, já que são desproporcionalmente afetadas tanto pelo racismo como pela desigualdade de gênero. Uma mulher afro-americana hoje, por exemplo, tem 3 vezes mais chances de morrer por complicações na gravidez ou no parto do que uma branca [...]."

Racismo ainda é obstáculo para conquista de direitos civis nos EUA. *TNH1*, 4 abr. 2018. Disponível em <http://mod.lk/rOZud>. Acesso em 21 set. 2018.

a) Quais dificuldades, segundo o texto, os negros enfrentam nos Estados Unidos atualmente? Qual é a principal razão para essas dificuldades?

b) Por que os protestos da comunidade negra voltaram a crescer no país nos últimos anos?

c) Com base no texto, o sistema eleitoral brasileiro é mais democrático que o dos Estados Unidos? Por quê?

d) Segundo Luther King, quais eram os males dos Estados Unidos? Eles foram superados? Justifique.

RETOMAR

4. Responda às questões-chave da abertura dos temas 3 e 4.

a) Por que a Revolução Cubana caminhou em direção ao socialismo?

b) O que os movimentos de crítica e contestação dos anos 1960 tinham em comum?

Mais questões no livro digital

AUTOAVALIAÇÃO

CONTEÚDOS

1. Ao final dos estudos propostos nesta unidade, como você avalia seu aprendizado? Consulte o livro e suas anotações pessoais sobre os quatro temas estudados para responder às seguintes questões.

a) Quais conteúdos e/ou atividades considerei mais difíceis? Por quê?

b) Quais conteúdos e/ou atividades considerei mais fáceis? Por quê?

c) O que posso fazer para melhorar meu aprendizado?

ATITUDES

2. Marque com um X as frases que expressam situações que você experimentou durante o estudo desta unidade.

a) (   ) Compreendi melhor pontos de vista diferentes dos meus, durante os trabalhos em grupo e debates em classe, o que me ajudou a ampliar os conteúdos estudados.

b) (   ) Associei a disputa entre Estados Unidos e União Soviética aos conflitos regionais da Guerra Fria, estabelecendo relações de causa e efeito.

c) (   ) Utilizo corretamente os conceitos de revolução, Guerra Fria, hegemonia, socialismo, capitalismo, direitos civis, movimentos e mudanças sociais e culturais.

3. Associe cada frase acima às atitudes a seguir.

a) (   ) Pensar e comunicar-se com clareza.

b) (   ) Escutar os outros com atenção e empatia.

c) (   ) Questionar e levantar problemas.

EM FOCO

ROCK'N'ROLL E GUERRA FRIA

A geração *beat*

Os Estados Unidos e a União Soviética disputavam a hegemonia mundial em um confronto que, em maior ou menor grau, afetou todos os países do planeta. Permeando essa disputa, existia o sentimento paranoico de que, a qualquer momento, toda a civilização seria exterminada pela bomba atômica.

Foi nessa conjuntura que surgiu em Nova York, nos Estados Unidos, no final da década de 1940 e ao longo da década seguinte, um grupo de jovens conhecidos como *hipsters*. Boêmios e de aparência desleixada, esses jovens viviam movidos pelo som do *jazz*. Eles não viam perspectiva de mudança na sociedade e no ser humano, que estavam fadados a desaparecer em uma iminente hecatombe nuclear.

Os *hipsters* se uniram a outros jovens poetas incomodados com a alienação da sociedade. Dessa união, surgiu um movimento cultural que ficou conhecido como geração *beat*. Vanguardistas, eles produziam uma poesia que abordava assuntos considerados tabus, como as drogas, a homossexualidade e o poder exercido pelo Estado sobre os cidadãos.

O nascimento do *rock'n'roll*

A geração *beat* que surgiu em Nova York uniu-se a outro grupo de poetas de vanguarda que atuava na cidade de São Francisco. Eles criticavam a sociedade de consumo estadunidense e os abusos do governo contra as minorias sociais. Esse encontro serviu de base cultural, referência e inspiração para a geração *rock'n'roll*, formada em meados da década de 1950.

Esse novo gênero musical, sensual e delirante, nasceu da mistura de dois gêneros musicais, o *blues* e o *country*. O *rock* passou então a fazer parte da vida dos jovens, que dançavam ao som que emanava de guitarras elétricas, pianos e baterias de músicos como Chuck Berry e, principalmente, Elvis Presley.

Alienação: nesse contexto, refere-se à condição das pessoas que são dominadas pela publicidade e pelos meios de comunicação de massa, perdendo a autonomia e a capacidade de pensar e agir criticamente.

Fonte 1

A *prosa* beat *de Jack Kerouac*

"[...] mas nessa época eles dançavam pelas ruas como piões e eu me arrastava atrás como sempre tenho feito toda minha vida atrás de pessoas que me interessam, porque as únicas pessoas que me interessam são os loucos, os que estão loucos para viver, loucos para falar, que querem tudo ao mesmo tempo, aqueles que nunca bocejam ou falam chavões... mas queimam, queimam, queimam como fogos de artifício pela noite [...]."

KEROUAC, Jack. *On the Road* – Pé na estrada. São Paulo: L&PM Pocket, 2004. p. 129.

Elvis Presley se apresenta em Honolulu, no Havaí, em 1973.

EM FOCO

Anos 1960: rock'n'roll e contracultura

Ao se tornar cada vez mais um gênero musical representativo da juventude, o *rock'n'roll* passou a incorporar muitas das experiências da geração *beat*, como a poética e o estilo de vida. Mais do que tudo, assim como os poetas *beats*, ele contestava os valores da sociedade capitalista ocidental.

O choque entre a nova geração e as gerações anteriores se tornou explícito pela ruptura desses jovens com as tradições familiares. Eles também não aceitavam ter uma vida burocratizada, cumprindo com as exigências que o mercado de trabalho lhes impunha.

Em 1962, uma associação de estudantes publicou um manifesto que criticava o *american way of life* e a Guerra do Vietnã. A atitude desencadeou um enorme movimento de contestações e debates. Ao lado de organizações de defesa dos direitos civis dos negros, como o movimento dos *Black Power*, esses estudantes colocaram em pauta os objetivos que a juventude tanto procurava.

De cabelos e barbas longas, usando roupas e adereços multicoloridos, os *hippies*, como eram conhecidos, criaram uma contracultura, levando uma vida comunitária num ritmo tranquilo, ao som do *rock'n'roll*.

• *Rock'n'roll* na terra da rainha

Na Grã-Bretanha, outros grupos de jovens começavam a se organizar em bandas que viriam ampliar o *rock* produzido nos Estados Unidos. Os músicos britânicos vinham principalmente de duas cidades com expressiva classe operária, Liverpool e Manchester, e da capital inglesa, Londres. Eles formaram uma nova "onda" que invadiu a Grã-Bretanha e os Estados Unidos na década de 1960.

A primeira banda a surgir no cenário mundial foi a dos Beatles, nascida na cidade de Liverpool em 1960. Suas primeiras canções eram dançantes e falavam de amor.

Na mesma época, surgiu outra banda britânica de renome mundial, os Rolling Stones. Diferentemente dos Beatles, os Stones colocaram nas paradas de sucesso músicas que refletiam o olhar dos jovens rebeldes sobre o mundo e causavam pânico na sociedade conservadora de então.

Fonte 2

Jovens *hippies* em ônibus colorido no Novo México, Estados Unidos, julho de 1968.

Fonte 3

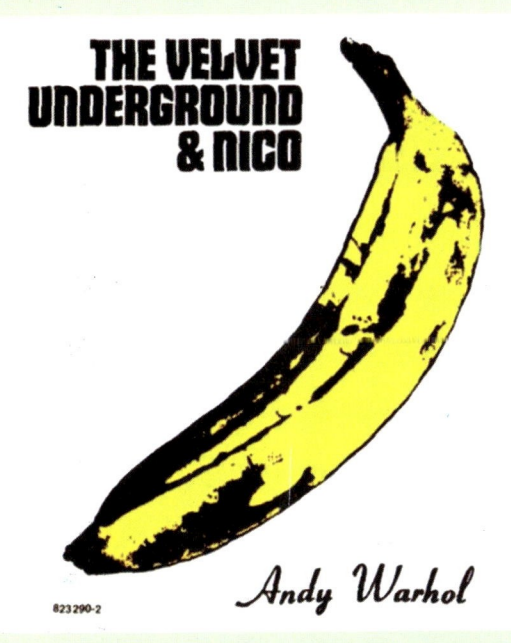

Capa do disco *The Velvet Underground & Nico*, álbum de estreia da banda estadunidense de *rock* alternativo The Velvet Underground, de 1967. O artista plástico Andy Warhol, naquele período empresário e produtor da banda, desenhou a capa do disco.

Rock'n'roll e contestação

O *rock* se impôs como a música que representava a juventude nos Estados Unidos e na Europa, ganhando cada vez mais espaço nas rádios, nas televisões e nos cinemas.

O comportamento contestador da juventude roqueira, que se caracterizava por uma moral e uma conduta mais livres, pelo uso de roupas mais despojadas, pela pregação em favor do amor livre, da paz e das relações inter-raciais, contribuiu para promover aberturas na sociedade.

A rebeldia em busca de um mundo melhor e mais justo propiciou o surgimento de diversos movimentos de contestação, tendo como centro os Estados Unidos.

O movimento *Flower Power*, praticado e difundido pelos *hippies* nos anos 1960, pregava a não violência. Lutando contra a violência sobre as mulheres e por sua liberdade de expressão e manifestação, surgiu o *Women's Lib* ou movimento feminista. Movimentos como o *Gay Power*, organizado pelas minorias sexuais, e o *Black Power*, criado pelo movimento negro, também surgiram no período.

Essa nova maneira de ver o mundo também se expressou nas artes plásticas, por meio da arte *pop*, que celebrava a cultura de massa, descartável e jovem. O artista mais conhecido desse movimento foi o estadunidense Andy Warhol (1928-1987). Ele colaborou, por exemplo, na criação da arte exposta em muitas capas de discos e folhetos de propaganda dos *shows* de *rock* daquele período.

• O Festival de Woodstock

O *rock'n'roll* foi celebrado em grandes festivais de música naquele período. O mais importante de todos foi o Festival de Woodstock, de 1969, que reuniu mais de 500 mil jovens na cidade de Bethel, no estado de Nova York. Nesses três dias de paz, amor e música, muitos expoentes do *rock* levantaram a multidão com canções contra a Guerra do Vietnã. Considerado o maior guitarrista de todos os tempos, Jimi Hendrix tocou o hino dos Estados Unidos evocando, com os sons de sua guitarra, um bombardeio de aviões durante a guerra.

O guitarrista Jimi Hendrix (1942-1970) durante *show* na Grã-Bretanha em 1969.

EM FOCO

• O Rock in Rio

O comportamento rebelde e o espírito contestador não impediram que o *rock* fosse absorvido pela indústria cultural. No cenário internacional dos anos 1950 e 1960, Elvis Presley, Beatles e Rolling Stones se tornaram ícones de sucesso e também lucrativas fontes de renda para as gravadoras.

No Brasil, o *rock* passou pela Jovem Guarda e teve ícones pontuais entre os anos 1960 e 1970, como os Mutantes e Raul Seixas. Mas foi nos anos 1980, com o *Rock in Rio*, que o *rock* nacional encontrou um cenário sólido.

Realizado pela primeira vez em 1985, no Rio de Janeiro, o *Rock in Rio* foi idealizado pelo empresário Roberto Medina, que apostou no estilo musical como uma grande oportunidade de negócio. O festival reuniu cerca de 1,5 milhão de pessoas, trouxe bandas internacionais de prestígio, como AC/DC e Queen, e ajudou a consolidar bandas nacionais, como Paralamas do Sucesso e Barão Vermelho. Em 2004, pela primeira vez o evento foi realizado fora do Brasil, em Lisboa, em Portugal.

Desde sua primeira edição, o *Rock in Rio* tem sido um evento eclético, que reúne roqueiros e artistas de outros estilos musicais. Iniciou com canções da MPB, *jazz* e *reggae*, agregando, nas edições seguintes, *rap*, *black music*, samba e música latina. Mais que um festival de música, o *Rock in Rio* é uma grife, um *show business*.

Abaixo, apresentação de Katy Perry no *Rock in Rio* Lisboa, Portugal, em junho de 2018. Ao lado, Freddie Mercury na primeira edição do *Rock in Rio*, em 1985. Antenado com o mercado consumidor, o festival mescla bandas de *rock* com atrações da música *pop*.

Fonte 4

O rock ganha o mercado musical brasileiro

"[...] 'Não foi o *Rock in Rio* que criou a cultura jovem brasileira', faz questão de notar Washington Olivetto. 'Foi a cultura jovem que criou o *Rock in Rio*. Mas o festival deu tamanho para a coisa. Materializou, botou na grande mídia, com grandes patrocinadores. Mostrou que poderia existir um negócio rentável por trás daquilo'. [...] era importante para toda gravadora ter seu grupo de *rock*, importante para as grandes corporações servir o jovem, esse bicho que, descobria-se, consumia também. 'Foi nos anos 80 que ocorreu uma antecipação e um prolongamento da juventude', nota Olivetto. [...]

Como efeito, após o *Rock in Rio*, o *rock* deixou de ser propriedade dos iniciados esotéricos e passou por um processo de profissionalização que atropelou as pequenas estruturas amadoras. [...]"

ALEXANDRE, Ricardo. *Dias de luta*: o rock e o Brasil dos anos 80. Porto Alegre: Arquipélago Editorial, 2002. p. 237-238.

ATIVIDADES

ORGANIZAR O CONHECIMENTO

1. Explique quem foram os *hipsters* e apresente a conjuntura histórica que proporcionou o florescimento de suas ideias.

2. Relacione o surgimento do movimento *hippie* e do estilo de vida *rock'n'roll* com a Guerra Fria.

ANALISAR AS FONTES

3. **Fonte 1** Quais características da geração *beat* são expressas no trecho do texto de Kerouac? Justifique.

4. **Fonte 2** A foto apresenta jovens *hippies* em um ônibus colorido, nos Estados Unidos, em 1968. Que características desses jovens os identificam com o movimento da contracultura dos anos 1960?

5. **Fonte 3** Analise a capa do disco *The Velvet Underground & Nico*, produzida por Andy Warhol, destacando de que maneira ela pode ser inserida tanto no contexto da arte *pop* quanto nos movimentos de contestação ou da contracultura.

6. **Fonte 4** De acordo com o texto, o *Rock in Rio* faz parte do movimento da contracultura, como foi o Festival de Woodstock? Justifique.

POR UMA CONDUTA CIDADÃ

7. Os *hipsters* do final dos anos 1940 iniciaram um movimento de contestação dos valores da sociedade em que viviam. Os jovens daquela época uniam suas preocupações políticas e sociais com o entretenimento. A maneira como eles se vestem e a irreverência com que se comportavam eram formas que encontravam para intervir na sociedade de seu tempo.

   a) Junte-se a dois ou três colegas e, em grupos, discutam as seguintes perguntas: a maioria dos jovens de hoje se preocupa com as questões sociais e políticas nacionais e internacionais? Qual seria a importância dessa preocupação?

   b) Escolham um vocalista, *rapper* ou grupo musical politizado atual (do ano 2000 em diante), selecionem uma de suas músicas, analisem sua letra e identifiquem suas críticas e reivindicações principais. Em sala, apresentem a análise que vocês elaboraram, discutindo de que modo a posição crítica de artistas pode contribuir para promover a politização dos jovens, bem como a diversidade e o respeito ao outro.

Jovens no *Rock in Rio*, em Lisboa, Portugal, 2018.

REVISANDO

A configuração geopolítica no mundo bipolar

1. A **Guerra Fria** foi marcada pela rivalidade política e ideológica entre Estados Unidos, capitalista, e União Soviética, socialista.
2. A **Doutrina Truman** firmou o compromisso dos Estados Unidos em deter o avanço comunista no mundo.
3. Os blocos capitalista e socialista criaram **alianças militares**: a **Otan**, capitalista, criada em 1949, e o **Pacto de Varsóvia**, socialista, criado em 1955.
4. Em 1949, a **Alemanha** foi dividida em **República Federal da Alemanha (RFA)**, capitalista, e **República Democrática da Alemanha (RDA)**, socialista.
5. O **Muro de Berlim** materializou a **divisão política e ideológica** que marcou a **Guerra Fria**.

Guerra e revolução na Ásia: China e Coreia

1. Uma **guerra civil** dividiu a China opondo o *Kuomintang* e o **Partido Comunista da China**. Este último chegou ao poder em 1949 e instalou a República Popular da China.
2. Com a morte de Mao Tsé-tung, a China adotou, progressivamente, uma **economia de mercado**, mas manteve o controle político do **Partido Comunista**.
3. Os tratados do pós-guerra e a polarização ideológica levaram à **divisão da Coreia** em **Coreia do Sul** (capitalista) e **Coreia do Norte** (socialista).

A Revolução Cubana

1. Entre 1956 e 1959, um **movimento guerrilheiro**, liderado por **Fidel Castro** e **Ernesto "Che" Guevara**, derrubou a ditadura de Fulgêncio Batista em **Cuba**.
2. Após a tentativa de **invasão da Baía dos Porcos** por cubanos anticastristas, apoiados pelos Estados Unidos, em 1961, **Cuba** proclamou-se um **país socialista**.
3. A instalação de mísseis soviéticos em Cuba levou à **Crise dos Mísseis**, em 1962.
4. Desde 1962, **Cuba** tem sofrido os danos do **bloqueio econômico** imposto pelos Estados Unidos, situação que se agravou com o **fim da União Soviética**.

Reformas e contestações na Guerra Fria

1. Após a Segunda Guerra, a Europa Ocidental adotou o **Estado de bem-estar social** a fim de garantir **justiça social** e boas condições de vida aos trabalhadores.
2. No **Maio de 1968**, ocorrido na França, os **jovens** contestaram as **estruturas de poder tradicionais**, como o Estado, a Igreja e a família.
3. A **Primavera de Praga**, em 1968, marcou a **democratização do socialismo** na Tchecoslováquia, caracterizada pela liberdade de imprensa e manifestações.
4. A **contracultura** questionou a sociedade de consumo, as guerras e os valores tradicionais, e o **movimento feminista** exigiu a igualdade de direitos e a liberdade sexual.
5. O **movimento negro** nos Estados Unidos lutou contra a segregação racial e pelos **direitos civis**, conquistando a **Lei dos Direitos Civis de 1964**.

Trilha de estudo

Vai estudar? Nosso assistente virtual no *app* pode ajudar! <http://mod.lk/trilhas>

PARA ASSISTIR

- **Che, o argentino**
  Direção: Steven Soderbergh
  País: França/ Estados Unidos/ Espanha
  Ano: 2008
  Duração: 134 min

  Sinopse

  O filme trata da guerrilha em Cuba e da tomada do poder pelos revolucionários.

  O filme e esta unidade
  1. De que forma o filme retrata Ernesto "Che" Guevara e os outros líderes da Revolução Cubana?
  2. Esse filme poderia ser feito durante a Guerra Fria? Justifique.

UNIDADE 6

AS INDEPENDÊNCIAS NA ÁFRICA E NA ÁSIA

GLÓRIA FRANCESA COM TALENTO AFRICANO

Mandanda, Nzonzi, Matuidi, Kimpembe, Rami, Mendy, Kanté, Sidibé, Dembelé, Pogba, Umtiti, Tolisso, Fekir e Mbappé. Você já ouviu falar de algum desses nomes? Eles lideraram a seleção francesa na conquista do bicampeonato na Copa do Mundo de Futebol de 2018. De um elenco de 24 jogadores, 14 tinham origem africana.

Grandes talentos do futebol representam hoje uma das principais "riquezas" exportadas pelos países africanos para a Europa, onde vinte clubes concentram as maiores receitas do futebol mundial.

"Neste esporte [...], a matéria-prima bruta é africana, mas a produção final é europeia. É lá que os atletas são 'lapidados' e as 'pérolas brutas' são levadas cada vez mais cedo. Há casos em que jovens atletas são cooptados por centros de treinamento financiados por equipes europeias nos Camarões, no Senegal, na Costa do Marfim, que ali se instalaram a partir da década de 1990, cujo objetivo é alimentar os clubes financiadores [...]. Ou seja, constata-se, estritamente, uma 'produção tipo exportação'."

MELO, Lucas Martins Santos. O futebol africano na Europa: os casos de Portugal e França como destino migratório de jogadores das suas ex-colônias. Revista *Cadernos de Campo*, n. 23, jul./dez. 2017. Disponível em <http://mod.lk/gty9l>. Acesso em 25 set. 2018.

COMEÇANDO A UNIDADE

1. Observe a imagem e leia a legenda. Como você interpreta a charge de Alrifaï?
2. Que relação pode ser estabelecida entre a charge e o texto ao lado?

Quem conquistou a taça pela França?, charge de Mahmoud Alrifaï, 2018.

ATITUDES PARA A VIDA

- Aplicar conhecimentos prévios a novas situações.
- Pensar com flexibilidade.
- Questionar e levantar problemas.

TEMA 1

INDEPENDÊNCIAS NA ÁFRICA

Quais condições internas e externas explicam as independências na África?

A CRISE DO IMPERIALISMO EUROPEU

A dominação imperialista europeia na África passou a ser sistematicamente questionada a partir das sucessivas crises que atingiram a Europa entre 1914 e 1945. Os conflitos mundiais e a grave crise econômica do entreguerras revelaram que não havia mais condições políticas para a manutenção de colônias no além-mar.

Além da dificuldade em preservar o sistema de dominação colonial, os europeus, em 1945, haviam acabado de lutar contra ditaduras em seu próprio continente, fato que tornava incoerente a preservação de colônias na África e na Ásia. Por outro lado, parte da população africana já se organizava para conquistar sua independência.

Também a Organização das Nações Unidas (ONU), criada em 1945, reforçou a defesa da igualdade entre os países. A Carta das Nações Unidas, assinada por todos os países-membros da entidade, determinava que as metrópoles europeias consultassem os habitantes dos territórios dominados para encontrar a melhor forma de lhes conceder autonomia política, econômica e social. Mas, mesmo com a recomendação da ONU, muitas metrópoles se recusavam a emancipar seus territórios coloniais, situação que serviu para intensificar e radicalizar a luta anticolonial.

Ainda na conjuntura internacional, as disputas ideológicas entre capitalismo e socialismo e os interesses da União Soviética e dos Estados Unidos em ampliar seus respectivos blocos de países aliados criaram um contexto internacional favorável aos movimentos de independência.

Tão importantes quanto os fatores externos foram as condições internas nas colônias africanas, em particular a constituição de uma elite intelectual nativa que desenvolveu as bases ideológicas dos movimentos pela independência na África: o **pan-africanismo**, o **pan-arabismo** e o movimento da **negritude**.

Liberdade para a Argélia, pintura de Vera Livanova, 1961.

Delegados reunidos no V Congresso Pan-Africano, realizado na cidade de Manchester, na Grã-Bretanha, em 1945.

O PAN-AFRICANISMO

Movimentos de resistência contra o colonizador ocorreram praticamente durante todo o período de dominação europeia na África. Exemplos dessa resistência anticolonial foram as lutas dos herero, dos ashanti e dos maji-maji, ocorridas entre o final do século XIX e o início do século XX. Esses movimentos, porém, eram isolados e não tinham uma direção e um projeto político que aglutinasse a luta anticolonial para o enfrentamento dos impérios europeus na África.

O movimento pan-africano foi o primeiro a assumir esse papel. Criado no início do século XX por intelectuais negros das Antilhas e dos Estados Unidos, o movimento pregava a solidariedade dos negros oprimidos pela segregação racial nessas regiões. Apesar de expressar a consciência de uma identidade comum que unia os povos negros da América e da África, o pan-africanismo não representou de início uma força política no continente africano.

Foi apenas a partir do V Congresso Pan-Africano de Manchester, realizado em 1945, na Grã-Bretanha, que o pan-africanismo deixou de ser um movimento de intelectuais negros americanos para se transformar em um instrumento de luta pela independência dos povos africanos, principalmente da África Ocidental Britânica.

O V Congresso Pan-Africano representou um marco na história do movimento, ocasião em que as discussões intelectuais passaram para a ação política objetiva. Não por acaso a maior parte dos participantes era formada de estudantes africanos e sindicalistas, e não de intelectuais afro-americanos. As deliberações do congresso, comprometidas com a ação positiva, destacaram a importância da organização popular para a vitória na luta anticolonial.

É BOM SABER

O Renascimento Negro do Harlem

O Harlem, bairro negro da cidade de Nova York, é considerado o berço do primeiro movimento de valorização dos negros e da cultura construída no mundo atlântico pelos cativos da diáspora e seus descendentes. Conhecido como Renascimento do Harlem, esse movimento cultural reuniu intelectuais e artistas empenhados em discutir a condição do negro na sociedade, combater o preconceito e a exclusão social da comunidade negra e valorizar a identidade africana, garantindo aos negros um espaço no ambiente intelectual, literário e artístico dos Estados Unidos. O Renascimento do Harlem influenciou o pan-africanismo, o movimento da negritude e as mobilizações contra a segregação e pela conquista dos direitos civis nos Estados Unidos.

Noite de pleno verão no Harlem, pintura de Palmer Hayden, 1938. Um dos principais artistas do Renascimento do Harlem, o afro-americano Palmer Hayden (1890-1973) escolheu o cotidiano dos negros urbanos como tema central das suas pinturas. Essa valorização da identidade africana influenciou o pan-africanismo e o movimento da negritude.

O MOVIMENTO DA NEGRITUDE

A maior expressão do pan-africanismo na África colonial francesa foi o movimento denominado **negritude**. O conceito nasceu no interior de uma corrente literária dirigida pelos estudantes negros Léopold Senghor, do Senegal, Aimé Césaire, da Martinica, e Léon Damas, da Guiana Francesa. Em Paris, onde estudavam, esses jovens francófonos descobriram uma identidade negra africana reprimida pelo racismo e pela dominação colonial. Movidos por essa nova consciência, esses jovens intelectuais fundaram, em 1934, em Paris, o jornal *L'etudiant noir* (*O estudante negro*), para ser o porta-voz da cultura e da identidade negra, sufocada pela cultura do colonizador francês.

Francófono: indivíduo que fala a língua francesa; grupo de países onde o francês é a primeira ou a segunda língua mais falada.

Foi em uma das publicações do jornal, em 1935, que o termo negritude, cunhado por Césaire, foi empregado pela primeira vez. Originalmente exprimindo o sentimento de resistência ao colonialismo francês, o termo, com o tempo, foi apropriado pelos movimentos de independência na África e pela luta dos povos negros contra o racismo, dentro e fora da África.

Dançarinos se apresentam em Johannesburgo, na África do Sul, em 2012. O estilo é uma expressão da dança tradicional zulu de Botsuana e da África do Sul.

OS PROCESSOS DE INDEPENDÊNCIA NA ÁFRICA

Em 2010, comemorações em vários países africanos lembraram o histórico ano de 1960, conhecido como o **Ano da África**. Somente naquele ano, 17 países se tornaram independentes, a maior parte deles situada na África Ocidental Francesa.

As lutas dos povos colonizados, a fragilidade das metrópoles europeias, exauridas pelos custos da Segunda Guerra Mundial, e a independência das colônias asiáticas aceleraram os processos de independência na África. Ao terminar a década de 1960, o colonialismo europeu no continente reduzia-se a algumas pequenas possessões francesas e às colônias portuguesas, que foram as últimas a conquistar a independência.

A ÁFRICA OCIDENTAL FRANCESA

Diante das pressões dos movimentos de independência na África, o governo francês do general Charles de Gaulle permitiu, em 1945, a participação de delegados dos territórios além-mar na Assembleia Nacional Constituinte, encarregada de elaborar uma nova Constituição para a França. Com uma expressiva bancada de comunistas e socialistas, fortalecida pela delegação colonial, a Assembleia aprovou a criação da **União Francesa**, transformando os protetorados em Estados associados, com exceção da Tunísia e do Marrocos. A mudança, no entanto, foi principalmente formal, pois a política colonial continuou sendo ditada pelas autoridades francesas.

Em 1958, um referendo popular propôs a criação da **Comunidade Francesa**, que concedia maior autonomia às colônias, mas mantinha sob o controle da França a economia e a defesa dos territórios. Porém, os planos do governo francês de evitar a ruptura definitiva fracassaram. Primeiro a Guiné e depois as demais colônias da África Ocidental Francesa declararam a sua independência.

Monumento da renascença africana, uma gigantesca escultura de bronze erguida em homenagem à independência do Senegal, ex-colônia francesa, foto de 2016. A estátua foi erguida na cidade de Dacar e inaugurada em 2010, por ocasião das comemorações dos cinquenta anos do Ano da África.

Crianças e jovens celebram a conquista da independência da Argélia, na capital Argel, 3 de julho de 1962.

A INDEPENDÊNCIA DA ARGÉLIA

Enquanto a maioria das colônias da África Ocidental Francesa tornou-se independente em 1960, sem a necessidade de luta armada, a Argélia, colônia francesa no norte da África, viveu oito anos de um sangrento conflito, que deixou mais de um milhão de mortos.

Para a França, a Argélia representava uma extensão de seu território. Além de grande produtora de petróleo, ela era responsável por cerca de 60% da produção agrícola francesa. Aproximadamente 10% da população argelina era constituída de franceses, e os outros 90% eram nativos muçulmanos, tratados como inferiores. Em 1º de novembro de 1954, uma série de atentados realizados em vários pontos do território argelino marcou o início da luta armada da **Frente de Libertação Nacional da Argélia (FLN)**, um partido de orientação socialista. A adesão ao movimento teve início nas áreas rurais e, aos poucos, espalhou-se pelas cidades.

Graças à pressão exercida pela opinião pública internacional, a repressão francesa à luta pela independência da Argélia começou a ceder. Em março de 1962, acordos assinados na cidade de Évian-les-Bains, na França, determinaram o cessar-fogo entre as partes. No plebiscito realizado em julho desse mesmo ano, a maioria da população argelina optou pela independência.

QUÊNIA: EX-COLÔNIA BRITÂNICA

A colonização britânica no Quênia, que correspondia à região da África Oriental Britânica, caracterizou-se pela expropriação dos camponeses e pela formação de uma elite branca de grandes fazendeiros. Após a Segunda Guerra Mundial, uma nova leva de imigrantes ingleses se instalou no território colonial, intensificando os conflitos pela terra e piorando as condições de vida dos camponeses.

Diante dessa situação, em 1952 o povo kikuyu liderou uma grande rebelião contra os colonizadores britânicos, que ficou conhecida como **Revolta dos Mau-mau**. O movimento conseguiu resistir até 1960, quando sucumbiu diante da violenta repressão britânica, que causou milhares de mortes. Além disso, Jomo Kenyatta, um dos líderes do movimento pan-africano e fundador da **União Africana do Quênia (KAU)**, que defendia a via pacífica para a independência, foi preso.

Pressionada pelos principais grupos nacionalistas do Quênia, a Coroa britânica acabou libertando Kenyatta. Sob sua direção, o Quênia declarou a independência em 1962, de forma pacífica e com um programa de conciliação nacional.

O FIM DO IMPÉRIO PORTUGUÊS

Durante centenas de anos, o Brasil e alguns territórios do oeste e do leste da África e do Extremo Oriente fizeram parte do Império Colonial Português, formado após as grandes viagens marítimas dos séculos XV e XVI. No início do século XX, o Império Português no continente africano reunia as colônias de São Tomé e Príncipe, Cabo Verde, Guiné-Bissau, Angola e Moçambique.

O Brasil foi a principal colônia portuguesa até a sua independência. Depois disso, as atenções de Portugal voltaram-se para suas possessões na África. Mais do que entrepostos comerciais e fontes de escravos, os territórios portugueses no continente passaram a ser vistos como os novos fornecedores de riquezas, substituindo a colônia americana perdida em 1822.

Na década de 1930, quando o movimento pan-africano começava a se esboçar nas colônias africanas, em Portugal o governo ditatorial de António Oliveira Salazar promulgou o **Ato Colonial**, lei que centralizava a administração das colônias na cidade de Lisboa, ampliando o controle sobre elas.

O Ato Colonial criou uma hierarquia entre portugueses e nativos, bem como autorizou o confisco de terras da população local. A medida representava um esforço do governo português de reagir à crise econômica mundial provocada pela quebra da bolsa de valores de Nova York, intensificando a exploração de riquezas no seu território colonial.

Como vimos, a derrota do fascismo na Segunda Guerra Mundial contribuiu para fortalecer os movimentos pela autodeterminação dos povos e os processos de independência na África. No caso de Portugal, contudo, o rígido controle estabelecido pelo salazarismo sustentaria o império até os anos 1970.

Dialogando com Geografia

Explore

- Observe o mapa com atenção. Como o território português foi representado? De que forma a imagem expressa a visão do colonizador?

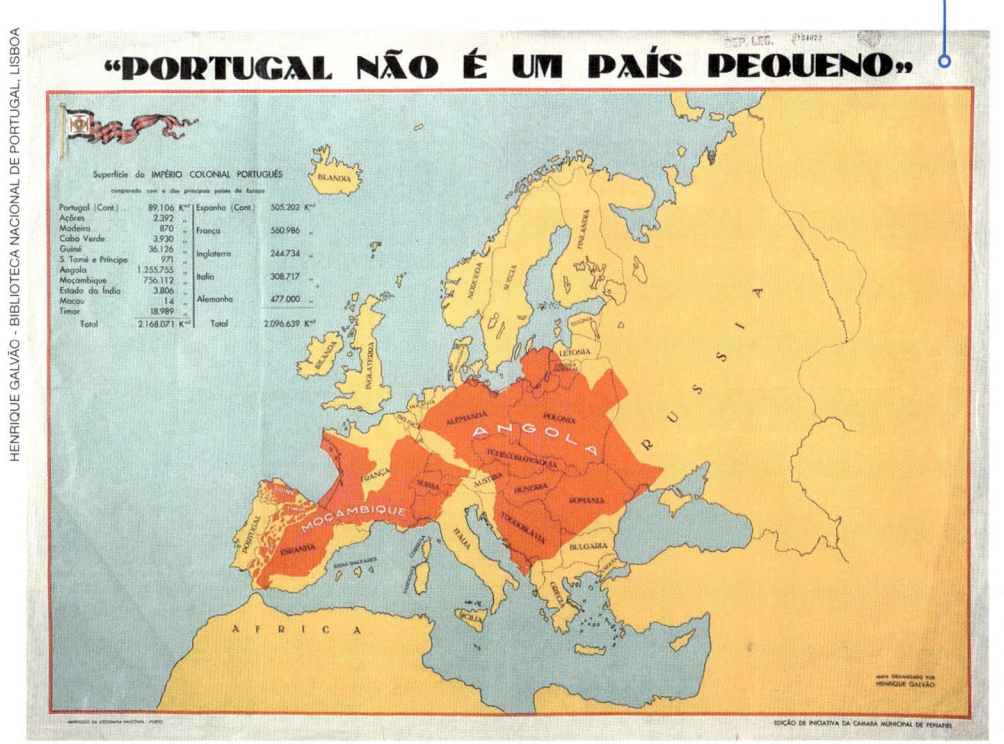

"Portugal não é um país pequeno", litografia cartográfica produzida por volta de 1935.

A INDEPENDÊNCIA DAS COLÔNIAS PORTUGUESAS

Assim como ocorreu nas colônias francesas e britânicas, o surgimento de uma elite de jovens intelectuais foi essencial para a criação de um projeto político para a independência das colônias portuguesas na África. Atuantes nos círculos literários e políticos europeus, nomes como os do angolano Agostinho Neto, do moçambicano Marcelino dos Santos e do cabo-verdiano Amílcar Cabral combinaram, em sua luta política, as ideias da revolução socialista e da negritude com uma produção literária de resistência ao colonizador.

A partir de 1950, as mobilizações pela independência se espalharam por praticamente toda a África colonial. Os Estados Unidos, preocupados com a crescente influência das ideias socialistas nos movimentos de emancipação, passaram a pressionar o governo português para libertar as suas colônias. O governo salazarista, porém, adotou uma política oposta: intensificou a repressão nas colônias e ampliou os gastos militares para combater os movimentos pela independência. Além disso, promoveu uma reforma constitucional, em 1951, que substituiu os termos "colônia" e "Império Colonial" por "territórios ultramarinos", em uma tentativa de criar nas colônias um sentimento de unidade e de identificação com a metrópole portuguesa.

A mudança, no entanto, não apaziguou os ânimos, e as lutas pela autonomia continuaram. Em 1973, após mais de dez anos de guerrilha e a tomada de dois terços do território pelos rebeldes, o **Partido Africano para a Independência da Guiné e Cabo Verde** proclamou a independência da Guiné Portuguesa, que passou a se chamar Guiné-Bissau.

A REVOLUÇÃO DOS CRAVOS

Em abril de 1974, enfraquecido por críticas internas e pelo desgaste de uma guerra colonial na África, o regime salazarista foi derrubado por um movimento sem praticamente nenhum disparo. O levante, conhecido como **Revolução dos Cravos**, foi dirigido por grupos socialistas e comunistas e contou com amplo apoio popular. No entanto, a ação dos grupos moderados definiu o futuro do país como uma democracia parlamentarista e integrada ao Ocidente.

Em agosto, o novo governo português reconheceu a independência da Guiné e, em dezembro, nomeou um governo de transição para a independência de Cabo Verde.

Comemoração dos 44 anos da Revolução dos Cravos relembra a vitória sobre a ditadura salazarista em Portugal. Lisboa, 2018. O movimento levou esse nome porque, no dia do levante, as mulheres ofereceram cravos aos soldados nas ruas.

A LIBERTAÇÃO DE ANGOLA E MOÇAMBIQUE

Em Angola e Moçambique, os acontecimentos que marcaram o processo de independência foram mais complexos e violentos.

Em Angola, a luta pela independência foi travada por três grupos rivais: o Movimento Popular pela Libertação de Angola (MPLA), com um programa comunista, a Frente Nacional de Libertação de Angola (FNLA) e a União Nacional pela Independência Total de Angola (Unita), ambos anticomunistas. Em 1975, o MPLA proclamou a independência e instituiu a República Popular de Angola, sob um regime socialista.

As divergências étnicas e políticas entre o MPLA e a Unita levaram a uma guerra civil que se estendeu até 2002 e vitimou mais de 500 mil pessoas. No contexto da Guerra Fria, a Unita recebeu o apoio dos Estados Unidos e da África do Sul, enquanto o MPLA teve ajuda da União Soviética, da China e de Cuba.

Em Moçambique não foi muito diferente. Várias associações, jornais e partidos foram criados na tentativa de promover a independência.

Em 1962, foi fundada a Frente de Libertação de Moçambique (Frelimo), de tendência comunista. Em 1975, a Frelimo proclamou a independência de Moçambique e implantou no país um regime socialista inspirado no modelo da China e dos países do Leste Europeu. Entretanto, a Frelimo logo entrou em conflito com a Resistência Nacional Moçambicana (Renamo), grupo anticomunista apoiado pela Rodésia do Sul, África do Sul e Estados Unidos. Organizando-se militarmente, Frelimo e Renamo travaram uma guerra civil que se estendeu até 1992, quando finalmente foi assinado um acordo de paz.

ORGANIZAR O CONHECIMENTO

1. Elimine o elemento que não faz parte do grupo e o substitua por outro que faça sentido. Depois disso, dê um título para o organograma.

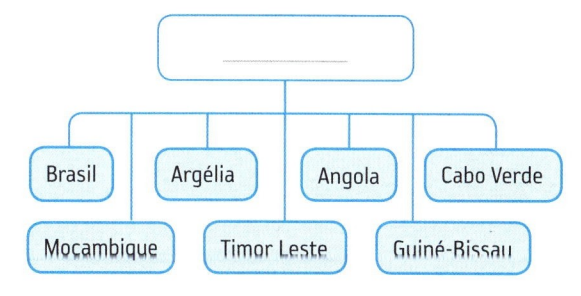

   - Brasil
   - Argélia
   - Angola
   - Cabo Verde
   - Moçambique
   - Timor Leste
   - Guiné-Bissau

2. Relacione a debilidade dos impérios coloniais europeus após o final da Segunda Guerra Mundial com o movimento pela independência da Argélia.

Manifestantes exigem a paz definitiva em Moçambique, na capital Maputo, em 2013. O acordo de paz assinado entre a Frelimo e a Renamo, em 1992, não pôs fins às tensões entre os dois grupos, e uma mini-guerra civil explodiu no país em 2013. Um novo acordo foi assinado, mas a paz definitiva ainda não foi estabelecida.

TEMA 2

OS DESAFIOS DA ÁFRICA LIVRE

Por que a proposta de uma África livre e unida não se concretizou após as independências?

NOVOS PAÍSES, NOVAS FRONTEIRAS

Como as fronteiras de um país são definidas? O que leva um grupo de pessoas a se sentir parte de uma mesma nação? Seria o fato de todas elas falarem a mesma língua, ou compartilharem valores, costumes e uma tradição comum? Ou as fronteiras devem ser determinadas por fatores geográficos, como rios ou cadeias de montanhas? No caso do continente africano, nenhum desses fatores foi decisivo.

A dominação colonial europeia deixou marcas profundas na África. Alterações econômicas, sociais e culturais, somadas às fronteiras políticas estabelecidas pelos colonizadores, tiveram como resultado uma África muito diferente da que existia no período pré-colonial. A sobrevivência de estruturas coloniais é, ainda hoje, um dos principais obstáculos à consolidação de Estados nacionais no continente.

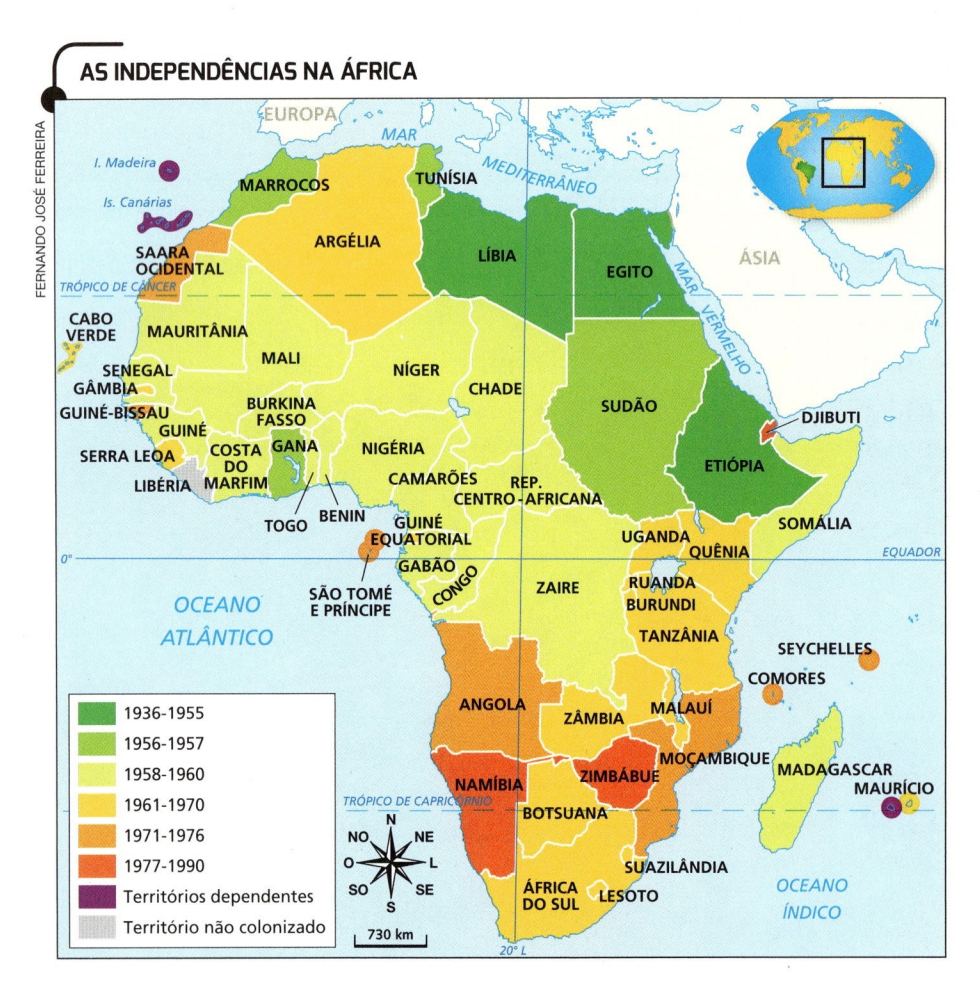

Como superar o passado colonial? Durante o V Congresso Pan-Africano, realizado em 1945, o ganês Kwame Nkrumah proferiu o grito de guerra "A África para os africanos!". O congresso estabeleceu a conquista das independências como meta suprema dos povos africanos, conclamou os negros de todo o mundo a se unirem contra o colonialismo e condenou todas as formas de discriminação.

AS INDEPENDÊNCIAS NA ÁFRICA

Legenda:
- 1936-1955
- 1956-1957
- 1958-1960
- 1961-1970
- 1971-1976
- 1977-1990
- Territórios dependentes
- Território não colonizado

Fonte: DUBY, Georges. *Atlas historique mondial*. Paris: Larousse, 2003. p. 219.

A UNIDADE AFRICANA

Nos congressos realizados nas cidades ganenses de Kumasi, em 1953, e de Acra, em 1958, a discussão política centrou-se na definição das fronteiras africanas após a independência. Os pan-africanistas **minimalistas** defendiam a manutenção das fronteiras coloniais, incentivando a construção de Estados nacionais com base nas fronteiras já estabelecidas. Já os **maximalistas**, como Nkrumah, defendiam a construção de uma unidade econômica, política e militar no continente.

A posição dos maximalistas representava, na prática, a radicalização das ideias do pan-africanismo, que haviam servido de projeto político para as lutas pela independência. O grande defensor de uma África livre e unida foi o líder ganês Kwame Nkrumah, primeiro governante de Gana após a independência.

A principal resistência à proposta de uma África unida era representada pelos países da antiga África Ocidental Francesa. As elites desses novos Estados acreditavam que uma política de alinhamento com a França garantiria ajuda financeira para o desenvolvimento dos seus países e facilitaria o ingresso desses dirigentes no grupo seleto das elites econômicas mundiais.

A posição pan-africanista caminhou para o isolamento. A formação da **Organização para a Unidade Africana (OUA)**, em 1963, acabou, na prática, com os últimos resquícios do movimento pan-africanista ao reafirmar os Estados africanos como autônomos, independentes e iguais no conjunto dos Estados mundiais.

A autora Chimamanda Ngozi Adichie, em foto de 2017.

É BOM SABER

Ser africano

A identidade africana é uma das pautas políticas mais relevantes no pós-colonialismo e um dos temas mais explorados nas literaturas africanas. Conheça, nesse diálogo entre três personagens criados pela escritora nigeriana Chimamanda Ngozi Adichie, diferentes visões sobre o problema da identidade.

"'Claro que nós somos todos iguais, todos temos a opressão branca em comum', disse a srta. Adebayo, secamente. [...]

'Claro, claro, mas o que eu digo é que a única identidade autêntica para um africano é sua tribo', disse o patrão. 'Eu sou nigeriano porque um branco criou a Nigéria e me deu essa identidade. Sou negro porque o branco fez o negro ser o mais diferente possível do branco. Mas eu era ibo antes que o branco aparecesse.'

O professor Ezeka bufou e balançou a cabeça [...]. 'Mas você só tomou consciência de que era ibo por causa do homem branco. [...] Você tem que entender que tribo, hoje em dia, é um produto tão colonialista quanto nação e raça.'"

ADICHIE, Chimamanda Ngozi. *Meio sol amarelo*. São Paulo: Companhia das Letras, 2008. p. 31.

A NOVA DIÁSPORA AFRICANA

O termo diáspora, de origem grega, significa dispersão e é utilizado para nomear o deslocamento, normalmente forçado, de grandes contingentes populacionais em várias regiões do planeta.

No caso dos povos africanos, a expressão **diáspora negra** ou **diáspora africana** passou a ser utilizada, no final do século XX, para se referir à saída forçada de homens e mulheres, durante quase quatro séculos, em sua maioria levados para trabalhar como escravos no continente americano.

Atualmente, o termo também é utilizado para se referir ao movimento migratório de africanos em direção à Europa e à América, onde esperam encontrar melhores condições de vida. Na maioria dos casos, os antigos vínculos coloniais determinam a escolha do destino final dessas pessoas. Dessa forma, é grande o fluxo de marroquinos, argelinos e senegaleses para a França; de nigerianos e quenianos para a Grã-Bretanha; e de angolanos, moçambicanos e cabo-verdianos para Portugal. Embora a Europa seja o destino principal dos migrantes que deixam a África, muitos deles também se dirigem para o Oriente Médio e os Estados Unidos.

Nos últimos anos, o Brasil também se converteu em um importante destino dessas migrações. A familiaridade com o idioma leva o nosso país a atrair imigrantes da África de língua portuguesa, como Angola, Moçambique e Cabo Verde. Dessa forma, o Brasil tem reforçado seus vínculos com países que representam uma base importante do nosso patrimônio cultural.

ORGANIZAR O CONHECIMENTO

1. Diferencie a tese maximalista da tese minimalista sobre a definição das fronteiras africanas. Em seguida, indique as razões pelas quais uma delas saiu vitoriosa.

2. Analise o mapa abaixo, sobre a diáspora africana, e responda às questões.
   a) Qual é o principal destino dos africanos que deixam o continente? O que explica esse movimento?
   b) O mapa mostra que a maior parte das migrações acontece no interior da África. Quais razões explicam esses deslocamentos? Converse com os colegas sobre o tema.

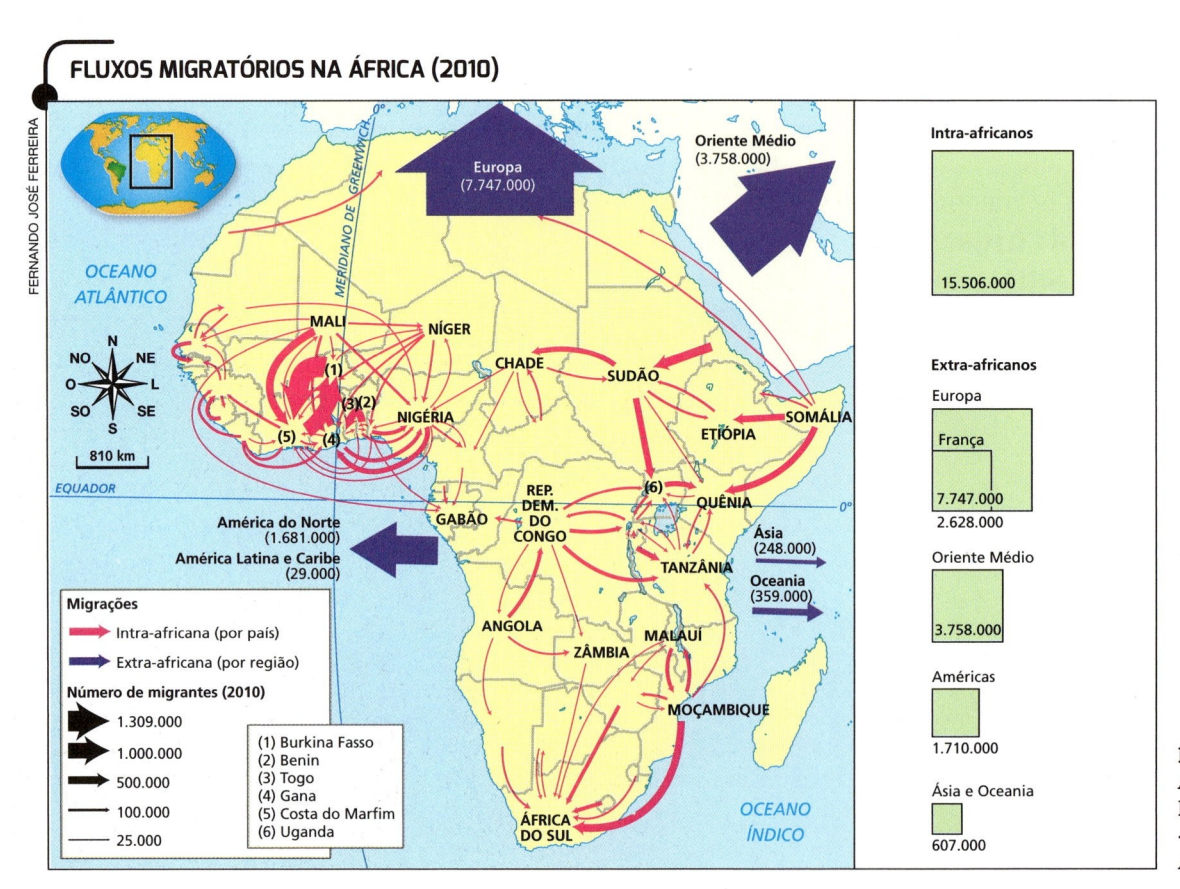

FLUXOS MIGRATÓRIOS NA ÁFRICA (2010)

Extra-africanos:
- Europa (7.747.000)
- Oriente Médio (3.758.000)
- América do Norte (1.681.000)
- América Latina e Caribe (29.000)
- Ásia (248.000)
- Oceania (359.000)

Intra-africanos: 15.506.000

Extra-africanos:
- Europa: 7.747.000 (França: 2.628.000)
- Oriente Médio: 3.758.000
- Américas: 1.710.000
- Ásia e Oceania: 607.000

Países destacados: (1) Burkina Fasso, (2) Benin, (3) Togo, (4) Gana, (5) Costa do Marfim, (6) Uganda

Fonte: SciencesPo. Atelier de cartographie. Disponível em <http://mod.lk/oyrm0>. Acesso em 17 set. 2018.

ATIVIDADES

APLICAR

1. Leia o texto a seguir e responda.

"É muito difícil discordar que a Europa tem uma enorme dívida para com a África pela escravidão atlântica, pela partilha do continente e pelo colonialismo e suas heranças que constituem obstáculos para a construção de uma longa estrada de combate à miséria e às extremas desigualdades, assim como de enfrentamento dos vários conflitos presentes no continente."

HERNANDEZ, Leila Leite. *A África na sala de aula*: visita à história contemporânea. São Paulo: Selo Negro, 2005. p. 69.

a) Por que, segundo a autora, a "Europa tem uma enorme dívida para com a África"?

b) Como seria possível "pagar" essa dívida?

c) Qual é a posição da autora sobre as razões que explicam as desigualdades sociais e o quadro de pobreza extrema que caracterizam grande parte do continente africano? Você concorda com ela? Com base nos seus conhecimentos, formule argumentos para defender sua posição, a favor ou contra a visão da autora.

2. Observe a charge para responder às questões.

Intenso outono de limpeza, charge de Szego Gizi, de outubro de 1960.

a) Como essa charge interpreta o processo de independência das colônias africanas?

b) Note que essa charge foi feita em 1960. Qual é o significado desse ano para os povos africanos?

3. Observe a tabela e escreva, em cada frase, **V** (verdadeiro) ou **F** (falso) sobre os dados apresentados.

ÍNDICE DE DESENVOLVIMENTO HUMANO (IDH) DE 2017		
Ranking	País	IDH
1	Noruega	0,953
79	Brasil	0,759
147	Angola	0,581
180	Moçambique	0,437
182	Mali	0,427
183	Burkina Faso	0,423
184	Serra Leoa	0,419
185	Burundi	0,417
186	Chade	0,404
187	Sudão do Sul	0,388
188	República Centro-Africana	0,367
189	Níger	0,354
Média mundial		0,728

Fonte: *Relatório do desenvolvimento humano 2017*. Programa das Nações Unidas para o Desenvolvimento (Pnud). Disponível em <http://mod.lk/ttgis>. Acesso em 25 set. 2018.

a) Os países africanos de colonização portuguesa ocupam as piores posições.

b) Todos os países africanos indicados na tabela estão abaixo da média mundial.

c) Os cinco países mais pobres do mundo estão situados na África.

d) A política de alianças com as antigas metrópoles ajudou no desenvolvimento dos novos Estados na África.

4. Responda às questões-chave da abertura dos temas 1 e 2.

a) Quais condições internas e externas explicam as independências na África?

b) Por que a proposta de uma África livre e unida não se concretizou após as independências?

TEMA 3

A POLÍTICA DO APARTHEID NA ÁFRICA DO SUL

Em que medida o regime do *apartheid* na África do Sul pode ser comparado ao nazismo na Alemanha?

A LEGISLAÇÃO SEGREGACIONISTA

Colonizada por holandeses desde o século XVII, a porção sul da África teve uma história diferente do restante do continente. No início do século XX, após duas guerras contra os holandeses (Guerras dos Bôeres), os britânicos conquistaram as terras da região e, reconciliando com os *africâners* (descendentes dos holandeses), fundaram a **União Sul-Africana**, que passou a fazer parte da Commonwealth em 1910.

Em 1913 foi criada a Lei de Terras Nativas (*Native Land Act*), que restringiu o acesso dos nativos às terras do país, garantindo privilégios aos brancos. Negros, mestiços e indianos foram quase totalmente excluídos desse direito, ficando apenas com acesso a 7% das terras, em geral as menos férteis e pobres em recursos minerais.

Commonwealth: organização de Estados independentes, em sua maioria ex-colônias britânicas, que tem como chefe de Estado a rainha da Inglaterra.

Crianças brincam em lago de acesso restrito às "crianças europeias", conforme a placa de aviso, na África do Sul, em 1956.

A instituição do *apartheid* como sistema legal na África do Sul aconteceu após a vitória do Partido Nacional nas eleições de 1948. Convidado a compor o novo governo, o sociólogo e grande defensor do *apartheid* Hendrik F. Verwoerd criou, entre 1949 e 1953, o aparato legal da segregação.

A nova legislação estabeleceu acessos diferenciados para negros nas escolas, praias, clubes, ônibus, universidades e outros espaços públicos de convivência; introduziu uma nova classificação racial entre os sul-africanos, com base nos termos da **Lei de Registro da População**, diferenciando-os em brancos, mestiços, indianos e negros; proibiu os casamentos inter-raciais; e segregou as etnias nativas em reservas separadas, chamadas **bantustões**, onde as crianças e os jovens negros recebiam uma educação diferenciada da destinada aos brancos.

A política segregacionista na África do Sul atendia aos anseios dos representantes da "supremacia ariana", grupo nacionalista que compartilhava ideais racistas semelhantes aos defendidos pelos nazistas na Alemanha de Hitler. Após a chegada do Partido Nacionalista ao poder, os supremacistas ficaram política e economicamente fortalecidos, pois conseguiram reduzir as oportunidades de trabalho para a população negra, com uma clara política de reserva de mercado para os brancos.

A RESISTÊNCIA AO *APARTHEID*

As primeiras manifestações contra as leis segregacionistas foram organizadas pelo **Congresso Nacional Africano (CNA)**, partido político fundado em 1913 por ativistas negros e indianos. A partir de sua criação, o CNA passou a organizar vários atos de desobediência civil, como greves e manifestações. Na província de KwaZulu-Natal, por exemplo, os atos de resistência pacífica contaram com a liderança do jovem advogado indiano Mahatma Ghandi.

No final da década de 1950, setores descontentes com a política do CNA fundaram o **Congresso Pan-Africano (CPA)**. O novo partido defendia ações mais ostensivas contra o *apartheid*, além de apoiar a ideia de uma "África para os africanos", ao contrário do programa multirracial do CNA.

Orientados pelo CPA, os negros passaram a ocupar os lugares reservados aos brancos e a circular em áreas proibidas para eles. Em março de 1960, uma manifestação pacífica convocada pelo CPA contra a lei que obrigava os negros a portar um passe para circular nas ruas foi brutalmente reprimida pela polícia. O **Massacre de Sharpeville**, como ficou conhecido, resultou na morte de 69 manifestantes e na prisão das principais lideranças dos dois partidos.

Grupo de trabalhadores protesta com o lema do Congresso Pan-Africano, "África para os africanos". África do Sul, 1960.

NELSON MANDELA: A LUTA PELA LIBERDADE

Depois da tragédia de Sharpeville, o jovem advogado Nelson Mandela, um dos líderes do CNA e até então contrário à luta armada, convenceu-se de que era necessário radicalizar a resistência para derrotar o regime. Identificado em um protesto em 1962, Mandela foi detido, julgado e condenado à prisão perpétua.

A prisão de Mandela repercutiu no mundo todo. Por pressões da comunidade internacional, a África do Sul foi banida dos Jogos Olímpicos de 1972, que também impôs o boicote aos seus produtos militares.

Em 1989, Frederik de Klerk venceu as eleições presidenciais com a promessa de formar um governo de conciliação. Em 1990, após forte campanha internacional, Mandela foi libertado. Em 1992, um plebiscito determinou o fim do *apartheid* e, no ano seguinte, Mandela foi eleito presidente da África do Sul.

> **PARA NAVEGAR**
>
> • **Centro de Memória Nelson Mandela**
> Disponível em <https://artsandculture.google.com/partner/nelson-mandela-centre-of-memory>. Acesso em 21 set. 2018.
>
> O *site* disponibiliza para consulta uma série de documentos sobre a vida de Nelson Mandela (1918-2013) e permite compreender as razões pelas quais ele se transformou em símbolo mundial da luta pelos direitos humanos e contra o racismo.

O *UBUNTU* E A DIFÍCIL RECONCILIAÇÃO

No dia 15 de abril de 1996, após quatro anos do fim do *apartheid* na África do Sul, foi instalada a **Comissão de Verdade e Reconciliação**. Presidida por um bispo anglicano, o sul-africano Desmond Tutu, essa comissão tinha como objetivos promover o diálogo entre vítimas e criminosos e reconciliar os laços comunitários – entre vizinhos, familiares e etnias –, muito fragilizados pela violência produzida em décadas de segregação racial.

Os trabalhos da comissão foram inspirados no princípio do *ubuntu*, segundo o qual um ser humano só existe em função de outros seres humanos, ou que um indivíduo só encontra sua identidade no interior de uma comunidade. Esse princípio é compartilhado por diversas etnias sul-africanas e foi, portanto, estratégico no trabalho de reconstrução dos laços de confiança entre vítimas e algozes.

O resultado desse trabalho foi um novo pacto de união nacional na África do Sul. Para tanto, foi crucial o esforço de reconstituição das graves violações aos direitos humanos ocorridas no período do *apartheid*. Além de identificar os crimes, foi necessário reconciliar os grupos em conflito. Nesse aspecto, a experiência sul-africana inovou em relação a outras experiências de transição política.

Algoz: carrasco ou aquele que executa uma pena; indivíduo cruel, assassino.

Com o gesto tradicional do movimento negro, Nelson Mandela saúda estudantes em uma escola na cidade de Johannesburgo, na África do Sul, na década de 1990.

No lugar da punição jurídica, foi aplicada a anistia aos criminosos, sob a condição de que reconhecessem os seus crimes e solicitassem o perdão.

O processo de transição política, contudo, não produziu transformações radicais na sociedade e na economia do país. Algumas heranças do *apartheid* ainda persistem. Calcula-se que 70% das terras férteis ainda pertencem à minoria branca, e os negros continuam sendo a categoria social mais vulnerável, ocupando os cargos de menor prestígio e que exigem baixa qualificação. Os negros também estão entre os menos alfabetizados e os que mais sofrem com as mazelas causadas pelo desemprego.

Explore

1. Como você descreveria o impacto da política de segregação racial na formação das crianças e na cultura dos negros sul-africanos?
2. No diálogo em que estão presentes o jornalista Woods, Steve Biko e seus familiares, discute-se o papel da educação e das relações comunitárias. Qual é a opinião do jornalista sobre o tema? Biko e seus familiares concordam com Woods? Explique.

Um grito de liberdade

Trecho do filme *Um grito de liberdade*, que trata sobre os últimos dias de vida do ativista Steve Biko e a segregação sofrida pela população negra na África do Sul sob o regime do *apartheid*.

Disponível em <http://mod.lk/bvamc>.

Moradores do assentamento Sweetla, localizado próximo à *township* de Alexandra, na África do Sul, em 2009. As *townships* são áreas urbanas criadas durante o *apartheid* para segregar os negros. Elas ainda existem e se caracterizam pelas habitações precárias e pela falta de serviços básicos, como saneamento.

ORGANIZAR O CONHECIMENTO

1. Elabore perguntas para cada uma das respostas a seguir.
   a) Bantustão.
   b) *Apartheid*.
   c) Massacre de Sharpeville.
   d) Congresso Nacional Africano.
   e) Partido Nacional.

2. De que maneira a Comissão de Verdade e Reconciliação, criada na África do Sul, buscou produzir um novo pacto de união nacional?

TEMA 4
INDEPENDÊNCIAS NA ÁSIA: ÍNDIA E INDOCHINA

O que motivou a fragmentação territorial das ex-colônias inglesas e francesas na Ásia?

A INDEPENDÊNCIA DA ÍNDIA

Quando falamos em independências, normalmente pensamos em guerras, resistência armada e táticas de guerrilha, como aconteceu na independência da Argélia e das colônias portuguesas na África. No entanto, a Índia conquistou sua independência por meio de um movimento pacífico de resistência. Como isso foi possível?

A região que corresponde aos atuais Paquistão, Bangladesh, Mianmar e Índia foi, durante a era moderna, alvo de disputas territoriais e comerciais entre portugueses, holandeses e ingleses. No século XVIII, ela foi dominada pela Companhia Britânica das Índias Orientais e, a partir de 1858, a Coroa britânica assumiu o controle da região, impondo uma forma de dominação colonial que afetou profundamente a economia local.

Com o avanço da industrialização na Inglaterra, a Índia Britânica se transformou em um grande mercado consumidor para os produtos têxteis ingleses. Incapaz de concorrer com a indústria britânica, que produzia tecidos muito mais baratos, a tradicional produção têxtil indiana entrou em colapso.

O anticolonialismo ganhou força na Índia durante a Primeira Guerra Mundial. Em 1917, o secretário de Estado britânico para assuntos indianos prometeu um governo independente para a Índia. No entanto, o novo estatuto, adotado em 1919, concedia um poder administrativo mínimo aos ministros e conselheiros locais, o que provocou sérias revoltas.

A oposição ao domínio colonial britânico era realizada pelo **Partido do Congresso**, fundado em 1885 por membros da elite intelectual indiana, formada nas universidades britânicas. O partido reunia hindus e alguns muçulmanos, minoria religiosa que representava cerca de 30% da população indiana.

Hindu: habitante da Índia que segue o hinduísmo. Não confundir com indiano, que é o habitante da Índia, que pode ser hindu, muçulmano, ateu ou adepto de outra religião.

A DIVISÃO DA ÍNDIA

Fonte: CHALIAND, Gérard; RAGEAU, Jean-Pierre. *Atlas politique du XXe siècle.* Paris: Seuil, 1988. p. 154.

A Birmânia (atual Mianmar) desmembrou-se da Índia Britânica em 1937 e tornou-se independente da Grã-Bretanha em 1948. O Ceilão, embora fosse colônia inglesa, não pertencia à Índia Britânica.

GANDHI E A RESISTÊNCIA PACÍFICA

A participação da Índia na Primeira Guerra Mundial, fornecendo soldados e matérias-primas para a Grã-Bretanha, agravou a já precária situação de vida dos mais pobres. A indústria mostrou-se incapaz de gerar empregos, houve grande elevação dos preços e a colônia se endividou. Os camponeses viram-se obrigados a entregar suas terras aos credores, pois não conseguiam pagar os altos tributos cobrados pela Grã-Bretanha. Sem suas terras, foram obrigados a se submeter a condições degradantes de trabalho impostas por latifundiários.

Diante dessa situação, o movimento anticolonial ganhou força política e expressão popular. O movimento pela independência da Índia passou a ser liderado por **Mohandas Karamchand Gandhi**, que ficou conhecido como *Mahatma* ("grande alma"). Oriundo de uma família de comerciantes hindus, Gandhi formou-se em direito na Grã-Bretanha e viveu um tempo na África do Sul, onde trabalhou como advogado.

Ao conhecer de perto a segregação racial na África do Sul, Gandhi colocou em prática os princípios da resistência pacífica e da desobediência civil como instrumentos de protesto: paralisação do trabalho, greve de fome, ocupação de espaços públicos, desobediência às ordens das autoridades e boicote aos produtos britânicos. Ao retornar à Índia, em 1915, Gandhi se tornou um dos principais líderes do Partido do Congresso, onde passou a defender seus princípios de ação não violenta.

Uma das maiores mobilizações lideradas por Gandhi foi a **Marcha do Sal**, em 1930, realizada em protesto contra as leis que proibiam os indianos de produzirem o próprio sal. Empregando mais uma vez o princípio da resistência pacífica, Gandhi percorreu quase 400 quilômetros em direção ao mar, atraindo, durante a caminhada, milhares de seguidores. Cerca de 50 mil pessoas, incluindo Gandhi, foram presas no protesto sem reagir à violência policial.

Ao encerrar a Segunda Guerra Mundial, o enfraquecido Império Britânico já não podia atender às reivindicações dos colonos nem suportar a pressão realizada pelos movimentos de emancipação. Em agosto de 1947, a independência indiana foi finalmente reconhecida.

Explore

- Você acredita que, nos dias de hoje, o boicote a determinados produtos como forma de protesto, a exemplo do que fizeram os indianos, surtiria efeito? Por quê?

Gandhi e seus seguidores durante a Marcha do Sal, na Índia, em 1930.

O CONFLITO ENTRE HINDUS E MUÇULMANOS

Antes da independência, a religião hindu predominava na Índia britânica, seguida do islã. Os britânicos, porém, buscaram acentuar as diferenças entre hindus e muçulmanos para evitar que surgisse um movimento unificado contra a dominação colonial. A ideia era "dividir para governar", ou seja, estimular as rivalidades entre os dois grupos para enfraquecer a luta pela independência.

A política britânica surtiu efeito. No início da década de 1940, quando as lideranças hindus e muçulmanas debatiam sobre o novo Estado que surgiria com a independência, o líder muçulmano Muhammad Iqbal defendeu pela primeira vez que os islâmicos deviam formar um Estado separado da Índia, organizado de acordo com as leis do islã.

No entanto, a **Liga Muçulmana** e seu principal líder, Jinnah, eram contrários à separação. Jinnah e o líder hindu Jawaharlal Nehru defendiam uma Índia unida, com as províncias de maioria muçulmana ou hindu organizadas em federações. A proposta permitiria que indianos das duas crenças continuassem vivendo nas mesmas terras após a independência.

Contudo, os líderes da Liga e do Partido do Congresso não chegaram a um acordo sobre a divisão de poder entre as federações da futura Índia. Diante disso, os dois partidos desistiram da proposta de unidade e apresentaram, em 1946, o plano de divisão da Índia em dois Estados: a Índia, de maioria hindu, e o Paquistão, de maioria muçulmana.

A violência que se seguiu ao anúncio da partilha foi terrível. Em quatro dias de confrontos, 5 mil pessoas de ambos os grupos foram mortas. Em 1947, quando se consumou a partilha, entre 10 e 15 milhões de muçulmanos emigraram da Índia para o Paquistão, protagonizando um dos maiores êxodos populacionais de que se tem notícia. Cerca de 500 mil pessoas morreram durante os deslocamentos. Gandhi, que defendia a conciliação entre muçulmanos e hindus em uma Índia unificada, acabou assassinado por um hindu separatista de seu próprio partido, em 1948.

Porém, mesmo separados, os conflitos entre os dois países continuaram. Em 1971, o governo indiano apoiou a independência do território oriental do Paquistão, que passou a se chamar Bangladesh. As tensões agravaram-se ao longo dos anos, sobretudo em razão da disputa pela Caxemira, região de maioria muçulmana que abriga as nascentes dos rios Ganges e Indo, principais fontes de recursos hídricos dos dois países. Atualmente, a região encontra-se dividida entre a Índia, o Paquistão e a China.

Explore

- O nacionalismo exacerbado envenena a humanidade. Você concorda com essa afirmação? O que o ato mostrado nesta foto tem a nos dizer sobre isso? Debata essa questão com os colegas com argumentos que sustentem a sua opinião.

Galeria de imagens

Hindus participam de manifestação em Nova Délhi, na Índia, em 28 de junho de 2017. As manifestações da campanha "Não em meu nome" foram realizadas em todo o país contra o linchamento de muçulmanos por hindus radicais. A Índia multirreligiosa e pluralista sonhada por Gandhi está sendo corroída pelo nacionalismo exacerbado. A defesa da supremacia hindu por autoridades da Índia, por exemplo, pode estimular a explosão de uma guerra étnica e religiosa no país.

A INDEPENDÊNCIA DA INDOCHINA

Os territórios dos atuais Laos, Camboja e Vietnã fazem parte da Indochina, região que era colonizada pela França desde meados do século XIX. A luta pela independência começou a se popularizar e ganhar força na década de 1920. O movimento era dirigido pelo Partido Nacional Vietnamita, criado em 1927, a primeira organização nacionalista a propor a expulsão dos franceses e a fundação de uma república no território.

Nos anos 1930, Nguyen Ai Quoc, mais conhecido como **Ho Chi Minh** ("aquele que ilumina"), fundou o Partido Comunista Vietnamita, liderando grandes movimentos de massa a favor da independência. Os protestos, nesse período, se voltavam contra os abusos fiscais, o monopólio sobre o comércio do sal e a exploração da mão de obra pelas indústrias estrangeiras.

Durante a Segunda Guerra, o exército japonês invadiu a Indochina e expulsou os franceses do território. Em 1941, foi fundado o *Vietminh*, uma frente ampla pela libertação nacional dirigida pelo comunista Ho Chi Minh. Em 1945, após expulsar os japoneses, o *Vietmihn* proclamou a independência do Vietnã e a fundação da República Democrática do Vietnã.

A GUERRA DE INDEPENDÊNCIA

Em um primeiro momento, em 1946, a França reconheceu a independência do Vietnã, oficializando sua condição de Estado livre integrado à Federação Indochinesa. Contudo, ainda em dezembro daquele ano, tropas francesas bombardearam o porto de Haiphong, no norte, causando a morte de 6 mil pessoas. O ataque deu início à guerra de independência.

O conflito durou cerca de oito anos e foi um dos primeiros a expressar a divisão bipolar da Guerra Fria. Enquanto o *Vietminh* recebeu o apoio dos soviéticos e da China, a França contou com a ajuda dos Estados Unidos. A vitória final do *Vietminh* aconteceu na Batalha de Dien Bien Phu, em 1954.

Após a rendição francesa, acordos de paz celebrados em Genebra, na Suíça, decidiram a criação do Laos e do Camboja e a divisão do Vietnã em duas partes: o **Vietnã do Norte**, socialista e liderado por Ho Chi Minh, e o **Vietnã do Sul**, capitalista e comandado pelo imperador Bao Dai. Em Genebra também foi acertada a realização, no prazo de dois anos, de um plebiscito para decidir a reunificação do país.

Soldados do *Vietminh* são levados como prisioneiros pelos franceses durante a guerra de independência da Indochina. Saigon, Vietnã, 1949.

A DIVISÃO DA INDOCHINA (1954)

Fonte: HILGEMANN, Werner; KINDER, Hermann. *Atlas historique*. Paris: Perrin, 1992. p. 512.

A GUERRA DO VIETNÃ

No Vietnã do Sul, era grande o descontentamento com o primeiro-ministro escolhido sob a influência dos Estados Unidos. A insatisfação popular com o regime aumentou com a resistência do imperador Bao Dai em convocar o plebiscito previsto em Genebra.

Nesse contexto, formou-se a Frente de Libertação Nacional, movimento guerrilheiro que ficou conhecido como **vietcong**. Apoiado pela União Soviética e pela China, o movimento tinha como objetivos combater a intervenção estadunidense e reunificar o Vietnã sob um regime socialista.

A crescente tensão no Vietnã do Sul provocou o início de uma guerra civil, em 1959, entre as forças do norte e as do sul. Entre 1960 e 1964, os Estados Unidos apoiaram o Vietnã do Sul fornecendo ajuda financeira, armas, equipamentos de inteligência eletrônica e agentes especializados em treinamento de guerra.

Em 1964, os Estados Unidos entraram oficialmente na Guerra do Vietnã. Além de armamentos, sensores, aviões e dinheiro, o governo estadunidense enviou cerca de 2 milhões de soldados para combater ao lado do exército sul-vietnamita. Do outro lado, estavam o Vietnã do Norte e o *vietcong*, com o apoio material da União Soviética e da China.

Durante sua atuação no conflito, os Estados Unidos usaram produtos químicos, como o agente laranja, para desfolhar a vegetação e dificultar a ação dos *vietcongs*, e **napalm**, uma espécie de bomba incendiária. Essas ações foram condenadas no mundo todo, inclusive por boa parte da população estadunidense, que saiu às ruas para protestar contra a guerra.

Mesmo combatendo em condições adversas, os *vietcongs* impuseram aos Estados Unidos a maior derrota militar da sua história. Em 1975, a guerrilha entrou em Saigon, obrigando os últimos estadunidenses, seus simpatizantes e outros estrangeiros a fugir em dezenas de helicópteros. O Vietnã foi reunificado sob um regime socialista, com capital em Hanói, no norte do país.

A menina Kim Phuc e outras crianças fogem de um bombardeio de napalm lançado pelo exército dos Estados Unidos em um povoado do Vietnã do Sul, em 1972.

ORGANIZAR O CONHECIMENTO

1. Leia as afirmativas e assinale **V** (verdadeiro) ou **F** (falso).
   a) ( ) O movimento pela independência da Índia foi dirigido por uma elite intelectual nativa insatisfeita com sua condição subalterna na política colonial.
   b) ( ) A Marcha do Sal foi inspirada no movimento de resistência pacífica e marcou o início da luta contra a colonização britânica na Índia.
   c) ( ) Gandhi, Nehru e os principais líderes da Liga Muçulmana defendiam a divisão da Índia em dois Estados: um hindu e outro muçulmano.
   d) ( ) A intolerância nacional e religiosa levou à onda de violência que marcou a partilha da Índia em dois Estados.
   e) ( ) O governo colonial britânico sempre procurou estimular a boa convivência entre hindus e muçulmanos na Índia.

2. Escreva um texto relacionando a Guerra do Vietnã com a Guerra Fria.

3. Quais eram as características do movimento de resistência pacífica e de desobediência civil adotado na luta pela independência da Índia?

ATITUDES PARA A VIDA

Vietnã: a guerra na TV

As primeiras redes de televisão surgiram na década de 1930, na Europa e nos Estados Unidos. Em meados dos anos 1950, os noticiários televisivos tinham duração de 15 minutos e eram exibidos ao final do dia.

A partir de 1962, quando o satélite Telstar I foi lançado na órbita terrestre, abriu-se caminho para a transmissão de imagens ao vivo, e as redes de televisão estadunidenses ampliaram seus noticiários. O intervalo entre o acontecimento e a notícia diminuiu e a TV passou a ocupar um papel central na difusão de informações.

Assim como aconteceu na Guerra da Coreia, desde o início do envolvimento dos Estados Unidos no conflito do Vietnã, o governo procurou controlar o noticiário transmitido pela TV, minimizando as perdas humanas e eventuais derrotas nos combates. Críticas à guerra ficavam restritas à imprensa escrita.

Mas tudo isso mudou ao longo dos anos 1960: imagens do conflito passaram a ser transmitidas em poucas horas, ou mesmo ao vivo e, logo em seguida, a cores. Em 1968, um respeitado jornalista, Walter Cronkite, ao voltar do Vietnã, anunciou na TV que aquela era uma "guerra inútil", crítica que foi reproduzida por colegas de outras emissoras.

Enquanto aumentavam as baixas de soldados estadunidenses, a TV dava visibilidade às dificuldades enfrentadas por eles: os desgastantes deslocamentos em meio à floresta tropical, as chuvas intensas e prolongadas e as táticas de guerrilha empregadas pelos *vietcongs*. A TV também divulgou imagens de ataques movidos contra aldeias de agricultores e revelou a inutilidade do arsenal de guerra estadunidense naquele contexto. O inconformismo, que já existia em parcelas da sociedade, foi reforçado e ampliado, e a posição dos Estados Unidos na guerra perdeu o apoio da opinião pública.

Aparelho de TV da década de 1950.

QUESTÕES

1. Na sua opinião, por que o governo dos Estados Unidos procurava controlar o noticiário sobre as guerras travadas na Coreia e no Vietnã?

2. Explique como as inovações tecnológicas nos meios de comunicação influenciaram a opinião pública estadunidense sobre a Guerra do Vietnã.

3. O ambiente de mudanças sociais e culturais dos anos 1960 formava um contexto favorável de crítica à participação dos Estados Unidos na Guerra do Vietnã? Justifique sua resposta.

4. **Questionar e levantar problemas; pensar com flexibilidade; aplicar conhecimentos prévios a novas situações**. As atitudes selecionadas para o trabalho nesta unidade estiveram presentes nos conteúdos e questões propostas anteriormente? Em quais momentos?

203

ATIVIDADES

APLICAR

1. No texto a seguir, o historiador Eric Hobsbawm analisa o surgimento de um novo modelo de guerra.

   "[...] os Estados Unidos desde 1945 têm apostado inteiramente na superioridade de seu poderio industrial, na sua capacidade de usar numa guerra mais máquinas e mais explosivos do que qualquer outro país. Consequentemente, eles ficaram gravemente abalados ao descobrirem que um novo método de ganhar guerras foi desenvolvido em nossa época [...]. Trata-se da guerra de guerrilhas, e o número de Golias que tem sido derrubado pelos estilingues dos Davi já é impressionante: os japoneses na China, os alemães na Iugoslávia [...], os ingleses em Israel, os franceses na Indochina e Argélia. Atualmente, os próprios Estados Unidos estão sendo submetidos ao mesmo tratamento no Vietnã do Sul. Daí as angustiadas tentativas de lançar bombas e mais bombas contra homens pequenos, escondidos atrás de árvores, ou de descobrir a mágica [...] que permite aos poucos milhares de camponeses mal armados conter o maior poderio militar da Terra."

   HOBSBAWM, Eric. *Revolucionários*: ensaios contemporâneos. Rio de Janeiro: Paz e Terra, 1982. p. 165-166.

   a) O que você sabe sobre os personagens Golias e Davi, citados no texto? O que os dois personagens representam na análise feita pelo autor?

   b) Explique a expressão utilizada pelo autor quando se refere aos "estilingues dos Davi".

   c) O texto faz referência a duas táticas de guerra. Quais são elas? Onde e por quais povos essas táticas foram utilizadas?

2. Sobre o texto da questão anterior, todas as afirmativas estão corretas, exceto:

   a) A guerra de guerrilhas, utilizada quando não se tem uma tecnologia bélica poderosa, é capaz de surpreender e derrotar o inimigo.

   b) Os "estilingues dos Davi" podem derrubar "centenas de Golias".

   c) O autor citou várias vitórias militares de "Davi" para demonstrar que os Estados Unidos podiam ser o próximo "Golias".

   d) Os Estados Unidos, ao serem submetidos aos ataques da guerrilha no Vietnã do Sul, passaram a adotar a mesma tática de guerra dos *vietcongs*.

   e) A tecnologia bélica não é o único fator que decide o desfecho de uma guerra.

3. (UFF/2003). O imperialismo foi marcado por variadas formas de opressão, com o objetivo de facilitar a introdução de valores europeus, entendidos como superiores. Os diversos processos de independência tornaram-se herdeiros de uma história de desconfiança e menosprezo entre os povos submetidos, revelando – ao menos em parte –, as estratégias bem-sucedidas dos dominadores. Nesse sentido, os recentes conflitos envolvendo a Índia e o Paquistão são, hoje, a face mais visível de uma luta intensificada quando da independência dos dois países, em 1947. Indique a opção que se refere, incorretamente, à problemática mencionada acima.

   a) À época da independência, a Índia foi desmembrada nos Estados da Índia propriamente dita e no Paquistão.

   b) As questões envolvendo as fronteiras entre Índia e Paquistão são bastante antigas e, até certo ponto, decorreram da política britânica de estimular as rivalidades religiosas e étnicas das populações sob seu domínio.

   c) Quando a colônia indiana tornou-se independente, instituíram-se um país de maioria cristã, o Paquistão, e outro, que hoje é a Índia, destinado à população de origem muçulmana.

   d) A posse da região de Caxemira faz parte das disputas fronteiriças travadas pela Índia e Paquistão, sendo, também, reivindicada pela China.

   e) Intensas disputas tiveram lugar nos Estados independentes, e sangrentos conflitos culminaram com a autonomia da parte oriental do Paquistão, originando a República de Bangladesh.

4. A Organização das Nações Unidas (ONU) classifica o estupro e outras formas de violência contra a mulher como um dos principais problemas nacionais da Índia. Em 2018, a Fundação Thomson Reuters publicou um levantamento que apontou a Índia como o país mais perigoso do mundo para as mulheres. Sobre esse tema, em grupos, observem a imagem, leiam a legenda e façam a atividade a seguir.

Mulheres indianas protestam contra a violência doméstica em Calcutá, na Índia, em 2016. Uma em cada seis mulheres na cidade é torturada por seu marido. Em 2015, dos 876 casos de violência doméstica notificados em Calcutá, quinze levaram à morte da esposa.

- Pesquisem estudos recentes sobre a violência contra as mulheres na Índia.
- Com base nas evidências obtidas na pesquisa, elaborem propostas para combater a violência contra as mulheres nesse país, na área da educação e da justiça.
- Apresentem o resultado do trabalho para a classe.
- Com a ajuda do professor, sintetizem as evidências e as propostas elaboradas pelos grupos.
- Ainda com a ajuda do professor, elaborem uma carta de solicitação que deve ser encaminhada à Embaixada da Índia no Brasil. Ela deve conter um quadro geral da violência sofrida pelas mulheres no país, as propostas da turma para combatê-la e a solicitação para que os representantes da Índia no Brasil se comprometam em encaminhar a petição para as autoridades do país.

5. No Levante de Soweto, em 16 de junho de 1975, estudantes protestaram contra o sistema de ensino opressor do *apartheid*, mas foram brutalmente reprimidos, e 25 jovens foram mortos. Atualmente, o dia 16 de junho é feriado na África do Sul. A data, chamada de *Youth Day*, celebra a juventude e a luta pela liberdade. Na sua opinião, qual é a importância da participação política dos jovens? Qual é o significado simbólico e histórico do *Youth Day*?

RETOMAR

6. Responda às questões-chave da abertura dos temas 3 e 4.
   a) Em que medida o regime do *apartheid* na África do Sul pode ser comparado ao nazismo na Alemanha?
   b) O que motivou a fragmentação territorial das ex-colônias inglesas e francesas na Ásia?

Mais questões no livro digital

AUTOAVALIAÇÃO

CONTEÚDOS

1. Ao final dos estudos propostos nesta unidade, como você avalia seu aprendizado? Consulte o livro e suas anotações pessoais sobre os quatro temas estudados para responder às seguintes questões.
   a) Quais conteúdos e/ou atividades considerei mais difíceis? Por quê?
   b) Quais conteúdos e/ou atividades considerei mais fáceis? Por quê?
   c) O que posso fazer para melhorar meu aprendizado?

ATITUDES

2. Marque um X nas frases que expressam situações que você experimentou durante o estudo desta unidade.
   a) ( ) Os estudos sobre o colonialismo europeu no século XIX e sobre a Guerra Fria, feitos anteriormente, facilitaram a compreensão dos processos de independência na África e na Ásia.
   b) ( ) Estabeleci conexões entre o colonialismo europeu na África, a formação de novos países independentes após a Segunda Guerra e os problemas africanos atuais.
   c) ( ) Fui capaz de analisar acontecimentos sob pontos de vista variados e não fiquei constrangido em mudar de opinião diante de novas evidências.

3. Associe cada uma das frases acima às atitudes a seguir.
   a) ( ) Aplicar conhecimentos prévios a novas situações.
   b) ( ) Pensar com flexibilidade.
   c) ( ) Questionar e levantar problemas.

COMPREENDER UM TEXTO

Em 2014, Narendra Modi assumiu o cargo de primeiro-ministro na Índia pelo partido nacionalista pró-hindu Bharatiya Janata, ou Partido do Povo da Índia. A origem desse partido é a Rashtriya Swayamsevak Sangh, organização paramilitar conservadora conhecida por suas obras assistencialistas e, ao mesmo tempo, por promover linchamentos, estupros e todo tipo de violência contra muçulmanos. O texto ao lado busca explicar o rumo da história indiana desde Gandhi até o governo de Narendra Modi.

O nacionalismo hindu

"[...] a Índia, que completou 70 anos [no último dia 15 de agosto], parece ter perdido o seu compromisso com a história. Um país inaugurado por lutadores da liberdade secular é atualmente comandando por supremacistas raciais e religiosos. [...]

[...] O aumento de crimes de ódio [...] é parte de uma tendência sinistra que vem aumentando desde que o nacionalista hindu Narendra Modi chegou ao poder em 2014. [...]

De volta a 1947, [o escritor afro-americano W.E.B] Du Bois tinha boas razões para esperar que a Índia ofereceria uma alternativa superior à modernidade destrutiva do oeste. Seu herói, Mohandas K. Gandhi [...] estava determinado em não deixar a Índia pós-colonial replicar as injustiças construídas na civilização moderna ou, como ele colocou, 'a regra inglesa sem o homem inglês'. [...]

Ainda aos olhos do mundo, a Índia manteve o seu *status* excepcional por décadas [...]. A política democrática do país parecia estável. Mas assim o era somente porque ela estava reduzida ao domínio de um só partido, o Congresso, que era por sua vez dominado por uma só família – os Nehrus. [...]

MURILO ARAÚJO

Representação atual de hindus se banhando no Rio Ganges durante o Kumbh Mela, festival religioso que dura 55 dias e tem como objetivo eliminar os pecados.

Nehru e seus seguidores articularam uma influente ideologia do excepcionalismo indiano, reivindicando prestígio moral e significância geopolítica para a peculiar, massiva e diversa democracia da Índia. Contudo, muitas dessas justas noções também cheiravam à santidade da casta superior e a privilégio de classe. Modi mobilizou efetivamente esses indianos que se sentiram por muito tempo marginalizados e humilhados pela elite que se beneficiava com Nehru em um grande banco de votos de ressentimento.

[...] O Estado, colonizado por um movimento ideológico, está emergindo de maneira triunfante sobre a sociedade. Com a ajuda da mídia, ele está assumindo extraordinários poderes de controle – falando às pessoas o que elas devem comer em suas casas e como elas devem se comportar em público, e quais pessoas devem ser linchadas.

O comando de Modi representa a mais devastadora, e talvez final, derrota da nobre ambição da Índia pós-colonial em criar uma ordem mundial moral. Mostra que o imperialismo racista que Du Bois desprezava pode ressurgir mesmo entre suas antigas vítimas: pode haver a lei inglesa sem o homem inglês. [...]

Então, alguém pode lamentar esse dia 15 de agosto remarcando o fim do encontro da Índia com seu destino [...]. Mas uma avaliação sóbria do mal-estar da Índia pode também ser estimulante. Para isso, confirma-se que o mundo como conhecemos [...] está ruindo, e que no Oriente, assim como no Ocidente, todos nós estamos sendo chamados para novas lutas por liberdade, igualdade e dignidade."

MISHRA, Pankaj. Índia, 70, e a passagem para outra ilusão. *Movimento – Crítica, teoria e ação*, 18 ago. 2017. Disponível em <http://mod.lk/l6xgz>. Acesso em 28 set. 2018.

COMPREENDER UM TEXTO

ATIVIDADES

EXPLORAR O TEXTO

1. O primeiro parágrafo do texto é, ao mesmo tempo, uma síntese e uma introdução ao assunto de que o autor irá tratar. Nessa síntese, o fundamento da reflexão do autor é:
   a) a formação do Estado indiano.
   b) a estrutura social indiana.
   c) o espaço geográfico ocupado pela Índia.
   d) a mudança ocorrida na Índia ao longo do tempo.

2. Quando Gandhi dizia que a Índia independente não poderia aplicar a "lei inglesa sem o homem inglês" defendia:
   a) o excepcionalismo indiano, ou seja, que os indianos eram os únicos herdeiros da antiga civilização indiana.
   b) a manutenção do privilégio de castas.
   c) que não houvesse opressores e oprimidos na Índia.
   d) a libertação com base na resistência pacífica.

3. O texto de Pankaj Mishra foi escrito por ocasião do aniversário de 70 anos da independência da Índia. No entanto, o sentimento que o texto deixa no leitor não é de celebração. Qual é o sentimento que ele transmite? Por que o autor se sente dessa maneira?

RELACIONAR

4. Releia, nas páginas 198 e 199, os itens "A independência da Índia" e "Gandhi e a resistência pacífica". Qual é a diferença entre o "excepcionalismo indiano" no texto didático e o descrito no texto do autor?

5. O autor atribui características diferentes ao nacionalismo indiano ao longo do tempo: em 1947, o nacionalismo era "anticolonial"; desde 2014, ele teria se transformado em um nacionalismo "supremacista". Qual é a diferença entre os dois nacionalismos?

REVISANDO

As independências na África

1. O período do **entreguerras** e a **Segunda Guerra Mundial** foram decisivos para o processo de **independência** das colônias europeias **na África**.

2. O **pan-africanismo** e o movimento da **negritude**, ao valorizar a autodeterminação dos povos africanos, apresentaram um projeto e uma **direção política** aos movimentos pela independência na África.

3. A maioria das colônias da **África Ocidental Francesa** conquistou sua independência em **1960** por meio de negociações com a metrópole.

4. A luta pela independência das **colônias portuguesas** foi dirigida por uma **elite intelectual de jovens marxistas**. As independências foram reconhecidas após a **Revolução dos Cravos**.

A África livre

1. Os **minimalistas** defendiam a manutenção das **fronteiras coloniais**, enquanto os **maximalistas** pregavam a **unidade política africana**.

2. A **Organização para a Unidade Africana (OUA)**, criada em 1963, confirmou a **divisão do continente** em Estados autônomos.

3. A nova **diáspora africana**, iniciada no final do século XX, é motivada pelas guerras civis, pela crise da agricultura e pela pobreza e tem como **principal destino a Europa**.

Separar e perdoar: como superar o *apartheid*

1. O *apartheid* foi formalmente instituído na África do Sul após a vitória do **Partido Nacional**, em 1948.

2. O **Congresso Nacional Africano (CNA)** e o **Congresso Pan-Africano (CPA)** foram os protagonistas da luta contra o *apartheid* na África do Sul.

3. **Nelson Mandela**, eleito presidente depois de passar 27 anos preso, é o maior **símbolo da luta contra a segregação racial** na África do Sul.

4. A **Comissão de Verdade e Reconciliação** (1996) selou um novo pacto de **união nacional** na África do Sul.

Conflitos e independências na Ásia

1. O movimento pela **independência da Índia** foi dirigido pela **elite intelectual** indiana, que ansiava ocupar uma **posição de destaque** na política.

2. A **desobediência civil** e a **resistência pacífica** marcaram a luta anticolonial liderada por Gandhi.

3. A divisão da Índia em dois estados, **Índia e Paquistão**, resultou das **rivalidades entre hindus e muçulmanos**, estimuladas pelos britânicos.

4. A **expulsão dos franceses** da Indochina, durante a Segunda Guerra Mundial, **fortaleceu o movimento de independência**, liderado por Ho Chi Minh.

5. A **Guerra do Vietnã** opôs o **lado capitalista** (Vietnã do Sul e Estados Unidos) contra o **socialista** (*vietcongs* e Vietnã do Norte, com apoio material da China e da URSS) e chegou ao fim com a vitória dos *vietcongs* e a **reunificação do Vietnã sob um regime socialista**.

Trilha de estudo

Vai estudar? Nosso assistente virtual no *app* pode ajudar! <http://mod.lk/trilhas>

PARA ASSISTIR

- **Os filhos da meia-noite**
  Direção: Deepa Mehta
  País: Reino Unido/Canadá
  Ano: 2012
  Duração: 146 min

  Sinopse

  O filme conta a história de Saleem e Shiva, indianos que nascem no ano da independência da Índia. Os dois foram trocados na maternidade, e Shiva, filho de um casal rico, é criado pelos pais de Saleem, que são pobres.

  O filme e esta unidade

  1. Como o filme apresenta a saída dos ingleses do território indiano?
  2. Shiva e Saleem representam lugares sociais e políticos diferentes. Explique.

UNIDADE 7
A DITADURA CIVIL-MILITAR NO BRASIL E A REDEMOCRATIZAÇÃO

ATITUDES PARA A VIDA
- Aplicar conhecimentos prévios a novas situações.
- Escutar os outros com atenção e empatia.
- Controlar a impulsividade.
- Persistir.

Retratos de jovens "desaparecidos" durante a ditadura militar argentina, colocados no quadro de avisos da associação Mães da Praça de Maio. Buenos Aires, Argentina, 1982.

UMA TRANSIÇÃO INCOMPLETA

O Brasil, assim como a Bolívia (1982), a Argentina (1983) e o Chile (1986 e 2003), organizou uma Comissão Nacional da Verdade (CNV) para investigar e esclarecer os abusos cometidos por agentes do Estado no passado, principalmente durante a ditadura civil-militar, e dessa forma dar voz às vítimas da violência e da repressão política.

Responsável por examinar e esclarecer as violações de direitos humanos ocorridas no Brasil entre 1946 e 1988, a Comissão Nacional da Verdade (2011 2014) buscou "efetivar o direito à memória e à verdade histórica e promover a reconciliação nacional". Os casos de tortura, mortes, desaparecimentos e ocultação de cadáveres foram investigados e tornados públicos. A reconciliação almejada, contudo, parece ainda distante. Muitos torturadores e autoridades envolvidas em graves violações aos direitos humanos não admitem sua responsabilidade nos fatos, e outros nem sequer reconhecem que houve um regime de exceção no Brasil entre 1964 e 1985.

Em 1979, a Lei da Anistia permitiu que os exilados pela ditadura retornassem ao Brasil, mas criou obstáculos para a investigação e o processamento judicial dos chamados "crimes políticos" cometidos por agentes do Estado e da sociedade civil. Por isso, muitos defendem que sua revisão é necessária, pois, sem o reconhecimento oficial do sofrimento causado ao outro, a política de reconciliação nunca será concluída.

COMEÇANDO A UNIDADE

1. Como você imagina a vida de uma pessoa em um governo ditatorial?
2. Que informações você tem sobre o período da ditadura civil-militar no Brasil?
3. Como você interpreta o título do texto acima: "Uma transição incompleta"?

TEMA 1

O GOLPE DE 1964 E O TERRORISMO DE ESTADO

Como a ditadura foi institucionalizada no Brasil?

A INSTAURAÇÃO DA DITADURA

Você já imaginou viver em um lugar onde as músicas, as peças de teatro, os filmes e as notícias só podem ser lançados ou publicados com autorização do governo? E um lugar onde as pessoas não têm o direito de escolher seus próprios governantes? Durante 21 anos, entre 1964 e 1985, o Brasil foi esse lugar.

No dia 1º de abril de 1964, os militares ocuparam os órgãos públicos das principais cidades do país e passaram a prender políticos, estudantes, sindicalistas, intelectuais, funcionários públicos e até mesmo militares que defendiam o respeito à Constituição.

Os militares passaram a governar o Brasil por meio de decretos, chamados **Atos Institucionais (AIs)**, com o objetivo de institucionalizar a ditadura e fortalecer o Executivo, garantindo aos militares poder para governar o país. Entre 1964 e 1969, foram editados 17 Atos Institucionais, que só seriam revogados em 13 de setembro de 1978.

O primeiro deles, o **AI-1**, editado em 9 de abril de 1964, permitiu ao governo cassar mandatos e suspender direitos políticos de diversas personalidades, como Leonel Brizola, Juscelino Kubitschek, Jânio Quadros, João Goulart, entre outros. Os militares que se opuseram ao golpe foram expulsos das Forças Armadas.

O AI-1 também determinou que uma nova eleição para a presidência da república aconteceria no dia 11 de abril. No entanto, essa eleição seria realizada de forma indireta, ou seja, pelo Congresso Nacional, e não pelo voto popular. O presidente eleito no Congresso governaria até janeiro de 1966, quando, teoricamente, terminaria o mandato de João Goulart, se ele ainda estivesse na presidência.

Charge de Lailson de Holanda Cavalcanti para o 4º Salão Internacional de Humor de Piracicaba, 1977. Esse festival de humor é realizado todo ano no município paulista de Piracicaba.

Patrulha do exército em rua do Recife (PE), no dia 2 de abril de 1964.

Após o golpe de 31 de março, a tensão social e política foi enorme e ficou marcada pela repressão aos que se opunham ao regime.

"Nas primeiras semanas depois do golpe [de 1964] prendeu-se tanto que as cadeias foram insuficientes. O Maracanã virou presídio; navios da marinha receberam centenas de 'subversivos'. Os quartéis em todo o Brasil lotaram de prisioneiros. A impunidade estimulou o uso da tortura. Cometeram-se tantos abusos que até a imprensa brasileira começou a denunciá-los."

CHIAVENATO, Júlio José. *O golpe de 64 e a ditadura militar.* 2. ed. São Paulo: Moderna, 2004. p. 178.

O GOVERNO CASTELLO BRANCO

O marechal Humberto de Alencar Castello Branco, indicado pelos militares e eleito pelo Congresso Nacional, tornou-se o primeiro presidente do regime militar no Brasil. Ao ser empossado, declarou seu projeto de governar para desenvolver o capitalismo brasileiro e conter uma suposta "ameaça comunista", controlando as massas trabalhadoras e reformando o aparelho do Estado.

Para controlar as contas do governo e reduzir a inflação, o governo cortou investimentos, elevou os impostos e suspendeu os reajustes salariais para os trabalhadores. A inflação diminuiu, mas a recessão econômica provocou o fechamento de empresas, arrocho salarial e desemprego. Além disso, Castello Branco revogou a lei que restringia a remessa de lucros das empresas para o exterior, criada pelo ex-presidente João Goulart.

Em junho de 1964, o Congresso aprovou a **Lei Antigreve**, que proibia a paralisação de servidores públicos e dificultava a realização de greves no setor privado. Um movimento grevista, para ser iniciado, tinha de ser aprovado em assembleia pelo voto secreto de pelo menos dois terços da categoria, na primeira convocação, e um terço na segunda, com um intervalo mínimo de dois dias entre elas.

Na política externa, Castello Branco alinhou-se aos Estados Unidos e rompeu relações diplomáticas com Cuba. Dessa forma criou condições para aproximar o Brasil da **Aliança para o Progresso**, programa instituído pelo governo dos Estados Unidos com o objetivo de impulsionar o crescimento econômico dos países da América Latina e impedir o avanço do socialismo na região. Com isso, Castello Branco conseguiu firmar novos acordos com o Fundo Monetário Internacional (FMI) e obter novos empréstimos.

O governo também instituiu a **Lei de Imprensa**, que limitou a liberdade de expressão e de informação nos meios de comunicação e previu punições aos acusados de violar os artigos da lei. A Lei de Imprensa só foi revogada em 2009, 42 anos após ter sido criada.

Arrocho salarial: suspensão dos reajustes dos salários com o objetivo de reduzir os custos de produção, ampliando, assim, a margem de lucro dos empregadores, além de ser um mecanismo usado para frear o consumo e impedir o aumento dos preços.

AMPLIA-SE O ATAQUE À DEMOCRACIA

O governo Castello Branco também criou organismos voltados para a investigação e a repressão política. Entre eles, destacou-se o **Serviço Nacional de Informações (SNI)**, idealizado pelo general Golbery do Couto e Silva e instituído em 1964. O SNI realizava as atividades de inteligência e gestão de informações do regime, produzindo fichas de identificação dos suspeitos de planejar ou realizar ações contra o governo.

Nas eleições para governador, em outubro de 1965, a oposição conquistou vitórias em cinco dos dez estados onde houve disputa eleitoral. Em resposta, os militares restringiram ainda mais a democracia por meio do **Ato Institucional nº 2**, o **AI-2**:

- O ato estabeleceu eleições indiretas para presidente, reduziu as atribuições do Congresso Nacional e concedeu ao presidente o poder de baixar decretos relativos a questões de **segurança nacional**.

- Extinguiu os partidos políticos e criou o **sistema bipartidário**: a **Aliança Renovadora Nacional (Arena)**, o partido do governo, e o **Movimento Democrático Brasileiro (MDB)**, que fazia a oposição consentida.

As reformas realizadas por Castello Branco foram incorporadas a uma nova Constituição, apresentada pelo presidente da república e aprovada pelo Congresso Nacional, que foi convocado para isso por meio do **AI-4**. O novo texto constitucional entrou em vigor em 15 de março daquele ano, com a posse de um novo presidente.

Galeria de imagens

Explore
- De que modo a crítica feita na charge está relacionada com a ditadura civil-militar instaurada no Brasil em 1964?

Nós escolhemos o povo, charge de Henfil ironizando o funcionamento do governo brasileiro durante a ditadura civil-militar, publicada em 1988.

O GOVERNO COSTA E SILVA

Indicado pelos militares, o general Arthur da Costa e Silva foi eleito presidente da república em outubro de 1966 e empossado em março do ano seguinte. Apoiado por uma ala do exército conhecida como "linha dura", seu governo ficou marcado pelo crescimento dos movimentos de oposição e pela violência da repressão policial.

O movimento estudantil, mesmo na clandestinidade, continuava se organizando e atuando por melhores condições de ensino e contra o regime. Os estudantes secundaristas também começaram a se organizar reivindicando o fim da ditadura e o aumento do número de vagas nas universidades públicas.

Em março de 1968, durante um protesto no centro do Rio de Janeiro, o estudante secundarista Edson Luís de Lima Souto foi morto pela polícia. Milhares de pessoas acompanharam seu enterro e compareceram à missa de sétimo dia. As homenagens ao estudante se transformaram em manifestações de repúdio à violência da ditadura.

Em junho do mesmo ano, o movimento estudantil organizou uma grande manifestação contra o regime militar. O protesto, que ficou conhecido como a **Passeata dos Cem Mil**, contou com a participação de artistas, estudantes, padres, intelectuais e outros setores da sociedade brasileira.

O AI-5: OS ANOS DE CHUMBO

As manifestações contra o regime não ficaram restritas às ruas. Em setembro de 1968, o deputado da oposição Márcio Moreira Alves (MDB) proferiu um discurso na Câmara dos Deputados conclamando a população a boicotar os desfiles de 7 de setembro, além de chamar os quartéis de "covis de torturadores".

As Forças Armadas, enfurecidas com o discurso do deputado, encontraram o pretexto para decretar o **Ato Institucional nº 5 (AI-5)**, que autorizava o presidente a fechar o Congresso Nacional, intervir em estados e municípios, suspender direitos políticos de qualquer cidadão por dez anos e suprimir o direito ao *habeas corpus*.

O AI-5 contribuiu para radicalizar a luta contra o regime. Grupos políticos de resistência intensificaram as ações armadas, na forma de guerrilha, para derrubar a ditadura. Começava o período conhecido como "anos de chumbo".

Habeas corpus: medida judicial concedida visando proteger a liberdade de ir e vir de uma pessoa ameaçada de sofrer violência ou abuso de poder; direito de um réu aguardar sua sentença em liberdade.

Milhares de pessoas protestam contra a ditadura na Passeata dos Cem Mil, realizada em junho de 1968, na cidade do Rio de Janeiro (RJ).

O GOVERNO MÉDICI

Em 30 de outubro de 1969, o general Emílio Garrastazu Médici foi eleito presidente do Congresso Nacional, iniciando o período de maior perseguição e repressão política aos opositores do regime.

Também membro da "linha dura", Médici buscou fortalecer os órgãos de repressão e inteligência, como a **Operação Bandeirante (Oban)**, criada em fevereiro 1969. A Oban era formada por oficiais das Forças Armadas e por policiais civis e militares que trabalhavam juntos na coleta de informações, nos interrogatórios e em operações de combate aos movimentos de oposição à ditadura.

As operações contavam com o apoio de empresários paulistas e executivos de multinacionais instaladas no Brasil. Em 1970, com o objetivo de ampliar e apoiar a atuação da Oban, o presidente Médici reuniu uma equipe ministerial para criar o **Destacamento de Operações e Informações (DOI)** e o **Centro de Operação de Defesa Interna (Codi)**. Atuando de forma integrada em praticamente todo o território nacional, o sistema **DOI-Codi** dirigia a repressão política em articulação direta com o Centro de Informações do Exército (CIE).

ORGANIZAR O CONHECIMENTO

1. Identifique o Ato Institucional correspondente a cada medida.
   a) Estabeleceu eleições indiretas para presidente e o bipartidarismo.
   b) Convocou o Congresso Nacional para aprovar uma nova Constituição.
   c) Autorizava o governo a suspender os direitos políticos de personalidades políticas.
   d) Concedia ao presidente poder para fechar o Congresso Nacional e intervir em estados e municípios.

2. Redija um pequeno texto descrevendo as principais medidas políticas e econômicas tomadas pelo governo Castello Branco.

Familiares de vítimas do regime militar no ato "Ditadura Nunca Mais", no antigo DOI-Codi, hoje 36ª Delegacia de Polícia de São Paulo, 31 de março de 2014.

TEMA 2 — AS BASES DE SUSTENTAÇÃO DA DITADURA

Quais foram as principais bases econômicas, sociais e políticas da ditadura civil-militar?

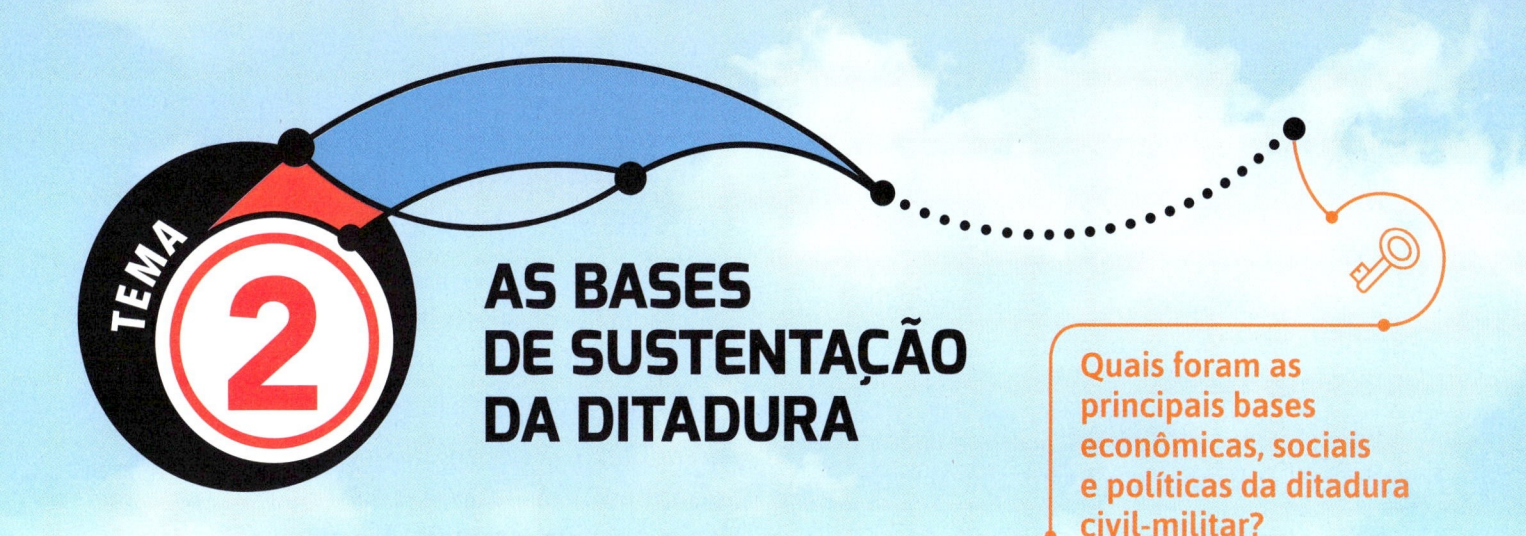

O "MILAGRE ECONÔMICO" BRASILEIRO

A expressão "milagre econômico" apareceu pela primeira vez por volta de 1950, utilizada em referência aos países que passavam por um período de acentuado crescimento econômico. Os casos mais conhecidos foram os da República Federal da Alemanha (RFA) e do Japão, que experimentaram um rápido processo de recuperação econômica após o fim da Segunda Guerra Mundial.

Entre o fim dos anos 1960 e a primeira metade dos anos 1970, a economia brasileira também cresceu de forma muito expressiva e acelerada, com destaque para a produção industrial e para as exportações do país. Esse período de rápido crescimento da economia ficou conhecido como "milagre econômico" brasileiro. Que condições favoreceram essa boa fase da nossa economia?

Aproveitando a prosperidade econômica internacional, o governo conseguiu empréstimos no exterior a juros baixos e realizou investimentos na indústria, na agricultura, no setor energético e na construção civil. As usinas hidrelétricas de Itaipu e de Tucuruí, a usina nuclear de Angra dos Reis e a Ponte Rio-Niterói foram construídas nesse período.

Usina Nuclear de Angra 1, em Angra dos Reis (RJ), foto de 2016.

Entre 1968 e 1973, a economia brasileira cresceu em média 11% ao ano. A indústria teve um crescimento na faixa de 14% ao ano, com destaque para o setor automobilístico, de eletrônicos e da construção civil. As exportações também tiveram aumento de cerca de 30% ao ano, não muito diferente do volume das importações.

Contudo, nem todos os brasileiros puderam desfrutar desse crescimento. A política de achatamento dos salários fez aumentar a concentração de renda e a desigualdade social no país. Além disso, com o aumento dos preços do petróleo, em 1973, a dívida externa brasileira disparou. Ela passou de 6,2 bilhões de dólares em 1970 para 20 bilhões em 1974. Do "milagre" passou-se à alta da inflação, à recessão e ao aumento do desemprego.

Explore

- Com base no gráfico, identifique o que ocorreu com a renda dos 10% mais ricos e dos 50% mais pobres do Brasil entre 1960 e 1990.

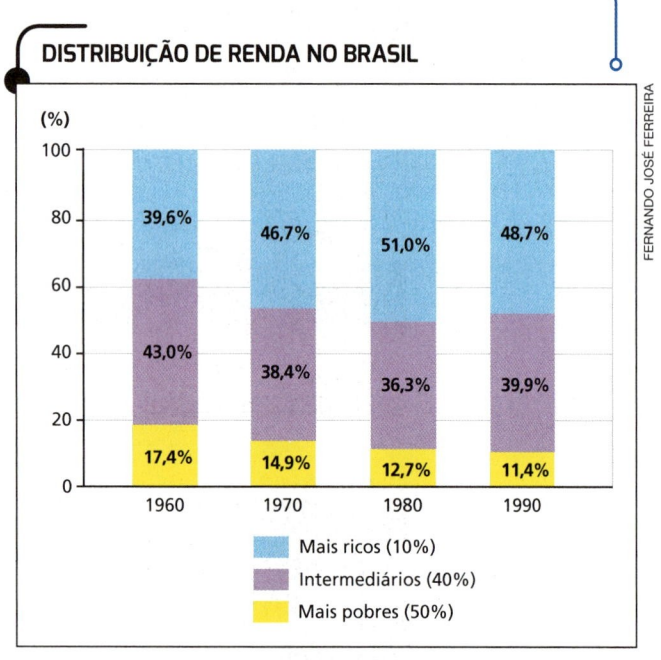

DISTRIBUIÇÃO DE RENDA NO BRASIL

Ano	Mais ricos (10%)	Intermediários (40%)	Mais pobres (50%)
1960	39,6%	43,0%	17,4%
1970	46,7%	38,4%	14,9%
1980	51,0%	36,3%	12,7%
1990	48,7%	39,9%	11,4%

Fonte: Instituto Brasileiro de Geografia e Estatística (IBGE). *Estatísticas históricas do Brasil; Anuário estatístico do Brasil*, 1997.

O Parque Indígena do Xingu

Nesse vídeo, você vai conhecer um pouco sobre a criação e a situação atual do Parque Indígena do Xingu. Disponível em <http://mod.lk/3jbrl>.

A INTEGRAÇÃO DOS POVOS INDÍGENAS

Você sabia que, além de estudantes, intelectuais, padres, políticos, artistas e ativistas sindicais, os indígenas também foram alvos da repressão e da violência dos governos militares?

Em 1967, o Serviço de Proteção aos Índios (SPI) foi extinto pelos militares, sendo substituído pela **Fundação Nacional do Índio**, a Funai. O SPI foi extinto principalmente em razão das denúncias de corrupção e violação dos direitos dos indígenas. Embora a Funai tentasse superar os problemas que havia no SPI, ela acabou por reproduzi-los, voltando suas ações para a integração dos indígenas à sociedade dos brancos.

O governo militar também criou em 1970 o **Plano de Integração Nacional**, o PIN, impulsionado pelo "milagre econômico". Esse plano tinha como objetivo desenvolver e expandir o capitalismo nas regiões Norte e Nordeste por meio de grandes obras de infraestrutura. Populações e terras indígenas que cruzassem o caminho dos tratores deveriam ser removidas.

Assim aconteceu na abertura da Rodovia Transamazônica, terceira maior rodovia brasileira e inaugurada em 1972 mesmo sem estar totalmente finalizada. Em sua construção, 29 povos indígenas foram tragicamente afetados. Os Jiahui e os Tenharim, originalmente habitantes do sul do estado do Amazonas, foram quase totalmente exterminados.

Na execução dessa política de integração nacional, multiplicaram-se os conflitos de terras, as remoções forçadas e as epidemias, gerando mortes e a destruição da cultura de diversos grupos indígenas. O povo Panará, por exemplo, que habitava terras do Mato Grosso e do Pará, teve sua população drasticamente reduzida com a construção da Rodovia Cuiabá-Santarém. Quando foram encontrados pelos irmãos Villas-Bôas e transferidos ao **Parque Indígena do Xingu**, não chegavam a uma centena de pessoas.

Explore

1. Como você explica a diversidade de povos indígenas que habitam o Parque Indígena do Xingu?
2. Quais são as principais ameaças à preservação do parque?

A BASE SOCIAL DA DITADURA

O golpe de 1964 e a consolidação do regime ditatorial não teriam êxito sem o apoio importante de setores da sociedade civil.

Por essa razão, tem-se optado pelo uso das expressões **golpe civil-militar** e **ditadura civil-militar**, em vez de **golpe militar** e **ditadura militar**. Com isso, os historiadores pretendem chamar a atenção para o fato de que a ditadura conseguiu conquistar o apoio de parte da sociedade civil que, ao fim, permitiu que o regime sobrevivesse com relativa estabilidade ao longo de 21 anos. Contudo, é preciso destacar que, mesmo entre os historiadores, o tema ainda provoca debates.

Em 1964, muitos políticos civis apoiaram o golpe militar acreditando que a presença das Forças Armadas no poder seria breve. O golpe militar foi saudado por alguns governadores, como Carlos Lacerda, do Rio de Janeiro, Adhemar de Barros, de São Paulo, e Magalhães Pinto, de Minas Gerais. Contudo, à medida que ficava claro que os militares tinham um projeto próprio de poder, e não seriam apenas instrumentos dos civis, vários defensores do golpe passaram a fazer oposição ao regime e tiveram seus mandatos cassados.

É importante destacar que os anos do milagre brasileiro (1968-1973) coincidem mais ou menos com os chamados anos de chumbo da ditadura, período de maior truculência e repressão do regime. Nessa época, o apoio civil à ditadura ocorreu nos bastidores do poder, longe dos holofotes da imprensa. A montagem dos aparelhos de repressão aos movimentos de resistência, por exemplo, contou com o apoio direto de empresas nacionais e estrangeiras.

"A Oban foi financiada por empresários paulistas e executivos de empresas multinacionais [...] que se reuniram com o então ministro Delfim Netto num encontro organizado pelo banqueiro Gastão Vidigal, dono do Banco Mercantil de São Paulo, e estabeleceram um sistema fixo de contribuições, cuja estrutura e funcionamento são, até hoje, um bem guardado segredo da ditadura."

SCHWARCZ, Lilia Moritz; STARLING, Heloisa Murgel. *Brasil: uma biografia*. São Paulo: Companhia das Letras, 2015. p. 460.

Em certa medida, o **Estado de exceção** e as condições criadas pela ditadura, principalmente depois do AI-5, possibilitaram e asseguraram o rápido crescimento da economia brasileira. O "milagre econômico" e a violência política, portanto, estavam organicamente ligados.

A classe média urbana também representou uma base social importante de apoio ao regime, tanto na campanha que preparou a queda de Jango quanto nos anos dos governos militares. Associações cívicas femininas, reunindo mulheres das camadas médias e altas da sociedade, foram formadas em várias cidades do país com o objetivo de recrutar mães e esposas para a tarefa de promover o sentimento patriótico. O discurso em defesa do lar e da religião, central nas ações que elas organizavam, funcionaram como escudo em defesa da pátria e contra o comunismo.

Estado de exceção: situação prevista na Constituição que ocorre quando o Poder Executivo suspende o Estado democrático de direito diante de situações emergenciais, como invasão estrangeira, ameaça à ordem institucional ou calamidade pública.

Editorial do jornal *O Globo* louva a ação dos militares com o título "Ressurge a democracia!", de 2 de abril de 1964.

PROPAGANDA POLÍTICA

O apoio de empresários, da classe média urbana e da grande imprensa brasileira foi uma estratégia importante para formar a base política e econômica dos militares, conferindo legitimidade a um regime de exceção. Ainda hoje, em alguns setores, é forte a ideia de que a ditadura não foi um período de violência, mas sim de democracia, crescimento econômico e bem-estar social. Como foi construída essa imagem do regime?

Com o objetivo de produzir uma imagem positiva do regime civil-militar, os ditadores souberam dialogar com importantes tradições arraigadas no imaginário coletivo do país. Ideias e *slogans* incessantemente divulgados pela propaganda oficial do regime reafirmavam noções de grandeza nacional, de amor à pátria e de otimismo em relação ao futuro do Brasil.

Porém, tais ideias não eram apenas criações da propaganda; elas se baseavam também em expectativas criadas pelo próprio "milagre brasileiro". Com o crescimento da economia brasileira e internacional, houve uma explosão do consumo nos setores médios e ricos do país. Entre 1968 e 1973, o número de domicílios com televisão e um automóvel mais que duplicou. Na Copa do Mundo de 1970, uma em cada quatro famílias pôde assistir, pela TV e em casa, à vitória brasileira sobre a seleção da Itália.

Aliás, o governo militar explorou habilmente a relação emocional do brasileiro com o futebol. As vitórias nesse esporte passaram a ser utilizadas para promover os feitos do regime, minimizar o arrocho salarial e ocultar a repressão política. A conquista do tricampeonato na Copa do Mundo, disputada no México, em 1970, foi amplamente divulgada no país. Pela primeira vez, as partidas foram transmitidas ao vivo pela televisão. A campanha irretocável do Brasil, da estreia à final, foi utilizada para associar o triunfo da seleção canarinho ao "milagre econômico" e ao regime militar.

Arraigar: enraizar; fixar; gravar na memória ou nos costumes.

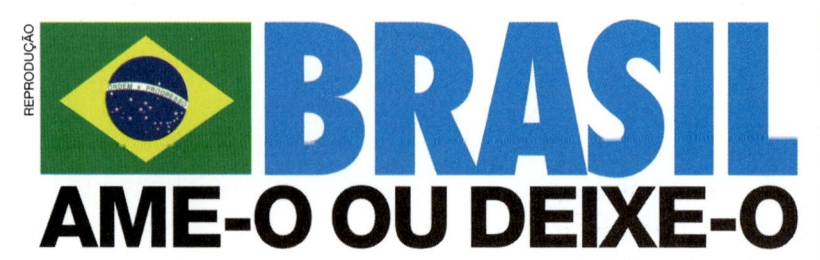

BRASIL AME-O OU DEIXE-O

Acima, *slogan* difundido durante a ditadura civil-militar no Brasil. Ao lado, Pelé comemora com Jairzinho, camisa 7, o primeiro gol contra a Itália na final da Copa do Mundo de 1970, no México.

ORGANIZAR O CONHECIMENTO

1. Assinale as afirmativas corretas sobre o "milagre econômico" brasileiro.
   a) Elevação dos salários e incremento do setor ferroviário.
   b) Aumento das exportações e das taxas de inflação.
   c) Aumento do endividamento externo e da concentração de renda.
   d) Expansão do consumo e da produção industrial.
   e) Crise energética e novos investimentos em pesquisas tecnológicas.

2. Elimine do quadro a expressão que não faz parte do grupo e a substitua por outra que faça sentido.

milagre econômico	propaganda
concentração de renda	patriotismo
Estado de direito	repressão política

DE OLHO NA IMAGEM

O HUMOR CONTRA A PROPAGANDA

Em 1970, o Brasil vivia o chamado "milagre econômico". A euforia com o crescimento da economia foi reforçada pela conquista brasileira do tricampeonato mundial de futebol no México.

O triunfo do futebol passou a ser utilizado para promover os feitos da ditadura, aumentar o ufanismo, fazer a população ignorar o clima de medo e censura que dominava o Brasil e esquecer os baixos salários e a concentração de riqueza que crescia no país. A charge de Ziraldo, reproduzida a seguir, trata justamente desse tema.

Dialogando com Arte

Uma família pobre, sentada em caixotes improvisados, aguarda ansiosamente a chegada da comida.

A mãe, em um gesto de quem prepara uma grande surpresa, carrega a bandeja.

Dentro dela, em vez da comida, aparece a taça Jules Rimet, conquistada pelo Brasil na Copa do Mundo de 1970.

Charge de Ziraldo sobre a Copa do Mundo de 1970, publicada no livro *20 anos de prontidão*, de 1984.

QUESTÕES

1. Que características da realidade brasileira de 1970 foram representados na charge? Que elementos foram utilizados pelo cartunista para abordar essa realidade?

2. De que maneira a crítica bem-humorada aparece na charge?

3. Qual é a visão do chargista em relação ao período? De que forma ele aborda a situação vivida no país naquele momento?

4. Com um colega, escolham um tema relacionado à ditadura civil-militar no Brasil e criem uma charge sobre o assunto. Lembrem-se de usar o humor e a crítica. Em seguida, troquem a charge com outros colegas e analisem os trabalhos recebidos com base nas questões anteriores.

ATIVIDADES

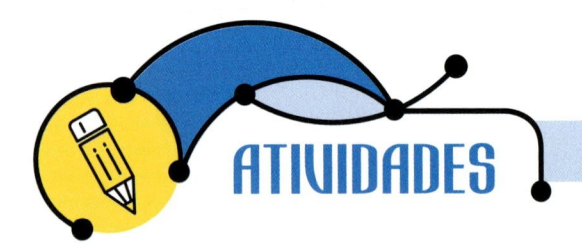

APLICAR

1. Observe a charge e responda às questões.

"— Foi você, Maria, ou já começou a Lei de Imprensa?", charge de Fortuna publicada no *Correio da Manhã*, em 1966.

   a) Qual aspecto da ditadura civil-militar foi criticado na charge?

   b) A charge provoca o humor ao representar, de forma literal, a conduta do governo em relação à imprensa. De acordo com a charge, como agia o governo? Era assim mesmo que devia acontecer? Justifique.

   c) Na sua opinião existe liberdade de imprensa no Brasil atual? Justifique.

2. (Unicamp-2014). O historiador Daniel Aarão Reis tem defendido que o regime instaurado em 1964 não seja conhecido apenas como "ditadura militar", mas como "ditadura civil-militar", pois contou com a participação civil. Para exemplificar o envolvimento civil, é possível citar:

   a) manifestações populares como a "passeata dos 100 mil", a campanha pela anistia e as "Marchas da família com Deus e pela liberdade".

   b) a atuação homogênea do clero brasileiro e da Associação Brasileira de Imprensa (ABI), que temiam a instauração do comunismo no país.

   c) a participação da população nas eleições parlamentares, legitimando as decisões políticas por meio de referendos.

   d) o apoio de empresários, grupos midiáticos, políticos civis e classes médias urbanas que davam sustentação aos militares.

3. Leia o texto a seguir e responda às questões.

   "A propaganda embalou a seleção desde sua partida para o México. A marchinha 'Pra frente, Brasil' era tocada nas rádios, nos programas de televisão, nos desfiles militares e nas escolas. Os cartazes de propaganda do regime confundiam-se com o sucesso do escrete nacional. Na Semana da Pátria o *slogan* era 'Ninguém mais segura este país'. Nas repartições públicas, 'Ontem, hoje, sempre, Brasil'. Nos intervalos comerciais das emissoras de rádio e televisão, 'Até 1964 o Brasil era apenas o país do futuro. E então o futuro chegou'. Nos automóveis, adesivos estampavam uma pequena bandeira nacional com os dizeres 'Brasil, ame-o ou deixe-o'. [...]. Antes mesmo da conquista, o presidente Médici, sem a farda de general, aparecia sorridente em fotos cabeceando uma bola. [...] O álbum de figurinhas da Copa, com a foto dos heróis do tricampeonato, tinha como primeira estampa uma grande imagem do próprio presidente. Era a pátria de chuteiras e de boina militar."

   FRANCO JÚNIOR, Hilário. *A dança dos deuses*: futebol, cultura, sociedade. São Paulo: Companhia das Letras, 2007. p. 143.

   a) Como você interpreta a frase: "Os cartazes de propaganda do regime confundiam-se com o sucesso do escrete nacional"?

   b) Que exemplos o autor apresenta para demonstrar o uso do futebol como instrumento de propaganda política?

   c) Escolha do texto uma frase que, na sua opinião, resuma a relação que os militares procuraram construir entre a Copa de 1970, o Brasil e o governo.

RETOMAR

4. Responda às questões-chave da abertura dos temas 1 e 2.

   a) Como a ditadura foi institucionalizada no Brasil?

   b) Quais foram as principais bases econômicas, sociais e políticas da ditadura civil-militar?

TEMA 3 — A RESISTÊNCIA À DITADURA

Como a sociedade resistiu à ditadura civil-militar no Brasil?

AS LUTAS DE OPERÁRIOS E ESTUDANTES

Quando se trata de explicar a resistência à ditadura civil-militar no Brasil, o mais adequado é falar em lutas, no plural, pois, ainda que diferentes grupos lutassem pela mesma causa, não havia uma estratégia única de combate. Entidades estudantis, operários e artistas manifestaram, com seus próprios métodos, um forte repúdio ao governo ditatorial e um grande anseio pela democracia. A estratégia da luta armada, mesmo sendo a forma mais radical de combater o regime militar, não conquistou o apoio da sociedade brasileira.

O MOVIMENTO ESTUDANTIL

Às dez horas da manhã do dia 1º de abril de 1964, o prédio da **União Nacional dos Estudantes (UNE)**, no Rio de Janeiro, foi incendiado por civis que apoiavam a ditadura. O edifício sediava a entidade estudantil desde 1942, ano em que os estudantes obrigaram os sócios do Clube Germânia a desocupá-lo, em um protesto contra os simpatizantes do nazifascismo que se reuniam ali. Esse edifício simbolizava, portanto, o histórico de lutas da UNE contra o autoritarismo. Razões suficientes para os apoiadores da ditadura decidirem atacá-lo.

Na sede da UNE também funcionava o **Centro Popular de Cultura (CPC)**, do qual participavam artistas e estudantes que levavam o teatro, a música, o cinema e a literatura às escolas, universidades, fábricas, favelas e sindicatos. Muitas produções artísticas do CPC tinham como tema a realidade social do país e a vida do trabalhador brasileiro, seja do campo ou da cidade.

Com a implantação da ditadura, a UNE foi colocada na ilegalidade, e o movimento acabou se dispersando. Apesar disso, os estudantes continuaram se organizando na clandestinidade e realizando congressos anuais para eleger seus representantes, discutir os problemas da educação no país e definir formas de luta.

Policiais prendem estudantes no sítio Muduru, no município de Ibiúna (SP), onde se realizava o 30º Congresso da UNE, em 12 de outubro de 1968.

O último congresso clandestino da UNE aconteceu em outubro de 1968, em uma chácara no município de Ibiúna, no interior de São Paulo. Descobertos pela polícia, mais de 700 estudantes foram presos no local.

Depois disso, a repressão do governo militar ao movimento estudantil intensificou-se. Muitos estudantes foram presos e mortos pela ditadura, outros continuaram atuando na clandestinidade e alguns tiveram de deixar o país.

OS OPERÁRIOS CONTRA A DITADURA

Assim que tomaram o poder, em 1964, os militares promoveram intervenções nos sindicatos, criaram leis para impedir a organização dos trabalhadores e procuraram atrair lideranças sindicais para o lado do governo, os chamados pelegos. Por meio de acordos com esses líderes, a ditadura visava controlar o movimento operário, reduzindo sua independência e, assim, uma possível resistência.

Em 1968, no entanto, operários metalúrgicos mostraram que havia brechas no sistema. No dia 16 de abril, milhares de trabalhadores da região industrial do município de Contagem (MG) desafiaram a Lei Antigreve e "cruzaram os braços" reivindicando aumento salarial, além de liberdades civis e políticas. A greve durou onze dias e os trabalhadores conseguiram 10% de reajuste. Houve grande repressão policial e muitos líderes sindicais foram perseguidos e presos.

No dia 16 de julho, inspirados no exemplo dos operários mineiros, metalúrgicos de Osasco, em São Paulo, paralisaram as máquinas da Cobrasma, empresa de material ferroviário, e ocuparam suas instalações. Em apenas três dias, seis das onze principais fábricas da região foram paralisadas. A greve foi liderada pelo Sindicato dos Metalúrgicos, então dirigido pelo jovem de 22 anos **José Ibrahim**. Os operários reivindicavam aumento salarial, contrato coletivo de dois anos e reajustes salariais trimestrais. A repressão policial começou durante a madrugada e resultou na prisão de aproximadamente 400 operários.

Operários que ocupavam a Cobrasma, Companhia Brasileira de Material Ferroviário, são levados presos por policiais. Osasco (SP), 17 julho de 1968.

Presos políticos trocados pelo embaixador dos Estados Unidos Charles Elbrick, sequestrado pelo MR-8 e pela ALN, momentos antes de partirem para o exílio no México. Rio de Janeiro, setembro de 1969.

A LUTA ARMADA

Parte da resistência ao regime militar não acreditava que a luta pacífica fosse capaz de derrotá-lo. Assim, vários estudantes, operários, políticos, camponeses, intelectuais e até mesmo alguns militares contrários ao golpe recorreram à luta armada, organizando grupos guerrilheiros para atuar nas cidades e no campo.

Os agrupamentos armados mais importantes do período foram:

- **Vanguarda Popular Revolucionária (VPR):** organização socialista formada, sobretudo, por militares de esquerda contrários ao golpe militar de 1964. A principal liderança do movimento foi o ex-capitão do exército Carlos Lamarca.

- **Aliança Libertadora Nacional (ALN):** dissidência nascida em 1967, no interior do Partido Comunista Brasileiro (PCB), que era contrário à luta armada. Tendo Carlos Marighella como seu principal líder, organizou diversos assaltos a bancos para arrecadar fundos na luta contra a ditadura civil-militar.

- **Movimento Revolucionário 8 de Outubro (MR-8):** também dissidente do PCB, esse grupo e a ALN foram responsáveis pelo sequestro, em 1969, do embaixador dos Estados Unidos Charles Elbrick, solto em troca da libertação de alguns presos políticos.

- **Guerrilha do Araguaia:** organizada pelo Partido Comunista do Brasil (PC do B) na região do Rio Araguaia, na Amazônia brasileira, tinha como objetivo mobilizar os camponeses para lutar pela reforma agrária e ser o ponto de partida da revolução socialista no Brasil.

A repressão a esses movimentos foi brutal. Até o final do governo Médici, as organizações guerrilheiras tinham sido eliminadas, e seus militantes estavam mortos, presos, no exílio ou desaparecidos.

PARA LER

Meninos sem pátria
Autor: Luiz Puntel
São Paulo: Ática, 2016

O livro narra as histórias de Marcão e Ricardo, que partem para o exílio com a família fugindo da perseguição sofrida pelo pai, jornalista, durante a ditadura civil-militar no Brasil. Uma história que mostra o ponto de vista das crianças e dos adolescentes sobre como é a vida fora da própria pátria.

A CULTURA CONTRA A DITADURA

Além do movimento estudantil e operário, muitos compositores, cantores, dramaturgos e cineastas fizeram de sua arte uma forma de protesto contra a opressão e a violência da ditadura. As músicas de protesto abordavam problemas sociais, econômicos e políticos e expressavam o ideal de construir uma sociedade igualitária e democrática. Nos palcos e nas telas foram projetadas muitas críticas às injustiças sociais e à ditadura. Assim, driblando a censura, essas produções chegavam aos cidadãos, motivando-os a resistir ao regime.

CANTANDO A REVOLUÇÃO

Um dos principais artistas da resistência à ditadura foi o cantor e compositor paraibano Geraldo Vandré. Em 1968, Vandré compôs a canção *Pra não dizer que não falei das flores* e a apresentou no III Festival Internacional da Canção, no Rio de Janeiro. A música, que conquistou o segundo lugar, acabou se transformando em um hino de resistência à ditadura. Por conta disso, a canção foi censurada pelo governo, e Vandré foi obrigado a deixar o país.

Outro artista que se destacou pelas canções de protesto foi Chico Buarque. Também ligado aos festivais das décadas de 1960 e 1970, suas canções ficaram marcadas por driblarem a censura prévia imposta pelo governo com o uso de letras de duplo sentido. Uma de suas canções mais conhecidas, *Apesar de você*, composta em 1970, traz versos que aparentemente retratam uma briga de namorados. Porém, na verdade, a letra fazia referência ao presidente Médici. A canção, inicialmente liberada pela censura, foi proibida quando o governo se deu conta de seu verdadeiro significado.

A CRÍTICA EM CENA

A cena teatral do período também produziu espetáculos que criticavam as injustiças sociais e exaltavam a luta contra a ditadura. Grupos teatrais, como o **Teatro de Arena** e o **Teatro Oficina**, realizaram montagens que defendiam a liberdade na política e nos costumes. As peças estimulavam o espectador a misturar-se aos atores e a participar da ação, rompendo com a ideia de que o público deve manter-se passivo diante dos acontecimentos.

Uma grande inovação cênica, criada pelo Teatro de Arena, foi o chamado "sistema coringa", no qual os atores, num esquema de rodízio, interpretavam todos os papéis. O novo procedimento cênico estreou com o espetáculo *Arena conta Zumbi*, em 1965, sobre a saga dos quilombolas do Brasil colonial em sua luta contra a escravidão.

A peça denunciava o passado escravocrata do Brasil e fazia uma crítica sutil à ditadura. Os atores iniciavam a peça com a seguinte frase: "O elenco dedica a obra a todos os homens e mulheres que morreram e morrem na luta pela liberdade".

A REVOLUÇÃO NO CINEMA

Na década de 1950, um grupo de jovens cineastas iniciou um movimento que combatia o predomínio da produção de filmes inspirados na indústria cinematográfica estadunidense. Conhecido como **Cinema Novo**, esse movimento defendia a produção, a baixo custo, de filmes que abordassem os problemas do Brasil, visando uma renovação estética do cinema nacional.

Com poucos recursos técnicos e utilizando a miséria do povo como pano de fundo para suas histórias, os cineastas Glauber Rocha, com *Deus e o Diabo na terra do Sol* (1964), Nelson Pereira dos Santos, com a adaptação para o cinema do romance *Vidas secas* (1969), de Graciliano Ramos, e o moçambicano Ruy Guerra, com *Os fuzis* (1964), marcaram o ponto alto do movimento.

Cena do filme *Deus e o Diabo na terra do Sol*, dirigido por Glauber Rocha e filmado no município de Monte Santo (BA), em 1964.

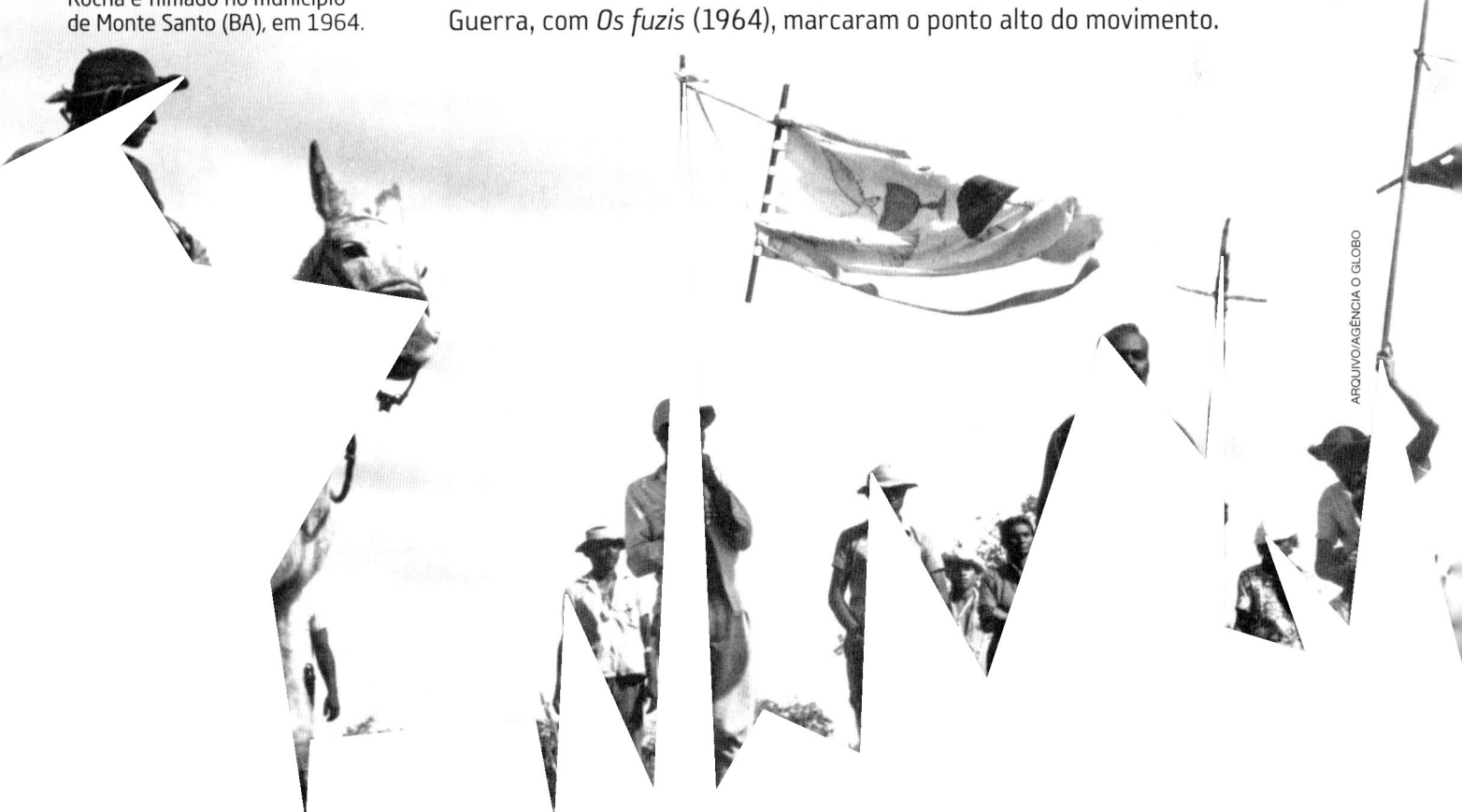

A ABERTURA "LENTA, GRADUAL E SEGURA"

Em março de 1974, o general Ernesto Geisel assumiu a presidência da república com a promessa de promover o retorno do país à democracia. De acordo com as palavras do próprio Geisel, a abertura política deveria ser feita de forma "lenta, gradual e segura". Era um modo de os militares deixarem o poder sem alterar a ordem vigente.

Apesar da promessa de abertura política, os militares da chamada linha-dura não aceitavam a ideia do retorno à democracia. Os órgãos de repressão continuavam prendendo pessoas suspeitas de "subversão", que eram torturadas e, em muitos casos, mortas após longas sessões de tortura.

Nesse contexto, dois casos de tortura seguida de morte ganharam destaque. O primeiro deles foi o do chefe de jornalismo da TV Cultura de São Paulo, Vladimir Herzog. Militante do PCB, o jornalista foi preso, torturado e encontrado morto numa cela do DOI-Codi, em São Paulo, em outubro de 1975.

Em janeiro do ano seguinte, o metalúrgico Manuel Fiel Filho foi morto no mesmo local e nas mesmas condições. A versão oficial de suicídio por enforcamento de ambos não se sustentava, e o general Geisel decidiu substituir militares do comando do II Exército, local onde estava sediado o DOI-Codi em São Paulo.

É BOM SABER

A morte de Herzog

O jornalista Vladimir Herzog, diretor de jornalismo da TV Cultura, tinha 38 anos de idade quando se apresentou no DOI-Codi de São Paulo, em 24 de outubro de 1975. Convocado a prestar esclarecimentos sobre sua ligação com o PCB, Herzog foi torturado e, no dia seguinte, encontrado morto na prisão. As autoridades militares afirmaram que ele havia cometido suicídio. O culto ecumênico de sétimo dia foi realizado na Catedral da Sé, em São Paulo, pelo cardeal dom Paulo Evaristo Arns, pelo rabino Henry Sobel e pelo pastor protestante James Wright, e reuniu milhares de pessoas.

Em julho de 2018, a Corte Interamericana de Direitos Humanos (CIDH) considerou o assassinato de Herzog um crime de lesa-humanidade. Com isso, condenou o Brasil pela falta de investigação, julgamento e punição dos responsáveis pela morte do jornalista e estabeleceu uma indenização a ser paga para sua família pelo Estado brasileiro. Diante da sentença, o Ministério Público Federal de São Paulo reabriu o caso e terá o prazo de um ano para apresentar o relatório final.

Vladimir Herzog na redação da BBC, em Londres, Inglaterra, em 1966.

AS NOVAS MOBILIZAÇÕES

Os primeiros sinais de recessão econômica e as crescentes denúncias de torturas e assassinatos de militantes políticos e trabalhadores resultaram em um surpreendente crescimento do MDB nas eleições legislativas de 1974 e nas eleições municipais de 1976. Esse fortalecimento da oposição também refletiu uma crescente mobilização da sociedade brasileira, insatisfeita com os governos militares.

Preocupado com o crescimento da oposição, o governo recuou no processo de abertura. Em abril de 1977, Geisel lançou o **Pacote de Abril**, fechando o Congresso por catorze dias. Entre outras medidas, o Pacote determinou a ampliação do mandato presidencial de cinco para seis anos e a eleição de um terço dos senadores pelo voto indireto. Também determinou que as leis precisariam apenas de maioria simples para serem aprovadas no Congresso.

Nesse contexto de criação de novas leis autoritárias, as mobilizações dos trabalhadores retornaram ao cenário nacional e conquistaram o apoio de milhares de pessoas. O centro dessa nova fase do movimento sindical foi a região do ABC paulista, parque da indústria automobilística e berço do sindicato dos metalúrgicos de São Bernardo do Campo e Diadema. Entre 1978 e 1980, os metalúrgicos entraram em greve por melhorias salariais e contra a ditadura, realizando a primeira greve geral de uma categoria depois do golpe de 1964.

Nesse período, o movimento estudantil também renasceu, concentrado principalmente em algumas universidades do estado de São Paulo. Os estudantes, além de reivindicarem a democratização do ensino superior e o fim da ditadura, apoiavam a greve dos trabalhadores da região do ABC paulista.

Cerca de 200 mil operários reunidos no estádio de Vila Euclides durante a greve geral de metalúrgicos do ABC paulista. São Bernardo do Campo (SP), 1979.

Ainda em 1978, foi criado o **Movimento Negro Unificado Contra a Discriminação Racial (MNUCDR)**, depois renomeado **Movimento Negro Unificado (MNU)**. O interesse em unificar o movimento negro nasceu como uma reação às mortes de Robson Silveira da Luz, preso e torturado no Distrito Policial de Guaianazes, e do operário Newton Lourenço, morto pela polícia no bairro da Lapa, ambos em São Paulo.

Entidades que representavam a luta contra a discriminação racial se reuniram no dia 18 de junho daquele ano nas escadarias do Teatro Municipal de São Paulo. Cerca de 2 mil pessoas estiveram presentes no ato, entre elas os membros do Centro de Cultura e Arte Negra (Cecan), o Grupo Afro-Latino América, a Associação Cultural Brasil Jovem, o Instituto Brasileiro de Estudos Africanistas (Ibea) e a Câmara de Comércio Afro-Brasileiro.

Manifestante segura bandeira do MNU durante passeata em São Paulo (SP), 1984.

A LEI DA ANISTIA

Em março de 1979, o general João Baptista de Oliveira Figueiredo assumiu a presidência prometendo continuar o processo de abertura política. Por todo o país cresciam os movimentos pela redemocratização. Pressionado, o presidente promulgou, em agosto do mesmo ano, a **Lei da Anistia**, que libertou todos os presos políticos do país e permitiu a volta dos exilados. A lei também anistiou os agentes do Estado que praticaram crimes de tortura e assassinato no exercício da função.

Atualmente, vários perseguidos políticos, familiares de vítimas da ditadura, grupos de defesa dos direitos humanos e entidades da sociedade civil pedem a revisão da Lei da Anistia. O argumento é que a extensão da anistia aos crimes praticados pelo Estado fere uma série de acordos internacionais, dos quais o Brasil é signatário. Segundo eles, o crime de tortura constitui crime contra a humanidade, sendo, portanto, imprescritível.

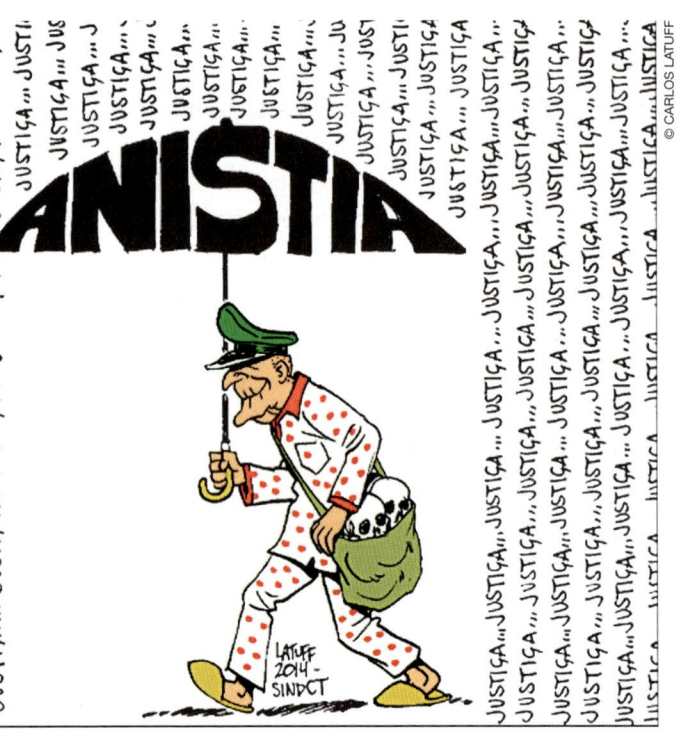

Lei da Anistia, charge de Latuff, 2014.

ORGANIZAR O CONHECIMENTO

1. Responda às questões a seguir.
   a) Quais foram as principais formas de resistência desenvolvidas pela população civil durante o regime militar brasileiro?
   b) De que maneira a música e o teatro protestavam contra a ditadura? Como eles conseguiam esquivar-se da censura?
   c) Quais eram os objetivos e métodos de luta dos grupos guerrilheiros no Brasil? Cite os principais grupos formados nesse período.

2. O que a Lei da Anistia significou para os brasileiros que haviam sido presos ou exilados por razões políticas? E para os militares acusados de tortura e assassinatos?

ATITUDES PARA A VIDA

Vida operária nos anos 1970

As histórias de vida que você vai conhecer agora foram publicadas em um jornal paulistano, em outubro de 1979, momento em que ocorria uma greve de metalúrgicos nas cidades de São Paulo e Guarulhos.

Lourenço e Marluce trabalhavam em uma indústria metalúrgica. Quando nasceu o primeiro filho, Marluce deixou o emprego. Enquanto a criança era pequena, aproveitou as horas vagas para fazer um curso de atendente de enfermagem, pois tinha planos de voltar a trabalhar.

Para sustentar a família, Lourenço fazia horas extras, que podiam chegar a 100 horas mensais. Lourenço veio do Maranhão, onde trabalhava no campo. Em São Paulo, foi ajudante de pedreiro antes de trabalhar na fábrica como ajudante de funilaria, de prensa e, finalmente, operador de produção. Seu sonho era fazer um curso profissionalizante, mas os gastos com transporte comprometeriam o orçamento da família.

João nasceu no interior paulista, onde era camponês. Chegando à capital, fez curso profissionalizante e foi trabalhar na indústria. Dezoito anos depois, era inspetor de qualidade, integrando o reduzido grupo de operários com salários melhores. Mesmo assim, ele e a esposa, que também trabalhava, lutavam para dar conta das despesas da família, formada pelo casal e seus cinco filhos.

Apesar do baixo salário, João tinha orgulho de ser operário. Não fazia horas extras, pois não queria tirar trabalho dos colegas. Gostaria de ter mais tempo para ficar com os filhos.

QUESTÕES

1. Responda às questões a seguir sobre a vida de Lourenço e João.
   a) O que existe de semelhante e de diferente entre a vida de Lourenço e a de João?
   b) João afirmou em seu relato que não fazia horas extras para não tirar o trabalho de seus colegas e poder ficar mais tempo com os filhos. Qual é sua opinião a respeito dessa atitude?
   c) Quando esses relatos foram publicados, a democracia já tinha sido restabelecida no Brasil? Explique.

2. Na sua opinião, as dificuldades relatadas no texto ainda estão presentes na sociedade brasileira atual? Justifique.

3. Considere as atitudes em foco nesta unidade: **aplicar conhecimentos prévios a novas situações**, **escutar os outros com atenção e empatia**, **controlar a impulsividade** e **persistir**. Quais delas foram importantes para elaborar as respostas das questões 1 e 2?

4. Você consegue identificar alguma dessas atitudes na trajetória de vida de Lourenço, Marluce e João? Explique.

Ilustração atual representando os personagens do texto.

TEMA 4 — A REDEMOCRATIZAÇÃO NO BRASIL

Podemos afirmar que a ditadura foi superada no Brasil?

A CAMPANHA DAS DIRETAS JÁ

A redemocratização da política brasileira não foi um processo contínuo e completo. Avanços e recuos marcaram a transição da ditadura para a democracia, entre o final dos anos 1970 e a promulgação da nova Constituição em 1988. Após a promulgação da Lei da Anistia, outras leis contribuíram para o avanço da redemocratização.

Em novembro de 1979, uma lei eleitoral extinguiu o bipartidarismo e instituiu o pluripartidarismo. A lei, porém, estabeleceu condições rígidas à formação de partidos e proibiu a legalização dos partidos comunistas. A Arena tornou-se o Partido Democrático Social (PDS) e o MDB passou a se chamar Partido do Movimento Democrático Brasileiro (PMDB). Formaram-se também o Partido Democrático Trabalhista (PDT), o Partido dos Trabalhadores (PT) e o Partido Trabalhista Brasileiro (PTB).

Em 1982, na primeira eleição direta para o governo dos estados desde 1960, os partidos de oposição venceram em dez estados, entre eles São Paulo, Minas Gerais e Rio de Janeiro. Em fevereiro de 1983, o deputado federal Dante de Oliveira (PMDB) apresentou ao Congresso Nacional um projeto de emenda constitucional que restabelecia as eleições diretas para presidente. Depois disso, grandes manifestações populares foram organizadas no país pela aprovação da emenda, em uma campanha conhecida pelo nome de **Diretas Já**.

Mesmo com toda a mobilização popular, a emenda constitucional foi derrotada na Câmara Federal. Dessa forma, o próximo presidente da república seria escolhido, mais uma vez, pelo Colégio Eleitoral. Paulo Maluf, político do PDS apoiado pelos militares, e Tancredo Neves, governador de Minas Gerais pelo PMDB, lançaram suas candidaturas. Apoiado por dissidentes do PDS e por partidos da oposição ao regime militar, Tancredo recebeu 480 votos e foi eleito presidente.

Comício das Diretas Já no Vale do Anhangabaú, em São Paulo (SP), abril de 1984.

Colégio Eleitoral: instituído pelos militares em 1973, era composto pelo Congresso Nacional e por representantes das assembleias legislativas estaduais. Foram eleitos pelo Colégio Eleitoral os generais Ernesto Geisel e João Baptista Figueiredo e o civil Tancredo Neves.

CRISE ECONÔMICA E TRANSIÇÃO POLÍTICA

Tancredo Neves, contudo, não assumiu o governo. Na véspera da posse, o presidente eleito adoeceu e foi internado. Em seu lugar assumiu o vice-presidente eleito, José Sarney. A população acompanhou com grande expectativa a recuperação da saúde de Tancredo, que não ocorreu. A notícia de sua morte, em 21 de abril de 1985, abalou o país.

Diante disso, José Sarney assumiu a presidência. Ele logo tomou medidas para conter a inflação e retomar a ordem democrática no país. Entre as principais medidas adotadas em seu governo estão a convocação de uma Assembleia Constituinte e a execução de um plano econômico para controlar a inflação, que ficou conhecido como **Plano Cruzado**. Esse plano previa o congelamento dos preços e dos aluguéis e reajustes automáticos dos salários sempre que a inflação atingisse 20%.

O congelamento dos preços promoveu a elevação do poder de compra dos salários, o que gerou um grande aumento do consumo. Com os preços congelados, industriais e comerciantes começaram a boicotar o plano, deixando de abastecer as prateleiras dos supermercados ou cobrando um acréscimo no preço dos produtos. Tais medidas provocaram o retorno da inflação. No final do governo Sarney, os preços eram reajustados em 85% ao mês.

A CONSTITUIÇÃO DA NOVA REPÚBLICA

Um dos principais acontecimentos do governo Sarney foi a convocação de uma Assembleia Nacional Constituinte, encarregada de elaborar uma nova Constituição para o país.

As eleições para o Congresso Constituinte foram realizadas em 15 de novembro de 1986, junto à escolha de governadores e deputados estaduais. Não houve uma eleição exclusiva para a formação da Constituinte; por isso, os senadores e deputados eleitos para o Congresso foram os mesmos que elaborariam a nossa Carta Magna. Com a popularidade elevada em razão dos efeitos do Plano Cruzado, o PMDB elegeu 22 governadores dos 23 estados da federação, e elegeu 303 parlamentares de um total de 559 eleitos para o Congresso Constituinte.

A Constituinte começou a trabalhar, efetivamente, no dia 1º de fevereiro de 1987. Houve grande participação popular e o Congresso Constituinte recebeu 122 emendas populares, acompanhadas de 12 milhões de assinaturas. O novo texto constitucional foi aprovado em 5 de outubro de 1988 e introduziu grandes mudanças no Estado brasileiro, como o reconhecimento das liberdades individuais negadas aos cidadãos durante o regime militar, além da liberdade de expressão e de organização política.

A Constituição também criou normas de proteção ambiental e reconheceu direitos dos povos indígenas e das comunidades quilombolas. Os crimes de tortura e de racismo passaram a ser inafiançáveis e imprescritíveis. No capítulo dos direitos sociais, a nova carta estabeleceu a jornada máxima de 44 horas semanais, estendeu a licença-maternidade de 90 para 120 dias, criou o adicional de férias de, pelo menos, 1/3 do salário normal, entre outros direitos.

Emenda popular: projeto de lei encaminhado à Comissão de Sistematização da Constituinte por cidadãos comuns ou entidades representativas da sociedade civil organizada.

Indígenas de várias etnias ocupam plenário da Câmara dos Deputados durante os trabalhos da Assembleia Constituinte, em Brasília, 1988.

DE OLHO NO INFOGRÁFICO

As conquistas da Constituição de 1988

No final da década de 1980, os brasileiros se mobilizaram em defesa de uma Constituição que assegurasse seus direitos civis, políticos e sociais. Conheça alguns desses direitos, estabelecidos pela Constituição Cidadã.

Igualdade
Buscando promover o bem de todos, sem preconceitos de origem, raça, sexo, cor, idade etc., determinou o combate à discriminação no trabalho e nos espaços públicos, abriu caminho para ações afirmativas contra desigualdades históricas e condenou o racismo como crime inafiançável.

Educação
Assegurou a educação como um direito de todos e um dever do Estado e da família. Definiu como tarefa do poder público garantir a educação básica obrigatória e gratuita dos 4 aos 17 anos de idade.

Saúde
O acesso à saúde passou a ser tratado como um direito fundamental do cidadão. Para garanti-lo, foi criado o Sistema Único de Saúde (SUS), financiado sobretudo com recursos da União, dos estados e dos municípios.

Infância, adolescência e velhice
Declarou a proteção à infância, à adolescência e à velhice. Igualou os direitos de filhos adotados e biológicos sem discriminar a situação matrimonial dos pais, assim como reconheceu as uniões estáveis.

Participação política
A lei estabeleceu o voto direto e obrigatório para os maiores de 18 anos e facultativo para os analfabetos e para os que têm entre 16 e 18 anos e mais de 70 anos de idade. Os canais de participação popular também foram ampliados com a possibilidade de realização de referendos e plebiscitos e a apresentação de projetos de lei.

Indígenas e quilombolas

Reconheceu a organização social dos povos indígenas, seus costumes, línguas, crenças e tradições, assim como seus direitos sobre as terras que tradicionalmente ocupam. Tombou documentos e sítios com registros de reminiscências de quilombos, abrindo caminho para o futuro reconhecimento dos direitos dos quilombolas.

Cultura

O Estado passou a proteger manifestações da cultura popular, incluindo indígenas e afro-brasileiras. Também reconheceu bens imateriais como parte do patrimônio cultural do Brasil, tais como expressões religiosas e musicais, e modos de criar, fazer e viver.

Meio ambiente

Declarou o meio ambiente ecologicamente equilibrado um direito essencial e sua defesa e preservação um dever de todos. Instituiu a proteção de florestas, fauna, flora e regiões naturais, a exigência de estudos de impacto ambiental para liberação de obras e a punição de crimes ambientais.

Trabalho

Igualou direitos de trabalhadores rurais, urbanos, nacionais e estrangeiros, limitou a jornada máxima semanal a 44 horas, garantiu o direto de greve e de livre organização profissional e sindical, o abono salarial de férias, a licença-maternidade de 4 meses, criou a licença-paternidade e estendeu aos pais de filhos adotados os mesmos direitos.

Inclusão

Tornou dever do Estado a proteção e os cuidados com a saúde, a educação e a assistência das pessoas com deficiência. Determinou reservas de vagas no serviço público, nas empresas privadas e instituições de ensino, direito de acesso a espaços públicos e meios de transporte, e garantiu aos sem renda um benefício mensal de um salário mínimo.

Fontes: BRASIL. Constituição da República Federativa do Brasil de 1988. Disponível em <http://mod.lk/jj8af>. JORNAL DO SENADO ESPECIAL. A Carta da cidadania faz 25 anos. Brasília: Jornal do Senado, ano XIX, n. 3.979, 29 out. 2013. CÂMARA DOS DEPUTADOS. 30 anos da Constituição. Disponível em <http://mod.lk/zrdnn>. Acessos em 31 jul. 2018.

AS CONSTITUIÇÕES DO BRASIL

As seis primeiras Constituições brasileiras surgiram de anteprojetos ou legislações anteriores. A Carta de 1988 é a única redigida a partir das propostas dos constituintes e da população.

🟠 Democrática ⚫ Imposta

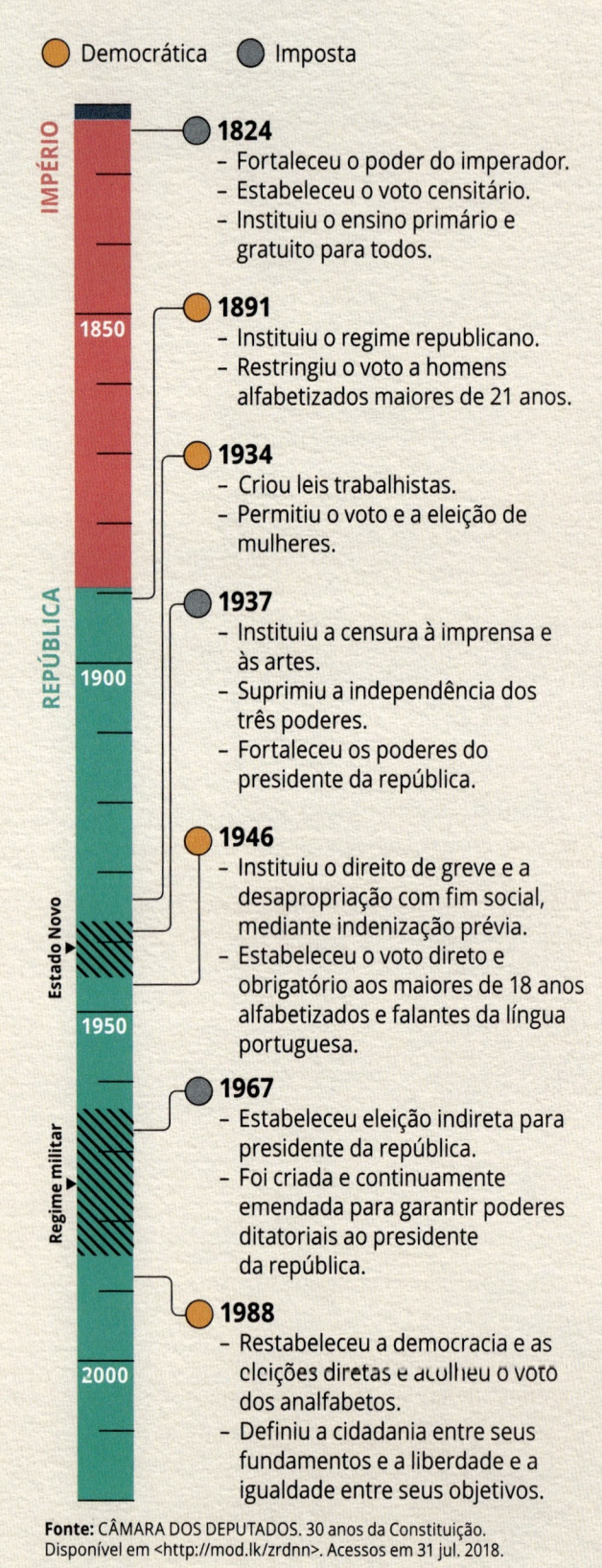

IMPÉRIO

1824
- Fortaleceu o poder do imperador.
- Estabeleceu o voto censitário.
- Instituiu o ensino primário e gratuito para todos.

REPÚBLICA

1891
- Instituiu o regime republicano.
- Restringiu o voto a homens alfabetizados maiores de 21 anos.

1934
- Criou leis trabalhistas.
- Permitiu o voto e a eleição de mulheres.

1937 (Estado Novo)
- Instituiu a censura à imprensa e às artes.
- Suprimiu a independência dos três poderes.
- Fortaleceu os poderes do presidente da república.

1946
- Instituiu o direito de greve e a desapropriação com fim social, mediante indenização prévia.
- Estabeleceu o voto direto e obrigatório aos maiores de 18 anos alfabetizados e falantes da língua portuguesa.

1967 (Regime militar)
- Estabeleceu eleição indireta para presidente da república.
- Foi criada e continuamente emendada para garantir poderes ditatoriais ao presidente da república.

1988
- Restabeleceu a democracia e as eleições diretas e acolheu o voto dos analfabetos.
- Definiu a cidadania entre seus fundamentos e a liberdade e a igualdade entre seus objetivos.

Fonte: CÂMARA DOS DEPUTADOS. 30 anos da Constituição. Disponível em <http://mod.lk/zrdnn>. Acessos em 31 jul. 2018.

O QUE RESTA DA DITADURA?

Em março de 2014, o golpe militar completou 50 anos no Brasil e muitas pessoas saíram às ruas pedindo a punição dos responsáveis pelos crimes de tortura e assassinato, além de exigir esclarecimentos sobre os "desaparecidos" daquele período. O mesmo sentimento de que é preciso combater o esquecimento sobre o período levou à criação, em 2011, da Comissão Nacional da Verdade, encarregada de examinar e esclarecer as violações de direitos humanos ocorridas no Brasil.

Os trabalhos da comissão foram finalizados em dezembro de 2014, quando um relatório confirmou 434 mortes e desaparecimentos durante a ditadura civil-militar no Brasil. O relatório também trouxe dados sobre a repressão que atingiu as populações indígenas, revelando que ao menos 8.350 indígenas foram mortos, presos, torturados ou expulsos de suas terras.

Apesar de apontar os crimes cometidos por agentes do Estado, a Comissão Nacional da Verdade não tem autoridade para julgar nem punir os responsáveis pelas torturas e assassinatos. Ainda hoje, diferentemente de outros países latino-americanos que estiveram sob governos ditatoriais, o Brasil não acertou as contas com esse período violento e obscuro de sua história.

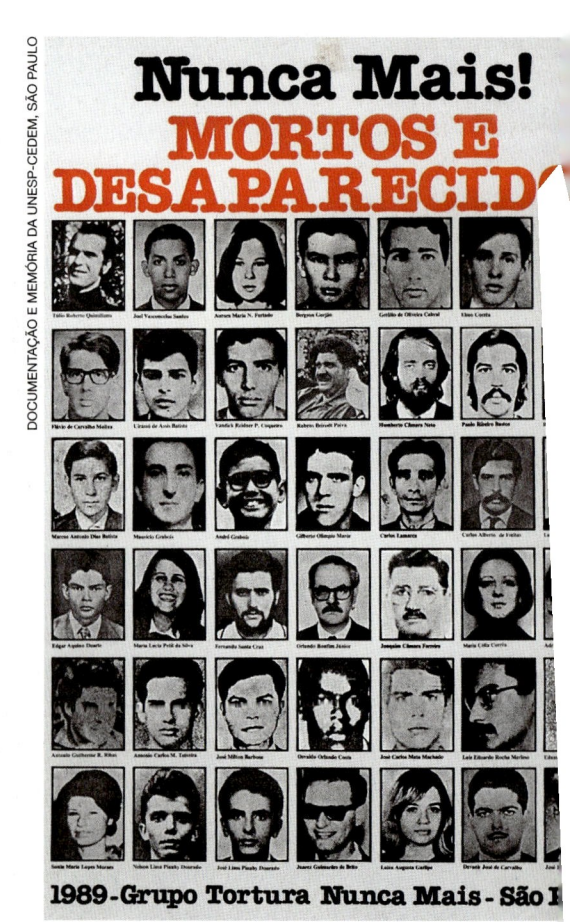

Cartaz de mortos e desaparecidos políticos durante a ditadura civil-militar, produzido pelo Grupo Tortura Nunca Mais. São Paulo (SP), 1989.

É BOM SABER

Frei Tito

O frade dominicano Tito de Alencar Lima, conhecido como frei Tito, era estudante de filosofia na USP quando foi preso no Congresso da UNE, realizado em Ibiúna (SP), em 1968. Fichado pela polícia, foi preso em 1969 por sua ligação com a ALN. Tito passou pelas dependências do DOI-Codi, pelo presídio Bandeirantes e pela sede da Oban. Em dezembro de 1970, o frade entrou na lista de presos políticos trocados pelo embaixador suíço Giovanni Bucher, sequestrado pela Vanguarda Popular Revolucionária (VPR). Banido do Brasil, foi para o Chile, a Itália e a França. Abalado pelas sessões de tortura, que não saíam da sua memória, frei Tito se suicidou nas ruas de Paris em agosto de 1974, aos 28 anos.

Leia o depoimento do juiz aposentado Nelson da Silva Machado Guimarães sobre a tortura sofrida por frei Tito.

"Lá entrando [Hospital do Exército], surpreendi o médico de plantão e disse: 'Há um preso meu aqui, eu quero vê-lo'. O médico era um jovem oficial. Me levou a um lugar onde estava frei Tito deitado, despido, com evidentes marcas do pau de arara nos pulsos e nos tornozelos. Causou espanto enorme. Eu me dirigi ao médico: 'O que houve?'. Ele começou a tergiversar. Frei Domingos estava mais próximo. O rapaz nos falou que ele tinha sido torturado etc. [...]"

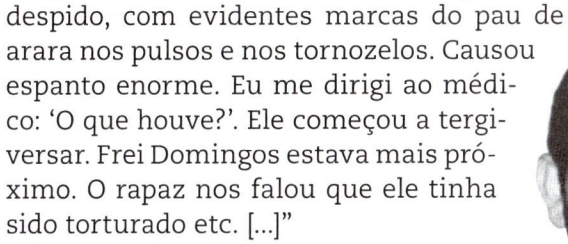

Depoimento de Nelson da Silva Machado Guimarães à Comissão Nacional da Verdade (CNV), 2014. Disponível em <http://mod.lk/C1v6x>. Acesso em 13 out. 2018.

Frei Tito, fotografado pelo DOPS em dezembro de 1970.

ORGANIZAR O CONHECIMENTO

1. Apesar da derrota da emenda das eleições diretas, em 1984, vários acontecimentos entre 1979 e 1988 mostram que o Brasil passava por um processo de redemocratização. Cite alguns deles.

2. Identifique o termo conceitual que corresponde a cada frase a seguir.

    a) Composto de membros do Congresso Nacional e das assembleias legislativas estaduais.

    b) Movimento pela realização de eleições diretas para presidente da república.

    c) Fechou o Congresso por catorze dias e estendeu o mandato de presidente de cinco para seis anos.

    d) Projeto de lei que os cidadãos poderiam apresentar à Assembleia Constituinte eleita em 1986.

    e) Conjunto de medidas tomadas pelo governo Sarney para estabilizar a economia brasileira.

ATIVIDADES

APLICAR

1. (Enem-MEC/2012).

"Diante dessas inconsistências e de outras que ainda preocupam a opinião pública, nós, jornalistas, estamos encaminhando este documento ao Sindicato dos Jornalistas Profissionais no Estado de São Paulo, para que o entregue à Justiça; e da Justiça esperamos a realização de novas diligências capazes de levar à completa elucidação desses fatos e de outros que porventura vierem a ser levantados."

Em nome da verdade. O Estado de S. Paulo, 3 fev. 1976.
In: FILHO, I. A. Brasil, 500 anos em documentos.
Rio de Janeiro: Mauad, 1999.

A morte do jornalista Vladimir Herzog, ocorrida durante o regime militar, em 1975, levou a medidas como o abaixo-assinado feito por profissionais da imprensa de São Paulo. A análise dessa medida indica a:

a) certeza do cumprimento das leis.
b) superação do governo de exceção.
c) violência dos terroristas de esquerda.
d) punição dos torturadores da polícia.
e) expectativa da investigação dos culpados.

2. Analise a charge a seguir e responda às questões.

Charge de Luiz Gê sobre a Lei da Anistia, publicada no jornal *Shopping City News*, em julho de 1979.

a) Descreva a charge e relacione seu conteúdo ao período em que ela foi produzida.
b) Qual é a crítica presente na charge? Justifique.
c) O texto a seguir apresenta a mesma visão da charge de Luiz Gê a respeito da Lei da Anistia? Justifique.

"[...] anistia [...] é esquecimento. Juridicamente, ela [...] não apaga propriamente a infração, mas o direito de punir [...], não transforma o crime em ato lícito. Ou seja, anistiar os torturadores [...] não significa violar a Constituição nem os tratados internacionais que proscrevem a tortura como crime contra a humanidade. [...] excluir o torturador da anistia [...] provoca um efeito que há de desnaturar o caráter geral e irrestrito da lei, conforme lhe reconheceu o STM (Superior Tribunal Militar)."

FERRAZ JUNIOR, Tércio Sampaio. Anistia:
geral e irrestrita. Folha de S.Paulo, 16 ago. 2008.

3. Analise a charge a seguir e marque com um X a afirmativa que melhor expressa a visão de Henfil sobre a campanha das Diretas Já.

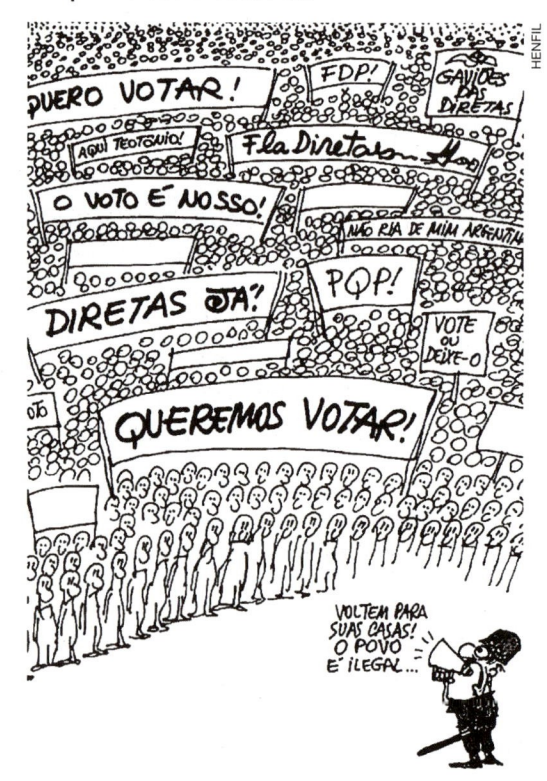

Charge de Henfil sobre a campanha das Diretas Já, publicada em 1983.

238

a) Na campanha das Diretas Já, o povo já tinha recuperado a liberdade de expressão.

b) A campanha das Diretas Já foi vitoriosa pois permitiu a realização de eleições gerais para a Assembleia Constituinte.

c) Ao dizer que "o povo é ilegal", o soldado expressa o modo como a ditadura tratava as manifestações populares.

d) A charge representa a força do movimento das Diretas Já, que levou à aprovação da Emenda Dante de Oliveira.

e) A charge mostra que, mesmo em um regime democrático, as manifestações populares são reprimidas pelo governo.

4. Em dupla, leiam o texto e respondam às questões.

"Durante um ano e oito meses, o Congresso se transformou no centro da vida pública nacional, e a sociedade se organizou para participar do debate constitucional em associações, comitês pró-participação popular, plenários de ativistas, sindicatos. Surgiram inúmeras formas de manifestação. A mais inovadora, as 'emendas populares', abarcava todo tipo de tema, e funcionou como um instrumento de democracia participativa – no fim do processo, foram encaminhadas 122 emendas populares à Constituinte, contendo mais de 12 milhões de assinaturas."

SCHWARCZ, Lilia Moritz; STARLING, Heloisa Murgel. *Brasil: uma biografia*. São Paulo: Companhia das Letras, 2015. p. 488.

a) Por que, segundo o texto, a Constituinte de 1988 se transformou no centro da vida pública nacional?

b) No texto, as autoras manifestam uma visão negativa ou positiva do processo de elaboração da Constituição de 1988? Justifiquem.

5. Retome o infográfico "As conquistas da Constituição de 1988", nas páginas 234, 235 e 236, para responder às questões.

a) Identifique as mudanças introduzidas pela Constituição nos seguintes campos:
- Educação.
- Cultura.
- Participação política.
- Direitos sociais.

b) O que diferenciou o processo de elaboração da Constituição de 1988 de todos os anteriores?

RETOMAR

6. Responda às questões-chave da abertura dos temas 3 e 4.

a) Como a sociedade resistiu à ditadura civil-militar no Brasil?

b) Podemos afirmar que a ditadura foi superada no Brasil?

Mais questões no livro digital

AUTOAVALIAÇÃO

CONTEÚDOS

1. Ao final dos estudos propostos nesta unidade, como você avalia seu aprendizado? Consulte o livro e suas anotações pessoais sobre os quatro temas estudados para responder às seguintes questões.

a) Quais conteúdos e/ou atividades considerei mais difíceis? Por quê?

b) Quais conteúdos e/ou atividades considerei mais fáceis? Por quê?

c) O que posso fazer para melhorar meu aprendizado?

ATITUDES

2. Marque um X nas frases que expressam situações que você experimentou durante o estudo desta unidade.

a) ( ) Consultei meus materiais para fazer todas as atividades propostas.

b) ( ) Tive facilidade em participar dos debates, respeitando o ponto de vista dos colegas e apresentei argumentos coerentes para embasar minhas posições.

c) ( ) Consegui estabelecer relações entre os temas da unidade, conhecimentos estudados anteriormente e assuntos da atualidade.

3. Associe cada uma das frases acima às atitudes a seguir.

a) ( ) Aplicar conhecimentos prévios a novas situações.

b) ( ) Escutar os outros com atenção e empatia.

c) ( ) Controlar a impulsividade.

d) ( ) Persistir.

EM FOCO

AS DITADURAS NA ARGENTINA E NO CHILE

O avanço das ditaduras na América Latina

O Brasil não foi o único país a ser governado por militares entre os anos 1960 e 1980. Ditaduras semelhantes se instalaram por quase toda a América Latina. Na maioria dos casos, os militares tomaram o poder com o pretexto de combater a esquerda e impedir a expansão do comunismo no continente.

Em geral, os governos militares contaram com o apoio e a participação dos Estados Unidos por meio de empréstimos e do envio de agentes treinados em táticas militares e paramilitares de combate e repressão aos movimentos de esquerda. Apesar das semelhanças, é importante atentarmos para as especificidades de cada país.

A ditadura na Argentina

Juan Domingo Perón foi presidente da Argentina entre 1946 e 1955, período em que promoveu o desenvolvimento industrial no país, nacionalizou diversas companhias estrangeiras e realizou uma série de programas de assistência social voltados para as classes mais pobres da sociedade. Por esse motivo, Perón conquistou imensa popularidade.

Deposto em 1955, Perón exilou-se no Paraguai e, em seguida, na Espanha, até 1973, quando retornou à Argentina para concorrer a uma eleição presidencial. Vitorioso nas urnas, teve de enfrentar dificuldades econômicas e a forte oposição dos militares. Um imprevisto, porém, mudou os rumos políticos do país: Perón faleceu em julho de 1974 e Maria Estela Martinez, segunda esposa e vice de Perón, assumiu a presidência. O governo de Isabelita, como era conhecida, não resistiu à instabilidade política e financeira do país. Em 1976, os militares deram um golpe de Estado e instalaram uma ditadura na Argentina, que durou até 1983.

Assim como no Brasil, o regime militar na Argentina foi muito combatido por diversas organizações e movimentos. O mais conhecido é o movimento das **Mães da Praça de Maio**. No dia 30 de abril de 1977, em plena ditadura militar, catorze mulheres se reuniram na Praça de Maio, em frente à sede do governo em Buenos Aires, para protestar por seus filhos desaparecidos. Com esse ato, elas iniciavam uma luta incansável por verdade, memória e justiça.

Até hoje, as mães e avós de vítimas da ditadura se reúnem na Praça de Maio toda semana para denunciar os crimes do regime militar na Argentina.

Mães e Avós da Praça de Maio seguram cartaz com fotos de mortos e desaparecidos durante a ditadura argentina. Buenos Aires, foto de 2011.

Fonte 1

Atletas e torcedores argentinos comemoram a vitória na Copa do Mundo de 1978, em Buenos Aires. Na cerimônia, os jogadores receberam a taça das mãos do ditador argentino Jorge Rafael Videla.

• Futebol e política na Argentina

Na Copa de 1978, disputada na Argentina, o governo do país platino viu na organização do evento a possibilidade de transferir para o regime a popularidade e as conquistas do futebol. Entretanto, as notícias da brutal repressão e do clima de guerra instalado na Argentina pelos militares haviam chegado ao exterior e quase provocaram a mudança do país-sede.

Apesar da ameaça de boicote de vários países, a Copa foi mantida na Argentina. Na final do torneio, até hoje motivo de suspeitas e questionamentos, os donos da casa bateram a Holanda por 3 a 1 e conquistaram o seu primeiro título mundial.

Os militares argentinos utilizaram largamente o evento, colocando-se como participantes ativos em todas as cerimônias. O capitão da seleção, Daniel Passarela, recebeu a taça das mãos do próprio presidente, o general Jorge Rafael Videla.

• O sequestro de bebês

Estima-se que 30 mil civis tenham sido assassinados pela ditadura argentina. Muitos casais mortos tinham filhos ainda bebês. Várias mulheres também estavam grávidas quando foram levadas à prisão. Após o nascimento da criança, a mãe era separada do bebê.

Várias dessas crianças foram adotadas pelos próprios assassinos de seus pais ou por outros agentes das Forças Armadas. Outras crianças, ainda, foram encaminhadas para orfanatos com nomes diferentes, para que não pudessem ser localizadas. Anos mais tarde, quando as avós conseguiam encontrar seus netos, os juízes alegavam que elas não souberam educar seus filhos, que se tornaram "subversivos"; portanto, não estavam aptas também a educar os netos e a obter a guarda deles.

Fonte 2

A eliminação da subversão

"Estima-se em torno de 500 o número de bebês e crianças desaparecidas.

A estratégia de apropriação dos filhos dos detidos desaparecidos parece obedecer a ao menos dois desígnios: impedir que a criança recebesse uma educação que pudesse torná-la um/a novo/a subversivo/a e atingir de modo cruel e perene a família dos indivíduos considerados suspeitos de desenvolver atividades políticas de esquerda. [...] garantir que os filhos pequenos ou bebês dos militantes políticos fossem criados por agentes das Forças Armadas, funcionários do Estado ou instituições públicas, significava colocá-los a salvo da 'subversão'."

JOFFILY, Mariana. A diferença na igualdade: gênero e repressão política nas ditaduras militares do Brasil e da Argentina. *Espaço Plural*, ano X, n. 21, 2º semestre de 2009. Disponível em <http://mod.lk/3uNnA>. Acesso em 6 out. 2018.

EM FOCO

A ditadura chilena

Em 1970, o médico socialista Salvador Allende foi eleito presidente do Chile. Candidato pela Unidade Popular, uma frente de esquerda, democrática e progressista, Allende colocou em ação seu programa de governo: reforma agrária, melhorias no sistema de saúde e nacionalização de empresas estrangeiras, especialmente bancos e minas de cobre. Allende dizia que seu governo construiria o socialismo no Chile pela via pacífica.

As medidas do governo de Allende, porém, despertaram a reação das elites, dos militares e do governo dos Estados Unidos, que prepararam o golpe para derrubá-lo. Em 11 de setembro de 1973, as Forças Armadas chilenas, sob o comando de Augusto Pinochet, bombardearam e invadiram o Palácio de La Moneda, sede do governo chileno. O presidente optou pelo suicídio, e os militares tomaram o poder.

O general Augusto Pinochet, o novo chefe de governo, dissolveu os partidos políticos e perseguiu os simpatizantes de Allende. Muitas pessoas foram presas no Estádio Nacional do Chile, que se transformou em um centro de interrogatórios e torturas. Estima-se que mais de 3 mil pessoas tenham sido mortas e mais de 30 mil torturadas no país.

Em 1988, uma consulta popular decidiu pelo fim do governo Pinochet. Mesmo assim, o militar ainda conseguiu o direito de ser nomeado senador vitalício do país, impedindo que fosse julgado por seus crimes. Em 1998, quando estava na Inglaterra recuperando-se de uma cirurgia, Pinochet foi detido a pedido do governo espanhol, que também determinou sua extradição, para ser julgado pelo genocídio e tortura de espanhóis que viviam no Chile. O ditador retornou ao Chile em 2000 e faleceu em 2006, antes de ser julgado.

Fonte 3

A arpillera *da resistência*

A *arpillera* é uma técnica têxtil típica do Chile, feita com tecidos rústicos provenientes de sacos de farinha ou batata e costurada a mão. Durante a ditadura chilena, muitas mulheres que foram presas, ou tiveram familiares presos, torturados ou assassinados, denunciaram a violência do regime por meio das *arpilleras*.

Arpillera chilena da década de 1970.

- **Nova Canção Chilena**

O movimento Nova Canção Chilena surgiu no final da década de 1960 e unia arte e política. Seus principais representantes foram Victor Jara, Violeta Parra e seus filhos Ángel e Isabel Parra, Patricio Manns e os grupos Quilapayún, Inti Illimani e Cuncumén. Eles apoiaram a candidatura do socialista Salvador Allende à presidência e tinham um lema: "Não há revolução sem canção".

A Nova Canção Chilena valorizava o folclore latino-americano e a temática de orientação socialista. O grupo Inti Illimani, por exemplo, buscava resgatar as raízes indígenas e andinas. O próprio nome do grupo mostra isso: "Inti" significa Sol em quéchua, e "Illimani", em aymará, é o nome de uma montanha boliviana.

As ideias desse movimento tinham como objetivo construir uma alternativa nacional aos produtos culturais importados dos Estados Unidos.

Contudo, Augusto Pinochet tomou o poder e, durante quinze anos, o regime ditatorial impediu a livre manifestação da sociedade chilena. Muitos estudantes, artistas e militantes de esquerda, entre eles Victor Jara, foram detidos. Jara foi espancado por militares e teve suas mãos esmagadas. Em 16 de setembro de 1973, seu corpo foi encontrado nos arredores de Santiago.

Manifestação em Barcelona, na Espanha, um dia após a morte de Pinochet, em 11 de dezembro de 2006. O cartaz homenageia Victor Jara, assassinado pelo governo ditatorial chileno.

ATIVIDADES

ORGANIZAR O CONHECIMENTO

1. Por que, para os militares argentinos, era importante realizar a Copa do Mundo no país?

2. Por que os artistas do movimento Nova Canção Chilena foram perseguidos?

3. Em dupla, procurem estabelecer semelhanças entre as ditaduras na Argentina, no Chile e no Brasil no que diz respeito à repressão política e aos movimentos de resistência.

ANALISAR AS FONTES

4. **Fonte 1** Explique por que o então presidente argentino Jorge Rafael Videla aparece entregando a taça da vitória da Copa do Mundo ao capitão da seleção de futebol da Argentina. Você se lembra de alguma situação semelhante ocorrida em outro país? Onde? A intenção foi a mesma?

5. **Fonte 2** Qual era a intenção da ditadura militar argentina em separar os bebês de seus pais presos pelo regime?

6. **Fonte 3** Relacione a imagem à ditadura militar no Chile. Quais são as denúncias feitas nessa *arpillera*?

POR UMA CONDUTA CIDADÃ

7. Pouco antes do início da Copa do Mundo de 1978, algumas seleções ameaçaram boicotar o torneio por causa das denúncias de violações dos direitos humanos por parte do governo argentino. Na sua opinião, o boicote à Copa do Mundo de 1978 deveria ter sido levado adiante? Por quê? Que outros casos de boicote você conhece?

   - Em grupo, escolham alguma situação internacional de violação dos direitos humanos que justificaria a adoção do boicote como forma de protesto.
   - Avaliem os riscos e os benefícios dessa medida e exponham para a classe as razões para a defesa desse ato de protesto e como ele seria organizado.

REVISANDO

O golpe civil-militar de 1964

1. Após o **golpe de 31 de março de 1964**, os militares criaram os **Atos Institucionais (AIs)**, que suprimiram direitos políticos dos cidadãos e garantiram ao novo regime **poder para governar o país**.
2. Muitos **opositores da ditadura** foram presos, exilados, torturados e assassinados.
3. O **arrocho salarial**, a **Lei Antigreve** e os **empréstimos financeiros** junto ao **FMI** marcaram a política econômica dos primeiros governos militares.
4. A **Passeata dos Cem Mil** e as **greves operárias** de Contagem e Osasco, ocorridas em 1968, desafiaram o governo ditatorial.
5. A **Operação Bandeirante** e o sistema **DOI-Codi** foram criados para realizar o serviço de **inteligência**, **informação** e **repressão** do regime militar.

O apoio civil ao regime militar

1. Entre 1968 e 1973, os **"anos de chumbo"**, a economia brasileira cresceu a uma média de 11% ao ano. Foi a era do chamado **"milagre econômico"**.
2. Os militares tiveram amplo apoio de **setores da sociedade civil** (empresariado, políticos, grandes grupos de comunicação e classe média urbana).
3. A ditadura usou a **propaganda** e a conquista da **Copa do Mundo de 1970** para produzir uma imagem positiva do regime.

A resistência à ditadura civil-militar

1. O **movimento estudantil** e **parte do operariado** realizaram forte resistência à ditadura militar.
2. A **forte repressão** que se seguiu à publicação do **AI-5** impulsionou a **luta armada** contra o regime.
3. O **Teatro de Arena**, o **Teatro Oficina**, o **Cinema Novo** e as **músicas de protesto** são exemplos da resistência da arte ao regime militar.
4. A **transição da ditadura para a democracia** foi um processo que Ernesto Geisel batizou como **lento, gradual e seguro**.
5. As **greves operárias do ABC** paulista e a promulgação da **Lei da Anistia** marcaram o início da **redemocratização** no Brasil.

Em busca da democracia

1. Mesmo com as **Diretas Já**, a emenda Dante de Oliveira foi derrotada e **Tancredo Neves** foi eleito presidente pelo **Colégio Eleitoral**.
2. O **Plano Cruzado**, instituído para conter a **inflação**, e a convocação da **Constituinte** foram as principais medidas de **José Sarney**.
3. A **Constituição de 1988** contou com ampla participação dos brasileiros por meio das **emendas populares**, além de estabelecer importantes **direitos políticos e sociais**.
4. A **Comissão Nacional da Verdade (CNV)** produziu uma vasta documentação sobre a participação de **agentes do Estado na violação de direitos humanos** durante a ditadura civil-militar.

Trilha de estudo

Vai estudar? Nosso assistente virtual no *app* pode ajudar! <http://mod.lk/trilhas>

PARA ASSISTIR

- **O ano em que meus pais saíram de férias**
  Direção: Cao Hamburguer
  Ano: 2006
  Duração: 110 min

Sinopse

A história possui como pano de fundo a Copa do Mundo de 1970, e o menino Mauro, apaixonado por futebol, é obrigado a acompanhar os jogos distante da companhia dos pais.

O filme e esta unidade

1. Como a ditadura se manifesta no cotidiano de Mauro?
2. Como você interpreta a relação de Mauro com o futebol? Essa relação muda ao longo do filme? Explique.

UNIDADE 8

DESAFIOS DO MUNDO GLOBALIZADO

OS MUROS DA GLOBALIZAÇÃO

O mundo está cada vez mais interconectado. Graças às constantes inovações nas tecnologias da comunicação, temos a impressão de que as distâncias entre pontos distantes do planeta estão diminuindo. Um computador ou um *smartphone* nos colocam em contato com pessoas, imagens, informações e acontecimentos do mundo inteiro, em poucos segundos.

Apesar disso, na atualidade, estão se multiplicando barreiras físicas, erguidas para controlar fronteiras entre países ou povos. Estima-se que, entre 1989 e 2017, foram construídas mais de 50 barreiras para separar Estados ou grupos nacionais, com a finalidade de impedir a entrada ilegal de pessoas e mercadorias. E existem, ainda, muros que separam populações no interior de um mesmo país ou cidade.

Esse paradoxo, que opõe aproximação e segregação, tem sido uma das marcas do mundo contemporâneo.

COMEÇANDO A UNIDADE

1. Que impressões a obra *Kikito* desperta em você? Qual teria sido a intenção do artista ao inseri-la na fronteira do México com os Estados Unidos?

2. Você tem notícias de outros muros que segregam populações ao redor do mundo? Se sim, qual é o motivo para a construção desses muros?

Kikito, instalação do artista francês JR, na fronteira entre os Estados Unidos e o México. Tecate, México, 2017.

ATITUDES PARA A VIDA

- Aplicar conhecimentos prévios a novas situações.
- Imaginar, criar e inovar.
- Escutar os outros com atenção e empatia.
- Questionar e levantar problemas.

TEMA 1

A DESAGREGAÇÃO DO BLOCO SOCIALISTA

OS FANTASMAS DA GUERRA FRIA

Em 2014, a República Autônoma da Crimeia, território da Ucrânia habitado por uma maioria russa, decidiu proclamar sua independência e incorporar-se à Rússia. Em março daquele ano, um referendo popular aprovou a medida: mais de 95% dos eleitores crimeanos disseram sim à anexação à Rússia. No entanto, ucranianos e tártaros que vivem na região boicotaram o referendo.

Pouco antes da convocação do referendo, soldados russos ocuparam a Crimeia. Segundo o governo ucraniano, a intenção era coagir a população local a votar pela anexação do território à Federação Russa. Depois disso, os russos fizeram grandes investimentos para transformar a região em base militar e criaram incentivos à imigração de russos para o território.

A crise na região reacendeu a velha rivalidade entre as potências ocidentais e a Rússia. As Nações Unidas não reconheceram a validade do referendo, enquanto o governo de Moscou criticou a ONU, lembrando que a independência do Kosovo, região que pertencia à Sérvia, foi reconhecida pelas Nações Unidas em 2008 e que a política da entidade em relação à Crimeia deveria ser a mesma.

Por que Rússia e Ucrânia, duas das mais importantes repúblicas soviéticas da época da Guerra Fria, hoje vivem em estado de guerra? O que aconteceu com a União Soviética? É o que você vai descobrir no estudo deste tema.

Que razões explicam o fim da União Soviética?

O croata Domagoj Vida comemora o segundo gol contra a Rússia nas quartas de final da Copa do Mundo de 2018. Sochi, Rússia, 7 de julho de 2018. Na Copa da Rússia, os gestos de alguns jogadores causaram muita polêmica. Domagoj, por exemplo, gravou um vídeo em que dizia "Glória à Ucrânia", expressão muito antiga que ganhou força em 2014 com a ocupação e a anexação da Crimeia pela Rússia.

A CRISE DO REGIME SOVIÉTICO

A partir dos anos 1930, a União Soviética experimentou um desenvolvimento científico e tecnológico que rivalizou com o dos Estados Unidos. Na década de 1960, chegou a viver uma época de prosperidade, com o processo de urbanização, a erradicação do analfabetismo e a qualificação da mão de obra.

Entretanto, ao priorizar os investimentos na corrida armamentista e espacial com os Estados Unidos, o regime soviético não deu a devida atenção à produção de alimentos e de artigos como roupas, calçados e eletrodomésticos, o que, aos poucos, levou o país a uma crise de abastecimento.

Na década de 1970, vários sinais de crise começaram a surgir: o distanciamento soviético em relação aos avanços tecnológicos do Ocidente; a ineficiência da indústria civil; a crescente dependência da importação de alimentos, que obrigava o governo a criar subsídios para baratear os alimentos importados; tudo isso somado aos movimentos por liberdade, democracia e independência nacional que começavam a se organizar na União Soviética. Os custos da guerra no Afeganistão (1979-1989) debilitaram ainda mais as finanças soviéticas.

AS REFORMAS DE GORBACHEV

Em 1985, Mikhail Gorbachev foi eleito secretário-geral do Partido Comunista Soviético. Atendendo ao anseio da sociedade por mudanças, Gorbachev iniciou um programa de reformas econômicas e políticas visando modernizar o Estado soviético sem, contudo, abandonar o socialismo: a *glasnost* (transparência política) e a *perestroika* (reestruturação da economia). Veja as principais medidas tomadas por ele no esquema a seguir.

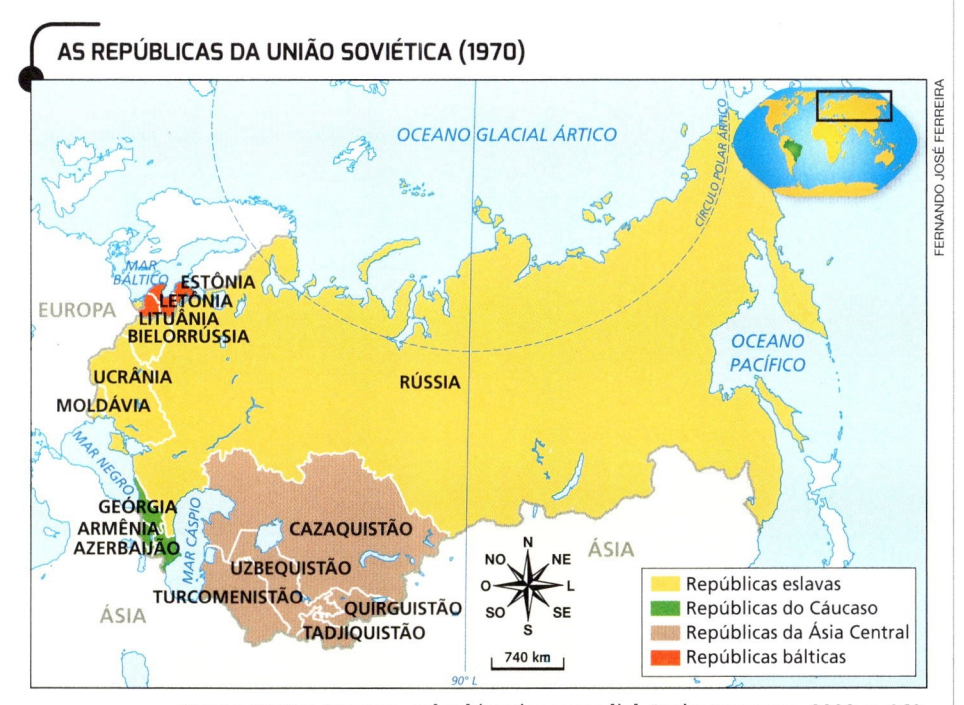

Glasnost (Transparência política)
• Realização de eleições diretas.
• Liberdade de imprensa.
• Permissão para as pessoas saírem do país.

Perestroika (Reestruturação da economia)
• Liberdade para as empresas fixarem os salários dos empregados.
• Instituição da livre-concorrência entre empresas.
• Legalização de pequenas empresas privadas.
• Autorização para empresas estrangeiras se estabelecerem no país

Entretanto, as reformas de Gorbachev não apresentaram resultados satisfatórios. A economia e a agricultura continuavam com índices de crescimento insuficientes e a população passou a enfrentar racionamento de alguns produtos básicos, como gasolina, manteiga e carne. Com isso, o apoio da sociedade a Gorbachev passou a ser contestado.

Simultaneamente, outro problema ressurgiu no país: a questão nacional e as reivindicações autonomistas no interior das quinze repúblicas que formavam a União Soviética. A grande variedade de povos, línguas e crenças que conviviam na Rússia era um problema desde o regime czarista e continuou sendo depois da Revolução de 1917. Nos anos 1980, diante da crise, explodiram inúmeras revoltas e movimentos nacionais reivindicando autonomia e respeito às identidades locais, bem como manifestações democratizantes que levariam ao fim do socialismo na região. Nesse contexto, a grande popularidade internacional de Gorbachev pesava cada vez menos.

AS REPÚBLICAS DA UNIÃO SOVIÉTICA (1970)

Fonte: DUBY, Georges. *Atlas historique mondial*. Paris: Larousse, 2003. p. 262.

247

O FIM DO SOCIALISMO NO LESTE EUROPEU

Impulsionada pela crise econômica e pelo programa de reformas de Gorbachev, uma onda de lutas democráticas se espalhou pela Europa Oriental nos anos 1980. Na Hungria e na Tchecoslováquia, a transição se deu de maneira pacífica e pela via das instituições. Os novos governantes, antigos opositores do regime soviético, implantaram programas de desestatização da economia.

Na Romênia, a transição foi extremamente violenta. O governo respondeu com violência aos protestos populares, mas não conseguiu frear as manifestações. Ao tentar fugir do país, em 1989, o presidente Nicolae Ceausescu acabou preso, julgado e executado.

Na Polônia, trabalhadores liderados pelo sindicato independente Solidariedade reivindicavam direito de greve e liberdade de organização sindical. Após muitas reformas democratizantes, em 1990, o líder do Solidariedade, Lech Walesa, foi eleito presidente da república.

Mapa localizador

Multidão se concentra ao redor do Muro de Berlim, em 10 de novembro de 1989, no dia seguinte à sua queda.

A QUEDA DO MURO DE BERLIM E A REUNIFICAÇÃO ALEMÃ

Mesmo com a economia mais forte do Leste Europeu, a República Democrática Alemã (RDA), também conhecida como Alemanha Oriental, vivia um processo de estagnação econômica desde meados da década de 1980, situação que motivou a eclosão de movimentos exigindo reformas econômicas e políticas.

Em setembro de 1989, a Hungria abriu suas fronteiras com a Áustria. Buscando fugir da crise econômica, milhares de alemães orientais aproveitaram a abertura do novo caminho e migraram para a Alemanha Ocidental. A fuga em massa do país pressionou o governo da RDA a também abrir suas fronteiras.

Em 9 de novembro, o governo anunciou, pela TV, a abertura de todas as suas fronteiras com a Alemanha Ocidental. Em poucas horas, milhares de berlinenses se reuniram ao redor do muro nos dois lados da cidade. No mesmo dia, o muro caiu, sem que a polícia disparasse um único tiro. Assim, o maior símbolo da Guerra Fria era derrubado. No ano seguinte, as duas Alemanhas foram reunificadas.

PARA ASSISTIR

- **Adeus, Lênin!**
Direção: Wolfgang Becker
País: Alemanha
Ano: 2003
Duração: 118 min

O filme apresenta uma visão divertida sobre a queda do socialismo e a reunificação alemã. Para evitar que sua mãe, recém-saída de um coma, tenha um choque ao descobrir que a República Democrática Alemã não existe mais, o jovem Alex fará de tudo para fingir que nada mudou no país.

ACONTECIMENTOS NO LESTE EUROPEU

1985 — Mikhail Gorbachev implanta a *perestroika* e a *glasnost* na União Soviética.

1989 — O Muro de Berlim é derrubado. Uma revolução na Romênia executa o ditador Ceausescu.

1990 — A Alemanha Ocidental e a Oriental são reunificadas.

1991 — Fim da URSS. Início da guerra civil entre sérvios e croatas.

1993 — A Tchecoslováquia é dividida em dois países: República Tcheca e Eslováquia.

1995 — A Bósnia é dividida em República Sérvia e Federação Bósnio-Croata.

2008 — Kosovo declara independência em relação à Sérvia.

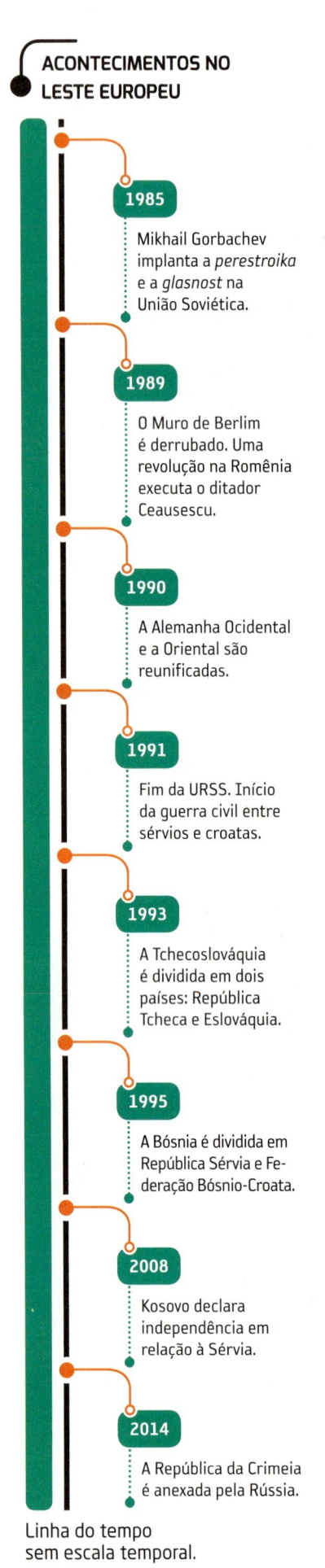

2014 — A República da Crimeia é anexada pela Rússia.

Linha do tempo sem escala temporal.

A DESAGREGAÇÃO DA UNIÃO SOVIÉTICA E DA IUGOSLÁVIA

A queda do Muro de Berlim e dos regimes socialistas no Leste Europeu ajudou a impulsionar os movimentos separatistas na União Soviética. Em dezembro de 1991, quando catorze das quinze repúblicas já tinham formalizado sua independência, o presidente da Rússia anunciou o fim da União Soviética e a criação da **Comunidade dos Estados Independentes (CEI)**.

Assim, a grande potência socialista chegou ao fim. Na visão que se difundiu pelo mundo, o capitalismo tinha vencido a Guerra Fria.

Porém, os acontecimentos mais trágicos relacionados ao fim da Guerra Fria tiveram como palco a Iugoslávia, na Península Balcânica. Constituída por seis repúblicas federadas (Sérvia, Croácia, Bósnia-Herzegovina, Macedônia, Montenegro e Eslovênia) e duas regiões autônomas ligadas à Sérvia (Voivodina e Kosovo), a Iugoslávia era um mosaico de povos e culturas.

Após a Segunda Guerra Mundial, o então governo de Josip Broz Tito adotou o modelo socialista de economia planificada e, com um forte exército, garantiu a unidade nacional iugoslava, controlada pela maioria sérvia.

Com a morte do líder iugoslavo, em 1980, a frágil unidade política da Iugoslávia começou a ruir. Os efeitos da crise econômica da década de 1980, somados às mudanças em curso no bloco soviético, reacenderam os movimentos pela independência nacional no país.

As primeiras repúblicas a declarar independência foram a Croácia e a Eslovênia, em 1991. Iniciou-se, então, a primeira guerra na Iugoslávia, opondo sérvios e croatas. O reconhecimento dos novos países pela comunidade internacional obrigou as tropas sérvias a recuar, pondo fim ao conflito.

Área de Vukovar destruída pela guerra, em novembro de 1991. Cidade barroca do leste da Croácia, Vukovar sofreu um cerco de 87 dias. Em novembro de 1991, milícias sérvias, apoiadas pelo exército iugoslavo, massacraram a resistência croata e deportaram milhares de pessoas. Tomada pela Sérvia, Vukovar foi reintegrada à Croácia em 1998.

A GUERRA CIVIL NA BÓSNIA E EM KOSOVO

No início dos anos 1990, a Bósnia-Herzegovina apresentava grande diversidade étnico-religiosa. Três grupos principais viviam na região: bósnios muçulmanos, sérvios cristãos ortodoxos e croatas católicos.

Em 1992, muçulmanos e croatas da Bósnia declararam independência em relação à Iugoslávia, que logo foi reconhecida pela União Europeia e pelos Estados Unidos. Os sérvios, por sua vez, decidiram ir à guerra. No conflito, milícias sérvias combateram uma aliança de muçulmanos e croatas.

O conflito se estendeu de 1992 a 1995 e chocou o mundo por sua crueldade. Os sérvios, buscando reconstruir o mapa demográfico da região sob sua hegemonia, adotaram uma política de extermínio denominada "limpeza étnica". Mais de 97 mil pessoas morreram na guerra. Cerca de 65% das vítimas eram muçulmanas.

A repercussão do conflito levou a Otan a intervir com suas tropas, forçando um acordo de paz. Em novembro de 1995, sérvios, croatas e bósnios selaram o **Acordo de Dayton**, que dividiu a Bósnia-Herzegovina em **República Sérvia** e **Federação Bósnio-Croata**.

A luta pela independência nacional ressurgiu mais tarde em Kosovo, província iugoslava de maioria muçulmana controlada pelos sérvios. A política de extermínio e deportações conduzida pelos sérvios levou ao bombardeio de Belgrado, a capital iugoslava, pelas forças da Otan. Os ataques aéreos à cidade sérvia se estenderam por quase oitenta dias e geraram protestos em vários países. O conflito só terminou em junho de 1999, com um acordo entre o governo da Iugoslávia e a Otan.

As guerras civis na Iugoslávia resultaram em milhares de mortos e no desmembramento do país. Com a emancipação de Montenegro em relação à Sérvia, em 2006, e de Kosovo, dois anos depois, a antiga Iugoslávia reduziu-se a sete pequenos países (veja o mapa ao lado).

Jovem celebra a conquista da independência de Kosovo, na capital Pristina, em fevereiro de 2008.

O DESMEMBRAMENTO DA IUGOSLÁVIA

Fonte: FERREIRA, Graça Maria Lemos. Atlas geográfico: espaço mundial. 4. ed. São Paulo: Moderna, 2013. p. 90.

ORGANIZAR O CONHECIMENTO

1. Sintetize as condições socioeconômicas e políticas que levaram ao fim da União Soviética.

2. No caderno, copie e complete o quadro a seguir.

A DESAGREGAÇÃO DA IUGOSLÁVIA			
Repúblicas que a compunham	Motivos da desagregação	Conflitos ocorridos durante o processo	Países que se formaram

TEMA 2

INOVAÇÕES E DESAFIOS DO MUNDO GLOBALIZADO

Quais condições impulsionaram o processo de globalização?

O PROCESSO DE GLOBALIZAÇÃO

Você, provavelmente, já deve ter ouvido ou lido em algum lugar as expressões globalização, mundo globalizado ou aldeia global. Você sabe definir o que é a globalização? Consegue perceber como esse processo interfere na sua vida?

O termo **globalização** começou a ser empregado na década de 1980 e, na década seguinte, começaram a surgir os primeiros estudos sobre o tema. Apesar de complexo e controverso, o conceito de globalização pode ser descrito, em linhas gerais, como um processo econômico, social e cultural marcado pelo intenso intercâmbio de capitais, produtos, serviços e informações por todo o planeta.

Hoje, por exemplo, é possível estar no Brasil e conversar em tempo real com pessoas de Portugal, da África do Sul ou da China; comprar pela internet um produto alemão, fabricado na China com peças japonesas, que em poucos dias chegará à sua casa; assistir pela televisão a uma partida de futebol entre clubes europeus formados de jogadores brasileiros, argentinos, nigerianos e argelinos, além dos nacionais. Sob esse aspecto, a globalização favorece a interação de pessoas, comportamentos e costumes ao redor do mundo.

Jogadores do time de futebol francês Paris Saint-Germain (PSG) durante partida na cidade de Paris, França, em 2018. O time é composto de jogadores de diferentes nacionalidades.

Porém, não são quaisquer informações, mercadorias ou pessoas que transitam pelo mundo. Em geral, as mercadorias que circulam com mais facilidade são aquelas que geram lucro, principalmente para os países desenvolvidos; as pessoas que circulam com maior liberdade são as que viajam a negócios ou a turismo e não aquelas que decidem imigrar por necessidades econômicas. Do mesmo modo, os comportamentos e valores que se difundem pelo mundo são os da chamada **sociedade ocidental**, ou seja, dos Estados Unidos e dos países ricos da Europa. Isso explica por que Estados Unidos e México integram uma área de livre-comércio desde 1994, ao mesmo tempo que um muro separa os dois países.

A INTERNET: PROPULSORA DA GLOBALIZAÇÃO

Muitas mudanças trazidas pela globalização não teriam acontecido sem o desenvolvimento de uma tecnologia que permitiu o trânsito de informações em escala planetária e em tempo real: a **internet**.

Nos anos 1960, o governo dos Estados Unidos, preocupado em vencer a corrida armamentista com os soviéticos, encarregou a Agência de Projetos de Pesquisa Avançada do Departamento de Defesa (Arpa, em inglês) de desenvolver novas tecnologias para fins militares. Com esse objetivo, os pesquisadores criaram uma rede de dados e um *software* que permitiam conectar os computadores da agência.

Na década de 1980, a rede se expandiu e recebeu o nome de internet. Nos anos 1990, ela se tornou um sucesso comercial, sobretudo quando os europeus criaram a **www** (*world wide web* ou "rede mundial de computadores"). A expansão dos usuários da rede no mundo todo agilizou as comunicações e aproximou as pessoas, provocando mudanças profundas no comportamento, na linguagem e nas relações humanas.

É BOM SABER

A ocidentalização da cultura mundial

O cinema, a televisão e a internet têm promovido a formação de uma cultura de massas global, que alguns críticos denominam "ocidentalização" da cultura mundial. Segundo eles, o que se observa na globalização é muito mais uma imposição de valores ocidentais do que um intercâmbio entre culturas. Exemplos disso seriam a hegemonia da língua inglesa, dos filmes de Hollywood e das marcas estadunidenses de refrigerantes. Outros autores, porém, relativizam esse processo lembrando que há significativas trocas culturais entre países ricos e pobres, entre o Ocidente e o Oriente. Alguns exemplos dessa troca são o sucesso das culinárias chinesa, indiana e mexicana na Europa e nos Estados Unidos e a popularização das artes marciais japonesas e coreanas, como o judô e do *tae kwon do*.

Explore

- Você já participou de alguma campanha divulgada nas redes sociais? Se sim, de qual? Como você vê o uso da internet para a difusão de campanhas e movimentos sociais?

Manifestação do Dia Internacional da Mulher em São Paulo (SP), 2012. As redes sociais se tornaram um meio de divulgação de pautas de diferentes movimentos, além de ser um veículo por meio do qual muitos protestos passaram a ser organizados.

Um exemplo recente do poder de mobilização de usuários da internet foi a campanha "#ArgentinaNoVayas". Ela visava convencer a seleção argentina de futebol a cancelar o amistoso contra a seleção de Israel, que seria disputado em Jerusalém antes da Copa do Mundo de 2018. A iniciativa era um protesto contra a morte de centenas de palestinos pelo exército israelense em manifestações na Faixa de Gaza. A campanha ganhou as redes sociais e teve êxito. Os argentinos cancelaram a partida e declararam: a decisão foi "um aporte à paz mundial" e "o futebol é uma mensagem universal que transcende fronteiras e nada tem a ver com a violência".

A disseminação da internet também envolve questões como direitos autorais, privacidade, responsabilidade civil, *fake news*, censura e punições para crimes virtuais, temas que estão sendo discutidos em muitos países atualmente. No Brasil, por exemplo, o Congresso Nacional aprovou, em 2014, o **Marco Civil da Internet**, conjunto de leis que visa regular o uso da internet no país, prevendo direitos, garantias e responsabilidades tanto para os usuários como para os provedores que garantem o acesso à rede.

A ASCENSÃO DO NEOLIBERALISMO

A globalização não teria alcançado a dimensão de hoje sem a existência de governos empenhados na tarefa de remover as barreiras, nacionais e internacionais, à iniciativa privada e à livre circulação de capitais. A defesa de governos desse tipo significava uma mudança profunda em relação ao Estado de bem-estar social, modelo estatal adotado por vários países após a Segunda Guerra Mundial.

Como você estudou na unidade 5, o Estado de bem-estar social caracterizou o governo de várias nações no pós-guerra, principalmente na Europa, que assumiram a responsabilidade de garantir aos cidadãos educação, saúde, emprego, benefícios trabalhistas e outros direitos sociais. Com variações entre os países, os governos que adotaram essa política econômica administravam o orçamento público visando à proteção do bem-estar social.

A crise econômica dos anos 1970, no entanto, enfraqueceu o Estado de bem-estar social, que passou a ser atacado como um dos causadores da crise. Opondo-se a ele, entrou em cena o **neoliberalismo**, teoria econômica que retoma e atualiza as ideias liberais do século XVIII.

Os neoliberais pregam a redução do Estado à tarefa mínima de garantir as leis comuns e a economia de mercado. Segundo eles, a economia cresce quando os governos eliminam todos os obstáculos aos investimentos e à livre circulação de capitais e mercadorias. Entre esses obstáculos, estão a taxação do lucro das empresas, os encargos trabalhistas, como recolhimento obrigatório do fundo de garantia e da previdência social, a cobrança de tarifas alfandegárias sobre produtos importados, o monopólio estatal sobre serviços de energia, água e telefonia, além de leis que limitam o desmatamento e a exploração mineral. Os neoliberais defendem ainda a redução dos gastos do Estado com saúde e educação e a criação de estímulos para que a iniciativa privada atue no setor.

Margaret Thatcher, primeira-ministra do Reino Unido, e Ronald Reagan, presidente dos Estados Unidos, reunidos na Casa Branca, em Washington (EUA), em setembro de 1983.

Manifestação de mineiros em Celynen North, no Reino Unido, em agosto de 1984. A decisão do governo de Margaret Thatcher de fechar as minas de carvão de Whitewell, na Inglaterra, desencadeou uma greve de mineiros no país que durou dezesseis meses. A greve chegou ao fim com o fechamento das minas de carvão da região e a destruição do sindicato mais forte do país. Nos anos seguintes, outras minas foram fechadas ou privatizadas.

Os governos que se transformaram em símbolos das teorias econômicas neoliberais foram **Margaret Thatcher**, primeira-ministra do Reino Unido de 1979 a 1990, e **Ronald Reagan**, presidente dos Estados Unidos de 1980 a 1988. Durante esses governos, empresas públicas de energia, mineração, telefonia e abastecimento de água foram privatizadas; removeram-se as barreiras legais à expansão do sistema financeiro, do setor de comunicações e transportes; e os impostos sobre os lucros do grande capital foram suprimidos ou reduzidos.

Ao mesmo tempo, os dois governos promoveram cortes nos gastos com saúde, educação, moradia popular e benefícios aos aposentados e desempregados. A legislação trabalhista foi alterada para substituir a ação dos sindicatos pela livre negociação entre trabalhadores e patrões. No Reino Unido, onde os sindicatos (*trade unions*) tinham uma longa tradição de luta e organização, o governo de Margaret Thatcher travou uma verdadeira guerra para enfraquecê-los.

Na década de 1990, a recuperação econômica dos Estados Unidos e do Reino Unido, somada ao fim do socialismo nos países do Leste Europeu, contribuiu para difundir as teorias neoliberais. Os países da América Latina que adotaram a receita neoliberal, ou parte dela, como Brasil e Argentina, conquistaram certa estabilidade econômica, mas não obtiveram um crescimento expressivo. No final século XX, as crises econômicas e o aumento do desemprego levaram alguns governos eleitos na região a abandonar parte dos princípios do neoliberalismo.

PARA ASSISTIR

● **Eu, Daniel Blake**
Direção: Ken Loach
País: Reino Unido
Ano: 2016
Duração: 101 min

Daniel Blake é obrigado a se afastar do trabalho após sofrer um enfarto. A sua luta pelo direito a receber o auxílio-doença revela o difícil legado do governo de Margaret Thatcher para os trabalhadores britânicos.

PRODUÇÃO E COMÉRCIO GLOBALIZADOS

Além das medidas neoliberais, o processo de globalização foi impulsionado pela chamada Terceira Revolução Industrial, com o desenvolvimento da microeletrônica, da informática, da comunicação via satélite, dos telefones celulares e, principalmente, da internet. Essas inovações permitiram que pessoas de diferentes países executassem, em tempo real, operações bancárias, transações comerciais, processos de seleção e treinamento de gestores, utilizando, para isso, um terminal de computador, aparelhos celulares, videoconferências e, mais recentemente, os aplicativos de mensagens instantâneas.

Outra mudança relacionada à globalização foi a **internacionalização dos processos produtivos**. Atraídas pelos incentivos fiscais oferecidos pelos governos dos países pobres e pelo baixo custo da mão de obra, grandes empresas começaram a transferir suas fábricas para países da América Latina, do Sudeste Asiático e da China, principalmente. Com as novas tecnologias da informação e da comunicação, o núcleo dirigente da empresa, sediado nos Estados Unidos, no Japão ou na Alemanha, poderia gerenciar, a distância, as várias unidades de produção espalhadas pelo mundo.

Por exemplo, um novo *smartphone* pode ser concebido em uma grande empresa da Califórnia (EUA), fabricado na China com componentes de diferentes partes da Ásia e da Europa, bem como com minerais extraídos na África e na América do Sul, para ser vendido em todo o mundo. Dessa forma, a empresa transnacional, que, neste caso, está sediada nos Estados Unidos, consegue baratear o processo de produção e maximizar seus lucros.

A globalização da produção e do comércio possibilitou o crescimento econômico de vários países, como os que compõem o grupo dos Brics (Brasil, Rússia, Índia, China e África do Sul) e o dos Tigres Asiáticos (Cingapura, Hong Kong, Coreia do Sul e Taiwan), e a geração de novos empregos em áreas ligadas às novas tecnologias e ao comércio exterior. Porém, ela pode ter consequências devastadoras, como a crise financeira iniciada nos Estados Unidos em 2008, que atingiu o mundo todo.

Linha de produção na província de Hebei, na China, 2016. Na China, em geral as empresas empregam trabalhadores qualificados, mas que recebem salários muito baixos e são submetidos a jornadas extenuantes.

É BOM SABER

O desenvolvimento da América Latina no novo milênio

O texto a seguir trata da resposta de muitos governos latino-americanos à crise econômica que afetou a região no início do ano 2000.

"Na primeira década do novo milênio, uma onda de mudança espraiou-se pela América Latina, como reação à crise do neoliberalismo. Ao mesmo tempo, o crescimento econômico voltou ao continente, impulsionado pelo mercado interno em expansão e pelo mercado mundial aquecido para as exportações de bens primários. Ao final dessa década, algumas transformações eram visíveis na maior parte dos países latino-americanos: à recuperação econômica e ao aquecimento do mercado de trabalho somaram-se transformações sociais, redução da pobreza e melhora na distribuição da renda, além de transformações políticas que introduziram na agenda política o até então interdito tema da equidade e o propósito de resgatar os direitos políticos e econômicos às classes sociais marginalizadas. A redução da desigualdade é a maior conquista desse movimento [...]."

FARIA, Luiz Augusto Estrella. Desenvolvimento e equidade na América Latina. *Indicadores econômicos FEE*. Porto Alegre, v. 39, n. 3, 2012. p. 33.

Vista aérea da favela de Paraisópolis e de um condomínio de luxo vizinho, em São Paulo (SP), 2017.

CRISE ECONÔMICA E XENOFOBIA

A crise econômica de 2008 afetou profundamente a Europa, sobretudo Portugal, Irlanda, Itália, Grécia e Espanha. Pressionados pelos dirigentes da União Europeia (Alemanha e França) e pelo Banco Central Europeu, os governos daqueles países instituíram diversas medidas de ajuste fiscal, que geraram muitos protestos: redução dos salários e corte de benefícios, congelamento dos valores das aposentadorias, contratação de trabalhadores em regime temporário, além da demissão de funcionários públicos.

Diante da crise, muitos europeus responsabilizaram os imigrantes pelas dificuldades econômicas decorrentes da crise de 2008. A partir de 2012, a intolerância com os estrangeiros aumentou mais ainda com a entrada na Europa de milhares de refugiados, vindos principalmente da Síria, do Afeganistão e da África Subsaarina. Esses estrangeiros se tornaram alvos de ataques de grupos ultranacionalistas e neofascistas que defendem o fechamento da Europa para imigrantes e refugiados.

No cenário de incerteza criado em momentos de crise, agravado pelo sentimento de desamparo e descrença nas instituições, os europeus se tornam menos tolerantes às culturas identificadas com os países pobres. Apesar do intenso intercâmbio cultural ocorrido na era da globalização, as várias práticas de xenofobia revelam que a tolerância é um aprendizado que ainda está por ser realizado.

O CRESCIMENTO DA DESIGUALDADE SOCIAL

A Pesquisa Desigualdade Mundial 2018, dirigida pelo economista francês Thomas Piketty, constatou que o aumento da riqueza de quem já tem patrimônio tem crescido em velocidade muito superior ao crescimento econômico dos países, que deve reduzir-se. Em outras palavras, os ricos tendem a se tornar ainda mais ricos, e as disparidades sociais tendem a se agravar. O mesmo relatório mostrou que o 1% mais rico do Brasil detinha 28% de toda a riqueza produzida no país.

A mesma tendência de concentração de renda foi confirmada pelo Relatório Global de Riqueza 2017, produzido pelo Credit Suisse. Segundo ele, a riqueza mundial atingiu, em meados de 2017, o maior nível da história: 280 trilhões de dólares. No entanto, 45,9% dessa riqueza (128,7 trilhões) está concentrada nas mãos de apenas 0,7% da população, enquanto 2,7% dela (7,6 trilhões) está distribuída entre 70,1% da população. Diante desse quadro, concluímos que diminuir a desigualdade social no mundo é um dos maiores desafios do século XXI.

AS QUESTÕES AMBIENTAIS

A nossa civilização investiu intensamente em tecnologias, mas não se preocupou em construir um modelo de desenvolvimento que conciliasse crescimento econômico com desenvolvimento humano e preservação ambiental. Entre as várias questões ambientais que ameaçam a qualidade de vida das atuais e das futuras gerações estão o aquecimento global, a produção desenfreada de lixo e a escassez de água doce.

- **Aquecimento global**. Em 2014, o Painel Intergovernamental sobre Mudanças Climáticas (IPCC, sigla em inglês) divulgou um relatório apontando que a temperatura média do planeta subiu 0,8% desde 1990 e continuará subindo caso os países não reduzam a emissão de gases de efeito estufa. O IPCC também alertou que o aquecimento global colocará em risco o abastecimento de água e a produção de alimentos em todo o mundo, além de provocar o derretimento das calotas polares, o que elevaria os níveis dos oceanos, fazendo desaparecer cidades, ilhas e até países inteiros.

- **O problema do lixo**. Diariamente, milhões de toneladas de lixo são produzidos em todo o mundo. O crescimento econômico, o desperdício e a expansão dos produtos descartáveis são os principais causadores do acúmulo de sacos plásticos, latas, garrafas, restos de alimentos e muitos outros materiais. O descarte adequado do lixo é um dos grandes desafios das sociedades atuais, pois muitos materiais contêm resíduos tóxicos que põem em risco a vida de pessoas, plantas e animais e podem contaminar o solo e os lençóis subterrâneos.

- **A escassez de água**. Cerca de 70% da superfície do planeta é constituída de água, mas a água doce representa apenas 2,5% desse total. Além disso, somente uma pequena parcela da água doce encontra-se acessível ao ser humano em rios, lagos e aquíferos. O restante permanece em geleiras, calotas polares e lençóis subterrâneos profundos. Se o consumo continuar crescendo como nas últimas décadas, todas as águas superficiais do planeta estarão comprometidas em 2100.

Escultura feita pela ONG Greenpeace representando uma baleia, feita com resíduos plásticos encontrados no mar. Filipinas, 2017. A obra chama a atenção para os impactos ambientais causados pelo excesso de lixo produzido e descartado na natureza.

Estudos recentes preveem que a população da Terra deverá passar dos atuais 7,6 bilhões de pessoas para quase 10 bilhões em 2050. Por isso, torna-se urgente incorporar a educação ambiental como uma das principais tarefas da humanidade. Um caminho para isso é adotar os três erres da sustentabilidade: **reduzir** o consumo, **reutilizar** os produtos e **reciclar** os materiais.

OS MOVIMENTOS ANTIGLOBALIZAÇÃO

Diante dos efeitos sociais e ambientais do capitalismo globalizado, diversos movimentos antiglobalização surgiram no mundo a partir do final da década de 1980. Grupos ambientalistas, por exemplo, cresceram e ganharam visibilidade conscientizando as pessoas sobre os impactos da produção e do consumo em larga escala para o meio ambiente e reivindicando a adoção de medidas por parte dos Estados para combatê-las.

A partir do final da década de 1990, movimentos anticapitalistas se uniram na **Ação Global dos Povos (AGP)**, grupo que se articulou contra as políticas do Banco Mundial, do Fundo Monetário Internacional (FMI) e da Organização Mundial do Comércio (OMC). O **Fórum Social Mundial (FSM)**, realizado pela primeira vez em Porto Alegre, em 2001, também se consolidou como um espaço de organização dos movimentos sociais e tem sido realizado anualmente em diferentes países desde então.

Mulheres reunidas em assembleia durante o Fórum Social Mundial, realizado em Salvador (BA), em março de 2018.

ORGANIZAR O CONHECIMENTO

1. Explique as diferenças entre as políticas do Estado de bem-estar social e as políticas do Estado neoliberal.

2. No caderno, copie e complete o quadro abaixo.

EXPANSÃO DAS REDES SOCIAIS NA INTERNET	
Aspectos positivos	Aspectos negativos

ATIVIDADES

APLICAR

1. Analise a charge a seguir para responder às questões.

    Deixe seu currículo, charge de Jean, 2003.

    a) Qual é a crítica feita nessa charge?
    b) Que relações podem ser estabelecidas entre a charge e o processo de globalização?

2. (UFRN-2000). Em 1991, a guerra civil na República Federativa da Iugoslávia iniciou-se com alguns conflitos na Croácia e na Eslovênia. Em 1992, as lutas ocorreram na Bósnia-Herzegovina, estendendo-se até dezembro de 1995. Recentemente, elas atingiram a província de Kosovo, na República Sérvia. Para a ocorrência de todos esses conflitos, contribuiu o(a):

    a) colapso dos regimes socialistas no Leste Europeu, o que provocou abalos na unidade política das províncias balcânicas, criando condições para que emergissem as diferenças étnicas, culturais e religiosas.
    b) interferência das nações europeias participantes da Organização do Tratado do Atlântico Norte (Otan), para evitar que os conflitos locais da região balcânica tivessem o apoio dos países signatários do Pacto de Varsóvia.
    c) processo de globalização, que acelerou a modernização industrial dos países participantes da União Europeia (UE), causando desemprego, o que poderia ser resolvido com o crescimento dos exércitos regulares.
    d) origem histórica dos povos eslavos, que buscavam uma forma de reconstruir o Império Otomano, desfeito autoritariamente pelo Acordo de Potsdam e pela Conferência de Ialta, após a Segunda Guerra Mundial.

3. Leia o texto para responder às questões.

    "Quem emigra para a Europa ou para os Estados Unidos [...] procura melhores condições de vida, de oportunidades que não surgem no país de origem por causa dos conflitos armados, da violência, do tráfego de drogas e armas, da instabilidade econômica ou da miséria.

    Nesta sociedade da informação, os meios de comunicação desempenham um papel crucial, pois visam comunicar todo o tipo de assuntos – desde os problemas globais aos específicos de cada região – para satisfazer a curiosidade ou a legítima necessidade de conhecimento das populações à escala mundial. [...]

    Uma possível solução consiste na promoção da cidadania, para estreitar relações entre povos, nações e Estados, ao mesmo tempo que se fomenta a chamada cidadania global, visando uma união fraternal, sob a égide do interesse comum e da salvaguarda do teor da Declaração Universal dos Direitos do Homem."

    GALITO, Maria Sousa. *Geopolítica e globalização*: xadrez internacional da *Demos*. Disponível em <http://mod.lk/pAZA2>. Acesso em 10 out. 2018.

    a) Identifique três características da sociedade globalizada citadas pela autora.
    b) Quais razões a autora aponta para as migrações em direção à Europa e aos Estados Unidos? Ela demonstra ter uma postura acolhedora em relação aos estrangeiros ou uma postura intolerante? Justifique.
    c) A quais meios de comunicação a autora se refere no segundo parágrafo? Quais funções deles ela cita? Que outras funções você acrescentaria?
    d) Você concorda com a proposta apresentada pela autora no último parágrafo? Por quê?

RETOMAR

4. Responda às questões-chave da abertura dos temas 1 e 2.

    a) Que razões explicam o fim da União Soviética?
    b) Quais condições impulsionaram o processo de globalização?

TEMA 3

OS CONFLITOS DO SÉCULO XXI

UMA NOVA ORDEM MUNDIAL

A desagregação do bloco socialista marcou definitivamente o fim da velha ordem bipolar e a emergência de uma nova ordem mundial. Mas o que de fato define essa nova configuração internacional de poder?

Em um primeiro momento, sobretudo em razão do enorme impacto que a desagregação do bloco socialista representou, muito se falou sobre a "vitória" do capitalismo sobre o socialismo. Por isso, para muitos observadores da época, o início dos anos 1990 marcou o alinhamento ideológico e político dos governos e organismos internacionais à hegemonia mundial exercida pelos Estados Unidos.

No entanto, embora os Estados Unidos tenham conseguido difundir a agenda neoliberal pelo mundo, a ideia de um mundo unipolar não se confirmou. A emergência de novas potências e a rearticulação das mais tradicionais, agora sob novas estruturas de poder, configuraram um cenário internacional cada vez mais complexo e descentralizado. Por essa razão, a tendência é dizer que a nova ordem mundial se caracteriza por uma configuração de poder **multipolar**.

> Como se caracterizou a nova ordem mundial que surgiu com o fim da Guerra Fria?

Vista da cidade de Xangai, na China, em foto de 2018. A China tem a maior economia dos Brics e a segunda maior do mundo. Entre 2015 e 2017, os chineses investiram 60 bilhões de reais na compra de empresas no Brasil, ultrapassando os estadunidenses.

A reestruturação política e econômica da Alemanha após a reunificação; a consolidação da União Europeia com a adesão de novos países; a emergência das economias asiáticas, principalmente da China; e a grave crise que atingiu o sistema financeiro dos Estados Unidos em 2008 e 2011 são fatores que nos permitem relativizar a suposta hegemonia internacional estadunidense.

No entanto, se a supremacia absoluta dos Estados Unidos não se confirmou, tampouco podemos dizer que existe uma relação de iguais no quadro das grandes potências. As revelações de espionagem levadas a público pelo ex-funcionário da CIA Edward Snowden, em 2013, mostram que o poderio dos Estados Unidos não é apenas econômico e militar; o país também controla as informações que circulam no planeta, principalmente por meio das tecnologias digitais de informação e comunicação.

FUNDAMENTALISMO RELIGIOSO E TERRORISMO

O fundamentalismo pode ser definido como qualquer movimento de pessoas que interpretam literalmente os textos sagrados de uma religião, sem contextualizá-los. Seus adeptos colocam as leis religiosas acima da solidariedade humana e são intolerantes em relação a outras culturas. Embora o fundamentalismo exista em praticamente todas as religiões, o islâmico é o que mais cresce no mundo atualmente.

O fundamentalismo islâmico surgiu na década de 1920. Inicialmente, dizia respeito aos movimentos de natureza religiosa e social que promoviam campanhas de alfabetização e de assistência à população mais pobre. O objetivo maior desses grupos era buscar soluções próprias para os problemas nacionais com base na tradição islâmica.

A expansão dos grupos fundamentalistas foi motivada por condições específicas locais. No Oriente Médio, resultou principalmente da criação do Estado de Israel (1948) e dos conflitos que se seguiram entre Israel e os países árabes. No Afeganistão, surgiu durante a invasão soviética, entre 1979 e 1989, que dividiu o país e trouxe violência e pobreza.

As crises não resolvidas no Oriente Médio e a política intervencionista e unilateral dos Estados Unidos contribuíram para disseminar o fundamentalismo islâmico em vários países. A atuação central desses grupos continuou sendo a formação política e religiosa, a assistência social e o recrutamento de militantes, mas os **atos terroristas** ganharam peso. Os fundamentalistas muçulmanos, culturalmente, voltam-se contra o que chamam de "modelo de vida do Ocidente" e, politicamente, contra a ação de Israel, dos Estados Unidos e dos seus aliados.

O crescimento das ações terroristas no século XXI está diretamente relacionado às características da nova ordem mundial: o desequilíbrio econômico entre os países desenvolvidos e os países em desenvolvimento, assim como as imensas desigualdades sociais no interior dos países; a descrença dos jovens em alternativas ao sistema capitalista; o consumismo; e os choques entre uma cultura global e as identidades locais.

CIA: sigla da Agência Central de Inteligência, organização do governo dos Estados Unidos que investiga e fornece informações de segurança nacional ao Senado do país, além de atuar em atividades secretas.

Nuvem de fumaça se espalha pelo céu da ilha de Manhattan após atentado promovido pelo grupo terrorista Al Qaeda, que lançou dois aviões contra as torres do World Trade Center. Nova York, Estados Unidos, 11 de setembro de 2001.

A INVASÃO DO AFEGANISTÃO E DO IRAQUE

Em 11 de setembro de 2001, aviões foram sequestrados e lançados contra as torres gêmeas do conjunto comercial World Trade Center, localizado em Nova York, e contra o Pentágono, sede do poder militar dos Estados Unidos. Os atentados terroristas, que vitimaram cerca de 3 mil pessoas, teriam sido promovidos pelo grupo fundamentalista islâmico Al Qaeda, então liderado pelo milionário saudita Osama bin Laden.

O governo dos Estados Unidos reagiu ao ataque com uma ofensiva militar contra o Afeganistão, país acusado de abrigar Bin Laden. Com o apoio do governo britânico, os estadunidenses investiram contra as principais cidades afegãs e isolaram a milícia do Talibã, grupo extremista islâmico que governava o país. Em dezembro de 2001, os Estados Unidos, com o apoio da ONU, nomearam um novo governo para o Afeganistão.

Mas a situação no país não se estabilizou depois disso. A guerra entre os grupos extremistas e as forças dos Estados Unidos ainda não tinha terminado em 2018. Apenas no primeiro semestre desse ano, 1.692 civis foram mortos no país, 45% deles em razão dos bombardeios aéreos estadunidenses. É o conflito mais longo na história dos Estados Unidos, com um gasto superior a 700 bilhões de dólares.

Depois de iniciar a guerra no Afeganistão, as atenções dos Estados Unidos se voltaram para o Iraque. Em 2003, tropas estadunidenses invadiram o território e capturaram o ditador Saddam Hussein, acusado pelo governo de Washington de financiar grupos terroristas e fabricar armas de destruição em massa. Em 2006, Saddam Hussein foi julgado por crimes contra a humanidade e condenado à morte por enforcamento.

Em agosto de 2010, o então presidente Barack Obama anunciou o fim das operações no Iraque. Calcula-se que 105 mil civis e quase 5 mil militares morreram nos conflitos. Cerca de 1,8 milhão de iraquianos abandonaram o país e hoje vivem como refugiados em países do Oriente Médio, da Europa e do norte da África.

Soldados estadunidenses iniciam suas operações em região próxima a Kandahar, no Afeganistão, em dezembro de 2001.

O ESTADO ISLÂMICO

Um dos resultados da interferência dos Estados Unidos no Oriente Médio foi a ascensão do grupo extremista sunita Estado Islâmico. Ele foi fundado no Iraque, em 2003, após a queda do governo de Saddam Hussein e a perseguição movida pelo novo governo aos sunitas. Seus adeptos se autodeclararam como a seção da Al Qaeda no Iraque. O grupo consolidou-se em 2013, quando anunciou sua fusão com uma milícia islâmica síria, formando o **Estado Islâmico do Iraque e do Levante (ISIS)**.

Buscando combater os "infiéis" e estabelecer um grande califado islâmico, em 2015 o grupo chegou a controlar uma área que se estendia do oeste do Iraque ao leste da Síria, onde instaurou um regime ditatorial e teocrático. Porém, após a resistência de exércitos e milícias locais e o apoio de potências estrangeiras, entre 2017 e 2018 o ISIS já havia perdido cerca de 95% desse território.

A PRIMAVERA ÁRABE E A GUERRA CIVIL NA SÍRIA

No final de 2010, uma revolta popular iniciada na Tunísia atingiu depois o Egito, a Líbia, a Síria e repercutiu em outros países árabes do Oriente Médio e do norte da África. Nesses países, milhões de manifestantes foram às ruas reivindicar liberdades democráticas, melhores condições de vida e o fim dos governos ditatoriais. Essa onda de revoltas populares foi chamada pela imprensa de **Primavera Árabe**.

Na **Síria**, os protestos contra o ditador Bashar al-Assad foram duramente reprimidos pelo governo. Em resposta, a população pegou em armas e teve início uma guerra civil. A partir de então, o conflito se alastrou, envolvendo diferentes grupos. Primeiro formou-se o Exército Livre da Síria, grupo laico formado por rebeldes que combatiam o regime de Assad. A eles se juntaram os curdos, povo que vive espalhado por territórios da Síria, do Iraque, do Irã, da Armênia e da Turquia e luta para fundar um Estado independente.

A entrada em cena de grupos fundamentalistas, como o Estado Islâmico e a Frente Nusra, embaralharam a guerra e deram ao conflito um caráter religioso. Esses grupos passaram a combater o governo de Assad e as forças rebeldes sírio-curdas.

Além disso, o conflito na Síria passou a contar com interferências externas. A Rússia, o Irã e o Hezbollah libanês apoiavam o regime de Assad, alegando que combatiam o terrorismo. Os rebeldes recebiam dinheiro e armas da Arábia Saudita, dos Estados Unidos e do Reino Unido, que acusavam Assad de assassinar civis.

Em meados de 2018, a guerra civil na Síria já tinha causado cerca de 500 mil mortes e o êxodo de mais de 5 milhões de pessoas.

Dialogando com Geografia

O ÊXODO SÍRIO

Os 10 países que mais receberam pedidos de asilo
Refugiados sírios registrados em países vizinhos*

- SUÉCIA 115.125
- HOLANDA 35.247
- DINAMARCA 20.898
- BÉLGICA 21.285
- ALEMANHA 525.262
- FRANÇA 20.348
- ÁUSTRIA 51.231
- HUNGRIA 77.256
- BULGÁRIA 20.593
- GRÉCIA 26.048
- TURQUIA 3.540.648
- LÍBANO 995.512
- IRAQUE 247.379
- JORDÂNIA 657.628
- EGITO 127.414
- Norte da África 30.104

*Dados computados até fevereiro de 2018.

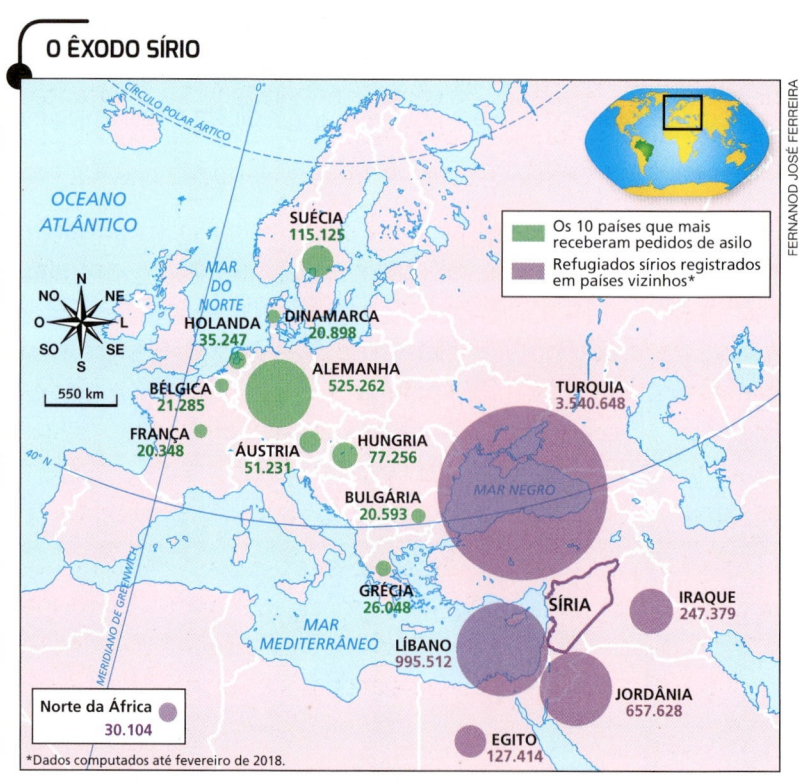

Fonte: *BBC Brasil*, 14 abr. 2018. Disponível em <http://mod.lk/RmN73>. Acesso em 21 ago. 2018.

Explore

1. Para onde tem ido a maior parte dos refugiados sírios?
2. Esse fato está de acordo com o que você já imaginava? Por quê?

A CRISE DOS REFUGIADOS

Os sírios que fogem de seu país em razão da guerra civil fazem parte de uma categoria de pessoas chamadas de **refugiados**. São pessoas que deixam seus países fugindo de guerras civis ou de perseguições religiosas, étnicas, raciais ou políticas. Em muitos países, os refugiados podem solicitar **asilo político**, instituição jurídica que não beneficia os imigrantes.

De acordo com dados de 2017, estima-se que cerca de 70 milhões de pessoas nos últimos anos tiveram que deixar seus locais de origem fugindo de guerras ou perseguições. Cerca de 25,4 milhões se encontravam na condição de refugiados, protegidos pelo direito internacional. Eles eram originários da Síria, do Sudão do Sul, do Afeganistão, de Myanmar e da Somália, principalmente.

A maior parte dos refugiados vive em países vizinhos. Mesmo assim, como estudamos no tema 2, os que se deslocaram para a Europa enfrentam a hostilidade de grupos xenófobos. As pressões internas e externas levaram os países da União Europeia a aprovar a criação de centros de triagem dos imigrantes resgatados no mar, onde os refugiados serão separados dos imigrantes econômicos e estes devolvidos aos países de origem.

Apesar dessa crescente hostilidade, pessoas em situação de extrema vulnerabilidade continuam arriscando suas vidas na travessia do Mediterrâneo. Entre 2017 e meados de 2018, quase 4 mil pessoas morreram no Mediterrâneo tentando chegar à Europa. Além disso, muitos imigrantes e refugiados oriundos da África Subsaariana não conseguem sequer chegar ao litoral. Eles ficam retidos em prisões da Líbia, país que lidera as denúncias de captura e escravização de seres humanos.

Os países que acolhem essas pessoas encontram-se diante de um impasse: como absorver os refugiados no território, garantindo a eles condições mínimas de sobrevivência, e ao mesmo tempo evitar a hostilidade por parte dos cidadãos nacionais?

Refugiados palestinos se aglomeram para receber suprimentos no campo Yarmouk, em Damasco, na Síria. Foto de 2014. Com a guerra civil na Síria, esse campo de refugiados foi atacado, obrigando milhares de pessoas a se deslocarem para o bairro Yalda, onde vivem em condições desumanas.

Explore
- Quais obstáculos os refugiados provavelmente enfrentam para conseguir entrar em outro país? Uma vez no novo território, o que precisam fazer para se estabelecer?

A vida de um refugiado
Você já imaginou as dificuldades que levam um refugiado a abandonar seu país natal? E se você fosse um refugiado, o que faria?
Disponível em <http://mod.lk/zpi7j>.

ORGANIZAR O CONHECIMENTO

1. Escreva **V** (verdadeiro) ou **F** (falso) nas afirmativas a seguir.
   a) (   ) O Estado Islâmico surgiu no Afeganistão após a invasão dos Estados Unidos e a queda do governo sunita do Talibã.
   b) (   ) Os países da Primavera Árabe tinham em comum o fato de serem governados por ditaduras e apresentarem condições socioeconômicas ruins.
   c) (   ) A maior parte dos refugiados das guerras no Afeganistão, na Síria e nos países africanos se encontra hoje nos países europeus.
   d) (   ) Embora a origem dos grupos fundamentalistas varie de acordo com o local e o período, seus integrantes têm em comum a interpretação literal dos textos religiosos.

2. Cite duas consequências da invasão dos Estados Unidos no Afeganistão e no Iraque para:
   a) os Estados Unidos.
   b) os territórios invadidos.

TEMA 4
O BRASIL NA NOVA ORDEM MUNDIAL

Quais são os principais pontos positivos e negativos da república democrática brasileira?

OS GOVERNOS DE FERNANDO COLLOR E ITAMAR FRANCO

Em novembro de 1989, ocorreram, finalmente, as primeiras eleições diretas para a presidência da república desde 1960. Apesar de pouco conhecido, **Fernando Collor de Mello**, do Partido da Reconstrução Nacional (PRN), conquistou o eleitorado ao se apresentar como um candidato jovem e dinâmico, capaz de moralizar e modernizar o país. Ele foi eleito no segundo turno, derrotando o ex-líder sindical e candidato pelo PT Luiz Inácio Lula da Silva.

Procurando combater a inflação, o governo eleito lançou um plano econômico extremamente radical, que ficou conhecido como **Plano Collor**.

O plano congelou preços e salários, bloqueou todos os depósitos em conta corrente, investimentos e cadernetas de poupança que excedessem o valor de 50 mil cruzados novos, bem como substituiu o cruzado novo pelo cruzeiro.

A inflação caiu em um primeiro momento, mas meses depois voltou a crescer, agravada pelo aumento do desemprego, pelo arrocho salarial e pela paralisação da atividade produtiva. A popularidade do presidente despencou.

Estudantes que ficaram conhecidos como os "caras-pintadas" vão às ruas exigir o *impeachment* do presidente Collor, em São Paulo (SP), 1992.

A crise do governo agravou-se em maio de 1992, quando seu irmão, Pedro Collor, veio a público denunciar um esquema de corrupção e tráfico de influência envolvendo o presidente e aliados políticos, comandado por Paulo César Farias, o PC Farias, tesoureiro da campanha e amigo do presidente.

As manifestações contra Collor se espalharam pelo Brasil. Vestidos de preto e com os rostos pintados nas cores da bandeira, os estudantes do movimento dos "caras-pintadas" ganharam as ruas, exigindo o *impeachment* do presidente.

No final de setembro, a Câmara autorizou a abertura do processo de *impeachment*. O vice-presidente, **Itamar Franco**, assumiu a presidência e, em dezembro, antes que o *impeachment* fosse votado pelo Senado, Collor renunciou à presidência para não ter seus direitos políticos cassados. Mesmo assim, foi condenado por crime de responsabilidade e teve seus direitos políticos suspensos por oito anos.

Empossado definitivamente na presidência após a renúncia de Collor, Itamar Franco propôs um governo de união nacional, integrando as principais forças partidárias do país. Visando combater a inflação, em 1993 Itamar nomeou o sociólogo **Fernando Henrique Cardoso** para o Ministério da Fazenda. No final daquele ano, FHC, como ficou conhecido, iniciou a implantação do **Plano Real**, um programa de estabilização econômica que criou o real, a nova moeda do país.

Itamar Franco (à direita) e Rubens Ricupero, que substituiu FHC no Ministério da Fazenda, lançam o real, em 1994.

Apesar do ceticismo, o plano foi bem-sucedido, reduzindo a inflação e, no mesmo movimento, aumentando o poder de compra dos brasileiros. O sucesso do plano se refletiu nas eleições presidenciais de outubro de 1994, quando Fernando Henrique Cardoso, concorrendo pelo PSDB, foi eleito no primeiro turno com 54% dos votos válidos.

O GOVERNO FHC

Fernando Henrique Cardoso assumiu a presidência em 1995, prometendo dar continuidade à política de estabilização econômica. Para reduzir o *déficit* público, acelerou o programa de privatizações e iniciou uma reforma constitucional, visando enxugar a máquina administrativa. A adoção dessas medidas suscitou grandes debates e ocorreu sob denúncias de corrupção e irregularidades envolvendo o processo de privatização de companhias estatais.

Em junho de 1997, o Congresso votou a emenda constitucional que permitia a reeleição de prefeitos, governadores e do presidente da república. Mesmo sob suspeita de compra de votos, a emenda foi aprovada, permitindo a FHC concorrer a um novo mandato.

Em outubro de 1998, Fernando Henrique foi reeleito no primeiro turno. Em seu segundo mandato, ele adotou medidas positivas na área social. A criação do Bolsa Escola e do Fundo de Desenvolvimento e Manutenção do Ensino Fundamental (Fundef) promoveu a ampliação das matrículas escolares e a queda do analfabetismo no país. Na saúde, destacaram-se a redução da mortalidade infantil, o programa de combate à aids e a lei que autorizou a comercialização dos medicamentos genéricos, barateando o preço de muitos remédios consumidos pela população.

Na área econômica, porém, as dificuldades foram grandes. Uma crise na Rússia levou investidores a retirar dólares aplicados no Brasil. Com baixas reservas, o governo recorreu ao Fundo Monetário Internacional (FMI), em 1998 e 2001. Para honrar os compromissos assumidos com o FMI, o governo desvalorizou o real e elevou a taxa de juros. Como resultado, a dívida pública triplicou, empresas com dívidas em dólares ficaram em dificuldades e o desemprego cresceu. Com índices de popularidade muito baixos, FHC não conseguiu eleger seu sucessor.

Manifestação indígena em frente ao edifício do Supremo Tribunal Federal (STF), em Brasília, 2008. Embora a questão indígena tenha avançado durante o governo Lula, houve críticas em razão da demora na demarcação das Terras Indígenas e do pouco empenho em combater a violência praticada contra os povos tradicionais.

O GOVERNO LULA

Ao longo da década de 1990 e dos primeiros anos do século XXI, os discursos mais radicais do Partido dos Trabalhadores (PT) deram lugar a propostas reformistas moderadas. Com isso, **Luiz Inácio Lula da Silva**, o candidato do partido, conseguiu vencer a desconfiança de boa parte da população e se eleger presidente em 2002, após ter sido derrotado nas quatro eleições anteriores.

Acusações de corrupção também atingiram o governo Lula. Em 2005, após informações veiculadas pela imprensa, o deputado Roberto Jefferson, do PTB, denunciou um esquema de compra de votos de alguns deputados no Congresso para a aprovação de emendas de interesse do Executivo. O esquema, conhecido como "mensalão", envolvia os mais altos escalões do governo, do Partido dos Trabalhadores e de partidos aliados.

Apesar das denúncias, o prestígio de Lula na sociedade permaneceu alto. O crescimento dos preços das *commodities* e a política de incentivo ao consumo interno permitiam ampliar o alcance do Programa Bolsa Família, melhorar os índices de emprego e reduzir a pobreza no Brasil. Essas condições foram determinantes para a reeleição do presidente em 2006.

Em seu segundo mandato, o governo Lula confirmou e ampliou as políticas centradas na estabilização econômica, na ampliação do emprego por meio do incentivo ao mercado interno e no combate à pobreza. Assim, apesar da crise que afetou a economia mundial a partir de 2008, o país seguiu registrando razoáveis índices de crescimento econômico e de mobilidade social.

Diante desse quadro favorável, Lula lançou a candidatura de **Dilma Rousseff** à presidência da república nas eleições de 2010. Apesar de desconhecida pela maioria do eleitorado, a ex-ministra-chefe da Casa Civil venceu seu adversário no segundo turno das eleições, tornando-se a primeira mulher eleita presidente da república no Brasil.

Commodity: produto de importância mundial que tem seu preço determinado pela oferta e pela procura internacional. O termo é usado para nomear produtos com características padronizadas, em geral matérias-primas ou artigos pouco processados: soja, carne, minério de ferro, açúcar, petróleo, entre outros.

O GOVERNO DILMA ROUSSEFF

Dilma Rousseff assumiu a presidência em janeiro de 2011. A política econômica de seu primeiro governo centrou-se no estímulo ao emprego e ao crescimento econômico por meio de investimentos públicos, sobretudo no Programa Minha Casa Minha Vida e nas obras da Copa do Mundo de 2014. A taxa média de inflação, em torno de 6%, subiu pouco em relação ao governo Lula, que foi de 5,8%.

Os últimos dois anos do primeiro mandato de Dilma, contudo, foram abalados pelas mobilizações de 2013. Conhecidos como **Jornadas de Junho**, os protestos contra o aumento do preço do transporte coletivo nas grandes capitais logo se espalharam por todo o país, incorporando pautas mais amplas: melhorias na saúde e na educação, o fim da corrupção e a eficiência na gestão do dinheiro público.

Apesar do desgaste do governo, nas eleições de 2014 Dilma Rousseff derrotou, no segundo turno e por uma diferença apertada de votos, o candidato Aécio Neves, do PSDB. A disputa acirrada foi um indicador do processo de polarização da sociedade brasileira.

Dilma iniciou seu novo mandato sob os efeitos da queda mundial do preço das *commodities*, que reduziu o valor das exportações brasileiras. A redução da entrada de dólares era agravada pela queda da arrecadação, causada principalmente pelas isenções fiscais que o governo havia concedido à indústria para estimular o consumo. Depois de uma era de crescimento, o Brasil enfrentava uma grave crise nas contas públicas e o aumento do desemprego.

À crise econômica somou-se a crise política, com denúncias de corrupção envolvendo a Petrobras, a maior empresa pública do país. As denúncias levaram à deflagração da **Operação Lava Jato**, conduzida pela polícia federal, encarregada de investigar um esquema bilionário de desvio de dinheiro da empresa para pagamento de propina a políticos de vários partidos e executivos de grandes empresas.

Enfraquecida pela dificuldade de ajustar as contas públicas, Dilma também perdia sua base de apoio no Congresso. No final de 2015, uma equipe de juristas protocolou no Congresso Nacional o pedido de *impeachment* da presidente. O governo era acusado de praticar as pedaladas fiscais, mecanismo que consistiu em atrasar o repasse de dinheiro aos bancos, obrigando essas instituições a recorrer a recursos próprios para pagar benefícios como os do Programa Bolsa Família.

As manifestações a favor e contra o *impeachment* da presidente se espalharam pelo país, aprofundando a divisão política na sociedade brasileira. Sob a acusação de crime de responsabilidade, em abril de 2016 a Câmara dos Deputados aprovou o *impeachment* de Dilma Rousseff. Em agosto, a decisão da Câmara foi confirmada pelo Senado.

Fichas

Manifestação no Rio de Janeiro (RJ) nas Jornadas de Junho de 2013. Os protestos desse período originaram (ou revelaram), entre os brasileiros, um questionamento que já era feito em vários outros países. Em que medida o atual sistema representativo é capaz de atender às expectativas dos cidadãos?

O GOVERNO TEMER

Presidente interino desde maio de 2016, Michel Temer assumiu definitivamente a presidência da república em agosto, após o Senado concluir o processo de *impeachment* de Dilma. As medidas tomadas pela nova equipe de governo visavam retomar o crescimento econômico e atrair investidores estrangeiros para o país. Para isso, o governo apostou no equilíbrio das contas públicas, na redução da taxa de juros e na queda da inflação.

Comprometido com as metas de ajuste fiscal, o governo tomou medidas muito impopulares, que geraram grandes protestos, como a Proposta de Emenda Constitucional (PEC 241/2016), que congelou por vinte anos as despesas do governo, com cifras que serão corrigidas apenas pela inflação, e a reforma trabalhista (Lei 13.467), que flexibilizou as relações de trabalho, permitindo, por exemplo, o fracionamento das férias, o *home office* (trabalho remoto) e o trabalho intermitente (por período trabalhado).

Embora tenha conseguido controlar a inflação, Michel Temer não teve sucesso em diminuir o desemprego, que, em abril de 2018, chegava a 13,1% da população economicamente ativa. Desgastado pela crise econômica e pelas denúncias de corrupção envolvendo o presidente, ministros do governo e aliados políticos, Temer chegava ao final do mandato com um índice de rejeição entre os brasileiros de 82%.

Explore

1. Qual é a crítica presente na charge?
2. Você concorda com o ponto de vista do chargista? Justifique.

Charge de Fernando para o jornal *on-line* JCNET criticando os impactos da PEC 241 (ou 55 no Senado) para a saúde e a educação brasileiras.

ATITUDES PARA A VIDA

A democracia no século XXI

Pesquisa realizada pelo Instituto Datafolha poucos dias antes das eleições de 2018 revelou que 69% dos brasileiros entrevistados consideravam que "a democracia é sempre a melhor forma de governo".

Contudo, apesar da importância de eleições periódicas na definição do rumos da nação, uma democracia plena não se resume ao ato de votar. As democracias contemporâneas estão baseadas na garantia de dois princípios fundamentais aos seus cidadãos: o da **cidadania** e o da proteção aos **direitos humanos**.

A cidadania estabelece vínculos entre o indivíduo, a nação e o Estado, envolvendo compromissos entre as partes, como em um contrato. A noção de direitos vem se desenvolvendo desde o século XVIII, incluindo, progressivamente, **direitos civis**, **direitos políticos** e **direitos sociais**. No final do século XX, novas discussões levaram à construção da ideia de **direitos coletivos da humanidade**, relacionados à preservação do meio ambiente e da paz e ao desenvolvimento de uma solidariedade planetária.

Nas eleições, o voto de cada cidadão tem o mesmo valor. Mas, olhando o mundo ao redor, é fácil perceber diferenças de todo o tipo: culturais, religiosas, étnicas, de gênero etc. Por isso, as democracias contemporâneas têm o grande desafio de garantir a representação de todos no mundo da política e, ao mesmo tempo, o convívio entre diferentes opiniões.

QUESTÕES

Formem grupos para responder às questões abaixo. Lembrem-se de mobilizar as atitudes em foco nesta unidade: **aplicar conhecimentos prévios a novas situações**; **imaginar, criar e inovar**; **escutar os outros com atenção e empatia**; e **questionar e levantar problemas**.

1. Expliquem a que se relacionam os direitos civis, os direitos políticos e os direitos sociais nas democracias contemporâneas. Se necessário, façam uma pesquisa para responder.

2. Indiquem os momentos da história que vocês consideram importantes para a constituição dos conceitos de democracia, cidadania e direitos humanos.

3. Apresentem duas maneiras pelas quais a sociedade brasileira pode enfrentar o desafio de fortalecer a democracia, garantindo a representação de todos no mundo da política e, ao mesmo tempo, o convívio entre as diferenças de opinião.

Skatista na cidade de São José (SC), em foto de 2016. O lazer é um dos direitos sociais estabelecidos pela Constituição brasileira de 1988.

UM PANORAMA DO BRASIL CONTEMPORÂNEO

Desde a redemocratização, o Brasil viveu uma série de melhorias, entre elas a estabilização econômica, a diminuição da pobreza, a queda do analfabetismo e o fortalecimento da democracia. Apesar disso, o Estado brasileiro deixou de atender a muitas reivindicações da população.

Os protestos de junho de 2013 permitiram que diferentes setores da nossa sociedade expressassem seu descontentamento com a situação da saúde e da educação no Brasil e com os gastos excessivos de dinheiro público em obras que, em geral, não trazem ganhos duradouros para o país. Nessas manifestações, veio à tona um protagonismo que a sociedade civil não exercia desde o movimento das Diretas Já, que assinalou o fim do regime militar.

A retomada desse protagonismo, porém, tinha uma característica que ficou evidente nas eleições presidenciais de 2014 e se acentuou nos anos seguintes: a polarização ideológica entre esquerda e direita. O embate entre partidos e pessoas que defendem modelos diferentes de governo faz parte do regime democrático e do exercício da cidadania. Porém, com a disseminação das redes sociais, o debate político perdeu espaço para as agressões morais, a difamação e a veiculação de notícias falsas. Nas ruas, a extrema polarização levou a casos de violência física.

Com essa divisão, ninguém ganha. É preciso superar essa polaridade e buscar ideias e soluções que beneficiem todos os brasileiros. Em que medida é possível conciliar crescimento econômico com garantia de direitos básicos, como saúde, trabalho, educação, moradia e segurança? Como o país pode diminuir as desigualdades social, racial e de gênero? De que forma podemos atrair investimentos do exterior sem entregar o patrimônio natural e econômico do Brasil ao capital internacional? Buscar respostas a essas questões é a primeira atitude que deve ser tomada por aqueles que desejam construir um futuro melhor para o nosso país.

Abaixo, manifestação contra o governo de Dilma Rousseff, em março de 2015. Na página ao lado, protesto contra o *impeachment* de Dilma Rousseff, em março de 2016. As duas manifestações ocorreram na Avenida Paulista, em São Paulo (SP), e demonstraram a polarização política da sociedade brasileira.

O COMBATE À CORRUPÇÃO

Certamente, uma das tarefas para que o Brasil consiga promover o desenvolvimento econômico sustentável e reduzir a desigualdade social, uma das mais elevadas do mundo, é combater a corrupção. De acordo com dados de 2016 da ONG Transparência Internacional, quanto maior é a corrupção, maior é a desigualdade de poder e riqueza em um país.

No Brasil, a corrupção está presente em todas as instâncias da sociedade: desde cidadãos que burlam as leis e sonegam impostos e empresas privadas que pagam propinas a políticos para receber benefícios, até parlamentares que vendem o voto em troca de dinheiro ou da liberação de verbas para os seus projetos e de juízes que vendem sentenças ou agem de maneira seletiva no julgamento de acusados.

Contra essa situação, há muitos parlamentares, magistrados e cidadãos comuns interessados e comprometidos em construir uma sociedade mais ética no Brasil. Prova disso é o aperfeiçoamento das instituições do Estado encarregadas de investigar, julgar e punir os acusados de cometer crimes na administração pública. Contudo, é necessário fazer mais para combater o problema.

Além de educar os cidadãos para valorizar o comportamento ético e de instituir punições individuais para os corruptos, é também necessário criar mecanismos de transparência dos gastos do Estado e de vigilância do poder público por parte dos cidadãos, a exemplo do que vem sendo feito em países como Dinamarca, Suécia e Noruega.

Charge de Iotti, 2016.

Estudantes entram em um dos locais de realização da prova do Enem de 2016, na cidade de São Paulo (SP). A adoção do sistema de cotas para afrodescendentes pelas universidades brasileiras visa corrigir as desigualdades históricas entre brancos e negros no país.

OS INDICADORES SOCIAIS

Apesar de os índices de pobreza terem tido uma redução expressiva na década de 2000, desde que a crise econômica atingiu o Brasil, os indicadores sociais do país pioraram. De acordo com dados do IBGE, o número de pessoas em situação de extrema pobreza passou de 13,3 milhões em 2016 para 14,8 milhões no ano seguinte, um aumento de 11,2%; e, em meados de 2018, havia 13,2 milhões de desempregados no país.

Outros indicadores sociais também pioraram. A mortalidade infantil voltou a crescer após quinze anos de queda. Segundo a Fundação Abrinq, entre 2015 e 2016, a taxa de mortalidade de crianças de 0 a 5 anos cresceu de 14,3 mortes para cada 1.000 nascidos vivos para 14,9, uma alta de 4,19%. Doenças que tinham sido erradicadas, como sarampo e poliomielite, voltaram a ameaçar a infância brasileira.

Na área da educação, em 2016 a taxa de escolarização das crianças entre 6 e 14 anos no Brasil era de 99,2%. Porém, se a escolarização das crianças praticamente foi universalizada, o mesmo não aconteceu com os jovens acima de 15 anos. No início de 2018, havia por volta de 1,5 milhão de jovens entre 15 e 17 anos fora da escola.

NEGROS, INDÍGENAS E MULHERES

Desde a redemocratização, o Estado brasileiro criou uma série de ações afirmativas com a finalidade de reparar injustiças históricas e combater diferentes formas de discriminação, como os preconceitos de raça, gênero, idade, condição social, origem étnica, religiosa, orientação sexual ou em relação a pessoas com deficiência.

A população afrodescendente, por exemplo, ainda sofre com o racismo e com a desigualdade social decorrentes, sobretudo, de mais de três séculos de escravidão. Os indicadores sociais relacionados à educação, ao trabalho e à violência urbana são piores para este grupo da população brasileira.

Por exemplo, segundo a pesquisa *Síntese de Indicadores Sociais 2017*, do IBGE, entre os 10% com os rendimentos mais baixos no país, a parcela de negros (pretos e pardos) chegava a 78,5%, enquanto entre os brancos esse índice chegava a 20,8%. No outro extremo, dos 10% com os rendimentos mais altos, os negros respondiam por apenas 24,8%. A taxa de homicídios de negros, de acordo com o *Atlas da violência 2018*, foi de 40,2 por 100 mil habitantes, duas vezes e meia maior que a de não negros, que ficou em 16.

A população indígena no Brasil, historicamente subtraída, enfrenta hoje a invasão de suas terras por parte de agricultores, pecuaristas, madeireiras e mineradores. Apesar das garantias legais previstas no processo de demarcação de suas terras, é necessário criar mecanismos para que, uma vez demarcadas, elas não sejam invadidas. Para superar esses problemas, muitos indígenas reivindicam maior autonomia e capacitação política e técnica para lidar com os desafios que a gestão de suas terras pode trazer, como conciliar os interesses de diferentes povos e estabelecer relações produtivas e justas com os não indígenas.

As mulheres, por sua vez, enfrentam o legado de uma longa tradição patriarcal. Elas frequentemente recebem salários inferiores aos dos homens que exercem a mesma função, além de acumular o trabalho fora de casa com as tarefas domésticas. Contudo, graças à ação dos movimentos feministas, essa desigualdade deixou de ser naturalizada, e as mulheres têm reivindicado e conquistado cada vez mais espaço no mercado de trabalho e na política.

As conquistas da população feminina no Brasil, porém, convivem com uma realidade alarmante: a violência contra a mulher. Em 2017, 4.539 mulheres foram assassinadas no país, 60.018 foram vítimas de estupro e 1.133 de feminicídio. Apesar de a **Lei Maria da Penha**, aprovada em 2006, ter criado uma série de mecanismos para coibir a violência contra a mulher, ela não foi capaz de eliminar a cultura do machismo, que ainda permanece forte na sociedade brasileira.

Feminicídio: homicídio de mulheres cometido por sua condição de sexo feminino. A lei brasileira qualifica como feminicídio os assassinatos que envolvem violência doméstica e familiar e/ou menosprezo ou discriminação da condição de mulher.

É BOM SABER

As ações afirmativas

As ações afirmativas são políticas públicas ou privadas que visam combater diferentes formas de discriminação, como de raça, gênero e condição social, e, assim, garantir a igualdade entre os brasileiros no acesso à educação, ao emprego, à saúde e aos bens culturais.

Um exemplo de ação afirmativa é o **sistema de cotas** nas universidades públicas para os afrodescendentes, progressivamente adotado em instituições de ensino no Brasil a partir de 2000. Estudos têm mostrado que os alunos que ingressaram nas universidades por meio desse sistema apresentam, em média, rendimento igual ou superior ao dos demais alunos.

Outro exemplo de ação afirmativa é o **Estatuto do Idoso**, de 2003, que ampliou os direitos dos cidadãos com mais de 60 anos. Entre outras medidas, o Estatuto garante aos idosos o transporte público gratuito e a reserva de 10% dos assentos, bem como o direito à meia-entrada em atividades de cultura, esporte e lazer.

Idosos em aula de dança no município de São José dos Campos (SP), 2015. Segundo o IBGE, em 2060 o Brasil terá por volta de 58,2 milhões de pessoas com mais de 60 anos. Isso tem levado a sociedade a se conscientizar sobre a importância de promover ações afirmativas para melhorar a qualidade de vida dos idosos.

ORGANIZAR O CONHECIMENTO

1. Associe os presidentes do quadro às afirmativas a seguir.

> Fernando Collor   Fernando Henrique
> Lula   Dilma Rousseff   Michel Temer

a) Congelou os gastos do governo federal por vinte anos.

b) Primeiro presidente a governar por dois mandatos consecutivos.

c) Sofreu *impeachment* após acusação de crime de responsabilidade.

d) Instituiu o programa Bolsa Família e terminou seu mandato com elevada popularidade.

e) Primeiro presidente eleito democraticamente desde o início do regime militar.

2. Explique o que são ações afirmativas e cite quatro exemplos de políticas com esse caráter aplicadas no Brasil nos últimos anos.

ATIVIDADES

APLICAR

1. A tirinha a seguir faz uma leitura crítica dos valores e das relações humanas na sociedade contemporânea. Interprete essa crítica e exponha sua visão sobre o assunto.

QUADRINHOS DOS ANOS 10 — ANDRÉ DAHMER

Quadro 1: MAIS DO QUE VIVER O MOMENTO, O IMPORTANTE ERA REGISTRÁ-LO

Quadro 2: E QUANDO ANOITECIA, AS PESSOAS PRATICAVAM UMA FORMA BIZARRA DE SOLIDÃO EM GRUPO

Quadro 3: AMOR E PROTEÇÃO DE VERDADE, SÓ PARA O DEUS DAQUELA ÉPOCA

Quadrinhos dos anos 10, tirinha de André Dahmer, 2012.

2. Observe o gráfico abaixo e responda às questões.

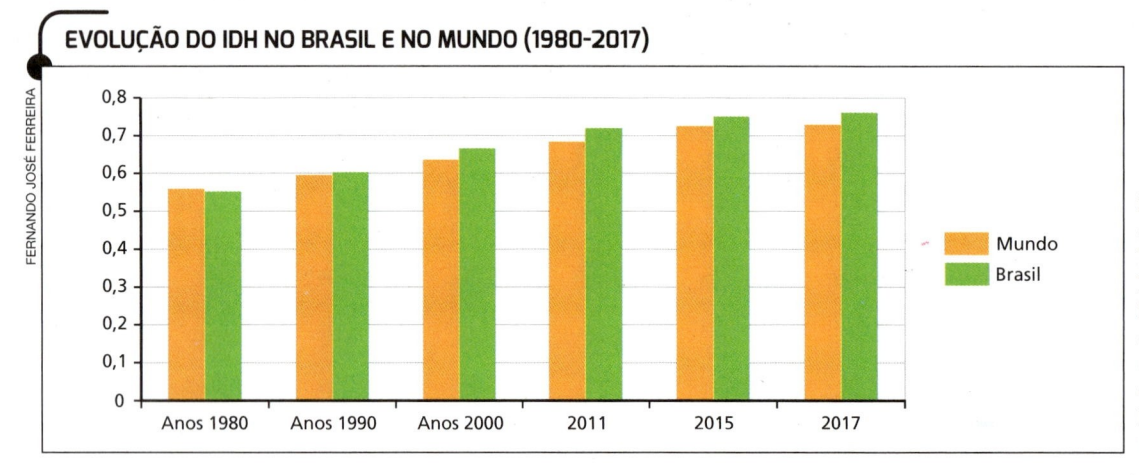

EVOLUÇÃO DO IDH NO BRASIL E NO MUNDO (1980-2017)

Período	Mundo	Brasil
Anos 1980	0,55	0,55
Anos 1990	0,59	0,60
Anos 2000	0,63	0,66
2011	0,68	0,72
2015	0,72	0,75
2017	0,73	0,76

FERNANDO JOSÉ FERREIRA

Fonte: *Relatório do desenvolvimento humano 2018*. Programa das Nações Unidas para o Desenvolvimento (Pnud). Disponível em <http://mod.lk/Iv1Du>. Acesso em 10 out. 2018.

Dialogando com Geografia

a) O que o gráfico demonstra sobre o Índice de Desenvolvimento Humano no Brasil entre 1980 e 2017?

b) De acordo com seus conhecimentos, quais são as mudanças que precisam ser realizadas em nosso país para melhorar o IDH?

3. Leia o texto a seguir para responder às questões.

"Como a população está envelhecendo, a relação entre contribuinte e beneficiário torna-se cada vez mais delicada, pois a população ativa tende a diminuir, porém a população aposentada está aumentando, e esta questão interfere diretamente sobre a percepção da velhice. A aposentadoria é um marco social que caracteriza o início da terceira idade, porém, ao mesmo tempo em que está assegurando um direito, associa-se à ideia de incapacidade. [...]

A cultura de incapacidade do idoso compromete a situação social da velhice, impondo que toda pessoa que atinge os 60 anos torna-se incapaz, principalmente se esta for proveniente de uma classe social mais baixa. O idoso vivencia duas das piores situações impostas pela sociedade: ser pobre e velho, numa sociedade que só glorifica quem tem posses e valoriza quem é suficientemente jovem para produzir e consumir de acordo com os interesses dos detentores dos meios de produção [...]."

SCORTEGAGNA, Paola Andressa; OLIVEIRA, Rita de Cássia da Silva. Idoso: um novo ator social. *Seminário de Pesquisa em Educação da Região Sul – IX Anped Sul*, 2012. Disponível em <http://mod.lk/ByxIy>. Acesso em 11 set. 2018.

a) De acordo com o texto, quais características da nossa sociedade levam os idosos a ser alvos de preconceito?

b) O descaso da sociedade contemporânea em relação aos idosos tem parentesco, de certa forma, com o culto ao novo e às novidades. É a cultura do descarte. Você concorda com essa comparação? Justifique.

c) O envelhecimento da população brasileira e o consequente aumento do número de aposentados geram preocupações sobre como será a proporção entre contribuintes e beneficiários no Brasil futuramente. Explique qual seria o motivo dessa preocupação e responda: É possível "equilibrar essa balança"? Como?

4. Analise o grafite abaixo para responder às questões.

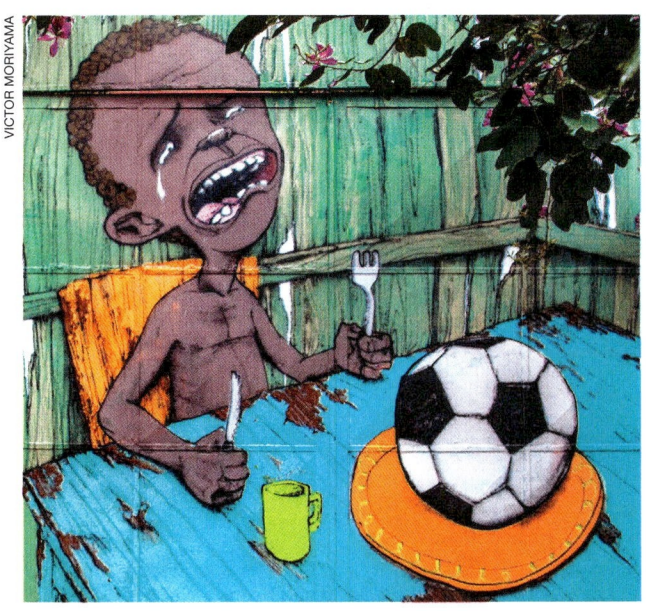

Grafite de Paulo Ito em portão da Escola Municipal de Educação Infantil Santos Dumont, na cidade de São Paulo (SP), foto de 2014.

a) Considerando que esse grafite foi produzido durante os protestos que se espalharam pelo Brasil entre 2013 e 2014, às vésperas da Copa do Mundo de Futebol, qual seria a mensagem principal transmitida nessa obra?

b) Por que Paulo Ito teria escolhido grafitar uma criança negra na cena?

c) Quais foram as outras motivações para os protestos ocorridos nessa época? Que efeitos eles tiveram para a sociedade e a política brasileiras? Justifique.

RETOMAR

5. Responda às questões-chave da abertura dos temas 3 e 4.

   a) Como se caracterizou a nova ordem mundial que surgiu com o fim da Guerra Fria?

   b) Quais são os principais pontos positivos e negativos da república democrática brasileira?

Mais questões no livro digital

AUTOAVALIAÇÃO

CONTEÚDOS

1. Ao final dos estudos propostos nesta unidade, como você avalia seu aprendizado? Consulte o livro e suas anotações pessoais sobre os quatro temas estudados para responder às seguintes questões.

   a) Quais conteúdos e/ou atividades considerei mais difíceis? Por quê?

   b) Quais conteúdos e/ou atividades considerei mais fáceis? Por quê?

   c) O que posso fazer para melhorar meu aprendizado?

ATITUDES

2. Nesta unidade, priorizamos o trabalho com as seguintes atitudes: **aplicar conhecimentos prévios a novas situações; imaginar, criar e inovar; escutar os outros com atenção e empatia; questionar e levantar problemas**. Em várias oportunidades, você pôde verificar o valor dessas atitudes para os estudos. Elas também são úteis em sua vida cotidiana? Em quais situações essas atitudes são necessárias? Por quê?

3. Retome a descrição das atitudes nas páginas 4 e 5 para fazer um balanço do caminho percorrido durante o ano. Identifique as atitudes em que você tem mais desenvoltura e as que precisa aperfeiçoar, destacando o que você pode fazer para melhorar seu desempenho no segundo caso.

COMPREENDER UM TEXTO

Há 30 anos, a psicóloga Sherry Turkle vem estudando as relações entre as tecnologias e o comportamento humano. O texto a seguir é uma palestra apresentada por Turkle em 2012, que foi assistida por mais de 4,7 milhões de internautas em todo o mundo. Você verá que a análise de Turkle sobre nosso comportamento está mais atual do que nunca.

Conectados, mas sozinhos

"[...] Nossos pequenos dispositivos [...] são tão potentes psicologicamente que não apenas modificam o que fazemos, mas modificam quem somos. [...].

Um dia [...] uma mulher que tinha perdido um filho estava falando com um robô com a forma de um bebê foca. Ele parecia estar olhando nos olhos dela. [...]

Mas aquela mulher estava tentando dar sentido à sua vida com uma máquina que não tinha experiência da jornada da vida humana. [...] naquele momento em que aquela mulher vivenciava a experiência de empatia fingida, eu pensava: 'Aquele robô não pode sentir empatia. Ele não encara a morte. Ele não sabe o que é vida'. [...]

E me pergunto: 'Por que chegamos a este ponto?'.

Eu acredito que seja porque a tecnologia nos atrai mais quando nos sentimos muito vulneráveis. [...] E assim, desde as redes sociais até os robôs sociáveis, estamos desenvolvendo tecnologias que nos oferecerão a ilusão de companheirismo sem as exigências da amizade. [...]

Nos dias de hoje, estes celulares em nossos bolsos estão mudando nossas mentes e corações porque nos oferecem três fantasias gratificantes. A primeira: podemos concentrar nossa atenção onde quer que nós desejamos; segunda: sempre seremos ouvidos; e terceira: nunca precisaremos ficar sozinhos. E esta terceira ideia, de que nunca ficaremos sozinhos, é fundamental para alterar nossas psiques. Porque [...] estar sozinho é como se fosse um problema que tem que ser resolvido. E então as pessoas tentam resolvê-lo pela conexão. [...] a constante conexão [...] está modelando uma nova maneira de ser. A melhor maneira de descrever isto é 'eu compartilho, portanto existo'.

[...] Antes era: Eu sinto algo, quero telefonar. Agora é: Quero sentir algo, preciso enviar um SMS. O problema com este novo sistema [...] é que, se não temos uma conexão, não nos sentimos nós mesmos. [...] Então, o que fazemos? Conectamos cada vez mais. Mas no processo, nós estabelecemos nosso próprio isolamento.

Como vocês vão da conexão até o isolamento? Vocês acabam se isolando se não cultivarem a capacidade de estar sós, a habilidade de estar separados para se reunir. A solidão é onde vocês se encontram para que possam alcançar outras pessoas e formar ligações reais. Quando não temos a capacidade de estarmos sós, procuramos outras pessoas para nos sentirmos menos ansiosos ou para nos sentirmos vivos. Quando isto acontece, não somos capazes de apreciar quem elas são. [...] Se não somos capazes de ficar sozinhos, nos sentiremos mais sozinhos. [...]

Agora todos nós precisamos focar nas muitas [...] maneiras que a tecnologia pode nos levar de volta para nossas vidas reais, nossos próprios corpos, nossas próprias comunidades, nossas próprias políticas, nosso próprio planeta. Eles precisam de nós. Vamos falar sobre como podemos usar a tecnologia digital, a tecnologia dos nossos sonhos, para fazer esta vida a vida que podemos amar."

TURKLE, Sherry. *Connected, but alone?*, fev. 2012. *TED Talks*.
Disponível em <http://mod.lk/jyx7P>. Acesso em 13 out. 2018. (tradução de Nadja Nathan)

ATIVIDADES

EXPLORAR O TEXTO

1. A hipótese da pesquisadora, explicitada no primeiro parágrafo,
   a) evidencia que o uso que fazemos da tecnologia nos ajuda a nos sentirmos menos sós.
   b) associa o uso que fazemos da tecnologia à incapacidade psicológica dos seres humanos.
   c) admite que o valor que damos à tecnologia modifica nossas práticas.
   d) assume que o uso que fazemos da tecnologia modifica nosso sistema de valores.

2. No início do texto, Turkle relata uma experiência de "empatia fingida". O que é empatia? Que importância a autora atribui a essa capacidade exclusivamente humana?

3. Diferencie os termos "isolamento", "separação" e "solidão", empregados pela pesquisadora.

RELACIONAR

4. Segundo Turkle, as novas tecnologias nos oferecem "a ilusão de companheirismo sem as exigências da amizade".
   a) Você identifica no seu cotidiano situações de "ilusão de companheirismo"? Se sim, dê exemplos.
   b) Você acredita, como a autora, que a amizade tem suas exigências?

5. Na perspectiva da autora, o mundo globalizado em que vivemos estaria mais "conectado" ou mais "reunido"? Você concorda com ela? Explique.

REVISANDO

O fim da União Soviética e do socialismo no Leste Europeu

1. Em 1985, **Mikhail Gorbachev** iniciou um programa de reformas com o objetivo de **modernizar o Estado soviético** e salvar o **regime socialista**.

2. O **impacto dessas reformas** no bloco soviético e a **crise econômica** da década de 1980 desencadearam **manifestações populares** que derrubaram o socialismo no Leste Europeu.

Inovações e desafios do mundo globalizado

1. **Globalização** é o processo econômico, social, político e cultural de **intercâmbio** de produtos, informações, serviços e capitais em todo o mundo, possibilitado pelos avanços nas **tecnologias de comunicação e de informação**.

2. A globalização também ampliou a **desigualdade de renda** entre ricos e pobres e as **disparidades socioeconômicas** entre os países.

3. As **políticas neoliberais** têm eliminado conquistas do **Estado de bem-estar social** e promovido a **liberalização da economia**.

4. **Questões ambientais**, como o **aquecimento global**, a **escassez de água** e o **descarte do lixo**, ameaçam a qualidade de vida das atuais e das futuras gerações.

Os conflitos do século XXI

1. A **extinção da União Soviética** marcou o **fim da Guerra Fria** e a emergência de uma **nova ordem mundial**, marcada pela **multipolaridade**.

2. A nova ordem mundial é fortemente marcada pelas ações terroristas promovidas por **grupos fundamentalistas islâmicos**.

3. As intervenções dos **Estados Unidos** no **Oriente Médio** e no **Afeganistão** contribuíram para criar **instabilidade política** no mundo muçulmano, como a **guerra civil na Síria** e no **Afeganistão**.

O Brasil na nova ordem mundial

1. **Fernando Collor de Mello** renunciou ao cargo antes que seu processo de *impeachment* fosse votado no Senado.

2. Considerado o criador do Plano Real, **Fernando Henrique Cardoso** foi eleito **presidente da república em 1994** e reeleito quatro anos depois.

3. **Luiz Inácio Lula da Silva** foi o primeiro **operário** eleito para a presidência no Brasil, e **Dilma Rousseff**, a primeira **mulher**.

4. Os **indicadores sociais** do Brasil melhoraram nos últimos anos, mas registraram queda devido à **crise econômica** que atingiu o país a partir de 2013-2014.

5. As **cotas raciais** e o **Estatuto do Idoso** são **políticas públicas afirmativas** voltadas à inclusão social.

Trilha de estudo

Vai estudar? Nosso assistente virtual no *app* pode ajudar! <http://mod.lk/trilhas>

PARA ASSISTIR

- **Cara do mundo**
  Direção: Raphael Erichsen
  País: Brasil
  Ano: 2018
  Duração: 54 min

Sinopse

Documentário sobre jovens imigrantes que vivem na cidade de São Paulo. É possível assistir ao filme no *link*: <http://mod.lk/CG8CL>. Acesso em 14 set. 2018.

O filme e esta unidade

1. Assista ao depoimento de Antonio Andrade. Como ele se posiciona a respeito da visão que a mídia transmite dos bolivianos? Você concorda com ele? Justifique.

2. De que maneira os entrevistados procuram se adaptar à sociedade brasileira?

PREPARANDO-SE PARA O ENEM

As questões a seguir foram extraídas de provas do Enem (Exame Nacional do Ensino Médio). Para resolvê-las, siga o roteiro:

- Leia com atenção a questão inteira: os materiais que ela apresenta para sua reflexão (textos, mapas, gráficos, figuras etc.), o enunciado e todas as alternativas.
- Identifique o tema (assunto) abordado e o problema que você precisa resolver.
- Examine com atenção cada uma das alternativas antes de escolher aquela que você considera correta e registrá-la em seu caderno.
- É importante que você siga esses passos para poder relacionar os elementos da questão com os conhecimentos que adquiriu em seus estudos.
- Deixe para consultar os conteúdos do seu livro ou pedir ajuda somente após responder a todas as questões.

1. (Enem-MEC/2017).

"Palestinos se agruparam em frente a aparelhos de televisão e telas montadas ao ar livre em Ramalah, na Cisjordânia, para acompanhar o voto da resolução que pedia o reconhecimento da chamada Palestina como um Estado observador não membro da Organização das Nações Unidas (ONU). O objetivo era esperar pelo nascimento, ao menos formal, de um Estado palestino. Depois da aprovação da resolução, centenas de pessoas foram à praça da cidade com bandeiras palestinas, soltaram fogos de artifício, fizeram buzinaços e dançaram pelas ruas. Aprovada com 138 votos dos 193 da Assembleia Geral, a resolução eleva o *status* do Estado palestino perante a organização."

Palestinos comemoram elevação de *status* na ONU com bandeiras e fogos. Disponível em <http://folha.com>. Acesso em 4 dez. 2012. (adaptado)

A mencionada resolução da ONU referendou o(a):

a) delimitação institucional das fronteiras territoriais.
b) aumento da qualidade de vida da população local.
c) implementação do tratado de paz com os israelenses.
d) apoio da comunidade internacional à demanda nacional.
e) equiparação da condição política com a dos demais países.

Orientações para a resposta

Para que você responda a esta questão, identifique o que o trecho selecionado para análise informa. Em seguida, diferencie essa informação do desejo dos palestinos e do significado político da resolução da ONU. Note que a alternativa correta é aquela que apresenta uma análise adequada da relação entre esses três elementos.

2. (Enem-MEC/2014).

TEXTO I

"O presidente do jornal de maior circulação do país destacava também os avanços econômicos obtidos naqueles vinte anos, mas, ao justificar sua adesão aos militares em 1964, deixava clara sua crença de que a intervenção fora imprescindível para a manutenção da democracia."

Disponível em <http://oglobo.globo.com>. Acesso em 1º set. 2013. (adaptado)

TEXTO II

"Nada pode ser colocado em compensação à perda das liberdades individuais. Não existe nada de bom quando se aceita uma solução autoritária."

FICO, C. *A educação e o golpe de 1964*. Disponível em <www.brasilrecente.com>. Acesso em 4 abr. 2014. (adaptado)

Embora enfatizem a defesa da democracia, as visões do movimento político-militar de 1964 divergem ao focarem, respectivamente:

a) razões de Estado – soberania popular.
b) ordenação da nação – prerrogativas religiosas.
c) imposição das Forças Armadas – deveres sociais.
d) normatização do Poder Judiciário – regras morais.
e) contestação do sistema de governo – tradições culturais.

Orientações para a resposta

Para responder a esta questão, você deve avaliar corretamente os dois textos que abordam o tema da ditadura civil-militar no Brasil. O enunciado informa que eles convergem em um sentido, o da defesa da democracia, mas divergem em outro, que são concepções diferentes de democracia. Note que, para assinalar a alternativa correta, você precisa perceber, em cada um dos textos, quais são os agentes responsáveis pela manutenção da democracia.

3. (Enem-MEC/2009). A primeira metade do século XX foi marcada por conflitos e processos que a inscreveram como um dos mais violentos períodos da história humana. Entre os principais fatores que estiveram na origem dos conflitos ocorridos durante a primeira metade do século XX estão:

a) a crise do colonialismo, a ascensão do nacionalismo e do totalitarismo.
b) o enfraquecimento do Império Britânico, a Grande Depressão e a corrida nuclear.
c) o declínio britânico, o fracasso da Liga das Nações e a Revolução Cubana.
d) a corrida armamentista, o terceiro-mundismo e o expansionismo soviético.
e) a Revolução Bolchevique, o imperialismo e a unificação da Alemanha.

Orientações para a resposta

A questão aborda a história da primeira metade do século XX, época em que ocorreram a Primeira Guerra Mundial (1914-1918) e a Segunda Guerra Mundial (1939-1945). Para escolher a alternativa correta, você deverá recuperar os acontecimentos e processos históricos que levaram a esses grandes conflitos. A resolução exige, também, boas noções de cronologia, ou seja, que você saiba identificar a época aproximada dos acontecimentos indicados em cada alternativa. Fique atento, pois algumas alternativas mostram fatos da primeira e da segunda metade do século XX.

4. (Enem-MEC/2011).

"No mundo árabe, países governados há décadas por regimes políticos centralizadores contabilizam metade da população com menos de 30 anos; desses, 56% têm acesso à internet. Sentindo-se sem perspectivas de futuro e diante da estagnação da economia, esses jovens incubam vírus sedentos por modernidade e democracia. Em meados de dezembro, um tunisiano de 26 anos, vendedor de frutas, põe fogo no próprio corpo em protesto por trabalho, justiça e liberdade. Uma série de manifestações eclode na Tunísia e, como uma epidemia, o vírus libertário começa a se espalhar pelos países vizinhos, derrubando em seguida o presidente do Egito, Hosni Mubarak. Sites e redes sociais – como o Facebook e o Twitter – ajudaram a mobilizar manifestantes do norte da África a ilhas do Golfo Pérsico."

SEQUEIRA, C. D.; VILLAMÉA, L.
A epidemia da liberdade. Istoé Internacional,
2 mar. 2011. (adaptado)

Considerando os movimentos políticos mencionados no texto, o acesso à internet permitiu aos jovens árabes:

a) reforçar a atuação dos regimes políticos existentes.
b) tomar conhecimento dos fatos sem se envolver.
c) manter o distanciamento necessário à sua segurança.
d) disseminar vírus capazes de destruir programas dos computadores.
e) difundir ideias revolucionárias que mobilizaram a população.

Orientações para a resposta

Desde o final de 2011, uma série de revoltas populares eclodiu em países do norte da África e do Oriente Médio, conhecidas como Primavera Árabe. Elas levaram à queda de governos autoritários na Tunísia, no Egito, na Líbia e no Iêmen. Resultaram também na realização de reformas em outros países da região, pois seus governantes ficaram temerosos diante da expansão dos protestos. Ocorreram confrontos violentos em vários países e uma prolongada guerra civil na Síria. Para resolver o problema proposto no enunciado, você deve relacionar o tema, Primavera Árabe, ao desenvolvimento das novas tecnologias de informação e de comunicação, especialmente no que diz respeito à expansão das redes sociais, como Facebook e Twitter.

REFERÊNCIAS BIBLIOGRÁFICAS

ADICHIE, Chimamanda Ngozi. *Meio sol amarelo*. São Paulo: Companhia das Letras, 2008.

ALBUQUERQUE, Roberto Chacon de. A Lei de Prevenção de Doenças Hereditárias e o programa de eutanásia durante a Segunda Guerra Mundial. *Revista CEJ,* Brasília, ano XII, n. 40, jan./mar. 2008.

ALENCASTRO, Luiz Felipe de. *O trato dos viventes*. São Paulo: Companhia das Letras, 2000.

ALEXANDRE, Ricardo. *Dias de luta*: o rock e o Brasil dos anos 80. Porto Alegre: Arquipélago, 2002.

ALEXANDRE, Valentim; DIAS, Jill. *Nova história da expansão portuguesa*. Lisboa: Estampa, 1998.

ALMEIDA, Ângela Mendes de. *A República de Weimar e a ascensão do nazismo*. 3. ed. São Paulo: Brasiliense, 1999. (Coleção Tudo é história)

ALVES FILHO, Ivan. *Brasil, 500 anos em documentos*. Rio de Janeiro: Mauad, 1999.

ALVES, Mariana Faiad B. O legado da partilha da Índia e Paquistão: violência contra muçulmanos na Índia pós-colonial. *Malala,* São Paulo, v. 5, n. 8, set. 2017.

ANDRADE, Mário de (Coord.). *Obras escolhidas de Amilcar Cabral*: unidade e luta. Lisboa: Seara Nova, 1976.

ARAÚJO, Rita de Cássia Barbosa de. O voto de saias: a Constituinte de 1934 e a participação das mulheres na política. *Revista de Estudos Avançados*, v. 17, n. 49, set./dez. 2003.

ARAÚJO, Silva de; SALES, Telma Bessa. *Isso é conversa de candango*: memórias acerca da construção de Brasília (1956-1960). Disponível em <http://mod.lk/2gKVW>. Acesso em 16 ago. 2018.

ARENDT, Hannah. *Origens do totalitarismo*: antissemitismo, imperialismo, totalitarismo. São Paulo: Companhia das Letras, 1989.

ARNAUT, Luiz. *A Segunda Grande Guerra*: do nazifascismo à Guerra Fria. São Paulo: Atual, 1994. (Coleção História geral em documentos)

BATALHA, Claudio. *O movimento operário na Primeira República*. Rio de Janeiro: Zahar, 2000.

BAUMAN, Z. *Globalização*: as consequências humanas. Rio de Janeiro: Jorge Zahar, 1999.

BEER, Max. *História do socialismo e das lutas sociais*. Rio de Janeiro: Laemmert, 1968.

BELLUCCI, Beluce (Coord.). *Introdução à história da África e da cultura afro-brasileira*. Rio de Janeiro: UCM/CCBB, 2003.

BENEVIDES, Maria Vitória de Mesquita. *O governo Jânio Quadros*. 6. ed. São Paulo: Brasiliense, 1999. (Coleção Tudo é história)

BENJAMIN, Walter. *Magia e técnica, arte e política*: ensaios sobre literatura e história da cultura. 8. ed. São Paulo: Brasiliense, 2012.

BENOT, Yves. *Ideologias das independências africanas*: Terceiro Mundo. Lisboa: Sá da Costa, 1981. v. 1 e v. 2.

BERCITO, S. R. *Nos tempos de Getúlio*: da Revolução de 30 ao fim do Estado Novo. São Paulo: Atual, 1990.

BITTENCOURT, Marcelo. *Estamos juntos*: o MPLA e a luta anticolonial (1961-1974). Luanda: Kilombelombe, 2008. v. 1 e v. 2.

BIVAR, Antonio et al. *Alma beat*. Porto Alegre: L&PM, 1984.

BLANES, Ruy Llera. O Messias entretanto já chegou. Relendo Balandier e o profetismo africano na pós-colônia. *Campos – Revista de Antropologia Social*, v. 10, n. 2, 2009.

BRESCIANI, Maria Stella Martins. *Londres e Paris no século XIX*: o espetáculo da pobreza. 7. ed. São Paulo: Brasiliense, 1992. (Coleção Tudo é história)

BRUIT, Héctor H. *O imperialismo*. São Paulo: Atual; Campinas: Editora da Unicamp, 1986. (Coleção Discutindo a história)

BURITY, Joanildo A. (Org.). *Cultura e identidade*: perspectivas interdisciplinares. Rio de Janeiro: DP&A, 2002.

CAIAFA, Janice. *Movimento punk na cidade*. Rio de Janeiro: Zahar, 1985.

CALABRE, Lia. *A era do rádio*. Rio de Janeiro: Zahar, 2004.

CAPELATO, Maria Helena R. *Multidões em cena*: propaganda política no varguismo e no peronismo. Campinas: Papirus, 1998.

_____. *O movimento de 32*: a causa paulista. São Paulo: Brasiliense, 1981. v. 15. (Coleção Tudo é história)

_____. *Os arautos do liberalismo*: imprensa paulista (1920--1945). São Paulo: Brasiliense, 1989.

_____; D'ALESSIO, Márcia Mansor. *Nazismo*: política, cultura e holocausto. São Paulo: Atual, 2004. (Coleção Discutindo a história)

CARDOSO, Heloisa Helena Pacheco. Narrativas de um candango em Brasília. *Revista Brasileira de História*, v. 24, n. 47, 2004.

CARVALHO, José Murilo de. *Cidadania no Brasil*: o longo caminho. Rio de Janeiro: Civilização Brasileira, 2007.

_____. *Os bestializados*: o Rio de Janeiro e a república que não foi. São Paulo: Companhia das Letras, 1987.

_____. Os três povos da república. *Revista USP*, n. 59, set./nov. 2003.

CARVALHO, Luiz Maklouf. *Mulheres que foram à luta armada*. São Paulo: Globo, 1998.

CÉSAIRE, Aimé; MOORE, Carlos (Org.). *Discurso sobre a negritude*. Belo Horizonte: Nandyala, 2010.

CHALIAND, Gérard; RAGEAU, Jean-Pierre. *Atlas politique du XXe siècle*. Paris: Seuil, 1988.

_____. *Atlas stratégique*. Paris: Complexe, 1988.

CHIAVENATO, Júlio José. *O golpe de 64 e a ditadura militar*. 2. ed. São Paulo: Moderna, 2004.

CHOMSKY, Noam. *O Império Americano*: hegemonia ou sobrevivência. Rio de Janeiro: Elsevier, 2004.

CHURCHILL, Winston. *Memórias da Segunda Guerra Mundial*. Rio de Janeiro: Nova Fronteira, 1995.

COLEÇÃO Nosso Século. *1930/1945: a era de Vargas*. São Paulo: Abril Cultural, 1980. v. 3.

_____. *Brasil*. São Paulo: Abril Cultural, 1985. v. 8, 9 e 10.

CONSTITUIÇÃO da República Federativa do Brasil, 5 de outubro de 1988. Disponível em <http://mod.lk/1xuot>. Acesso em 10 out. 2018.

CORDEIRO, Janaína. *A ditadura em tempos de Milagre*: comemorações, orgulho e consentimento. Rio de Janeiro: FGV, 2015.

COSTA, Emília Viotti da. *Da monarquia à república*: momentos decisivos. São Paulo: Editora Unesp, 1999.

CUNHA, Euclides da. *Os sertões*. Belém: Unama, s/d. Disponível em <http://mod.lk/pq1zk>. Acesso em 10 out. 2018.

D'ARAUJO, Maria Celina. *A era Vargas*. 2. ed. São Paulo: Moderna, 2004. (Coleção Polêmica)

DAVIDSON, Basil. *A descoberta do passado de África*. Lisboa: Sá da Costa, 1991.

DEBORD, G. *A sociedade do espetáculo*. Rio de Janeiro: Contraponto, 1997.

DECCA, Edgar de. *1930: o silêncio dos vencidos*. São Paulo: Brasiliense, 1984.

DECCA, Maria Auxiliadora Guzzo de. *Indústria, trabalho e cotidiano*. Brasil: 1889-1930. São Paulo: Atual, 1991.

DEL PRIORI, Mary; NEVES, Maria de Fátima das; ALAMBERT, Francisco. *Documentos de história do Brasil*: de Cabral aos anos 90. São Paulo: Scipione, 1997.

DIAS JÚNIOR, José Augusto; ROUBICEK, Rafael. *Guerra Fria*: a era do medo. São Paulo: Ática, 1996. (Coleção História em movimento)

DIETRICH, Theo. *La pédagogie socialiste*. Paris: Maspero, 1973. In: OYAMA, Edison Riuitiro. A perspectiva da educação socialista em Lênin e Krupskaia. *Marx e o Marxismo*, v. 2, n. 2, jan./jul. 2014.

DÖPCKE, Wolfgang. A vida longa das linhas retas: cinco mitos sobre as fronteiras na África negra. *Revista Brasileira de Política Internacional*, v. 42, n. 1, jan./jun. 1999.

DUBY, Georges. *Atlas historique mondial*. Paris: Larousse, 2003.

FABRIS, Annateresa. *Portinari, pintor social*. São Paulo: Perspectiva, 1990.

FANTINEL, Vinícius Dias; LENZ, Maria Heloisa. Crescimento e crise na Argentina nos séculos XIX e XX: análise do período Frondizi. *Ensaios FEE*, Porto Alegre, v. 36, n. 1, 2015.

FARIA, Luiz Augusto Estrella. Desenvolvimento e equidade na América Latina. *Indicadores econômicos FEE*, Porto Alegre, v. 39, n. 3, 2012.

FARTHING, Stephen. *Tudo sobre arte*. Rio de Janeiro: Sextante, 2011.

FAUSTO, Boris. *História do Brasil*. São Paulo: Edusp/FDE, 1995.

_____. *O pensamento nacionalista autoritário (1920-1940)*. Rio de Janeiro: Zahar, 2001.

_____. *Trabalho urbano e conflito social*. São Paulo: Difel, 1983.

FERREIRA, Graça Maria Lemos. *Atlas geográfico*: espaço mundial. 4. ed. São Paulo: Moderna, 2013.

FERREIRA, Jorge. *Trabalhadores do Brasil*: o imaginário popular. Rio de Janeiro: FGV, 1997.

_____; DELGADO, Lucília (Orgs.). *O Brasil republicano*: o tempo da experiência democrática – da democratização de 1945 ao golpe civil-militar de 1964. Livro 3. Rio de Janeiro: Civilização Brasileira, 2008.

_____ (Orgs.). *O tempo do nacional-estatismo*: do início da década de 1930 ao apogeu do Estado Novo. 4. ed. Rio de Janeiro: Civilização Brasileira, 2011. v. 2.

FERREIRA, Marieta de Moraes. *Cem anos de JK*. FGV/CPDOC. Disponível em <http://mod.lk/xujjp>. Acesso em 10 out. 2018.

FERRO, Marc. *A Revolução Russa de 1917*. São Paulo: Perspectiva, 1994.

_____. *História da Segunda Guerra Mundial*: século XX. São Paulo: Ática, 1997. (Série Século XX)

FICO, Carlos. *Reinventando o otimismo*: ditadura, propaganda e imaginário social no Brasil. Rio de Janeiro: FGV, 1997.

FISHLOW, Albert. Algumas reflexões sobre a política econômica brasileira após 1964. *Estudos Cebrap*, São Paulo, n. 7, jan./mar. 1974.

FORACCHI, Marialice. *A juventude na sociedade moderna*. São Paulo: Pioneira, 1972.

FRANCO JÚNIOR, Hilário. *A dança dos deuses*: futebol, cultura, sociedade. São Paulo: Companhia das Letras, 2007.

FRIEDLANDER, Paul. *Rock and roll*: uma história social. Rio de Janeiro: Record, 2003.

GAGLIARDI, José Mauro. *O indígena e a república*. São Paulo: Hucitec, 1989. v. 25. (Biblioteca Estudos brasileiros)

GALITO, Maria Sousa. *Geopolítica e globalização*: xadrez internacional da Demos. Disponível em <http://mod.lk/pAZA2>. Acesso em 10 out. 2018.

GARFIELD, Seth. As raízes de uma planta que hoje é o Brasil: os índios e o Estado-nação na era Vargas. *Revista Brasileira de História*, São Paulo, v. 20, n. 39, 2000.

GASPARI, Elio. *A ditadura derrotada*. São Paulo: Companhia das Letras, 2003.

_____. *A ditadura encurralada*. São Paulo: Companhia das Letras, 2004.

GAZIER, Bernard. *A crise de 1929*. Porto Alegre: L&PM, 2010.

GILMORE, Mikal. *Ponto final*: crônicas sobre os anos 1960 e suas desilusões. São Paulo: Companhia das Letras, 2010.

GOFFMAN, Ken; JOY, Dan. *Contracultura através dos tempos*: do mito de Prometeu à cultura digital. Rio de Janeiro: Ediouro, 2007.

GOMES, Angela de Castro. *A invenção do trabalhismo*. Rio de Janeiro: FGV, 2005.

_____ (Org.). *Capanema*: o ministro e seu ministério. Rio de Janeiro: FGV, 2000.

GOMES, Arilson dos Santos. O trabalhismo e o movimento social negro brasileiro (1943-1958). *Temporalidades*, Belo Horizonte, n. 2, ago./dez. 2012.

GRUNSPAN-JASMIN, Élise. *Lampião, senhor do sertão*: vidas e mortes de um cangaceiro. São Paulo: Edusp, 2006.

HALL, Stuart. *Da diáspora*: identidades e mediações culturais. Belo Horizonte: Editora da UFMG, 2003.

HASTING, Max. *O mundo em guerra* (1939-1945). Rio de Janeiro: Intrínseca, 2012.

HERNANDEZ, Leila Leite. *A África na sala de aula*: visita à história contemporânea. 2. ed. São Paulo: Selo Negro, 2008.

HILGEMANN, Werner; KINDER, Hermann. *Atlas historique*. Paris: Perrin, 1992.

HOBSBAWM, Eric J. *A era dos impérios*: 1875-1914. 7. ed. Rio de Janeiro: Paz e Terra, 1988.

_____. *Era dos extremos*: o breve século XX (1914-1991). São Paulo: Companhia das Letras, 1996.

_____. *Revolucionários*. Rio de Janeiro: Paz e Terra, 1982.

_____. *Tempos interessantes*: uma vida no século XX. São Paulo: Companhia das Letras, 2002.

HOLLANDA, Heloísa Buarque de. *Impressões de viagem*: CPC, vanguarda e desbunde (1960/1970). Rio de Janeiro: Rocco, 1992.

_____; GONÇALVES, Marcos Augusto. *Cultura e participação nos anos 60*. 8. ed. São Paulo: Brasiliense, 1990. (Coleção Tudo é história)

IBARRA, David. O neoliberalismo na América Latina. *Revista de Economia Política*, São Paulo, v. 31, n. 2, abr./jun. 2011.

INSTITUTO Brasileiro de Geografia e Estatística (IBGE). *Anuário estatístico do Brasil*, 1997. v. 57. Disponível em <http://mod.lk/slfh4>. Acesso em 10 out. 2018.

_____. *Estatísticas históricas do Brasil*: séries econômicas, demográficas e sociais de 1550 a 1988. 2. ed. 1990. Disponível em <http://mod.lk/mpj7c>. Acesso em 10 out. 2018.

JOFFILY, Mariana. A diferença na igualdade: gênero e repressão política nas ditaduras militares do Brasil e da Argentina. Dossiê gênero, feminismo e ditaduras. *Revista Espaço Plural*, v. 10, n. 21, 2009.

JUDT, Tony. *Pós-guerra*: uma história da Europa desde 1945. Rio de Janeiro: Objetiva, 2008.

JUNIOR, Freire; MARA, J. *Você já foi à Bahia?* Rio de Janeiro: SBAT, 1941.

KALY, Alain Pascal. O inesquecível século XX: as lutas dos negros africanos pela sua humanidade. In: SILVA, Josué Pereira da (Org.). *Por uma sociologia do século XX*. São Paulo: Annablume, 2007.

KARNAL, Leandro et al. *História dos Estados Unidos*: das origens ao século XXI. São Paulo: Contexto, 2008.

KEESE, Alexander. Dos abusos às revoltas? Trabalho forçado, reformas portuguesas, política "tradicional" e religião na Baixa de Cassange e no distrito do Congo (Angola), 1957 a 1961. *Africana Studia*, n. 7, 2004.

KEROUAC, Jack. *On the Road – Pé na estrada*. São Paulo: L&PM Pocket, 2004.

KING, Martin Luther. Trechos do discurso em Washington, 28 de agosto de 1963. Disponível em <http://mod.lk/ik9pw>. Acesso em 9 set. 2018.

KITCHEN, Martin. *Um mundo em chamas*: uma breve história da Segunda Guerra Mundial na Europa e na Ásia, 1939- -1945. Rio de Janeiro: Zahar, 1993.

KI-ZERBO, Joseph (Ed.). *História geral da África*. Brasília: Unesco, Secad/MEC, Ufscar, 2010. Disponível em <http://mod.lk/iyobo>. Acesso em 10 out. 2018.

LEAL, Victor Nunes. *Coronelismo, enxada e voto*: o município e o regime representativo no Brasil. São Paulo: Alfa Omega, 1993.

MACAGNO, Lorenzo Gustavo; RIBEIRO, Fernando Rosa; SCHERMANN, Patrícia Santos. *Histórias conectadas e dinâmicas pós-coloniais*. Curitiba: Fundação Araucária, 2008.

MACHADO, Paulo Pinheiro. O centenário do movimento do Contestado: 1912-2012 – história, memória e historiografia. *Portal de História da UFF*. Disponível em <http://mod.lk/EA9B7>. Acesso em 23 jul. 2018.

MACIEL, Luiz Carlos. *Geração em transe*: memórias do tempo do tropicalismo. Rio de Janeiro: Nova Fronteira, 1996.

MAGALHÃES, Lívia G. *Com a taça nas mãos*: sociedade, Copa do Mundo e ditadura no Brasil e na Argentina. Rio de Janeiro: Lamparina, 2014.

MANIFESTO Republicano de 1870. Disponível em <http://mod.lk/7popo>. Acesso em 10 out. 2018.

MARQUES, Adhemar; BERUTTI, Flávio; FARIA, Ricardo. *História contemporânea através de textos*. 11. ed. São Paulo: Contexto, 2003. (Coleção Textos e documentos)

MARTIN, André Roberto. *Fronteiras e nações*. São Paulo: Contexto, 1998.

MARTINEZ, Elias David Morales; OLIVEIRA, Thays Felipe de. Políticas neoliberais na América Latina: uma análise comparativa dos casos no Brasil e Chile. *Revista de Estudos Internacionais*, v. 7, n. 1, 2016.

M'BOKOLO, Elikia. *História e civilização da África negra*. Lisboa: Colibri, 2004.

MCCARTHY, David. *Arte pop*. São Paulo: Cosac & Naify, 2002.

MCCARTHY, Joseph. Discurso do senador Joseph McCarthy em Wheeling, Virgínia Ocidental [20 fev. 1950]. Disponível em <http://mod.lk/pyjyp>. Acesso em 20 ago. 2018.

MELO, Lucas Martins Santos. O futebol africano na Europa: os casos de Portugal e França como destino migratório de jogadores das suas ex-colônias. Revista *Cadernos de Campo*, n. 23, jul./dez. 2017.

MINISTÉRIO da Agricultura, Indústria e Comércio. *Recenseamento Geral do Brasil 1920*. Rio de Janeiro: Typ. de Estatística, 1925. v. I e II.

MISHRA, Pankaj. *Tentações do Ocidente*: a modernidade na Índia, no Paquistão e mais além. São Paulo: Globo, 2007.

MORAES, Vinicius de. *Poesia completa e prosa*. 4. ed. Rio de Janeiro: Nova Aguilar, 2004.

MOREL, Edmar. *A Revolta da Chibata*. Rio de Janeiro: Graal, 1979.

MOURA, Paulo. *Lampião, a trajetória de um rei sem castelo*. São Paulo: Espaço Idea; Recife: Asnai, 2008.

MUGGIATI, Roberto. *Rock*: da utopia à incerteza (1967-1984). São Paulo: Brasiliense, 1985.

_____. *Rock*: o grito e o mito. Petrópolis: Vozes, 1981.

NAPOLITANO, Marcos. *O regime militar brasileiro*: 1964--1985. São Paulo: Atual, 1998. (Coleção Discutindo a história do Brasil)

PARIS, Robert. *As origens do fascismo*. São Paulo: Perspectiva, 1996. (Khronos, 7)

PARKER, Geoffrey. *Atlas Verbo de história universal*. Lisboa: Verbo, 1997.

PEDRO, Antônio. *A Segunda Guerra Mundial*. São Paulo: Atual, 1987. (Coleção Discutindo a história)

PEPETELA. *Mayombe*. 5. ed. Lisboa: Dom Quixote, 1993.

PEREIRA, Carlos Alberto M. *O que é contracultura*. São Paulo: Brasiliense, 1988. (Coleção Primeiros passos)

PERROT, Michelle (Org.). *História da vida privada*: da Revolução Francesa à Primeira Guerra. São Paulo: Companhia das Letras, 1991. v. 4.

POE, Edgar Allan. O homem na multidão. Disponível em <http://mod.lk/axpeo>. Acesso em 10 out. 2018.

PROST, Antoine; VINCENT, Gérard (Orgs.). *História da vida privada*: da Primeira Guerra a nossos dias. São Paulo: Companhia das Letras, 1995. v. 5.

QUADRAT, Samantha Viz; ROLLEMBERG, Denise (Orgs.). *História e memória das ditaduras no século XX*. Rio de Janeiro: FGV, 2015. v. 2.

REIS FILHO, Daniel Aarão. *As revoluções russas e o socialismo soviético*. São Paulo: Editora Unesp, 2003. (Coleção Revoluções do século XX)

_____. *Ditadura e democracia no Brasil*. Rio de Janeiro: Jorge Zahar, 2014.

_____. *Rússia (1917-1921)*: anos vermelhos. 3. ed. São Paulo: Brasiliense, 1987. (Coleção Tudo é história)

RESENDE, Beatriz; VALENÇA, Rachel. *Lima Barreto*: toda crônica. Rio de Janeiro: Agir, 2004.

RIBEIRO, Fábio Viana. A morte de uma cidade. Blog da *Revista Espaço Acadêmico*. Disponível em <http://mod.lk/34has>. Acesso em 10 out. 2018.

RIBERA, Ricardo. A Guerra Fria: notas para um debate. *Novos Rumos*, v. 49, n. 1, jan./jun. 2012.

RIDENTI, Marcelo. *O fantasma da revolução brasileira*. São Paulo: Editora Unesp/Fapesp, 1993.

RODRIGUES, Luiz César B. *A Primeira Guerra Mundial*. 3. ed. São Paulo: Atual; Campinas: Editora da Unicamp, 1986. (Coleção Discutindo a história)

RODRIGUES, Marly. *A década de 80 – Brasil*: quando a multidão voltou às praças. São Paulo: Ática, 1992.

ROSZAK, Theodore. *A contracultura*. Petrópolis: Vozes, 1972.

ROUQUIÉ, Alain. *O Estado militar na América Latina*. São Paulo: Alfa Omega, 1984.

SADER, Emir. *A Revolução Cubana*. São Paulo: Moderna, 1995.

SALOMONI, Antonella. *Lênin e a Revolução Russa*. 2. ed. São Paulo: Ática, 1997.

SANTOS, Luiz Antonio de Castro. Um século de cólera: itinerário do medo. *Physis – Revista de Saúde Coletiva*, v. 4, n. 1, 1994.

SCHMIEDECKE, Natália Ayo. As diferentes faces da Nova Canção Chilena: folclore e política nos discos *Inti-Illimani e Canto al programa* (1970). *X Encontro Internacional da ANPHLAC*. São Paulo, 2012. Disponível em <http://mod.lk/zu1qj>. Acesso em 10 out. 2018.

SCHWARCZ, Lilia Moritz (Org.). *História da vida privada no Brasil*: contrastes da intimidade contemporânea. São Paulo: Companhia das Letras, 1998. v. 4.

_____; STARLING, Heloisa Murgel. *Brasil*: uma biografia. São Paulo: Companhia das Letras, 2015.

SCORTEGAGNA, Paola Andressa; OLIVEIRA, Rita de Cássia da Silva. Idoso: um novo ator social. *Seminário de pesquisa em educação da Região Sul – IX Anped Sul*, 2012.

SEGÀLA, Ariberto. *I muri del Duce*. Gardolo: Arca, 2001.

SERGE, Victor. *O ano I da Revolução Russa*. São Paulo: Ensaio, 1993.

SEVCENKO, Nicolau. *A Revolta da Vacina*: mentes insanas em corpos rebeldes. São Paulo: Brasiliense, 1984.

_____. *Literatura como missão*: tensões sociais e criação cultural na Primeira República. São Paulo: Companhia das Letras, 2003.

_____. *Orfeu extático na metrópole*: São Paulo, sociedade e cultura nos frementes anos 20. São Paulo: Companhia das Letras, 1998.

SHIRER, William L. *Ascensão e queda do Terceiro Reich*. Rio de Janeiro: Civilização Brasileira, 1964. v. 3.

SILVA, Alberto da Costa e. *A África explicada aos meus filhos*. Rio de Janeiro: Agir, 2008.

SILVA, Sérgio. *Expansão cafeeira e origens da indústria no Brasil*. São Paulo: Alfa Omega, 1976.

STECKEL, Richard H.; FLOUD, Roderick (Ed.). *Health and Welfare During Industrialization*. Chicago: University of Chicago Press, 1997.

TELES, Gilberto Mendonça. *Vanguarda europeia e modernismo brasileiro*. Petrópolis: Vozes, 1983.

TOLEDO, Caio Navarro. *O governo Goulart e o golpe de 64*. 12. ed. São Paulo: Brasiliense, 1993. (Coleção Tudo é história)

TRAD, Ayana. Setenta anos de CLT. *Revista Desafios do Desenvolvimento*, n. 78, 2013.

TRAGTENBERG, Maurício. *A Revolução Russa*. São Paulo: Editora Unesp, 2007.

VIEIRA, Liszt. *Cidadania e globalização*. 8. ed. Rio de Janeiro: Record, 1997.

VISACRO, Alessandro. *Guerra irregular*: terrorismo, guerrilha e movimentos de resistência ao longo da história. São Paulo: Contexto, 2009. [e-book].

WALLIS, Sarah; PALMER, Svetlana. *Éramos jovens na guerra*: cartas e diários de adolescentes que viveram a Segunda Guerra Mundial. Rio de Janeiro: Objetiva, 2013.

WILLMOTT, H. P. et al. *Segunda Guerra Mundial*. Rio de Janeiro: Nova Fronteira, 2008.

WILSON, T. P. C. Depoimento do capitão T. P. C. Wilson, 1916. In: *História do século XX: 1914-1919*. São Paulo: Abril Cultural, 1968.

WIRTH, John D. *A política do desenvolvimento da era Vargas*. Rio de Janeiro: Fundação Getúlio Vargas, 1973.

ZIRALDO. *20 anos de prontidão*. Rio de Janeiro: Record, 1984.

MAPA

PLANISFÉRIO POLÍTICO (2018)

Legenda:
1. REPÚBLICA TCHECA
2. ESLOVÁQUIA
3. ESLOVÊNIA
4. CROÁCIA
5. BÓSNIA-HERZEGOVINA
6. SÉRVIA
7. MONTENEGRO
8. KOSOVO
9. MACEDÔNIA

— Fronteira entre Sudão e Sudão do Sul, a partir de julho de 2011

Fonte: FERREIRA, Graça Maria Lemos. *Atlas geográfico: espaço mundial.* 4. ed. São Paulo: Moderna, 2013. p. 10-11.

FERNANDO JOSÉ FERREIRA

ATITUDES PARA A VIDA

ATITUDES PARA A VIDA

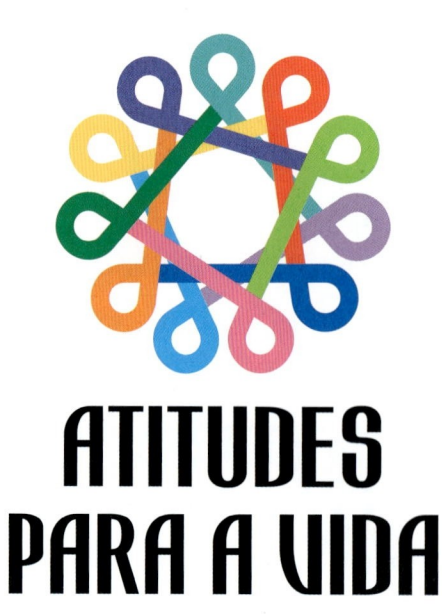

As *Atitudes para a vida* são comportamentos que nos ajudam a resolver as tarefas que surgem todos os dias, desde as mais simples até as mais desafiadoras. São comportamentos de pessoas capazes de resolver problemas, de tomar decisões conscientes, de fazer as perguntas certas, de se relacionar bem com os outros e de pensar de forma criativa e inovadora.

As atividades que apresentamos a seguir vão ajudá-lo a estudar os conteúdos e a resolver as atividades deste livro, incluindo as que parecem difíceis demais em um primeiro momento.

Toda tarefa pode ser uma grande aventura!

PERSISTIR

Muitas pessoas confundem persistência com insistência, que significa ficar tentando e tentando e tentando, sem desistir. Mas persistência não é isso! Persistir significa buscar estratégias diferentes para conquistar um objetivo.

Antes de desistir por achar que não consegue completar uma tarefa, que tal tentar outra alternativa?

Algumas pessoas acham que atletas, estudantes e profissionais bem-sucedidos nasceram com um talento natural ou com a habilidade necessária para vencer. Ora, ninguém nasce um craque no futebol ou fazendo cálculos ou sabendo tomar todas as decisões certas. O sucesso muitas vezes só vem depois de muitos erros e muitas derrotas. A maioria dos casos de sucesso é resultado de foco e esforço.

Se uma forma não funcionar, busque outro caminho. Você vai perceber que desenvolver estratégias diferentes para resolver um desafio vai ajudá-lo a atingir os seus objetivos.

CONTROLAR A IMPULSIVIDADE

Quando nos fazem uma pergunta ou colocam um problema para resolver, é comum darmos a primeira resposta que vem à cabeça. Comum, mas imprudente.

Para diminuir a chance de erros e de frustrações, antes de agir devemos considerar as alternativas e as consequências das diferentes formas de chegar à resposta. Devemos coletar informações, refletir sobre a resposta que queremos dar, entender bem as indicações de uma atividade e ouvir pontos de vista diferentes dos nossos.

Essas atitudes também nos ajudarão a controlar aquele impulso de desistir ou de fazer qualquer outra coisa para não termos que resolver o problema naquele momento. Controlar a impulsividade nos permite formar uma ideia do todo antes de começar, diminuindo os resultados inesperados ao longo do caminho.

Atitudes para a vida | III

ESCUTAR OS OUTROS COM ATENÇÃO E EMPATIA

Você já percebeu o quanto pode aprender quando presta atenção ao que uma pessoa diz? Às vezes recebemos importantes dicas para resolver alguma questão. Outras vezes, temos grandes ideias quando ouvimos alguém ou notamos uma atitude ou um aspecto do seu comportamento que não teríamos percebido se não estivéssemos atentos.

Escutar os outros com atenção significa manter-nos atentos ao que a pessoa está falando, sem estar apenas esperando que pare de falar para que possamos dar a nossa opinião. E empatia significa perceber o outro, colocar-nos no seu lugar, procurando entender de verdade o que está sentindo ou por que pensa de determinada maneira.

Podemos aprender muito quando realmente escutamos uma pessoa. Além do mais, para nos relacionar bem com os outros — e sabemos o quanto isso é importante —, precisamos prestar atenção aos seus sentimentos e às suas opiniões, como gostamos que façam conosco.

PENSAR COM FLEXIBILIDADE

Você conhece alguém que tem dificuldade de considerar diferentes pontos de vista? Ou alguém que acha que a própria forma de pensar é a melhor ou a única que existe? Essas pessoas têm dificuldade de pensar de maneira flexível, de se adaptar a novas situações e de aprender com os outros.

Quanto maior for a sua capacidade de ajustar o seu pensamento e mudar de opinião à medida que recebe uma nova informação, mais facilidade você terá para lidar com situações inesperadas ou problemas que poderiam ser, de outra forma, difíceis de resolver.

Pensadores flexíveis têm a capacidade de enxergar o todo, ou seja, têm uma visão ampla da situação e, por isso, não precisam ter todas as informações para entender ou solucionar uma questão. Pessoas que pensam com flexibilidade conhecem muitas formas diferentes de resolver problemas.

ESFORÇAR-SE POR EXATIDÃO E PRECISÃO

Para que o nosso trabalho seja respeitado, é importante demonstrar compromisso com a qualidade do que fazemos. Isso significa conhecer os pontos que devemos seguir, coletar os dados necessários para oferecer a informação correta, revisar o que fazemos e cuidar da aparência do que apresentamos.

Não basta responder corretamente; é preciso comunicar essa resposta de forma que quem vai receber e até avaliar o nosso trabalho não apenas seja capaz de entendê-lo, mas também que se sinta interessado em saber o que temos a dizer.

Quanto mais estudamos um tema e nos dedicamos a superar as nossas capacidades, mais dominamos o assunto e, consequentemente, mais seguros nos sentimos em relação ao que produzimos.

QUESTIONAR E LEVANTAR PROBLEMAS

Não são as respostas que movem o mundo, são as perguntas.

Só podemos inovar ou mudar o rumo da nossa vida quando percebemos os padrões, as incongruências, os fenômenos ao nosso redor e buscamos os seus porquês.

E não precisa ser um gênio para isso, não! As pequenas conquistas que levaram a grandes avanços foram — e continuam sendo — feitas por pessoas de todas as épocas, todos os lugares, todas as crenças, os gêneros, as cores e as culturas. Pessoas como você, que olharam para o lado ou para o céu, ouviram uma história ou prestaram atenção em alguém, perceberam algo diferente, ou sempre igual, na sua vida e fizeram perguntas do tipo "Por que será?" ou "E se fosse diferente?".

Como a vida começou? E se a Terra não fosse o centro do universo? E se houvesse outras terras do outro lado do oceano? Por que as mulheres não podiam votar? E se o petróleo acabasse? E se as pessoas pudessem voar? Como será a Lua?

E se...? (Olhe ao seu redor e termine a pergunta!)

Atitudes para a vida

APLICAR CONHECIMENTOS PRÉVIOS A NOVAS SITUAÇÕES

Esta é a grande função do estudo e da aprendizagem: sermos capazes de aplicar o que sabemos fora da sala de aula. E isso não depende apenas do seu livro, da sua escola ou do seu professor; depende da sua atitude também!

Você deve buscar relacionar o que vê, lê e ouve aos conhecimentos que já tem. Todos nós aprendemos com a experiência, mas nem todos percebem isso com tanta facilidade.

Devemos usar os conhecimentos e as experiências que vamos adquirindo dentro e fora da escola como fontes de dados para apoiar as nossas ideias, para prever, entender e explicar teorias ou etapas para resolver cada novo desafio.

PENSAR E COMUNICAR-SE COM CLAREZA

Pensamento e comunicação são inseparáveis. Quando as ideias estão claras em nossa mente, podemos nos comunicar com clareza, ou seja, as pessoas nos entendem melhor.

Por isso, é importante empregar os termos corretos e mais adequados sobre um assunto, evitando generalizações, omissões ou distorções de informação. Também devemos reforçar o que afirmamos com explicações, comparações, analogias e dados.

A preocupação com a comunicação clara, que começa na organização do nosso pensamento, aumenta a nossa habilidade de fazer críticas tanto sobre o que lemos, vemos ou ouvimos quanto em relação às falhas na nossa própria compreensão, e poder, assim, corrigi-las. Esse conhecimento é a base para uma ação segura e consciente.

IMAGINAR, CRIAR E INOVAR

Tente de outra maneira! Construa ideias com fluência e originalidade!

Todos nós temos a capacidade de criar novas e engenhosas soluções, técnicas e produtos. Basta desenvolver nossa capacidade criativa.

Pessoas criativas procuram soluções de maneiras distintas. Examinam possibilidades alternativas por todos os diferentes ângulos. Usam analogias e metáforas, se colocam em papéis diferentes.

Ser criativo é não ser avesso a assumir riscos. É estar atento a desvios de rota, aberto a ouvir críticas. Mais do que isso, é buscar ativamente a opinião e o ponto de vista do outro. Pessoas criativas não aceitam o *status quo*, estão sempre buscando mais fluência, simplicidade, habilidade, perfeição, harmonia e equilíbrio.

ASSUMIR RISCOS COM RESPONSABILIDADE

Todos nós conhecemos pessoas que têm medo de tentar algo diferente. Às vezes, nós mesmos acabamos escolhendo a opção mais fácil por medo de errar ou de parecer tolos, não é mesmo? Sabe o que nos falta nesses momentos? Informação!

Tentar um caminho diferente pode ser muito enriquecedor. Para isso, é importante pesquisar sobre os resultados possíveis ou os mais prováveis de uma decisão e avaliar as suas consequências, ou seja, os seus impactos na nossa vida e na de outras pessoas.

Informar-nos sobre as possibilidades e as consequências de uma escolha reduz a chance do "inesperado" e nos deixa mais seguros e confiantes para fazer algo novo e, assim, explorar as nossas capacidades.

PENSAR DE MANEIRA INTERDEPENDENTE

Nós somos seres sociais. Formamos grupos e comunidades, gostamos de ouvir e ser ouvidos, buscamos reciprocidade em nossas relações. Pessoas mais abertas a se relacionar com os outros sabem que juntos somos mais fortes e capazes.

Estabelecer conexões com os colegas para debater ideias e resolver problemas em conjunto é muito importante, pois desenvolvemos a capacidade de escutar, empatizar, analisar ideias e chegar a um consenso. Ter compaixão, altruísmo e demonstrar apoio aos esforços do grupo são características de pessoas mais cooperativas e eficazes.

Estes são 11 dos 16 Hábitos da mente descritos pelos autores Arthur L. Costa e Bena Kallick em seu livro *Learning and leading with habits of mind*: 16 characteristics for success.

Acesse http://www.moderna.com.br/araribaplus para conhecer mais sobre as *Atitudes para a vida*.

CHECKLIST PARA MONITORAR O SEU DESEMPENHO

Reproduza para cada mês de estudo o quadro abaixo. Preencha-o ao final de cada mês para avaliar o seu desempenho na aplicação das *Atitudes para a vida*, para cumprir as suas tarefas nesta disciplina. Em *Observações pessoais*, faça anotações e sugestões de atitudes a serem tomadas para melhorar o seu desempenho no mês seguinte.

Classifique o seu desempenho de 1 a 10, sendo 1 o nível mais fraco de desempenho, e 10, o domínio das *Atitudes para a vida*.

Atitudes para a vida	Neste mês eu...	Desempenho	Observações pessoais
Persistir	Não desisti. Busquei alternativas para resolver as questões quando as tentativas anteriores não deram certo.		
Controlar a impulsividade	Pensei antes de dar uma resposta qualquer. Refleti sobre os caminhos a escolher para cumprir minhas tarefas.		
Escutar os outros com atenção e empatia	Levei em conta as opiniões e os sentimentos dos demais para resolver as tarefas.		
Pensar com flexibilidade	Considerei diferentes possibilidades para chegar às respostas.		
Esforçar-se por exatidão e precisão	Conferi os dados, revisei as informações e cuidei da apresentação estética dos meus trabalhos.		
Questionar e levantar problemas	Fiquei atento ao meu redor, de olhos e ouvidos abertos. Questionei o que não entendi e busquei problemas para resolver.		
Aplicar conhecimentos prévios a novas situações	Usei o que já sabia para me ajudar a resolver problemas novos. Associei as novas informações a conhecimentos que eu havia adquirido de situações anteriores.		
Pensar e comunicar-se com clareza	Organizei meus pensamentos e me comuniquei com clareza, usando os termos e os dados adequados. Procurei dar exemplos para facilitar as minhas explicações.		
Imaginar, criar e inovar	Pensei fora da caixa, assumi riscos, ouvi críticas e aprendi com elas. Tentei de outra maneira.		
Assumir riscos com responsabilidade	Quando tive de fazer algo novo, busquei informação sobre possíveis consequências para tomar decisões com mais segurança.		
Pensar de maneira interdependente	Trabalhei junto. Aprendi com ideias diferentes e participei de discussões.		

Atitudes para a vida